旧石器社会の構造的変化と
地域適応

Structural Changes and Regional Adaptation
of Palaeolithic Society

森先 一貴

六一書房

序　文

　　日本考古学協会 1983 年度秋季大会は高松で開催された。会場で出会った当時東京都埋蔵文化財センターに勤務していた佐藤宏之さんと竹尾進さんの車に便乗して，高知に回り，上黒岩岩陰遺跡を見て，今治から広島側に渡り，冠高原の遺跡と出土石器を見るなどして，帰京した。この旅程が楽しかったのでこれを契機として，他のメンバーを加えて，車で毎年各地の遺跡と出土石器を見て回るようになった。

　　時を同じくして，本郷の大学近くの喫茶店ボン・アートで毎月一回，都内の大学で考古学を学ぶ大学生・大学院生や，東京周辺の埋蔵文化財の発掘調査に携わる若い研究者の有志を集めて，旧石器研究会を始めた。"Antiquity" や "American Antiquity" などの掲載論文の輪読が中心で，ルイス・ビンフォードをはじめとするプロセス考古学者の方法論を学んだ。1988 年の佐藤宏之「台形様石器研究序論」や拙稿「斜軸尖頭器石器群からナイフ形石器群への移行」，および拙著『無文字社会の考古学』(1990) と佐藤『日本旧石器文化の構造と進化』(1992) はその成果であり，1990 年代，特にその前半には研究会に参加していた若手の斬新な論文が次々に発表された。

　　当時，10 年後には念願の旧石器時代研究のパラダイム転換が達成されるだろう，という期待に胸を膨らましていた。予期しなかった「前期旧石器遺跡捏造問題」によって，革新の動きは水をさされ，期待して見守っていた研究者の多くが，研究の第一線から退いてしまった。

　　その後も私たちは規模を縮小しながらも，旧石器研究会を継続・維持していった。すなわち，東京大学考古学研究室所属の大学院生・大学生以外に，新設された東京大学大学院新領域創成科学研究科の佐藤宏之さんの下に集まった大学院生を中心として，ポストプロセス考古学者やフランスの旧石器研究者たちの考え方や方法も学んだのである。その成果は拙著『旧石器社会の構造変動』(2003)，国武貞克「石材分析による旧石器時代の居住行動研究」(2004，未刊)，山田哲『北海道における細石刃石器群の研究』(2006)，長井謙治『石器づくりの考古学』(2009) といった学位論文・学位論文に基づく著書に結晶している。

　　本書『旧石器社会の構造的変化と地域適応』は現時点でのしんがりを務める。指導教員であった佐藤宏之の先行研究を踏まえ，佐藤説を継承しつつ，新しいデータを使って検証・発展させている。また，私が提唱する「構造変動論」に基づくことを明確に宣言している。その研究成果は第 IV 章「国府系石器群の伝播形成過程」と第 V 章「角錐状石器の広域展開と地域間変異」に顕著で，プライオリティーの高いものになっている。本書は，いわゆる「VI／V 層・IV 層下部」並行期の構造変動に留まらず，ほかの構造変動期研究の指針ともなろう。後に続く若手だけでなく，旧石器研究のパラダイム転換に関心ある向きの必読書である。

2009 年 12 月 1 日

　　　　　　　　　　　　　　　　　　　　　　　　　　　　　　　　　　　　　　　安斎正人

まえがき

　本書は，日本の後期旧石器社会が成熟した地域社会へと適応進化する歴史的過程とその背景を論ずるものである。この変化は，我が国の後期旧石器時代史を大きく二分する画期とされる時期に起こった。

　我が国の後期旧石器時代は，ちょうどその半ばにあたる25000^{14}CyrsBPごろを画期として，二つの時期に大別するというのが多く研究者の共通認識といえる。時期名称に総意が得られているわけではないのだが，現在では以下本書で用いる「後期旧石器時代前半期・後半期」という用語が用いられることが多い。両時期を区分する基準・論理も複雑な経緯を経ており研究者によって異なっているとはいえ，表面的にみても考古遺物（石器群）の顕著な変化は後期旧石器時代中ごろに生じているので，結果として画期を設ける時間的位置は研究者間で大きなずれがないというのが実態である。

　この画期に相当する時期には，姶良Tn火山灰（AT）の降灰に代表されるように火山活動が活発化したこともあって，自然環境の大幅な変化が生じる時期に符合することが指摘されている（辻1985）。それのみならず，近年ではこの後期旧石器時代前半期・後半期の境界は，亜間氷期（酸素同位体ステージ3＝OIS3）から亜氷期（OIS2：最終氷期最寒冷期）への気候変動期にもおおむね相当することが分かっている。このように，日本の後期旧石器時代を二分するような考古資料の変化が，自然環境の変化と深く相関している可能性があるとの認識がかねてより高まっていた（石器文化研究会編1991・1995）。以来，当該時期の考古学データと自然科学データの対応関係を検討し，両者間を取り結ぶ因果関係を解明することは，学界の主たるテーマのひとつとなってきたわけである。

　ところで，大規模開発を通じて蓄積された新たな考古学データの量は膨大なものとなっている。これは，自然科学方面のデータ蓄積に比すれば目を見張るものがある。もちろん，新出資料の整理・報告のプロセスも全国各地において着実に進行しているが，そうして全国的に蓄積され続けている膨大な資料を俯瞰的な視野から通覧して，そこにみられる共通点や相違点（地域性）およびそれらの通時変化を整理・分析する研究となると，まだ本格的に試みられた例はほとんどない。

　すでに先行研究が明らかにしているように，この時期に起こっている大きな変化は，決してある特定の地域に限定されたものではない。変化の本質に接近するためには，地域を狭く限定せず，膨大な考古資料をできる限り広くかつ詳しく分析し，編年研究を通じてその時空間変異・変化を解きほぐさねばならないのである。そして，この作業は資料の蓄積が一段落した現在こそ，試みられるべきだといえよう。その上で自然科学データとの対応関係に言及していくべきだろう。

　本書が，この後期旧石器時代中ごろに生じた先史社会の一画期の具体像を，日本，とりわけ古

本州島（氷期の海面低下によって本州・四国・九州が一体化してできた島）全域を視野に収めて論じようとするのは，こうした理由による。対象となりうる考古資料をもれなく分析対象として扱うことはできないが，現在までに蓄積された考古資料を可能な限り駆使し，自然科学データにも言及しながら後期旧石器時代前半期・後半期移行期の人間社会の歴史に接近してみたい。

旧石器社会の構造的変化と地域適応

…目　次…

序　文（安斎正人）

まえがき

第Ⅰ章　後期旧石器時代前半期／後半期という画期

第1節　初期の編年と地域性の認識……………………………………………………1

第2節　姶良Tn火山灰と編年の見直し…………………………………………………3

第3節　パラダイムの転換………………………………………………………………7

第4節　問題の設定………………………………………………………………………10

第Ⅱ章　方　　法

第1節　技術構造分析……………………………………………………………………13

第2節　技術構造と資源開発戦略………………………………………………………15

　　1　モード論……………………………………………………………………15

　　2　居住形態……………………………………………………………………17

　　3　石材分布構造………………………………………………………………20

第3節　技術と情報………………………………………………………………………21

第Ⅲ章　編年研究

第1節　編年の方法………………………………………………………………………24

第2節　古本州島西南部の編年研究……………………………………………………24

　　1　後期旧石器時代前半期後葉………………………………………………24

　　　（1）関東地方　（24）

　　　（2）東海地方　（32）

　　　（3）中部高地　（36）

　　　（4）近畿・瀬戸内地方　（38）

　　　（5）中国山地・山陰地方　（43）

　　　（6）九州地方　（46）

　　　（7）まとめ　（54）

　　2　後期旧石器時代後半期前葉………………………………………………55

　　　（1）関東地方　（55）

　　　（2）九州地方西南部・東南部　（66）

　　　（3）東海地方　（81）

(4) 中部高地　(86)

　　　(5) 九州地方東北部・西北部　(87)

　　　(6) 近畿・瀬戸内地方　(93)

　　　(7) 中国山地・山陰地方・四国地方南部　(104)

　　　(8) まとめ　(110)

　第3節　古本州島東北部の編年研究………………………………………………112

　　1　後期旧石器時代前半期後葉……………………………………………………112

　　　(1) 古本州島東北部における前半期編年研究の問題　(112)

　　　(2) IX層並行期の石器群について　(116)

　　　(3) VII層～VI層並行期の編年　(118)

　　　(4) まとめ　(133)

　　2　後期旧石器時代後半期前葉……………………………………………………135

　　　(1) 古本州島東北部における後半期編年研究の問題　(135)

　　　(2) 新潟県・北陸地方　(137)

　　　(3) 奥羽山脈東部・西部　(144)

　　　(4) まとめ　(152)

　第4節　小　　結……………………………………………………………………155

第IV章　国府系石器群の伝播形成過程

　第1節　国府系石器群に関する既往研究……………………………………………160

　第2節　国府系石器群の荷担者推定…………………………………………………163

　第3節　国府系石器群からみた人と情報の動き……………………………………167

　　1　古本州島西南部の国府系石器群………………………………………………167

　　　(1) 九州地方の国府系石器群　(167)

　　　(2) 中国山地・山陰地方・四国地方南部の国府系石器群　(172)

　　　(3) 東海地方の国府系石器群　(173)

　　　(4) 関東地方の国府系石器群　(175)

　　　(5) 中部高地の国府系石器群　(177)

　　2　古本州島東北部の国府系石器群………………………………………………178

　　　(1) A群　(178)

　　　(2) B群　(180)

　　3　まとめ……………………………………………………………………………182

　第4節　情報の受容様式………………………………………………………………184

第Ⅴ章　角錐状石器の広域展開と地域間変異

第1節　角錐状石器の再分類 …………………………………………………………… 186
　　1　角錐状石器という分類カテゴリーとその問題 ……………………………… 186
　　2　角錐状石器の再分類 …………………………………………………………… 188
第2節　角錐状石器の地域的多様性 …………………………………………………… 191
　　1　九州地方 ………………………………………………………………………… 191
　　2　近畿・瀬戸内地方 ……………………………………………………………… 193
　　3　中国山地・山陰地方・四国地方南部 ………………………………………… 193
　　4　東海地方 ………………………………………………………………………… 194
　　5　関東地方・中部高地 …………………………………………………………… 194
　　6　東北地方・北陸地方 …………………………………………………………… 195
　　7　まとめ …………………………………………………………………………… 195
第3節　角錐状石器の通時的変化と技術構造上の位置 ……………………………… 196

第Ⅵ章　旧石器社会の構造的変化と地域適応

第1節　地域性の変遷 …………………………………………………………………… 199
第2節　後期旧石器時代前半期から後半期への環境変化 …………………………… 202
第3節　地域適応の進展と旧石器社会の変化 ………………………………………… 206
　　1　Ⅵ層並行期における技術構造の地域差とその背景 ………………………… 206
　　2　地域適応の進展と地域社会の成熟：Ⅴ層上部〜Ⅳ層下部並行期 ………… 209
　　　（1）古本州島東北部　　（210）
　　　（2）古本州島西南部　　（211）
　　3　その後の地域性について ……………………………………………………… 218
　　4　地域適応の基本構造 …………………………………………………………… 220
第4節　結　　論 ………………………………………………………………………… 221

引用・参考文献

図表出典

索　引

あとがき

第Ⅰ章　後期旧石器時代前半期／後半期という画期

第1節　初期の編年と地域性の認識

　日本の旧石器時代研究では，その初期段階においてすでに複数の編年案が提示されていた。代表的なものは杉原荘介（1953）と芹沢長介（1954）によるものであろう。このうち前者が遺跡出土資料を単位とした編年案を提示したのに対し，後者は特徴的な石器（示準石器）に代表させた編年案を提示したことはよく知られている（加藤・山田 1986）。とりわけ，「Hand axe を伴うもの→大型 Blade・縦長 Flake を伴うもの→Knife blade を伴うもの→切出形石器を伴うもの→Point を伴うもの」（芹沢　前掲）という編年観は明快であって，その後各地で展開された編年研究の参照枠をなしたことは疑いない[1]。

　この編年案は，1965年当時も，『日本の考古学 I 先土器時代』（杉原編 1965）の構成にみられるように，広く列島に共通する枠組みであるとされていた。しかしこの枠組みには，同時期に瀬戸内地方等で次々と明らかにされる新資料群をはじめ，すでに数々の矛盾が生じてもいた（大井 1966）。最初期の大局的編年観に基づく当該段階までの研究の集大成が，逆に地域ごとに異なる石器群の様相を明らかにしつつあったわけである。同時期に芹沢（1963）は，瀬戸内地方（以西）には関東・中部地方にみられない国府型ナイフ形石器の発達すること，東北地方には北海道地方に連なる石刃技法の発達がみられること等を指摘し，しかもそれらの地域差が石材環境差を背景とした技術差である可能性を見通している（第1図）。

　こうした研究の現状を鋭敏に察知し，新しい方法の体系化と，旧石器時代観の提示を試みたのが戸沢充則であった。戸沢は，芹沢の示準石器編年ではなく，地域的な歴史性を重視すると主張する杉原の石器文化階梯論を批判的に継承する。すなわち，遺跡における石器形態組成をそのまま生活の全体像と捉える杉原に対し，それを生活の一面に過ぎないとする戸沢は，むしろ「空間的な一定のひろがりと，時間的な一連のつながりとをもった一群のインダストリーを『カルチュア』として捉え，それを先土器時代文化の歴史的な内容をもった体系化の基礎」とする方法を提案したのであった（戸沢 1967（1990所収））。しかも，戸沢の方法には石器群の並行関係や通時変化を追究する方策として，型式学的研究が重視されていることにも特徴があった。この新しい方法によって提示された「先土器時代文化の構造」は，「石器文化」の地域性とその通時的変化を明示した。「敲打器→ナイフ形石器→尖頭器→細石器」という類型的・段階的な編年観は，今日的には批判の対象であるが（安斎 1991a 他），当時喫緊の課題であった石器群の編年枠組みの再構築を，もっとも体系的に示したものであった（第2図）。こうした成果に基づいて，大略的ながら地域性の推移をめぐる議論や，ナイフ形石器・槍先形尖頭器の自生説が提示されたのであり，前者

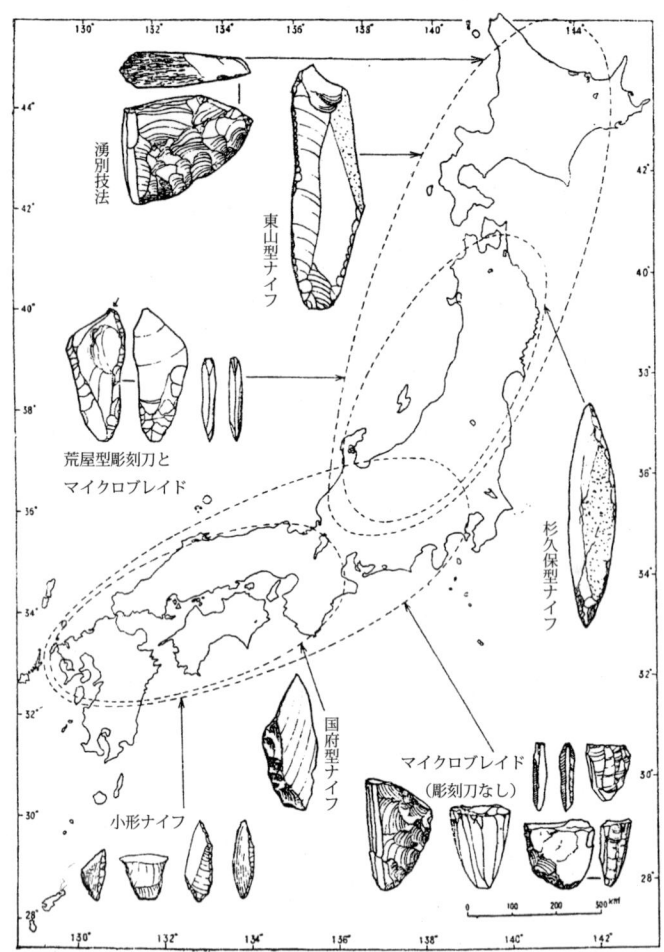

第1図 芹沢により指摘された旧石器文化の地域性（芹沢1963）

は後に安蒜政雄（1986）に引き継がれ，後者については槍先形尖頭器の成立過程をめぐり稲田孝司（1969）以後の諸研究に強い影響力を持つこととなる。

　ところで，当時もうひとつ大きなインパクトをもっていた論文に，佐藤達夫（1969）のものが挙げられるだろう。佐藤の論が独特なのは，後に安斎（1994）が「系統的個体識別」と呼び再評価した独自のタイポロジーにあった。戸沢のように類型化された枠組み同士の関係ではなく，その枠をはじめからとりはらって，個々の石器の特徴に着目した系統関係の追跡を方法とする。当時貴重な層位事例と考えられた瀬戸内編年（鎌木・高橋1965）と関東編年（戸沢1965）を定点としつつ，石器群の型式対比を繰り返すことによって，佐藤は各地で増加し続けていたナイフ形石器の最古のものが国府型であること，その由来が東南アジアにあることを説いたのである。佐藤の立論の背景には，越中山遺跡K地点の発見など，当時国府型の広がりが注目されていたことも関係していよう。佐藤の考えは，その後の白石浩之（1971・1976）らに影響を与え，支持されていた。研究の状況が大きく変わってしまった現在，佐藤の仮説はほとんど省みられなくなってい

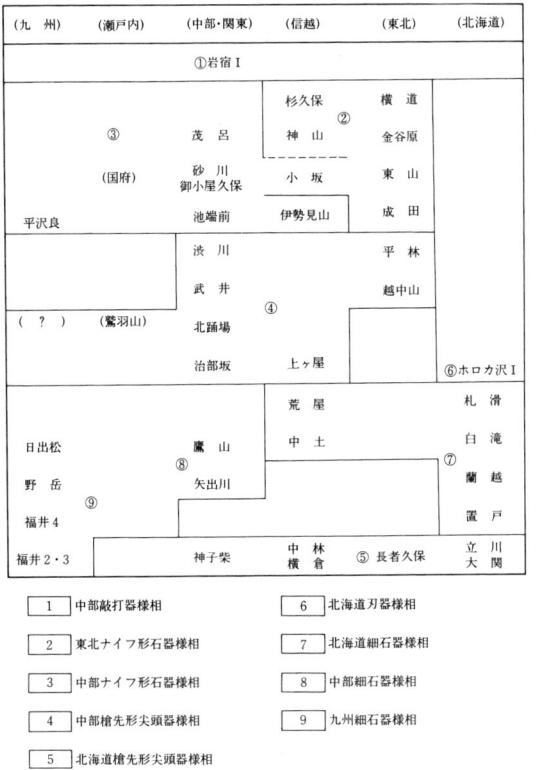

第2図 戸沢による'先土器時代文化の構造'（戸沢1967（1990所収））

るが（安斎2004），その型式学の方法的有効性は再評価されており（佐藤1992，田村2008a），筆者も参照している。ナイフ形石器の由来をめぐる大井晴男（1968）の南北二系統説も同時期の論考である。

　ただし，どのような系統関係・成立過程を想定するにせよ，芹沢（1966～1968）にも説かれたとおり，当時の編年が基本的にナイフ形石器以前・以後に大別されていたことに違いはない（佐藤1992）。野川遺跡等の調査によって，従来に例をみない層位的出土事例が明らかになっても（小田・キーリー1973，Oda and Keally 1975），しばらくはこの枠組みが揺らぐことはなかった（第3図）。当初は，後期旧石器時代がナイフ形石器のない段階からある段階へ変化していくという仮説が，層位的裏づけを得たかのようでもあった。

第2節　姶良Tn火山灰と編年の見直し

　1970年代半ばまでの編年枠組みが一変した背景には，よく言われるとおり，大規模発掘調査の進展と，広域火山灰姶良Tn火山灰（AT：町田・新井1976）の発見があるだろう。大規模発掘調査の進展により，ナイフ形石器が後期旧石器時代を通じて存在することを示す資料が増加したことによって，従来主流をなしていた，後期旧石器時代をナイフ形石器の有無で区分する学説が

Stage	Culture or Tradition	Kyushu Subarea			Chugoku-Shikoku-Kinki Subareas			Chubu Subarea			Sagamino-Chiba Subregions			Musashino Subregion			North Kanto Region			Tohoku Subarea			Hokkaido Subarea		
		Phase	Component	Date	Phase	Component	Date	Phase	Component	Date	Phase	Component	Date	Phase	Component	Date	Phase	Component	Date	Phase	Component	Date	Phase	Component	Date
Jomon	Incipient		Nail-marked Pottery *Fukui 2 12,400±350 C₁₄ Linear-relief Pottery *Fukui 3 12,700±500 C₁₄ Sempukuji Lower			Kamikuroiwa	10,085±320 C₁₄ 12,165±600 C₁₄		Kosegasawa 3			Shioda Upper Site 149 Upper			Hanawadai-Inaridai Nogawa II 8,400±1,000 OB-FT Tokisaki 8,740±190 C₁₄ 9,190±200 Natsujima Natsujima Shell Mound II Igusa Natsujima Shell Mound I 9,240±500 C₁₄ Linear-relief Pottery 9,450±400 C₁₄ *Nishinodai Loc. B II Lower				Inaridai Ichinosawa 3 Lower Igusa Saishikada Upper Nail-marked Pottery Saishikada Lower				Ichinosawa 3 Lower Nail-marked Pottery Linear-relief Pottery Ichinosawa 4		*Yubetsu-Ichikawa Tachikawa III Nakamoto *Tachikaru-Shunai	8,400±1,000 OB-FT 8,500 OB-C₁₄ Upper	
	Phase IV		*Fukui 4 Uwaba III *Hyakkadai III *Ishitobi III			*Ijima Upper *Washuzan Upper			Kosegasawa 4						*Nishinodai Loc. B III Upper *Nogawa III 9,500±100 OB-FT *Heidaizaka III 10,300±950 OB-FT				Ishiyama			(Hachinohe Pumice) Chojakubo	12,700±270 C₁₄		Magarigawa	11,800 OB-C₁₄
Precoramic	Microcore (Phase III)		*Fukui 7 13,600±600 C₁₄						Kosegasawa 5 *Minamihara D *Mikoshiba			Shioda Lower *Site 149 Lower *Mokohara 2 III Kikaritoge III Upper	10,700±500 OB-FT 11,400±1,033 OB-FT		Nakazanya III Musashino Koen III Nishinodai Loc. B III Lower	9,400 OB-FT 12,000±300 OB-FT			(Itahana Yellow Pumice) Masugata	10,650±250 OB-FT 11,300±400 C₁₄		(Hijiori Pyroclastic Flow *Kakuniyama 2 Odaino Ie *Etchuyama Loc. S	10,480±220 C₁₄ 10,640±180 C₁₄ 10,740±340 C₁₄ 13,000 OB-C₁₄		*Tachikaru-Shunai Momijiyama Sakkotsu Okedo- Akami Shirataki 30 Mizuguchi Masuda Shirataki-Toma H	12,800 OB-FT 12,900 OB-FT 13,000 OB-C₁₄ 14,100 OB-C₁₄
	Phase IIb		*Hyakkadai II Uwaba IV *Ishitobi IV						*Yadegawa Araya *Nakatsuchi Yasumiba Babadaira *Uenodaira *Anyoji Sugikubo III *Isemiyama Upper *Yukishirazu *Teppodani B Chausuyama *Kamiyama	9,400 OB-FT 10,900±690 13,100±350 C₁₄ 11,100±700 14,300±700 11,300 ?		*Kikaritoge III Lower *Tsukimino IVa Upper Takane Kita 1 IVa *Kikaritoge IVa Upper *Tsukimino II BB1 *Tsukimino I BB1	12,000±400 OB-FT 12,700±300 OB-FT 12,200±700 OB-FT 12,900±100 OB-FT 14,100±350 OB-FT		Sengawa III *Heidaizaka IV Upper *Nogawa IV1 Moro Nishinodai Loc. B IV Upper *Sunagawa *Nogawa IV2	12,700±500 OB-FT 13,100±900 OB-FT 14,000±400 OB-FT 14,000 13,300 14,700±400 OB-FT		*Takei II Iwajuku III ? Motojuku	13,100±250 OB-FT 13,800 ? OB-FT		*Etchuyama Loc. A-A' *Higashiyama Kakuniyama 3 Odaino IIa *Yokomichi Yonegamori			*Horokosawa I	16,300 OB-C₁₄
	Phase IIa		Uwaba VI *Hyakkadai I *Ishitobi VI			*Ijima Lower *Washuzan Lower			Sugikubo II Sugikubo I	≦15,100±300 ≦17,700±500		*Kikaritoge IVa Lower	15,000±450 OB-FT 14,600±200 OB-FT		*Nogawa IV3a *Heidaizaka IV Lower Nishinodai Loc. B IV Lower Nogawa IV3b *Nogawa IV4	15,100±400 OB-FT 17,100±500 OB-FT 17,600 18,200±300 OB-FT		*Iwajuku II			*Etchuyama Loc. K Odaino IIb	718,500±450 C₁₄		Shukubai-Sankakuyama	21,450±750 C₁₄ 21,200±1,100 OB
	Phase I		Iwado III *Fukui 9 Iwado II Iwado I			*Miyatayama *Ko			*Uwadaira *Sugasaka I-PR2 Isemiyama Lower *Sugasaka I			*Jizozaka BB2 Upper Tsukimino IV BB2 Upper Tsukimino IV BB2 Lower *Jizozaka BB1 Upper *Tsukimino IV BB3 Upper *Sanrizuka no. 55	18,500±350 OB-FT 20,700±250 OB-FT 21,100±1,020 OB-FT 28,700±920		*Nogawa *Nishinodai Loc. B VI *Nogawa VII Nishinodai Loc. B VII	18,500±1,450 OB-FT		*Isoyama *Toba Shinden *Takei I *Iwajuku I						*Kamishihoro-Shimaki (Kamishihoro Brown Loam) (Shikotsu Pumice)	19,000 OB-C₁₄ 25,500±1,200 C₁₄ 32,200±2,000 C₁₄
			*Fukui 15 >31,900 C₁₄						Ishikohara			*Koyama	29,300±980		*Heidaizaka IX Nishinodai Loc. B IX Suzuki IX Lower *Heidaizaka X *Nishinodai Loc. B X *Kurihara X Nakazanya X	25,200±800 OB-FT		Hoshino 4								

第3図 野川編年に基づく全国編年 (Oda and Keally 1975)

成り立たないことを明らかにした（鈴木・矢島 1978 等）。また AT の発見は，細石刃石器群や旧石器時代から縄文時代への移行期の研究に対してはさほど大きな影響を与えることはなかったが，AT を介してその上下から検出されることが分かり始めたナイフ形石器の編年観には，大幅な改定を要請したのである。従来の編年案に矛盾をきたす事例が相次ぎ，それまで考えられてきたよりはるかに複雑な変遷過程を経ることが判明した。このことは佐藤達夫による国府型ナイフ形石器最古説を即座に崩壊させ，同時に小田・キーリー編年（1973・1975）の改定を余儀なくさせた（Oda and Keally 1979, 小田 1980）。AT の発見がそれまでの編年観に大きな影響を及ぼし，これを維持していくことは困難との認識を生み出していくことになる（麻生・織笠 1986）。佐藤達夫が逸早く着目した国府型ナイフ形石器の広がりは，ナイフ形石器出現期に起こったことではなく，AT の降灰後，後期旧石器時代の中ごろに生じたことであることも示された。この現象に対しては，後に新たな説明が加えられることになる。

このように，新資料の出現やテフロクロノロジーの進展によって 1970 年代前半までの既往編年は成立困難となり，同時に止め処のない資料の急増はそれまで中心をなした広域比較研究を敬遠させる状況をもたらし，まずはより狭い行政区域内での地域研究・地域編年の確立を目指すべき，という気運が高まったことは，当然のなりゆきであった。以後は，著しく増加する資料を整理して，地域内での石器群の特徴の把握と，地域編年枠組みの構築（松藤 1980, 橘・萩原 1983, 藤原 1983, 諏訪間 1988, 木﨑 1988 等）とに力が注がれることとなる。しかる後に，キーテフラを用いた隣接地域との対比をおこなおうという研究者間での共通認識があったように思われる。

ようやく 1980 年代後半になって，その当時における編年観と地域性の変遷過程の大要を提出したのは安蒜政雄（1986）であった。この研究は，資料蓄積が一定程度進み，これに基づく石器群の時間的・空間的特徴の把握がそれなりに進展したことを背景とする。

安蒜は，大局が明らかになりつつあった関東地方の石器群編年を大きく5期に区分している。すなわち，武蔵野台地立川ローム層の層序番号を用い，第Ⅰ期（第X-VII層）・第Ⅱ期（第VI層）・第Ⅲ期（第V・IV層）・第Ⅳ期（第IV・III層）・第Ⅴ期（第III層）という編年的5時期を設定した。そして，これに他地域の編年を照らし合わせて地域性の変遷過程を叙述するのである。第Ⅰ期は「形状保持的」なナイフ形石器が特徴で，関東地方と東北地方にのみ認められ，単一の地域をなしていた時期とされる。第Ⅱ期は，神奈川県寺尾遺跡の「茂呂型」ナイフ形石器を基準に抽出でき，それがない東北地方には形状保持的な「杉久保系金谷原型」が展開していたと推測し，東北地方とそれ以外の西南日本という最初の地域差が成立した時期という。第Ⅲ期は，「切出系」・「杉久保系」・「国府系」という三つのナイフ形石器が広く展開し，地域性が失われたかのようであるが，それらの共存関係からみると，東北地方，関東・中部地方，近畿・中四国地方，九州地方の四地域に分立しているという。関東・中部地方と九州地方には明らかな共通性があるとも述べている。第Ⅳ期は，槍先形尖頭器や「茂呂型」が広く飛び地状に点在することから，地域的な分立が強まったとみている。が，その一方で九州地方と北海道地方で他に先んじて出現した「細石器」（細石刃石器群）の系列は，その後，第Ⅳ期のうちに列島中央部で日本を二

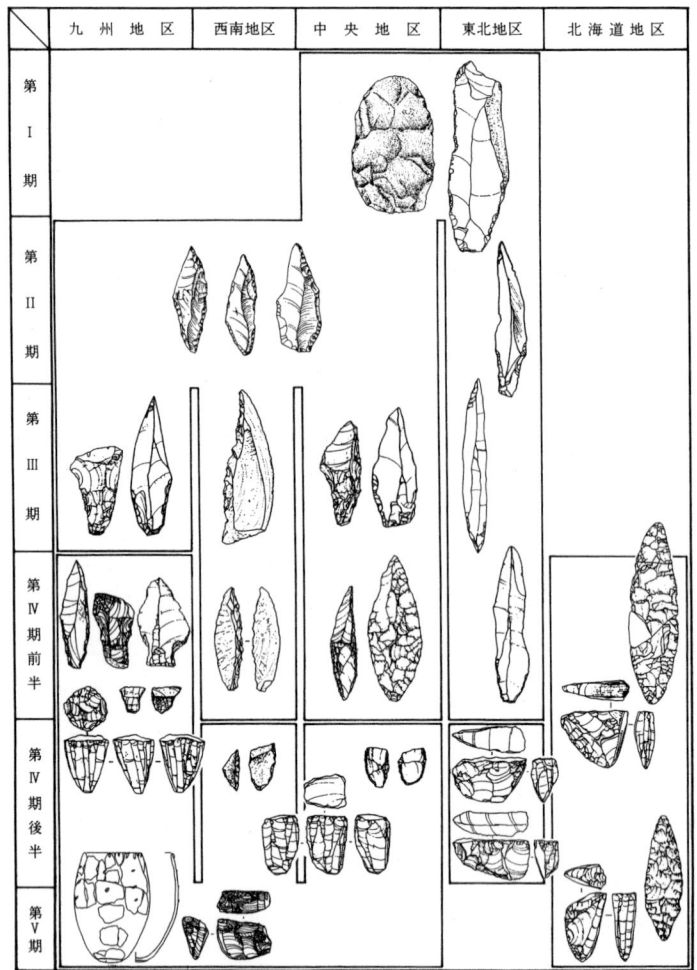

第 4 図　地域性の変遷（安蒜 1986）

分する双極的な地域性へと収斂したとみなしている（第 4 図）。

　以上の安蒜の考察は，関東地方のみならず各地で検出されつつあった，AT との層位的上下関係をもつ資料を用いて論を進めており，研究対象資料の質及び量が向上していることもあって，先述の戸沢の枠組みをおおむね維持しつつも，内容がはるかに詳しくなっている。AT によりナイフ形石器編年の複雑な実態が明らかになってきたことは大きい。

　ただし，その編年研究の方法・手順には不明な点が多く，したがって仮説を構築する過程が，検証可能なかたちで提示されていないという欠点をもつ。ほかにも，第 II 期には列島縦断的な集団の移動が通常であるとしたり，それが第 III 期に近畿・中四国地方を石器製作地点として九州地方と関東・中部地方が生業地となっていたと述べるなど，今となってはこの説をそのまま支持することは難しい。しかし，本書の対象時期に含まれている「第 III 期」に大きな地域性分立の画期を認め，その背景に遺跡群を形成するような複雑化した生活行動の成立があったとする安蒜の見解（1985）は，当時における我が国の研究水準の先端を示すものであったと思われる[2]。

特に，以下で述べるように安斎正人らによる研究パラダイムの転換が図られていく1990年前後以降にあっても，「第Ⅲ期」に画期を認め，従来個別に指摘されてきた地域性の分立が，この時期に本格化することを突き止めた点は高く評価される。

なお，この画期の設定には，国府型ナイフ形石器の広がりも関与していた。安斎はそのことを強調してはいないが，白石浩之（1983）は，その影響がクローズアップされつつあったATの降灰という環境イベントを積極評価する。国府型ナイフ形石器の出現という変化を含め，ATの前後で遺跡数・遺跡規模・礫群・ナイフ形石器に大きな変化が生じたことは，AT前後での環境変化に負うところが大きいと推定する。白石等は，佐藤達夫のナイフ形石器国府型最古説が破綻しても，西方からの国府型ナイフ形石器の影響がAT後の石器群変化に深く関与していたと考えていたのである[3]（白石・荒井1976，白石　前掲）。国府型ナイフ形石器の広域展開という現象への関心は，東北地方（麻柄1984）や九州地方（松藤1982・1985，綿貫1982，織笠1987a・b・1992等）でも高まりをみせた。

このように，1980年代までに，後期旧石器時代の画期が広い地域で共通してAT降灰前後ごろにあり，AT以後には各地で石器群の地域性が顕著になること，その一方，ほぼ同時期に国府型ナイフ形石器等の特異な石器が広がりをみせること，こうした変化には何らかの環境変化が関与している可能性のあること等の指摘がおこなわれ始めたことの意義は大きい。だが，安斎による先駆的な見解があったとはいえ，ATをまたいで生じた石器群の変化が，何に起因するものであり，その結果生じた地域性とはどういった性格のものであったかという問題に対しては，基本的に伝播や集団移動，環境変化等の抽象的な説明に終始していたといわざるを得ない。一個人が広域を対象とする研究を展開することも決して容易ではなくなっていたため，この時期の研究は停滞期にあったともいえる。居住形態論（安斎1985）にしても，同様の研究を関東地方以外で実践することは，当時の資料状況からみても難しかったというのが実情であろう。

第3節　パラダイムの転換

とはいえ，1980年代の研究の停滞は，資料の急増に反比例して研究対象の時期・地域が狭められたことだけを原因とするのではない。石器を型式学的に分析して類型化し，その関係に過去の人々の文化間の関係を直接読み取ろうとする石器文化論では，人間社会の歴史に接近することができないのではないか。停滞的な研究状況のなかでこのような問題提起をおこない，資料の蓄積が進む一方でそれによって新たに生じた問題群が解決されない現状を，研究パラダイムの転換によって打開しようとしたのが安斎正人（1990・1991a・b・1993）や佐藤宏之（1988・1990・1991・1992）らの一連の研究活動であった。今日，それは社会生態学（安斎1993）を代表的なアプローチとする構造変動論（安斎2003c）として体系化されるまでになっている。

この一連の運動の詳細は安斎らの著書（安斎2003c・2007，佐藤1992等）を参照されたい。この運動が強く主張した論点で，本書とも関係する部分を以下に要約しておく。

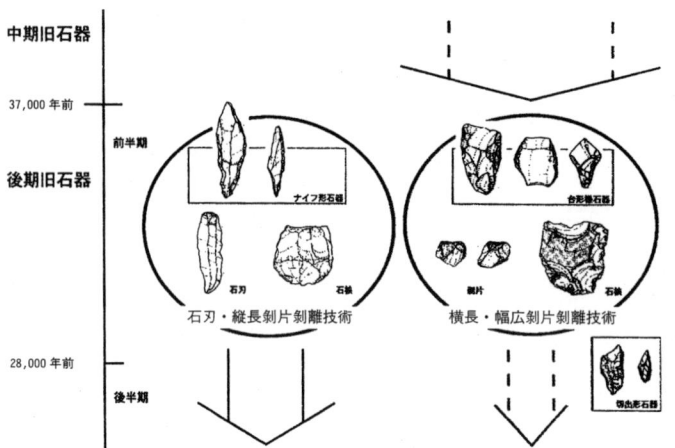

台形様石器の技術系統はそれ以前の時代から引き継がれたものだが、基部加工尖頭形石器やナイフ形石器の技術系統は、大型狩猟具の本格的出現に対応して新たに生まれた。

第5図　二極構造論 (佐藤 2005b)

①遺跡に残された石器は、生活の一側面であることは確かだが、遊動生活におけるシステム化された多様な活動の部分的発現に過ぎない。したがって、遺跡に残された石器組成内容の類似によってまとめ上げられた集合的単位が、生活の全体像をそのまま反映していると考えることは単純である。生活を構成する物質文化諸要素をいくらリスト化しても、要素間の諸関係を解き明かす中範囲研究（阿子島 1983, 佐藤 1988）を参照したシステム・構造論的視点のない限り、生活の実態に近づくことができない（安斎 1991a）。

②これまでの石器文化論では、石器文化を「文化」（集団）の反映として捉えているため、石器文化の変化を、集団移動に基づく文化伝播によって説明する方法が定着していた。しかしこの方法では、地域間あるいは地域内の石器群の多様性を説明することができなくなっている。現生狩猟採集民研究からのアナロジーでは、先史狩猟採集民社会が、そのような大規模かつ頻繁な移動を繰り返すような緊張と対立の関係に支配されていたと想定するよりも、通常は集団間に恒常的な同盟網・婚姻網を維持することで、社会的再生産や地域内外の情報獲得を志向していたとみなすほうが現実的と考えられる（佐藤 1992）。伝播系統論からの脱却が必要である（安斎 2002）。

パラダイム転換運動によって、類型化した石器群間の関係を文化間の抽象的関係に還元するのではなく、非類型的で個別具体的な石器群の複雑な時間的・空間的布置を解明し、そこに反映された柔軟かつ現実的な生活構造の変遷と変異をつきとめ、その背景の解明へと赴くべきことが説かれたことは何より重要である。この意味では、戸沢の型式学よりも、前述した個別石器（群）の「系統的個体識別」による縦横連鎖関係を解明する佐藤達夫の方法論が、より適合的であることはいうまでもない。

そして、本書が主に取り扱う後期旧石器時代前半期／後半期の移行過程については、それまでの集団的伝播系統論からの解放を唱道する佐藤宏之（1988・1992）により、重要な仮説が提示される。すなわち二極構造論である（第5図）。佐藤が提示したのは、列島という広域を対象とした

石器群の技術構造分析を中心とする研究で，後期旧石器時代の石器群に通底する技術構造を抽出し，その成立と展開を歴史的に評価するというものである。これは，技術構造分析を中心に据えつつも，実際は遺跡間システム，社会構造にも言及する総合的な仮説であった。

そもそも，後期旧石器時代前半期と後半期という時期区分はこのとき設定されたものであり，その違いは次のように規定されている。

前半期とは，ナイフ形石器系と台形様石器系を対立項とする，二極構造と呼ばれる技術構造に特徴づけられる。したがって，両石器を製作する技術系列は，各々異なった契機で発揮されつつも，同一集団に保有された選択的・互換的技術であると考えられたのである。従来両者は，異なる文化集団が残したと考えられていたが，それらの同時期存在が次々に明らかになるにつれ，この現象を石器文化論では説明できなくなっていた。佐藤の二極構造論は，この現象をクリアに解釈することを可能とするものであった。前半期においては，この二極構造が，石材その他の資源の特徴を共有する地域単位を超えて，汎列島的に確認されると要約する。

他方，後半期とは，広域で共通していた二極構造が各地で同時に変化し，おおむね石材その他の資源の特徴を共有する地域単位毎に，異なった構造へと変換していくと予測している。つまり，前半期から後半期への転換は，汎列島的に共通する構造から，より小さな地域ごとに独自の技術構造に変換すると指摘したのである。資源構造が共通する範囲ごとに特有の技術構造（地域性）が形成されていくこの現象は，「生態適応の深化にともなう社会・集団的な地域適応」（佐藤1992：267）の反映と考えられ，こうした地域環境への適応進化が急速に進行することが，後期旧石器時代前半期から後半期への移行期の特徴であるとまとめた。また，より小さな地域への生態適応の進行は，地域社会の成熟を促し，その結果として，社会再生産（婚姻網）や情報交換（情報網）を可能とする地域社会間の同盟網の強化にも繋がったと予測している。その画期はおおむね武蔵野台地立川ロームⅥ層石器群（約25000^{14}CyrsBP）を前後する時期に想定している。Ⅵ層の時間幅の内部を境に，それ以前（Ⅹ～Ⅶ・Ⅵ層）を前半期，以後（Ⅵ・Ⅴ～Ⅲ層）を後半期とみるわけである。

石器群の構造的研究により，日本後期旧石器時代における石器群の変化が，人間社会の適応行動の推移として把握され，その画期（前半期／後半期）が歴史的に評価された意義はきわめて大きい。これは，戸沢の枠組みを継承する形でその量的発展を成し遂げた安蒜説にはない，大きな成果であったことは間違いあるまい。したがって，以上の成果は現在も大枠での参照軸として有効である。

ただし，佐藤のこの仮説は，主として後期旧石器時代前半期を対象とした資料分析に基づくもので，約25000^{14}CyrsBP以降の後半期に起こった上記の変化は，おもに理論的な予測として提示されている。編年研究や技術構造分析はまだ詳しくなされていない。関東地方における研究例があるものの（田村1992），広域的・体系的に検討された例はない。後半期の広域的な編年研究や技術構造分析を通じて，後期旧石器時代前半期から後半期への石器群構造の変化に，人間集団の適応戦略の歴史と，地域社会の形成過程を読み取っていく作業は，現在も大きな課題となって

さて，前述の運動と時を同じくして，1990年代以後には膨大な量にのぼりつつあった新出資料を集成・整理し，新しい研究を提示したり新規課題を見出そうとする大規模なシンポジウムが各地で活発に開催されていく。その代表といえるのは，石器文化研究会による1991年，1995年の大規模シンポジウム（石器文化研究会編1991・1995）であり，中四国旧石器文化談話会による『瀬戸内技法とその時代』（中四国旧石器文化談話会編1994），愛鷹箱根の旧石器時代全般を取り扱ったシンポジウム（静岡県考古学会・シンポジウム実行委員会編1995）等であろう。シンポジウムだけでなく，このころにはようやく広域集成的研究や（織笠1992，比田井1990），地域編年の精緻化を企図する研究（伊藤1991a）が増えはじめた。

　こうした作業によって，多くの研究者が爆発的に増加する資料に対する認識を共有したことが，その後の研究の展開に寄与したことは疑いない。後にも触れるが，1991年・1995年の石器文化研究会によるシンポジウムによって，本書の対象とする時期に関する石器群の時空間変異については，現在も参照可能な良質のデータが豊富に収録されている。国府系石器群研究において，『瀬戸内技法とその時代』が収録するデータは欠かせない。

　しかし，集成・整理という作業が主軸に据えられていたことで，従来説・編年等への新資料の充実・精緻化に相当な重心が置かれていたことも明らかである。資料増加が必ずしも既出問題を解決してくれないことはすでに指摘されていたのだから，安斎らのように新規的方法論を，こうした膨大な資料に体系的に適用することで新しい研究の展開を模索することに，より多くの関心と努力が注がれてもよかっただろう。しかし，安斎や佐藤らのものを除いては，戸沢や安蒜の学説から脱却し，これを検証し，対向するような新規的研究が提出されることはなかった。

　もちろん，特に関東地方における膨大な資料を相手に居住形態研究を精密化した島田（1994），野口（1995）などの新しい研究は取り上げねばならないが，その成果を人間の生活行動の歴史として体系化する作業（佐藤1996・1997）が，その後に続かなければならない。

　また，同時期に活発化し，各大規模シンポジウムでも取り上げられた高精度年代測定技術や気候変動に関する高解像度の研究が紹介されても，理論と方法というレベルにおいて，考古学サイドでそれを効果的に消化する段階になかったといえる。以上の問題は，ひとえに石器群や環境変化と人間の社会的・行動的側面とを連絡する架橋理論（中範囲理論）の必要性に対する認識が不十分であったことによる。これは，パラダイム転換運動が批判の焦点にしていた問題そのものであった。

第4節　問題の設定

　本書でいう後期旧石器時代前半期／後半期の移行期という時期には，広い地域にわたるような石器群の変化が生じているらしいことや，同時に地域性がはっきりしはじめるということは，1980年代より認識が深まりつつあった。この問題に対しては，広域を対象範囲におさめ，一定

程度の時間幅をとった通時変化・地域差の確認作業が必要不可欠であることも，広く理解されていたであろう。大規模発掘以来，その整理・分析のため研究対象や時期をより狭い範囲に限定する地域研究が主流となっていたこともあり，広域を対象とした研究が進展するには時間を要したが，1990年代以後2000年代初頭まで続く大規模シンポジウムによってその道程も徐々に開かれてきた。

しかし，それでも現在まで，この時期の広域的変化が何を意味しているのかを，大幅な増加をみせる資料に基づいて論じた体系的研究は，佐藤らによるものを除いて発表されていない。やはり筆者は，1990年代の研究パラダイムの転換運動こそが，それ以前の研究の方向性を一新し，その後多くの新規課題の開拓や斬新な仮説の提示につながったと考えている。このことは，パラダイム転換運動が展開されるまで，1970年代以前に認識されていた問題が本質的には解決されてこなかったことがよく示しているのではないだろうか。

したがって，後期旧石器時代前半期／後半期という時期を研究対象とするにあたり，本書が検討を加え，さらなる発展を目指すべきなのは，いまでも佐藤宏之（1992・1996）等による構造変動論の立場からの仮説と考える。2000年代に入り，資料の蓄積が沈静化したいまだからこそ，資料の徹底的な集成と分析によって，これまで提示されてき仮説の確認作業が積極的におこなわれねばならない。

2000年以後，局地的ながら一層の資料増加が進行している地域もある。そうでなくとも，佐藤仮説以後に蓄積された資料はかなりの量になるだろう。後期旧石器時代前半期／後半期の移行過程に関しては，統一的で体系的な視座からもう一度広域的に整理しなおして編年対比し，そこから社会生態学的アプローチを中心とする方法論によって人間社会の適応行動の変化を読み取る作業が，試みられねばならないと思う。

もちろん，大規模開発によって現在までに得られた我が国の旧石器資料は，今やあまりに膨大である。これを一個人が悉皆的に研究対象とすることは容易ではない。とはいえ，すべての資料を悉く研究対象とし得なくとも，できるかぎり広い地域に目配せをし，また可能な限り多くの資料を検討対象に取り込んで，各地の後期旧石器時代前半期・後半期移行期石器群の「前後と左右」を見渡す努力が何よりも肝要と考える。

註

(1) このとき芹沢により提示されていたナイフ形石器→切出形石器→ポイントという見方は，その後1980年代まで長く受け継がれていく。
(2) ただし，最近の学説（安蒜2008）には，分析対象の体系的抽出がなされていない点等において，大きな問題をもつものが多い（森先2009a）ので，ここでは取り上げていない。
(3) これには鈴木次郎や矢島國雄による批判もあった（鈴木・矢島1978）。最近でも野口淳（2005）が，瀬戸内地方からの影響として捉えられた技術的類似現象は，単純にそのようには捉えられず，各地の連動的技術変化（調整加工重視の石器製作）のなかで生じた表面的類似である可能性を示唆する。その理由

は，瀬戸内地方から技術が広がったとするには，瀬戸内地方でもっとも古い段階の国府型ナイフ形石器製作がおこなわれるべきだが，その証拠がないため，技術伝播ではないためであるという。数百年～千年程度のオーダーからなる旧石器時代編年において，技術伝播に段階を超えた時間差（傾斜編年）を想定すべきとする野口の主張には，「中部高地尖頭器文化」に対して加えられた佐藤（1990）の批判がそのまま適用できる。明らかに，これは時間スケールの取り違いである。野口をはじめ，外的要因によらない説では，なぜそうした技術変化が生じたのかが言及されないことが多い。

第Ⅱ章　方　　法

第1節　技術構造分析

　本書で用いる方法は，型式分析や技術構造分析，石材消費戦略，情報論等を基本としている。取り立てて新規的なものはないが，分析に先立って簡単に方法的枠組みについて説明しておきたい。

　遺跡に遺されたすべての石器群は，当然ある文化伝統を有する社会集団が残したものである。この意味で，すべての石器群は文化的産物といえる。しかし，そうであるからといって，石器群の示す諸特徴，たとえば石器の形態や組成，石器製作技術，およびその組み合わせ（従来の意味でいう「文化」）が，石器文化論においておこなわれるようにそのまま文化論的単位となるとは限らない。言い換えれば，文化的指標とみなしうるような特徴が，単純に，また直接的に，石器・石器群の表層に反映されるとは考えにくい。

　そもそも，旧石器時代の生活集団は，所与の生態環境下で生存するために，どのような食料資源を，いつ・どこで・どのようにして獲得するかということを，常に計画立てて遂行していたはずである。そしてそのために，食料資源を効率よく入手するための利器の材料，なかでも石材資源の獲得と消費を，どのようにしてその計画的行動に組み入れるかが常に現実的な課題であった。その際に問題となるのは，石材の性質や形や大きさおよび分布といった石材環境であり，これへの技術適応として，石材的条件に見合った石材の運用技術が，ある時点までの技術伝統の枠内でデザインされている。つまり，食料資源の獲得戦略と，石材運用戦略・石器製作技術は，相互に密接に関連したシステムをなしている。

　資源の利用をめぐる人と人との関係もまた，生存戦略のデザインを規制する一側面である。利用可能な資源を，すべて望むだけ利用するということは現実には不可能で，技術水準や資源の分布・予測性および量次第で，人間集団が生存するために必要な資源開発範囲というものも，自ずと変化するものである。資源開発範囲の拡大・縮小，それに伴なう人口配置の変化は，当然社会集団間に諸種の軋轢を生むので，その解決方法である社会戦略の再構成が，同時に求められる。したがって，生活システムと社会システムもまた重層的にシステム化されており，不可分の関係態をなすと考えられる（第6図）。

　個々の石器群とは，人間集団のこのような重層的適応系を背景として形成されるため，その形成プロセスには，特に社会と生態に関わる多種多様な条件が階層的に関与していることは明らかである。だからこそ，石器群が示す石器形態や石器製作技術の類似性といった，ある特定の要素（群）を直接石器群荷担者の文化系統とばかり結び付けて理解することには，慎重であるべきな

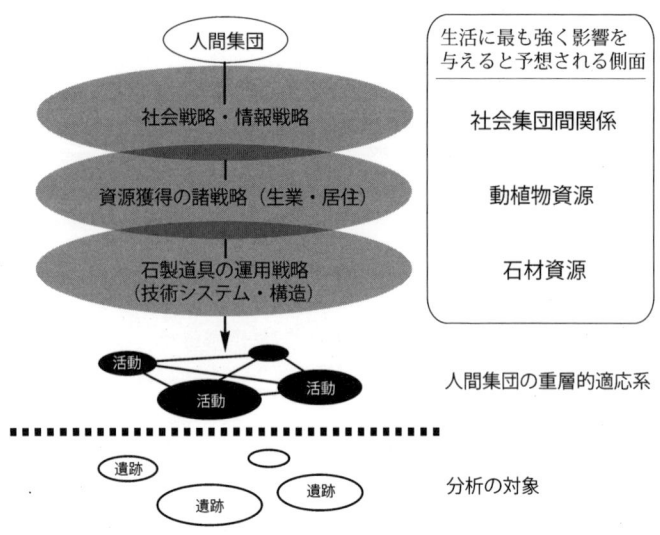

第6図　人間集団の重層的適応系

のである。すべての石器群には，これを残した社会集団の日常生活を構成するあらゆる側面が，間接的・重層的に反映されているものと考える必要がある。逆にいえば，以上のような想定のほうがより堅固な理論的根拠や民族考古学的裏づけをもち，より説明力が高いと考えられるからこそ，石器群を手掛かりに人間集団の生活行動を解釈する保証が得られるのである。

とはいえ，特に本書のように，広範囲を対象とし，後期旧石器時代前半期から後半期にかけての人間集団の適応戦略を研究主題とする場合，石器群に関与する膨大な変数を問題とし，そのシステム的な相互関係と，構造性を研究対象とすることは至難の業である。

そこでまず本書では，多くの資料を対象とすることができるため広域での比較がおこないやすい石器製作技術構造を主たる分析対象とする。すなわち，石器群の技術分析を通じて，石器群形成の基幹をなす石器（トゥール）製作—素材供給技術の相関関係を明らかにし，これを技術構造と呼んでその石器製作の基盤的構造を抽出する。単なる要素組成論ではないこのような捉え方の端緒は稲田（1969）にも窺えるが，体系的に資料に適用した例は佐藤宏之の二極構造論（佐藤1988）が先駆である。

繰り返すように，器種や型式の単なる集合体として「文化」復元をおこなうという方法は非現実的である。個々の石器は，当時においては道具であり，主に環境資源の利用に使われた石製利器であって，資源利用と直結した機能的存在である（佐藤2004）。ある機能を担うための石器の種類はおのずと限られてくるのだから，限られた器種・型式の単なる集合体として石器群を整理し，この単位間の関係に文化系統論的説明を加えるといった方法は有効とはいえない。そうではなく，限られた種類の石器であっても，石器や技術間の具体的関係と，これに通底する規則，言い換えれば石器の利用法，運用の仕方・原則には，地域固有の環境適応戦略の技術特性がよく反映されると考えられる（佐藤1992, 安斎2003c）。またそうした構造性は常に通時間的に形成されるものであるから，おのずと歴史的固有性を帯びてくると考えられる[1]。

この石器製作の技術構造は，適応行動を構成する諸技術に組み込まれた道具製作の，もっとも基礎的な側面を反映し，かつ石器群からの直接的アプローチが容易と考えられる。本書でも，この分析法によって，人間集団の環境適応戦略のもっとも基盤的な側面を読み取ることを第一としたい。またさらに，技術構造の地域間変異や通時的変化の解明から，人間集団の適応戦略の時間的・空間的差異を明らかにしたい。すなわち，多様な石器群を生み出しつつ，それ自体は長く変化しない，石器製作における以上のような不変的・基幹的関係性の時空間分布を抽出するとともに，それらと資源環境との相関的関係を分析することによって，適応戦略の地域固有の特徴とその歴史的変化の意味を評価していきたい。

第2節　技術構造と資源開発戦略

1　モード論

次に，以上のような方法的枠組みに立って，技術構造に行動論的性格を与えるための諸概念を整理する。技術構造は，たとえば〈石刃モード―剝片尖頭器／剝片モード―台形様石器〉というように，静的に表現される。しかし，ここで石刃モードや剝片モードと呼ぶ石器素材供給技術群には，後述するように，石材の消費戦略上の相対的（機能的）な特性がある。そのため，どのようなモードを組み合わせた技術構造であるかということは，その技術によって資源を利用し，生業を営んでいた人間集団の行動戦略上の特徴をよく反映するものである。

よく知られているグレアム・クラークのモード論（Clark 1977）は，発展段階を含意せずに石器群の技術形態学的特徴を記述するものとして有効とされる（佐藤 2003a）。我が国でもこれを参照した石器モード論（田村 1989，安斎 2003c）があり，技術に発展段階論的な意味を付与しがちな伝統的技術進歩観を遠ざけて，石器群の技術的特徴を記述するために有意義と考えられる。

さて，日本の後期旧石器時代には四つの石器モード，すなわち石刃モード・剝片モード・両面体モード・細石刃モードが知られている。このうち，本書の対象時期には石刃モード・剝片モード・両面体モードが確認されている。技術構造で表現すれば，石刃モードと剝片モードがそれぞれナイフ形石器・尖頭形石器と台形様石器に結びついた技術構造をなすのが後期旧石器時代前半期であり（二極構造），この関係が解体して新しい技術構造が形成されるのが後期旧石器時代後半期である。

さて，たとえば石刃モードは規格的な石器素材を連続生産することにおいて効果を発揮するが，これを素材として製作可能な石器の形態は，当然ながら石刃自体の形状に制約を受ける。また，石刃モードは石材の選択から，石刃剝離過程に至るまで，相対的に入念な維持管理過程を経ねばならない高コストの技術である。石刃という素材の範囲内で製作可能な石器（道具）を，安定して量産せねばならない場合等には有効であるといえる。しかし，そうでないならば，より簡便で低コストであることが多い剝片モードを選択・採用するほうが効率的な場合が多い。

このように，各石器モードはそれぞれ相対的・機能的な特長をもっているのであり，コンテク

ストを無視して，あるモードが他のモードより優れているといった評価を下すことはできない。モード論の主たる意義はここにあると考えられる。したがって，追究の対象とせねばならないのは，各々独自の利点をもつ諸石器モードのうち，技術構造の主たる構成要素となっている石器モードが，どのような目的のもと，いかなるコンテクスト（制約条件）によって選択・採用（デザイン：Hayden et al. 1996）されたのかという点になる（佐藤 2003a）。

ただし，たとえば石刃モードといった場合も，それは「石刃を目的生産物とする」という共通項で包括された諸技術を含んでいる。しかしながら，ここに包括された諸技術も各々異なった石材消費戦略上の特性を有している。そこで，本書ではモード論に立脚しつつも，技術構造の行動戦略上の意義を議論する場合には，各モードを構成するさらに下位の諸技術に着目する。この目的で，最低限区別すべき諸技術を以下に示しておく。

石刃モードは周縁型石刃剥離技術と，小口面型石刃剥離技術に分けることができる（安斎 2003b）。安斎による説明があるとおり，周縁型は，主に非尖頭形の幅広薄手の石刃を規格生産（量産）するものであり，得られる石刃は刺突具である「背部加工尖頭形石刃石器」[2]以外にも，掻器・彫器・削器等の各種石器素材として利用可能な汎用性をもつ。ただし優良石材を前提とし，かつ石核管理がかなり入念におこなわれねばならず，高コストである。一方，小口面型石刃剥離技術は，主に尖頭形のやや厚手の石刃を規格生産（量産）するものである。この技術で得られる石刃は，打面部付近に最大幅をもつ先細りのものであるため，主として「基部加工尖頭形石刃石器」の素材とされ，汎用性には乏しい。また，小口面型の多くは，単一剥離面（ないし自然面）からの連続打撃によるため技術的に容易で低コストであるが，そうして得られた石刃から有効な形状のものを選択して用いるので，石材消費の上では無駄が生じやすい。

剥片モードには，縦長剥片剥離技術・横長剥片剥離技術がある。いずれも，規格的な石器素材の連続生産はできないかわりに，技術的に簡便であることから，石材選択上の制約は少ない。ただし，制約が少ないというだけであって，粗悪石材だけではなく，優良石材であってもこれらの技術の適用対象となることは注意せねばならない。つまり，適用対象範囲が広いということになる。また，剥片モードのなかにも技術的に特殊化したものがあり，瀬戸内技法や米ヶ森技法として知られているとおり，それらは規格剥片の連続生産を可能とする。しかしながら，これらの技術から得られた剥片は規格的であるが特殊な形態をもつため，製作可能な石器が限定され，汎用性には乏しい。また優良石材の利用が前提となっている場合が多い。

素材供給技術と，トゥールとの相関的関係によって記述される技術構造は，素材供給技術のこうした固有の効果を理解していくことで，その行動的側面も視野に入れることができる。

なお，トゥールの分類については，安斎正人等（安斎 2000・2003c，佐藤 2000）の提案に従う。つまり，文化史的な意味合いだけを与えられた「ナイフ形石器」を解体して設けられた，一連の概念を採用する。具体的には，従来の意味で「ナイフ形石器」とされてきたものは次のように分類する。基部加工尖頭形石刃石器（尖頭形石器と略称）・背部加工尖頭形石刃石器（ナイフ形石器と略称）は石刃を素材とした尖頭部・基部を有する石器であり，前者は素材に基部加工を，後者は

素材に側縁加工を加えて製作したものである。主に刺突具（狩猟具）として機能したと推定されている。基部加工尖頭形剝片石器（尖頭形剝片石器と略称）・背部加工尖頭形剝片石器も，素材が剝片であるという点が異なっているが，同じように理解する。切出形石器は二側縁を加工し，斜刃となる刃部が器体中央部より上に位置する石器をさすものとする。端部加工ないし部分加工ナイフ形石器とされてきたものは，着柄のための基部や刺突のための尖頭部をもたないため，截頂石刃として区別する。このほかの分類はおおむね従来の分類に基づくが，角錐状石器と呼ばれてきた石器カテゴリーには再検討の余地がある。これは第Ⅴ章で扱うのでここでは述べない。

2 居住形態

さて，技術構造は，食糧獲得戦略を中心とした資源利用戦略と密接不可分に構築された，石製道具製作技術の基本的特質を反映している。したがって，石器製作に関わる技術構造は，資源の構造的特質（種類・質・量・分布パターン）の制約を受けつつ計画立てられた生業・居住形態に，かたく組み込まれていたと考えられる。先史狩猟採集民研究では，この生業・居住形態は，居住地点・滞在地点の選定の多様性や規模，各地点における作業内容の変異の分析と，それらのシステム的総合によって導かれる（Binford 1980, 安蒜 1985, 野口 1995, 国武 2003）。この生業・居住システムに組み込まれた道具製作技術の構築にあたり，強く作用すると考えられる環境条件は，石器の素材となる石材環境である。そこで，ここでは石材環境，生業・居住システムと技術構造との関係を論じた重要な研究事例を取り上げて参照し，石器製作技術構造から人間集団の適応戦略の特徴を評価するための方法を整理しておく。

最初に田村隆の研究（田村 1989）を取り上げる。田村は，東部関東〜東北地方の後期旧石器時代前半期石器群を対象として，個々の石器群を構成している二項的属性群，すなわち，〈限られたタイミングに獲得可能な優良石材：石刃モード—ナイフ形石器〉と，〈日常的に獲得可能な粗悪石材—剝片モード：台形様石器〉という二項的技術系列を見出し，それらが相互に連関して働きつつ多様な廃棄空間（遺跡）をなしていることを指摘し，これを二項的モードと呼んだ。すでに佐藤宏之によって提唱されていた二極構造（前述）を，石材獲得消費戦略の視点から捉えなおしたものと評価できる。たとえば，良質だが手近では獲得できない石材の場合，その消費に関わる技術は節約的に工夫される傾向にある一方，日常的にふんだんに入手可能だが質の劣る石材は，浪費的かつ洗練されない粗放な技術で消費される傾向にある。田村は，佐藤によって提唱されていた二極構造を構成する二項的技術，すなわち石刃・縦長剝片剝離技術と幅広・横長剝片剝離技術を，それぞれ石刃モードと剝片モードと読みかえ，前者が優良石材を前提とした技術であり，後者が粗悪石材を前提とした技術であって，両系列が相互補完的に組み合わせられて技術適応をなしていたと説明した。それは，在地に優良な石材産地をもたない石材環境への対応として構築された，技術の構造的特性であったという。石材環境と技術構造の相関的関係を石材消費戦略の観点から具体的に論じた点は，後の研究においても大きな影響を与えている。

ただし，田村自身が述べるように管理的な石刃モードと便宜的な剝片モードの二項的系列化お

よびその選択は，単に石材環境だけを背景とするものではない。後期旧石器時代前半期二極構造が，上記した石材環境下にない地域でも等しく認められることは，二極構造論が指摘するところである。技術の選択に働く石材的要因は，我が国でも1990年代以後に多数提出されており（会田1993，山口1994等），確かに重要な視点ではある。しかし，以上のように，技術の管理化（Binford 1979）は，石材産地との距離や石質と単純な対応関係をみせないということに注意が必要である。たとえば，後期旧石器時代前半期の二極構造とその推移は，単純な石材環境のみでは説明できないことを捉え，同時期を通じて認められる石刃モード系列の進展と大型刺突具の拡充傾向は，獲得の方法・タイミングにより大きな制約のある大型獣狩猟への特化と関係がある，と説明する佐藤宏之（1993）の仮説は重要である。第6図に示したように，技術構造の変化や地域差が，単に石材環境という要因のみでは説明できない重層的適応系を背景とすることをよく示している。

　この大型刺突具の推移に関する佐藤の論点を踏まえ，大型刺突具の供給方法と生業・居住システムとの関係という観点から，技術構造の変化のプロセスに関する地域モデルを提出したのが国武貞克（2005）である。後期旧石器時代前半期中ごろ（武蔵野台地立川ローム層・層序記号でいう，IX層下部〜IX層上部・VII層下部期）の東部関東の石器群を主に対象として，国武は，製作に際して石材の質やサイズにとりわけ大きな制約を受けるが，生業戦略上，きわめて重要な利器であったと思われる大型刺突具を中心として石器製作の技術構造（二極構造・二項的モード論を継承している）を抽出し，その時間的変化を，石材消費行動から推定される生業・居住システムの具体的変化と関連づけて説明している。国武によれば，東部関東におけるIX層下部からIX層上部・VII層下部の時期にかけては，技術構造に二項性（二極構造）が曖昧になり，石刃／剝片両モードから小型刺突具の製作がおこなわれるようになる。また，大型刺突具では，先細り石刃を用いた尖頭形石器が減少し，先端の尖らない幅広の石刃を用いたナイフ形石器が増加する（第7図）。

　技術構造のこのような変化の背景を，安斎正人の所論を参照しつつ国武は次のように説明する。IX層上部・VII層下部期には，大型刺突具の素材である石刃の運用方法が，各地点での石刃核消費によってではなく，石刃そのものの携帯へと変化しているため，生業活動に対する予測可能性が高まっていると考えられる。また，石刃や大型刺突具が残される範囲，すなわち国武が生業領域と仮定する範囲が拡大している。したがって，生業領域の広がりと生業活動の（対象となる資源の）予測可能性が高まっていたため，大型刺突具の素材石刃の量産が必要となった結果，石刃生産において生産される頻度の低い先細り石刃に限らず，多様な形態の石刃をも刺突具素材として用いる必要性が生じた。その帰結として，素材形状の大幅な変形を特徴とするナイフ形石器が増加した（安斎2003a）と同時に，剝片モードが刺突具製作（小型ナイフ形石器）に結びつくようになったのだ，という。

　国武の研究は第6図でいう生業・居住システムと技術構造との関係を具体的に考察したものである。資源獲得の諸戦略の変化が，技術構造にどのような影響を及ぼすかという国武の論において，生業・居住システムの変化は地域を限定した悉皆的な石材調査（田村・国武・吉野2003，田村2006）を基礎とする石材利用パターンの研究から組み立てられている。このため，分析と解釈の

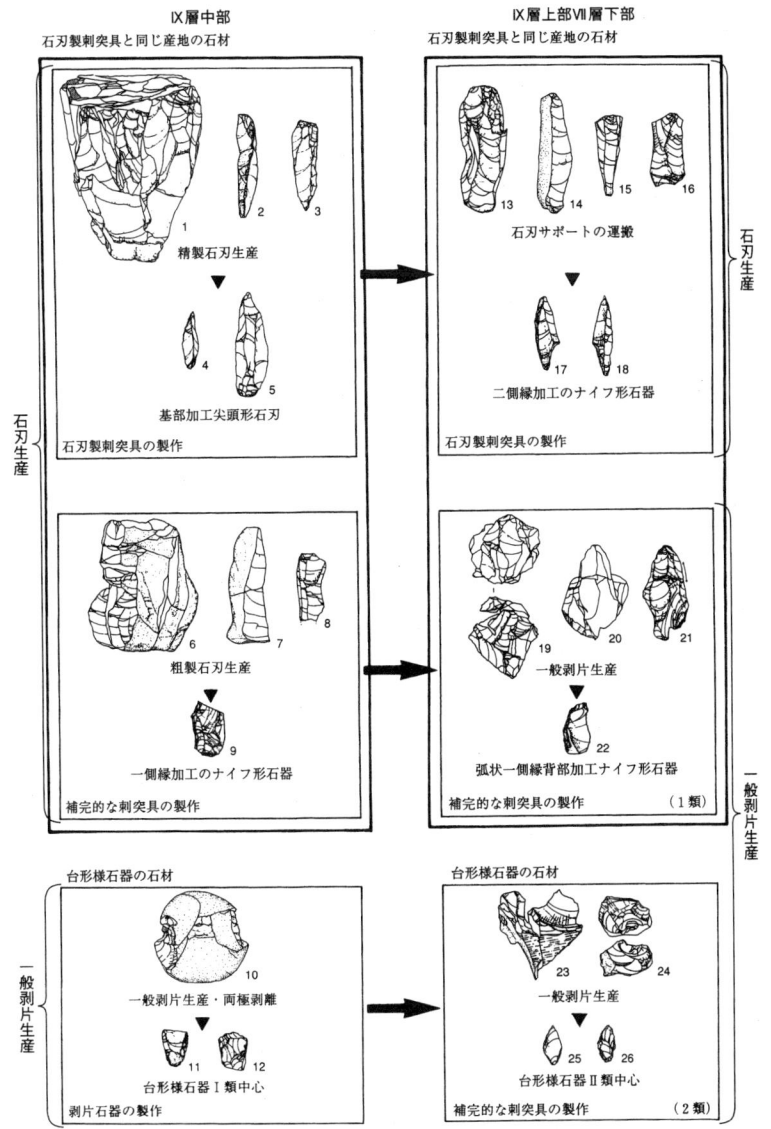

第7図　東部関東IX層中部からIX層上部・VII層下部にかけての技術構造の変容（国武2005）

方法としては十分参考になるが，本書のように広範囲を対象とした場合，遺跡数の保証されない地域では，生業・居住システムの具体的復元は困難である。そこで以下では，生業・居住システムやその構造の一面を反映していると考えられる考古学的現象（たとえば，遺跡数や遺構の増減パターン等）に言及する場合，生業・居住システムという用語を用いず，「居住形態」という用語でこれを指すこととしたい。

　本書では技術構造の通時的変化・地域間変異を，主に石材環境や植生環境から推定される地域的な資源環境の差異と対応させることによって，人間集団の適応系を考察することを中心的主題にすると述べてきた。その際，国武等の議論にならい，居住形態が技術構造と資源環境の両者を

具体的に媒介する位置づけを有することに注視したい。ただし，居住形態が技術構造を一方向的に変化させるというよりも，技術伝統・技術水準の枠内で居住形態も規制されているわけだから，両者は双方向的に規制し合う関係にあると考えるほうが適切だろう。本書では，技術構造を静的な構造体として抽象化し，その行動戦略上の特性を整理したうえで，資源環境との相関関係から適応戦略を論ずることを基本としながらも，技術の実際的な運用状況（〈遺跡間システム≒生業・居住システム〉の部分的反映としての居住形態）にも目配りしながら，地域資源環境（地域生態）への人間集団の適応戦略を，人間の行動的側面に即して論じたい。

3　石材分布構造

ところで，旧石器時代人の道具素材となる石材資源の環境について，ここまで「石材環境」という用語を用いてきたが，以下，本書では「石材分布構造」という概念を用いる。「石材環境」という曖昧な用語とは異なり，「石材分布構造」という場合，石材資源の種類・質・量・サイズおよびその配置関係と，仮定される生態開発圏との相互的関係を意味するものとする。この概念は，以下の佐藤宏之（1992: 298-309）による研究を参照している。

佐藤は，後期旧石器時代後半期を対象に，関東地方と瀬戸内地方の石器製作技術や石材運用戦略（資源開発戦略）の構造的異なりの背景を第8図のようなモデルで説明する。要約的に述べれば，瀬戸内では，植物相の類似性から推定される回廊状の生態圏を地域集団の開発圏と仮定すると，この開発圏の内部もしくは外周部にほぼ等距離で，単一の優良石材であるサヌカイトが分布する。さらに，瀬戸内では原産地間に石材の優劣の差異が乏しい。このため，瀬戸内の地域集団は開発圏に近接しアクセスの容易な石材分布構造のもとにあったと考えられるので，最近接原産地の利用を基本とし，通時的に安定した石材運用戦略・石器製作技術を構築し得たと考えられる。またその結果，相対的に安定度の高い集団間関係を構築していたと予測できそうだという。他方，関東地方では，同じような推定の下に求められた開発圏からみて放射状に黒曜石原産地が位置し，さらに産地間の石質の優劣も大きいだけでなく，最優良の信州産黒曜石は開発圏から離れた位置にある。開発圏自体も大河川による地理的分立が顕著である。こうした条件下では，遠方への放射状の石材獲得行動を，日常的な資源開発戦略に組み込むことが困難であったとみられ，在地産の石材を補完しつつも，交換行為によって石材供給を保障するようなシステムが構築されていたとし，石材獲得の方法（当然，石器製作技術に関連する）が時機によってめまぐるしく変化する傾向にあったのではないかという。

この論考の目的は，理論的考察に重心をおいた仮説の提示にあったので，先述の居住形態に関する分析はおこなわれていないのであるが，次のような意義を有する。すなわち，石材環境のうち，人間集団にとって特に重要であったと考えられる諸要素の相互関係を構造的に捉え（石材分布構造），植生環境や型式差から推定される生業エリア（開発圏）との自然的・社会的関係（距離）を推定して，人間集団の適応系を理解しようと試みている点である。石材産地を単純に，また恣意的に特定の遺跡からの距離関係で捉えるのではなく（遺跡は石材産地から直接移動してきた人々が

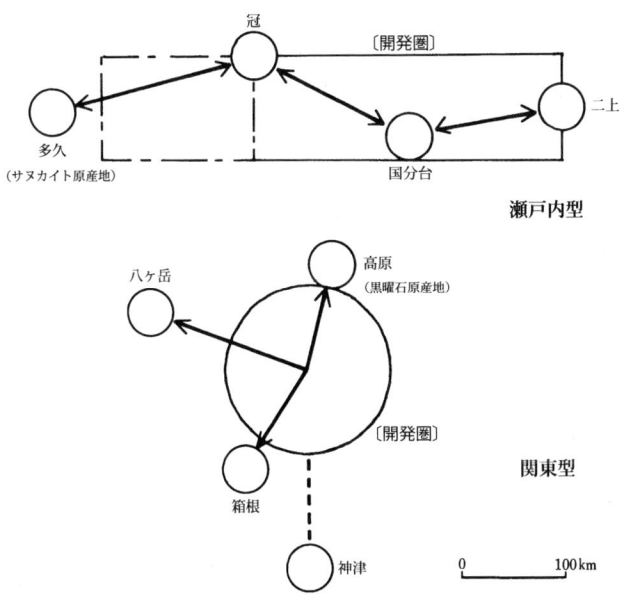

第8図　資源開発戦略の構造差を表すモデル（佐藤1992）

残したのではないため），まず石材間の性質の異なりを問題としつつ，その配置を推定生業エリアとの関係で構造的に捉え，その獲得・運用戦略を行動論的に論じていることが重要である。これは，特に後期旧石器時代後半期の地域性形成プロセスと背景を考察するに際し，きわめて重要な視点を提供する方法論と思われる。当然，佐藤の扱った地域を越えて敷衍できる方法的可能性を秘めていながらも，この方法が現在に至るまで本格的に取り上げられ，応用された研究例が少ない。この方法は，最近になって関東地方を中心に活発におこなわれている一連の石材研究の基礎をなすもの，と評価せねばならず，先述したように生業・居住システム研究（国武　前掲）を介在させて技術構造の変化や地域差の背景を論じることでさらに有効性を高めうる。しかも石材分布構造に関して現在得られる情報を参照すれば，関東地方ほどの精緻な研究が達成できない地域にも十分に応用できる利点があり，本書のような広域比較研究によく適合する。本書でも，技術構造と石材との関係を考察するにあたっては，この石材分布構造の把握を基本とする。

　まとめると，本書は技術構造の通時的・空間的展開の分析を軸として，その石材分布構造との関係を，居住形態の分析を媒介として考察し，人間集団の適応行動の多様性と変化を論じるという方法を採用する。

第3節　技術と情報

　ところで，物質文化にあらわれた諸現象は，前節で述べたような環境適応行動の経済的合理性だけでは説明しきれない多様性を有することも明らかである。人と自然との関係（構造）とその変動のプロセスを解明するには，生態学的アプローチ重視の中範囲モデルを参照することはもち

ろん不可欠であるものの，それだけでは不十分と考えられる。閉鎖的条件下における環境へのもっとも合理的な適応，という側面ばかりに注目すると見落とされがちだが，人間の生活文化において断続的に，看過し難い影響を与えているもののひとつに，人やモノに媒介されて社会間を往来する情報の流れが挙げられよう（安斎 2004，森先 2008c）。我々自身の生活を意識的に振り返ってみてもよく実感されるように，思考法・行動・技術といった多種多彩な情報の伝播は，生活行動の諸側面に様々な互換的選択肢を追加し，その内容を豊かにするからである。石器群をてがかりに適応戦略の多様性を理解するにあたっては，生態学的アプローチのほかに，社会集団間をめぐる情報伝播の役割にも注意を払うべきである（安斎 1993）。

　本書でいう伝播論は旧来の文化伝播論とは異なる。言い換えると，類型化された考古資料間の相互関係を文化間の関係として捉え，技術の進歩や文化要素の貸借関係（文化間の影響関係）・集団移動によって，文化の変化・変容を論じる伝播論とは別のアプローチである。第IV章でも触れるがそもそも，伝播という現象は人と人との間において生じるのであり，またそれは情報の伝達というかたちをとる。したがって，我々が伝播という現象をとおして究明すべき対象も，「文化」間の関係ではなく，人間社会間の関係であるべきであると考える。この視点で問題とすべきは，彼らが主体となっておこなった情報の伝播プロセスや，情報受容の具体的契機，および多様性の背景ということになる。

　石器群が生活・社会システムに組み込まれた人間集団の諸活動の反映である以上，石器群中に認められた変化とは，第一に，人間集団が営んでいる適応行動の組織的変化を背景としているとみなされる（安斎 1991a）。もしその変化に，異文化からの何らかの影響関係を考慮する必要があった場合（変化が以前には認められなかったような種類の遺物の存在によって特徴づけられているなど）も，それは文化間の抽象的な影響関係・要素貸借としてではなく，戦略的行動によって生活を営む人や集団間をめぐる情報の伝播を背景とした，適応行動の組織的変化と考えねばならない。

　このとき，人間生活を成り立たせている適応系は，自然環境や社会間関係という自らを取り巻く諸条件に対処するために構築されているのだから，情報の伝播は無脈絡に集団間をめぐり，受容されるわけでは決してない。モノや情報の社会的受容とは，それぞれの人間集団が，その時点で構築している生存のための適応系において必要とされてこそ，実現されるはずだからである。

　たとえば，石器製作技術に関する何らかの情報が伝播したとして，情報の受容者側の社会集団が，この技術的情報を全面的に受容し，自らの石器製作技術を，地域コンテクストを無視して抜本的に改変すると考えることは，合理的ではない。なぜなら，情報の解釈は，その時点までに受容者側の社会が地域固有のコンテクストにおいて歴史的にかたちづくられてきた技術伝統に基づいておこなわれるはずだからである。その上で，新しい情報を基に，地域の石材環境や資源開発戦略に適合するような新しい技術の構築へと向かう必要性に直面してはじめて，適応系の組織的転換を伴う情報の受容が起こると考えられる。このプロセスが社会的受容であり，その結果生じた全体論的な意味での文化変化が「文化変容」と呼ばれるものに相当しよう。

　したがって，伝えられた情報は，受信する側の社会のコンテクストに適合するように解釈され

るため，情報発信元となる社会において有していたものと同じ機能的位置を担うとは限らない。基本的にコンテクストが異なっている（したがって生活のシステムも異なる）地域間では，一方から他方へと伝えられた一見同種の情報であっても，システムの相違に応じて異なる機能的位置を担うと考えられるためである。

　要するに，伝播という現象も，人間集団の適応戦略という脈絡のなかでその意味を検討する必要がある。ここでは，情報伝播は人や集団間の接触を通じて頻繁におこなわれているが，この受容にあたっては，各地の人間集団が日常的に直面している生態条件等の地域的諸条件への適応過程を無視して理解すべきではない，ということを確認しておきたい。表面的な「文化」交流や，集団的伝播系統論による「文化」・文化要素の単なる移動・付加という抽象的な議論よりも，地域社会集団が，現実的な問題への解決策として試行錯誤を繰り返している生存の諸戦略に照らして，そうした情報を解釈・受容しているのだ，という理解に立って，伝播の具体相を論ずる方がより現実的であろう（森先2007c・2008a・c）。

　さて，以下の本書では，対象とする時期の石器群について網羅的に編年的検討をおこない，技術構造の通時的変化と地域差，地域間関係を整理した後，その相違点と共通点の背景を石材分布構造その他の資源構造との相関関係のもと，人間集団の適応行動という観点から説明する作業をおこなう。このことによって，後期旧石器時代前半期・後半期移行期に起こった先史社会の動態に接近することができるであろう。

註
(1) なお，システムとは要素間の有機的連関よりなる機能的全体性である。一方の構造とは，システムを生み出すコード・規則である（安斎2000）。ある構造がいくつものシステムを表現形として生み出す可能性がある。この場合，システムは構造布置ということができる。たとえば，後期旧石器時代前半期には，二極構造という技術構造を基本としつつも，地域毎にやや異なる技術システムが構築されていたこと（佐藤1992）などは，その好例である。
(2) 石器の分類については後述する。

第III章　編年研究

第1節　編年の方法

　ここで対象とするのは，後期旧石器時代前半期から後半期の移行期およびその前後の時期である。具体的には，関東地方立川ロームVII層相当の時期からIV層中部相当の時期であり，必要に応じてその前後の時期にも言及する。空間的には，氷期の海面低下によって現在の本州・四国・九州が一体化して形成していた島，すなわち古本州島全域の主要な遺跡を取り扱い，大陸と陸続きであった北海道にも必要に応じて言及したい。

　編年は機能型式学を基本とし，石器の系統識別，発達の程度（変異体の多寡），連動する地理的範囲を確認し，その地理範囲内において定点となりうる層位事例・年代値等を参照しつつ石器群の縦横配置関係がもっとも整合的となるように石器群の年代編成をおこなった（佐藤1992，森先2007b）。言い換えれば，石器の型式比較によって共時的関係にある石器群を抽出し，これを通底する技術構造とその地域差を導く。さらに，技術構造を共有する地理的範囲の推移を通時的に追究していく。石器の技術形態的特徴は，特定の時期に限られない場合が多いため，石器群の位置づけを型式比較だけでおこなうことは十分な方法といえない。一般におこなわれているように，層位（一遺跡内での新旧関係，広域火山灰との新旧関係）や，理化学年代によってこれを補足・検証しながら，個別石器群の時間的・空間的位置づけ作業を繰り返していく[1]。

　ところで，古本州島では，後期旧石器時代を通じて，東北部と西南部で石器群の内容に表面的にも違いがあることが以前より知られている。古本州島東北部（東北地方・北陸地方（新潟県を含む））では基部加工尖頭形石刃石器（尖頭形石器）が前半期より発達しており，基本的には後半期においてもこの傾向が継続する。一方の西南部（東北部以外の地域）では，背部加工尖頭形石刃石器（ナイフ形石器）が通有の石器であり，ここに尖頭形石器が加わる。また，台形様石器も東北部では西南部に比べてII類が発達する点に特徴をもつ等の差がある（佐藤1991）。

　古本州島東北部と西南部の範囲を常に一定と考えているわけではないが，以下では便宜的な地域区分として用いる。最初に西南部を，続いて東北部を対象とした編年研究をおこないたい。

第2節　古本州島西南部の編年研究

1　後期旧石器時代前半期後葉

（1）関東地方

　まず，石器群の層位的出土例にもっとも恵まれている関東地方の編年を確認し，編年網を他地

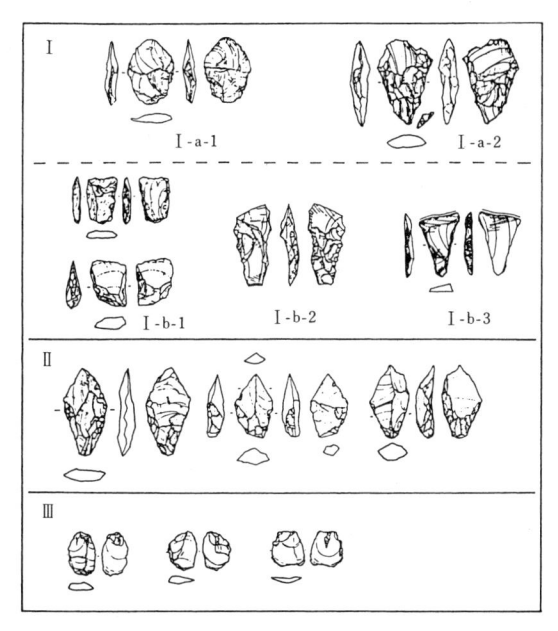

第9図　台形様石器の分類（佐藤1992）

域へと広げるための基準を設定しておきたい。

　関東地方における後期旧石器時代前半期編年研究には，多くの蓄積があり，すでに1990年の石器文化研究会シンポジウムにて一定の合意が得られてもいる（石器文化研究会1991等）。ただし，佐藤宏之による編年研究（1992）により石器文化の階梯論，集団的伝播系統論からの脱却が成し遂げられて以降，編年研究の枠組みも一変している。同編年は，その後，現在まで同地方を含む前半期編年研究の骨子をなしている。しかし，その後の資料の蓄積が進行しているため，これを加味した再検討を加えておくべきであろう。この過程で，当該時期の技術構造上の特徴を再確認することになる。また，後述する後期旧石器時代後半期前葉との比較に重点を置いて，石器製作技術構造の性格づけをおこなっておく。

　佐藤によれば，前半期前葉の関東地方立川ロームIX層（第二黒色帯下部）期石器群は，典型的な二極構造を示相する。平坦調整・錯向調整による器体整形が発達した台形様石器I類（第9図）が中心となり，IX層でも新相には台形様石器II類と分類される尖頭部を有する台形様石器がしばしば認められるようになる。III類は形態が安定せず，かつ数量も少ない。これに共伴する石刃モードの石器は，尖頭形石器とナイフ形石器である。後者は素材石刃を斜めに切り取る，いわゆる「茂呂型」はほとんどみられず，素材石刃打面部が基部に据えられ，片側縁全縁に調整が及ぶものを中心とする。またいずれも4～6cm程度の中型品を主体とし，際立って大型のものは少ない。剥片モードと台形様石器，石刃モードと尖頭形石器・ナイフ形石器が結合して石器製作を成り立たせており，前者からなる遺跡は多数あるが，後者のみ，あるいは後者を伴う遺跡は非常に少なく，石刃モード系が管理的存在であったことが示される。

　前半期後葉のVII層（第二黒色帯上部）期には，下里本村遺跡（大竹・須藤ほか1982）にみるよう

下里本村

成増との山・4文

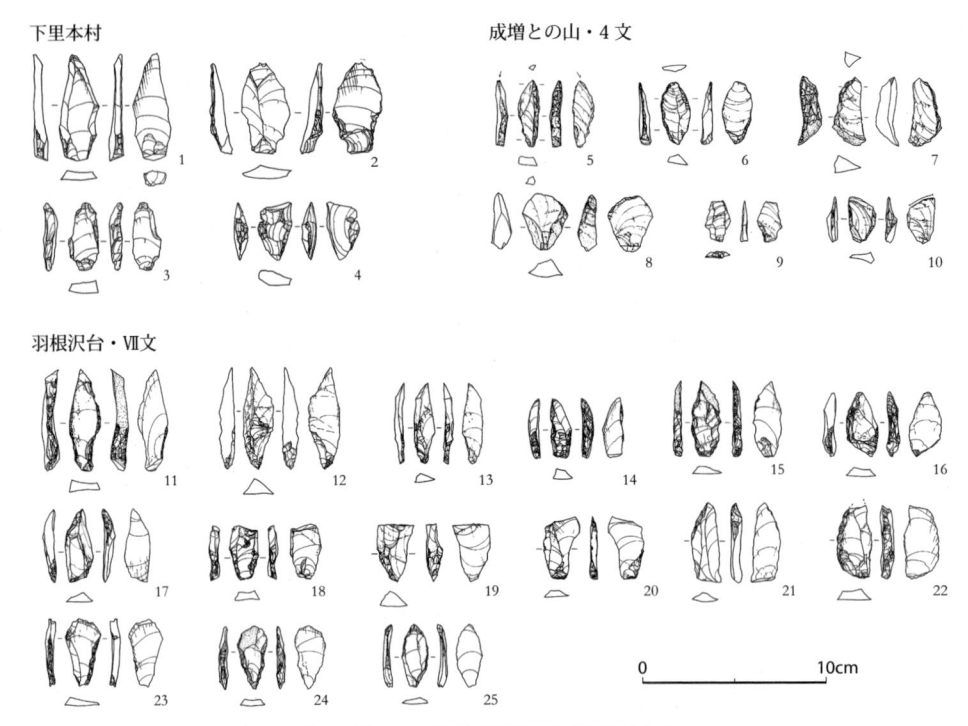

羽根沢台・Ⅶ文

第10図　Ⅶ層期の石器群：関東地方1

に，台形様石器Ⅰ類に加え台形様石器Ⅱ類が目立つ石器群が多いという傾向が指摘されている（第10図）。ただし，台形様石器Ⅱ類の発達は，群馬県波志江西宿遺跡[2]（麻生・桜井編2004），同分郷八崎遺跡（白石・右島1986）や同磯山遺跡（芹沢編1977）のように（第11図），北関東地方でより顕著である（佐藤1991）。形態的に安定した台形様石器Ⅱ類に特徴をもつ石器群では，石刃モードでも打面部に最大幅をもつ中型尖頭形石刃やそれを素材とする尖頭形石器が主体である（同10～14）。一方，群馬県後田遺跡（麻生1986）や勝保沢中ノ山遺跡（岩崎ほか1989），見立溜井遺跡（小野・巾ほか1985）などの石器群では，台形様石器が少なく，より長狭型・大型の石刃と大小の尖頭形石器・ナイフ形石器の形態分化（厚手大型品，長狭中・小型品，幅広中・小型品）に特徴をもつ（第12図）。Ⅶ層期の石器群にも，こうしたバリエーションがある。佐藤はこうした技術的特徴の差異を評価し，前後の時期との連続性も考慮して，前者をⅦ層下部期に，後者をⅦ層上部期として細別した。なお，Ⅶ層上部期の石器群には，特に南関東地方では台形様石器の衰退が著しく，かわって剝片製小型ナイフ形石器や切出形石器が台形様石器の機能的位置を置換する一方，北関東地方では，後田型台形様石器（同43～46）がⅦ層上部でも新しい時期に出現するといわれる。この後田型台形様石器は，関東地方の内部ではその由来を追跡できないため，同時期の東北地方にその出自を求める必要がある（佐藤1991）。

さて，以上のほか，Ⅶ層期の石器群としては，東京都大門遺跡第4文化層（隅田編1990），千葉県北海道遺跡第Ⅶ文化層（阪田・藤岡1985），同東林跡遺跡（麻生・織笠ほか1984），同香山新田中横堀遺跡〈空港No. 7〉（西山・西川編1984），同聖人塚遺跡（田村編1986）などが代表的とさ

分郷八崎

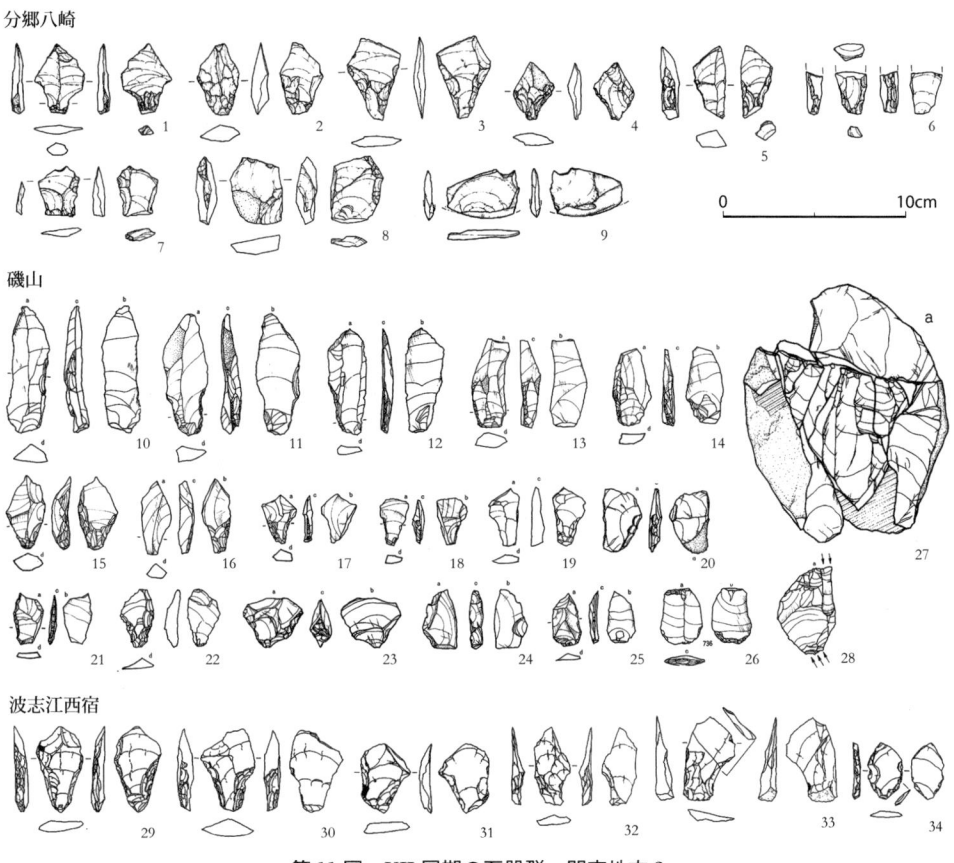

磯山

波志江西宿

第11図 VII層期の石器群：関東地方2

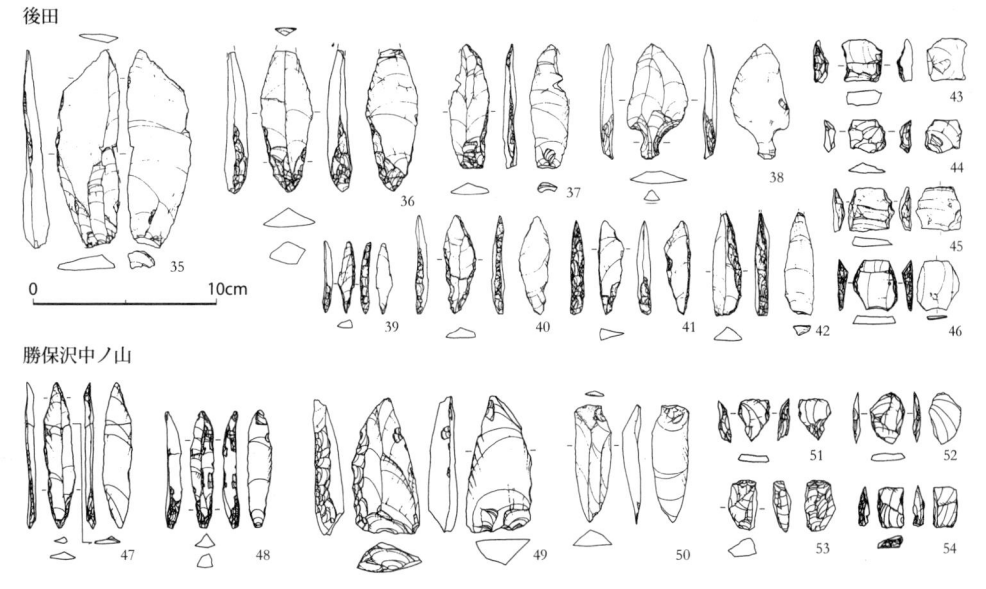

後田

勝保沢中ノ山

第12図 VII層期の石器群：関東地方3

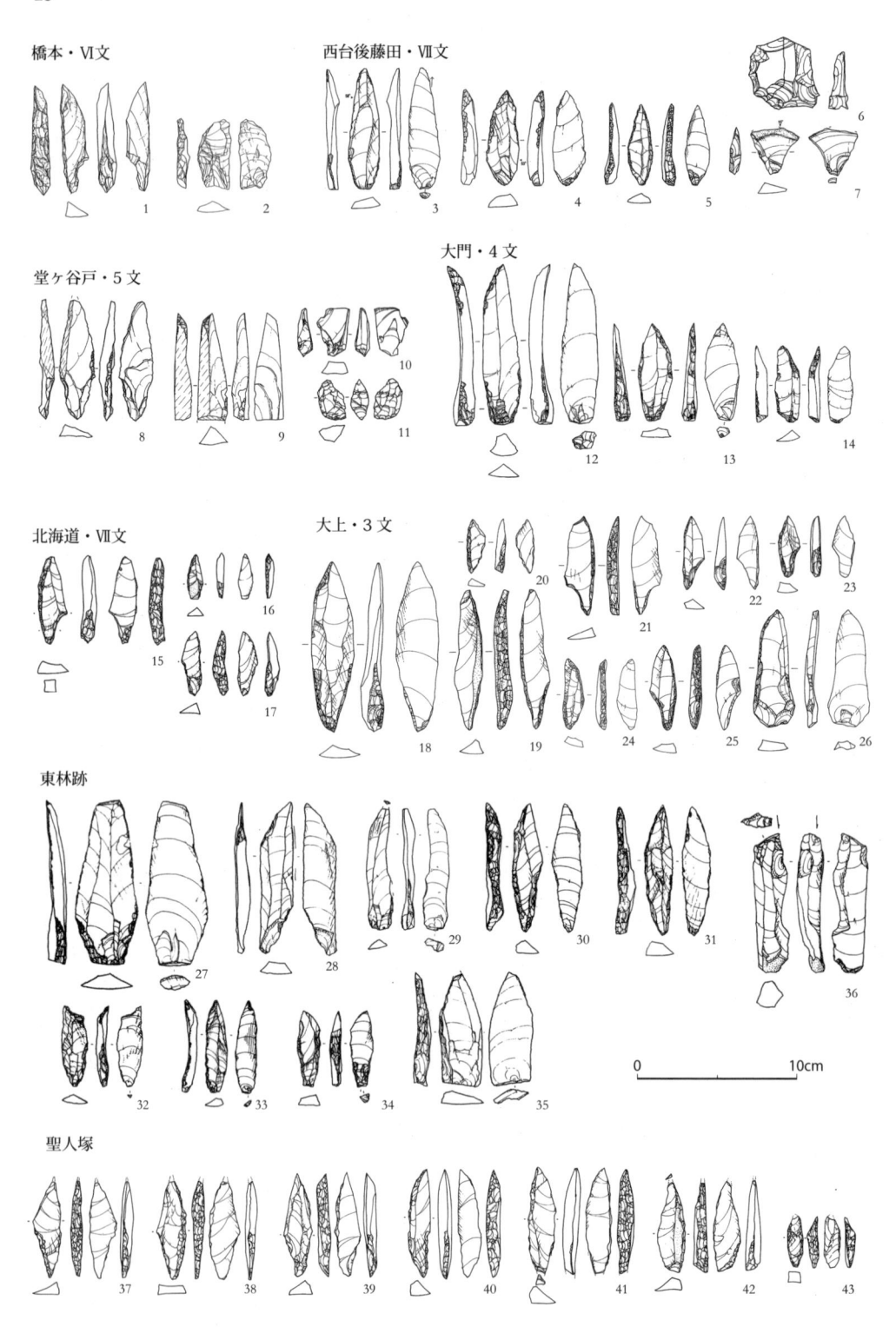

橋本・Ⅵ文　西台後藤田・Ⅶ文

堂ヶ谷戸・5文　大門・4文

北海道・Ⅶ文　大上・3文

東林跡

聖人塚

第13図　Ⅶ層期の石器群：関東地方4

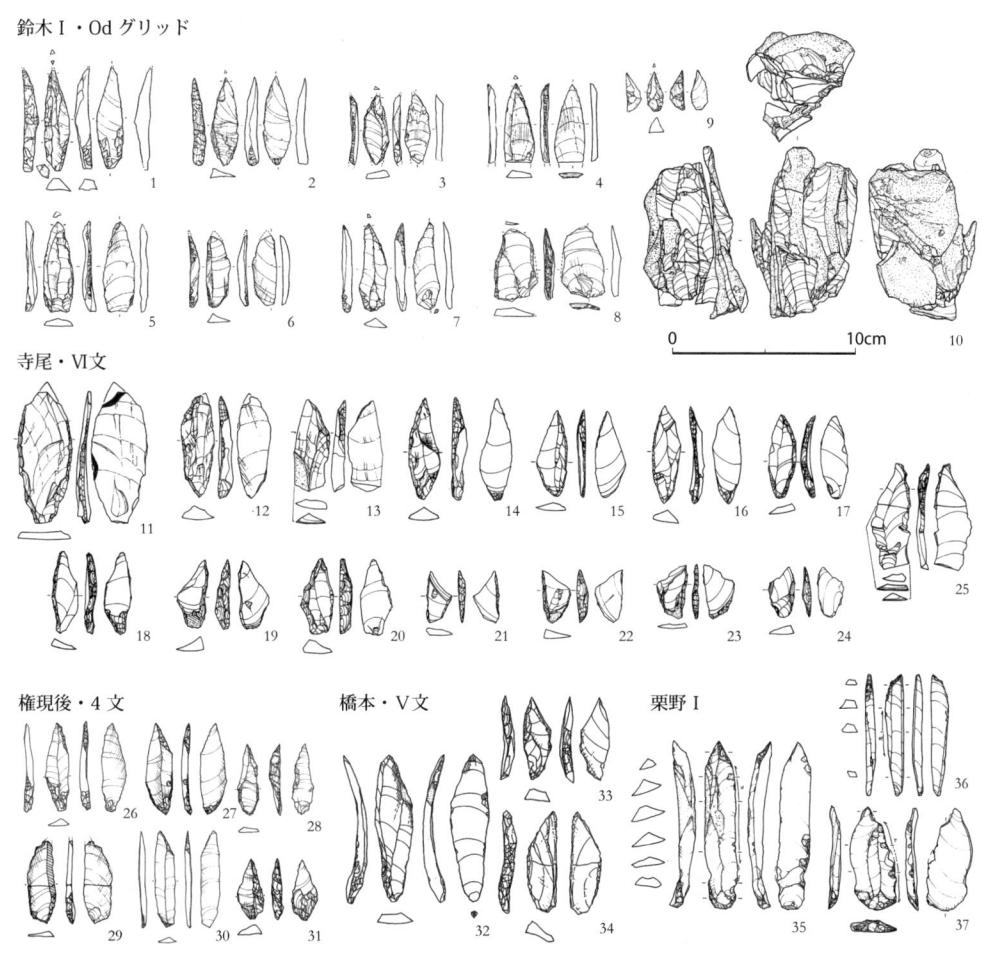

第14図　VI層期の石器群：関東地方1

れる（第13図）。

　なお，ナイフ形石器には基部に弱い抉りを入れた厚手中型の有肩形のものがあり，VII層期に特徴的である。南関東地方では橋本遺跡第VI文化層（青木・金山ほか1984）に（同1），北関東地方では群馬県大上遺跡第3文化層（関口編2008）に好例がある（同21〜25）。同図にみられるように，弧状一側縁加工のナイフ形石器（同2・26・35）も，主としてVII層期を特徴づけるといわれる。

　佐藤編年以後の資料を通覧しても，以上の特徴には変更を要しない。武蔵野台地立川ロームVII層出土の代表的な遺跡としては，成増との山遺跡第4文化層（林1992），羽根沢台遺跡第VII文化層（吉田・高麗ほか1996），瀬田遺跡第7文化層（寺田・高杉ほか1997），西台後藤田遺跡第VII文化層（藤波・林ほか1999），堂ヶ谷戸遺跡32次調査地第5文化層（久末・高杉ほか2001）が知られている（第10・13図）。これらの遺跡でも，先に紹介した細別案におおむね沿うような石器群が出土しているといってよい。堂ヶ谷戸遺跡32次調査地第5文化層や西台後藤田遺跡VII層石

堂ヶ谷戸・4文

瀬田・6文

菅原神社台地上

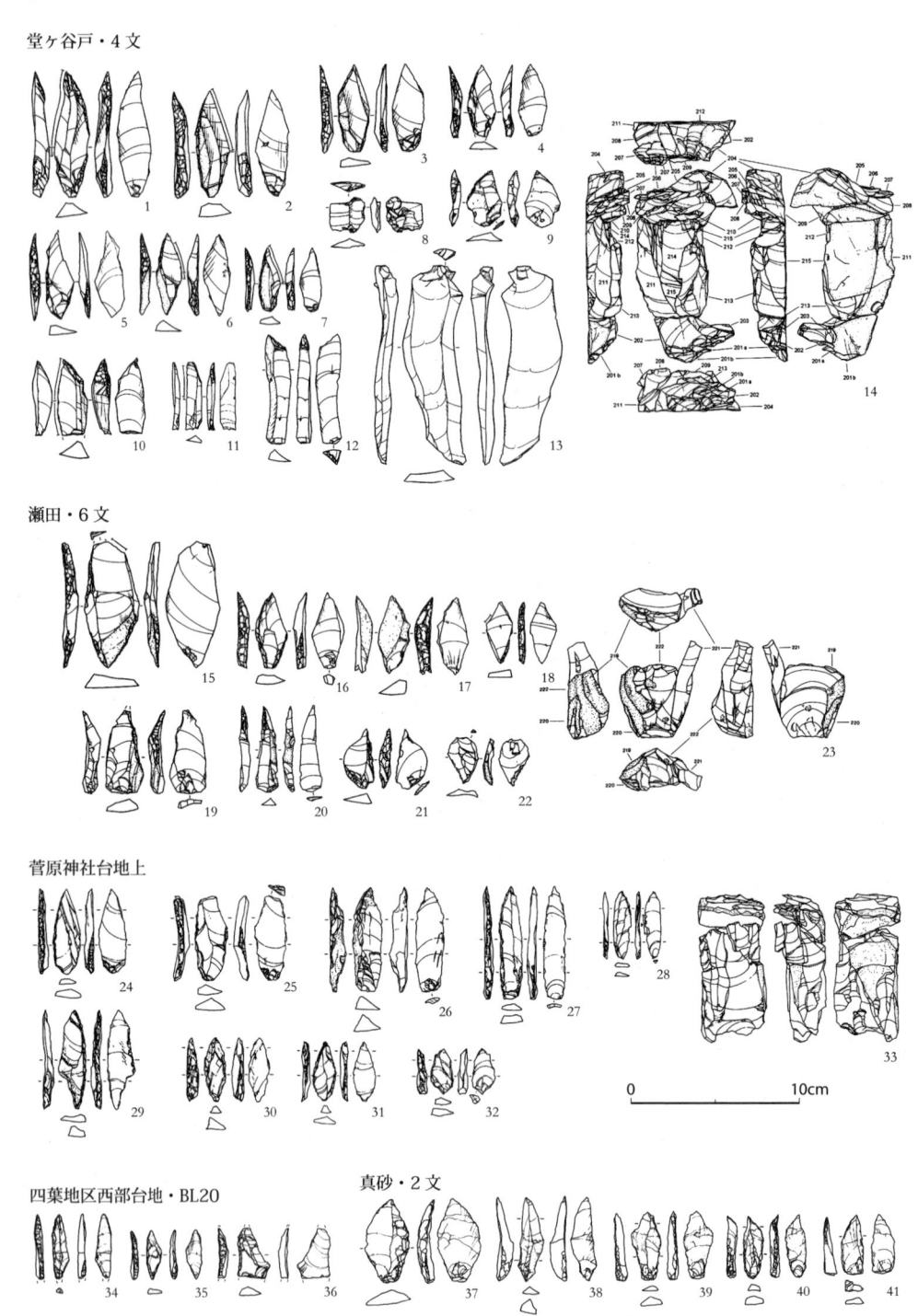

0　　　　10cm

四葉地区西部台地・BL20　　真砂・2文

第15図　Ⅵ層期の石器群：関東地方2

第16図　VI層期の石器群：関東地方3

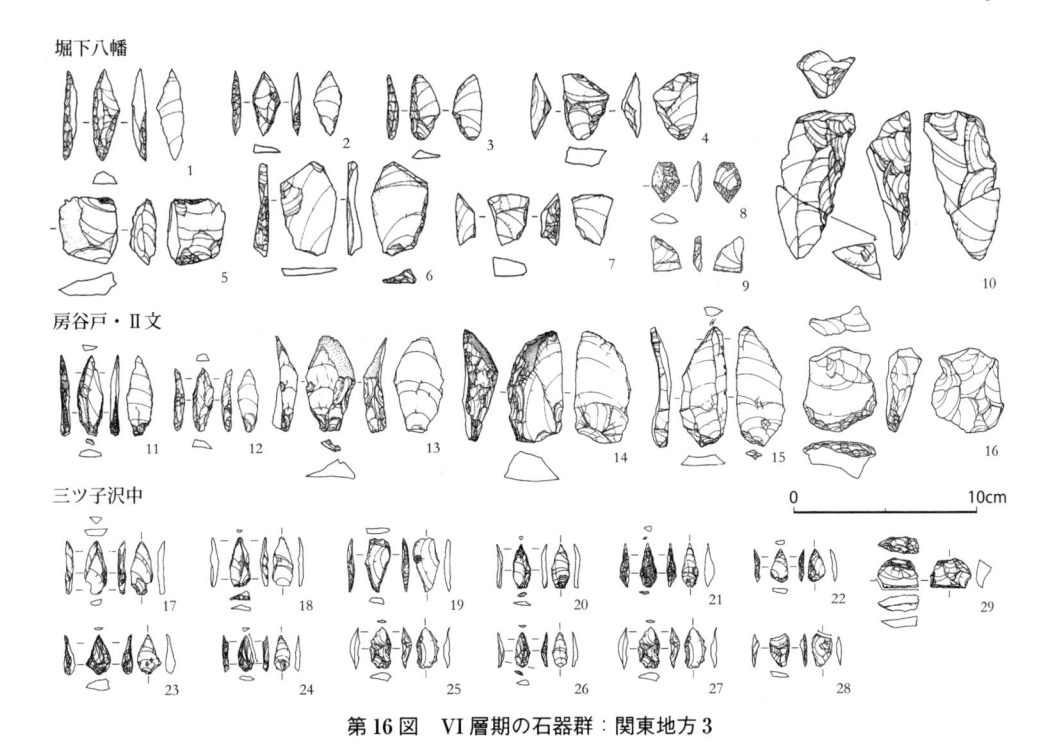

器群にはわずかに台形様石器（第13図7・10）が伴なう。

　続くVI層期の石器群としては，著名な神奈川県寺尾遺跡第VI文化層（鈴木・白石1980），同橋本遺跡第V文化層，東京都鈴木I遺跡Odグリッド（鈴木遺跡発掘調査団1978），千葉県栗野I遺跡（田島1991），同権現後遺跡第4文化層（阪田・橋本1984），同飯仲金堀遺跡（蓜・酒井ほか1994），群馬県堀下八幡遺跡（岩崎1990）が挙げられてきた。佐藤編年以後の代表遺跡としては，VI層付近出土の東京都堂ヶ谷戸遺跡32次調査地第4文化層（久末・高杉ほか　前掲），同瀬田遺跡第6文化層（寺田・高杉ほか　前掲），同菅原神社台地上遺跡（比田井・鶴間ほか1997），千葉県取香和田戸遺跡第5文化層（小久貫・新田編1994），群馬県書上本山遺跡（山口逸弘1992），房谷戸遺跡第II文化層（谷藤編1992）などが挙げられるが（第14〜16図），それらの特徴は寺尾遺跡と鈴木遺跡の石器群の変異幅にほぼ収まり，従来の見解を覆す内容ではない。すなわち，すでにIX層期のようなナイフ形石器・尖頭形石器と台形様石器からなる二極構造は変容し，大型品を中心とする尖頭形石器（第14図7・11・12・32・35・36，第15図1・15・26・27等）や二側縁加工品を中心とする中・大型のナイフ形石器（第14図1〜6・14〜18・25〜28・33・34，第15図2〜7・16〜20・24・25・29等）と，小型幅広の剥片・石刃製ナイフ形石器・切出形石器（第14図8・19〜24・31，第15図9・21・30〜32・34・35・40・41等）が対をなしていると考えられる。ナイフ形石器はまだ厚みの均質化が図られていない。台形様石器は姿を消し，ナイフ形石器の形態内での二極的構造をなしているとされ（佐藤1992，安斎2003c），二極構造にみるような剥片剥離技術と石器との規定関係はみられない。基本的に北関東地方（第16図）でも近い様相であるが，群馬県堀下八幡

遺跡では剥片製で急斜度調整による矩形の台形様石器が残存している（同7等）。古本州島東北部に通ずる特徴である（本章第3節）。

ところで，東京都真砂遺跡第2文化層（岡崎・岡本1987），同四葉地区遺跡西部台地ブロック20（依田・大木ほか1996）では，柳葉形を含む剥片製小型ナイフ形石器や，小型切出形石器が出土しており，出土層位からみてもⅥ層期と考えられる（第15図34～41）。北関東地方でも，群馬県三ツ子沢中遺跡（池田編2000）で剥片製小型ナイフ形石器や切出形石器がAT層直下からまとまって出土した（第16図17～28）。Ⅵ層期には，こうした柳葉形のものを多く含む剥片製小型ナイフ形石器がまとまって出土することが特徴的である。柳葉形の剥片製小型ナイフ形石器や，切出形石器は，西南日本のⅥ層期を特徴づける石器群でもある（佐藤　前掲）。

なお，Ⅵ層期の関東地方では，国府型ナイフ形石器に類似する石器の出土が知られている。神奈川県橋本遺跡第Ⅴ文化層例（第14図34）（青木・金山ほか1984）や東京都西之台遺跡B地点Ⅶ層（小田編1980）の例がある。いずれも横長剥片を素材とし，素材打面側一側縁を加工するという意味で国府型に類似するが，小型薄手で，かつ打面調整が対向調整になるという点で異なる。実見したかぎり，これらの技術的特徴はむしろ後述するⅥ層並行期の剥片製小型ナイフ形石器に近い。関東地方以外でも類似した石器は広い範囲で認められる。時期的にみて国府型ナイフ形石器との直接的系統関係を想定する必要はないと思われる。

関東地方では，ナイフ形石器と台形様石器（・切出形石器・剥片製小型ナイフ形石器）からなる二極構造が，特にⅥ層期においてナイフ形石器の内部での大小二項性へと変換されたという評価が下されており（佐藤1992, 安斎2003c），新しい資料からみてもこのことに変更の必要はないと考える。

(2) 東海地方

後期旧石器時代後半期に入るまで，東海地方のうち東部（沼津・三島市域を中心とする静岡県東部）は，型式学的には関東地方と非常によく共通する。この地域は富士火山を給源とするローカルテフラが頻繁に降灰して厚い地層を形成しており，石器群包含層の位置を時期比定の参照軸として用いることの有効性が，他地域よりもはるかに高い（第17図）。資料数も豊富で，最近では第二東名道関連の発掘調査による資料の整理・報告作業が進行している。最近の資料を含めて検討されたいくつかの編年案がすでにあるが（高尾1994・2006, 笹原2005），それらの内容にも相互に大きな違いはない。要素主義的な石器群の解釈法には問題があるものの，編年的には妥当である。したがって，以下では既往編年を参照しながら，関東地方との並行関係を検討しつつ石器群の通時的配置を考察した。東海地方中・西部については後に触れる。

東海地方東部において，前半期後葉の石器群は基本的にScⅢb1（第Ⅲスコリア帯上位黒色帯）層からAT包含層であるNL（ニセローム）層までに含まれている（第17図参照）。Ⅶ層並行期の石器群には，ScⅢb1層を主たる包含層とする中見代第Ⅰ遺跡第Ⅲ文化層・同第Ⅳ文化層（高尾編1989）・中見代第Ⅱ遺跡ⅩⅢ層石器群（高尾編1988），BBⅢ（第Ⅲ黒色帯）層を主たる包含層とする清水柳北遺跡中央尾根（鈴木・関野ほか1990）・西大曲遺跡第Ⅰ文化層（鈴木・小野ほか

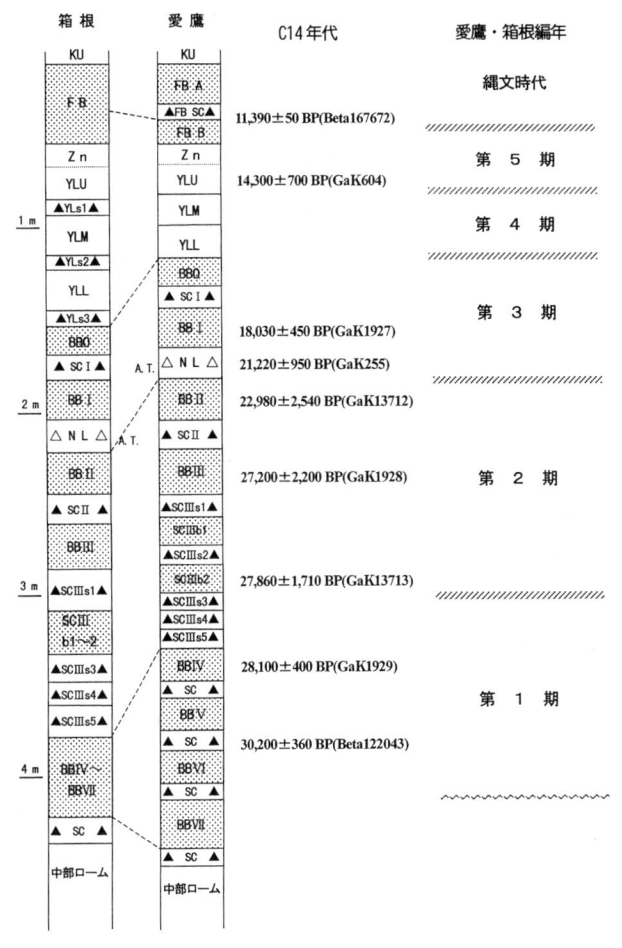

第 17 図　愛鷹・箱根山麓遺跡における層位と年代（笹原2005）

1980）・初音ヶ原 A 遺跡第 2 地点第 III 文化層（鈴木・伊藤ほか1999）のものが該当するだろう（第18 図）。

　出土層位の差異は石器の型式的差異ともおおむね一致している。ScIIIb1 層出土のものは尖頭形石器（同1）や二側縁加工ナイフ形石器（同3・13），中見代第 II 遺跡 XIII 層のようなやや短寸の弧状一側縁加工ナイフ形石器に特徴を有し（同2・14），いずれも厚手石刃ないし縦長剥片製である。これらには主に黒曜石からなる剥片製小型ナイフ形石器・台形様石器と少数の切出形石器が同時併存している。中見代第 I 遺跡第 III 文化層では剥片製小型ナイフ形石器（同16・17・19）や台形様石器（同21・22）・切出形石器（同15・18）がまとまっており，截頂石刃も認められる（同23）。同第 IV 文化層では大型の尖頭形石器が出土している。一方，BBIII では尖頭形石器のほかに対向調整によって石刃を厚く切り取った二側縁加工ナイフ形石器（同26〜34）が多数認められるようになる。中・大型が多く，かなり細身である。ここでも関東地方と同様に，基部に抉り入り状の加工をもつものがある（同30・32）。それらの素材は，平坦打面を有し両側縁のよく並行する長狭型の中・大型石刃である。やはり黒曜石を主石材とした，前時期より形態的多様性

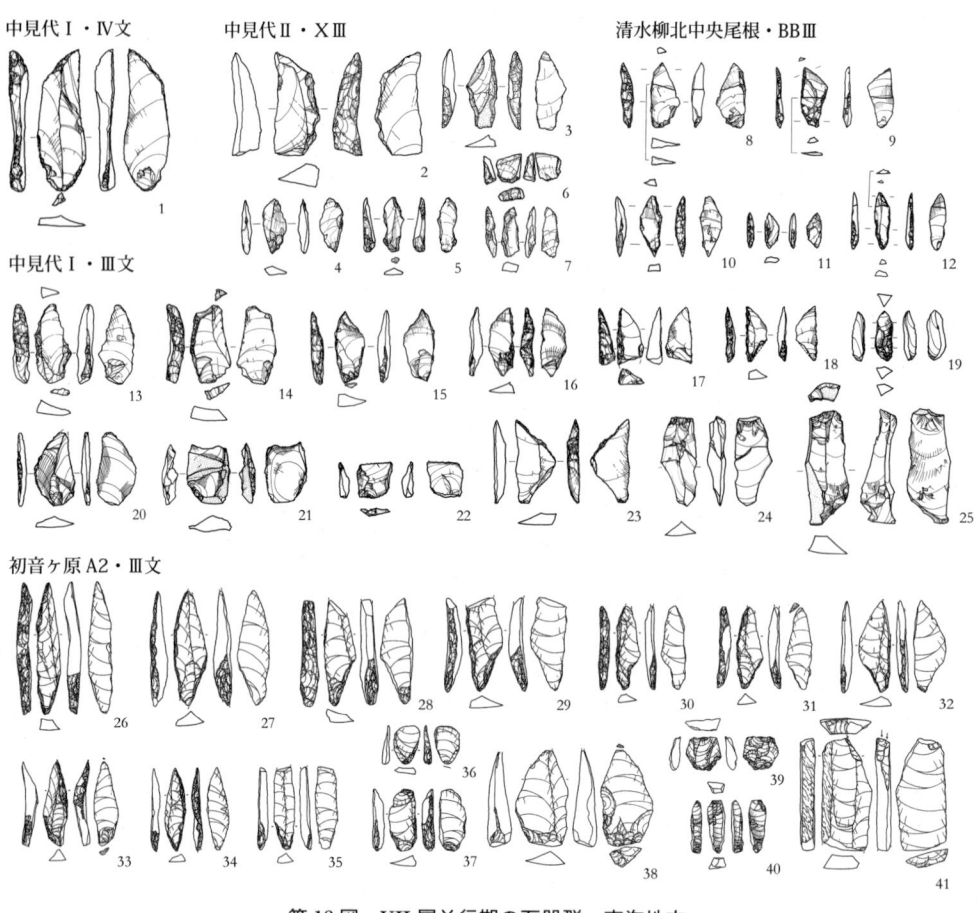

第18図　VII層並行期の石器群：東海地方

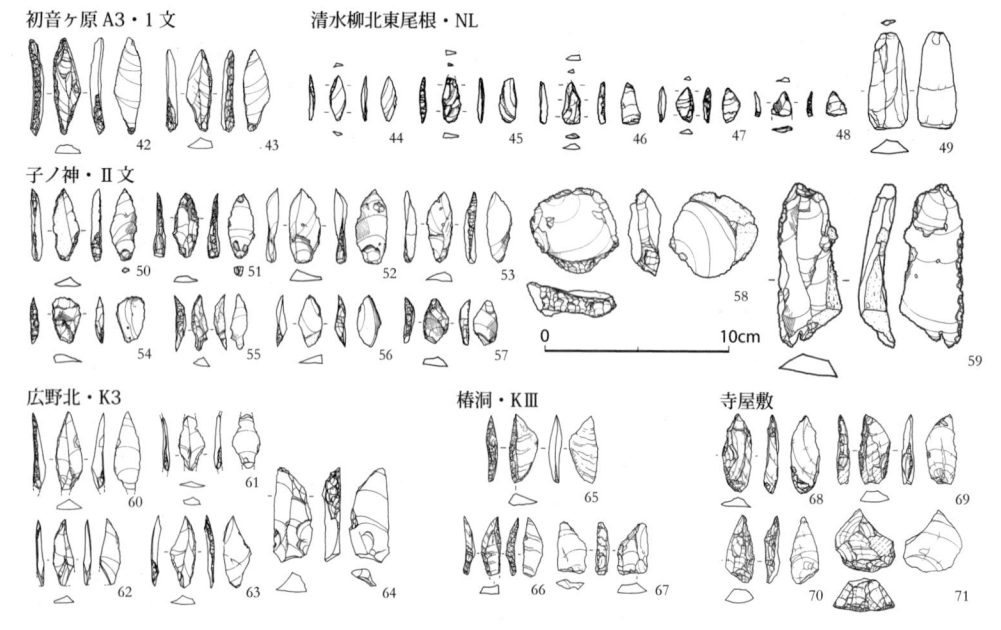

第19図　VI層並行期の石器群：東海地方

の少なくなった剝片製小型ナイフ形石器と切出形石器が同時併存するが（同36・37等），台形様石器は少ない。剝片製小型ナイフ形石器は長狭なものが目立つ。ScIIIb1層とBBIIIの様相差は，VII層並行期のなかにおける細別時期差と捉えられる。

VI層並行期に相当するのは基本的に第二黒色帯（BBII）層からNL層出土の石器群と考えられる。BBII層出土石器群には，清水柳北遺跡東尾根（鈴木・関野ほか　前掲）・初音ヶ原A遺跡第3地点第1文化層（鈴木編1992）が，NL層及びその直上にはやはり清水柳北遺跡東尾根と，子ノ神遺跡第II文化層（石川編1982）の資料がある（第19図）。

前時期から増加した二側縁加工ナイフ形石器が継続し，基部に弱い抉り入り加工をもつものもあるが，やや小型化する（同42・43）。子ノ神遺跡第II文化層にみるように，同時期には黒曜石製の切出形石器（同54・56・57）や剝片製小型ナイフ形石器（同50～53・55）が併存し，その形態は前時期よりさらに安定化している。基部が幅広に仕上げられるのが特徴となる。清水柳北遺跡東尾根NL層出土資料には柳葉形の剝片製小型ナイフ形石器（同44～46）と切出形石器（同47・48）がみられる。いずれも黒曜石製が中心となる。

以上のことから，VII層上部並行期では台形様石器がきわめて少なくなり，切出形石器や剝片製小型ナイフ形石器が中・大型ナイフ形石器と対をなすが，両項に対応して石材種と廃棄遺跡の違いが看取される。他方，VI層並行期には黒曜石製の石器が中心になり，また同一の石材から生み出されるナイフ形石器系列内部での作り分け（中型ナイフ形石器／剝片製小型ナイフ形石器・切出形石器）となり，VII層並行期までのような明瞭な対照性が確認し難くなることには注目すべきである。このことは，VII層上部並行期で明らかな技術構造の変容がみられ始めるが，VI層並行期に明瞭な技術構造の変化が生じたことを意味する。

東海地方中・西部では前半期後葉に相当する石器群がきわめて乏しい。東海地方中部の石器群は，ほぼ静岡県西端の磐田市に位置する磐田原台地から発見されている。この地域ではIX層並行期と思われる道東遺跡下層（木村編1992）出土台形様石器のほかは，前半期後葉の石器群として広野北遺跡K3期石器群（山下編1985）があるだけである。4cm前後の二側縁加工ナイフ形石器（同60・62・64）や尖頭形石器（同61），切出形石器（同63）に特徴をもつ。ナイフ形石器は厚さが個体によって多様で均質でなく，背部加工に対向調整がみられるものがあることは，VI層期の石器群の特徴である。先端部の加工をやや屈曲させて施す特徴があり（同62等），関東地方でも堂ヶ谷戸遺跡32次調査地第4文化層石器群（第15図3・5）などVI層並行期に多い特徴である。弧状一側縁加工ナイフ形石器を含む（同64）。石器群は暗色帯中に含まれており，この暗色帯に確認されたAT火山ガラスの濃集層準とほぼ同位から出土したとされ，上層の砂川石器群（IV層中部並行期）に対比できるであろう石器群よりも下位に位置することから，VI層並行期とみてほぼ間違いあるまい。

東海地方西部は愛知県西部・岐阜県である。愛知県西部の資料はきわめて零細で，前半期に遡る資料はほとんど知られていない。愛知県の上品野遺跡（愛知県史編さん委員会2002，斉藤2003）出土の台形様石器はIX層並行期である。岐阜県下では，ほとんどの資料が，長良川・木曽川中

流域に挟まれた各務原台地周辺地域から出土しているが，前半期の資料は乏しい。椿洞遺跡KIII期石器群（堀編1989）は，角錐状石器を多出するKII期石器群より下位の，AT降灰層準とほぼ同層位から出土したとされる。基部が尖らない小型切出形石器（同65）や，剝片製小型ナイフ形石器（同66）からなる。小型の弧状一側縁加工ナイフ形石器を含む（同67）。こうした石器群の内容に加え，出土層位も勘案すればVI層並行期と思われる。また，岐阜県寺屋敷遺跡（三島・藤根2001）も，横打剝片製小型ナイフ形石器（同68），弧状一側縁加工ナイフ形石器（同70），切出形石器（同69）と掻器等からなる石器群である。このほかには，IX層並行期と思われる岐阜県寺田遺跡ブロック外出土（吉田編1987）の台形様石器と局部磨製石斧を挙げることができる程度であろう。

(3) 中部高地

　長野県下の資料を取り扱う。ただし，野尻湖遺跡群については新潟県とのつながりが深いため，次節の古本州島東北部の編年において扱う。ここではそれ以外の地域の資料について述べたい。

　和田・諏訪・鷹山および八ヶ岳の良質黒曜石原産地を擁するこの地域では，しかし前半期に属する遺跡がそれほど多くはない。そのなかで，特に近年報告された追分遺跡群（大竹・勝見ほか2001）の成果がもっとも重要であろう。追分遺跡では，遺跡近傍を流れる鷹山川から供給される砂礫層を間層として，五つの文化層が把握されている（第20図基本層序）。出土状態としては，この地域では例をみないほど良好であり，編年的基準となりうる。各文化層からは，放射性炭素年代測定による年代値が比較的多く得られている。

　このうち，ATから数枚の間層を挟んで下位に位置する第5文化層は，黒曜石製の石器群からなる（第20図9～18）。幅広大型～中型の基部加工尖頭形石刃石器（同9・10）に，II類に特徴をもつ台形様石器（同11～18）が伴出することが特徴である。II類は錯向状ないし背面から腹面側への基部加工に特徴を有しており（同11～13），その特徴は栃木県磯山遺跡や，後述の岩手県上萩森遺跡に対比可能で，VII層下部並行期に位置づけることができよう。なお，石刃は平坦打面をもち幅広で，5～7cm程度の中型品から主になっているが，その生産過程は遺跡内では顕著でないらしい。この文化層に与えられた放射性炭素年代は29306～31309^{14}CyrsBPであるが，VII層並行期の年代としてはやや古く，報告書でも古い有機物が混入した可能性等の検討が必要としている（大竹・勝見ほか　前掲）。

　追分遺跡第5文化層の内容をみる限り，中部高地VII層並行期の中でも，台形様石器II類の発達が比較的顕著である。この特徴は南関東地方よりも，北関東地方から古本州島東北部に共通する。

　VI層並行期では，茶臼山遺跡（藤森・戸沢1962，諏訪市史編纂委員会編1986）出土石器群（第21図1～10）が，たとえば寺尾遺跡第VI文化層（鈴木・白石1980）などの大型尖頭形石器・二側縁加工ナイフ形石器に共通する特徴をもち，定型的な掻器（同9）や長狭形の截頂石刃（同6・7）を伴う点でVI層並行期に位置づけられよう。出土している石斧（同10）は，やや小型の短冊形で直線的な刃部をもち，側縁の調整が直線的で丁寧であること等から，前半期でも新しい様相をも

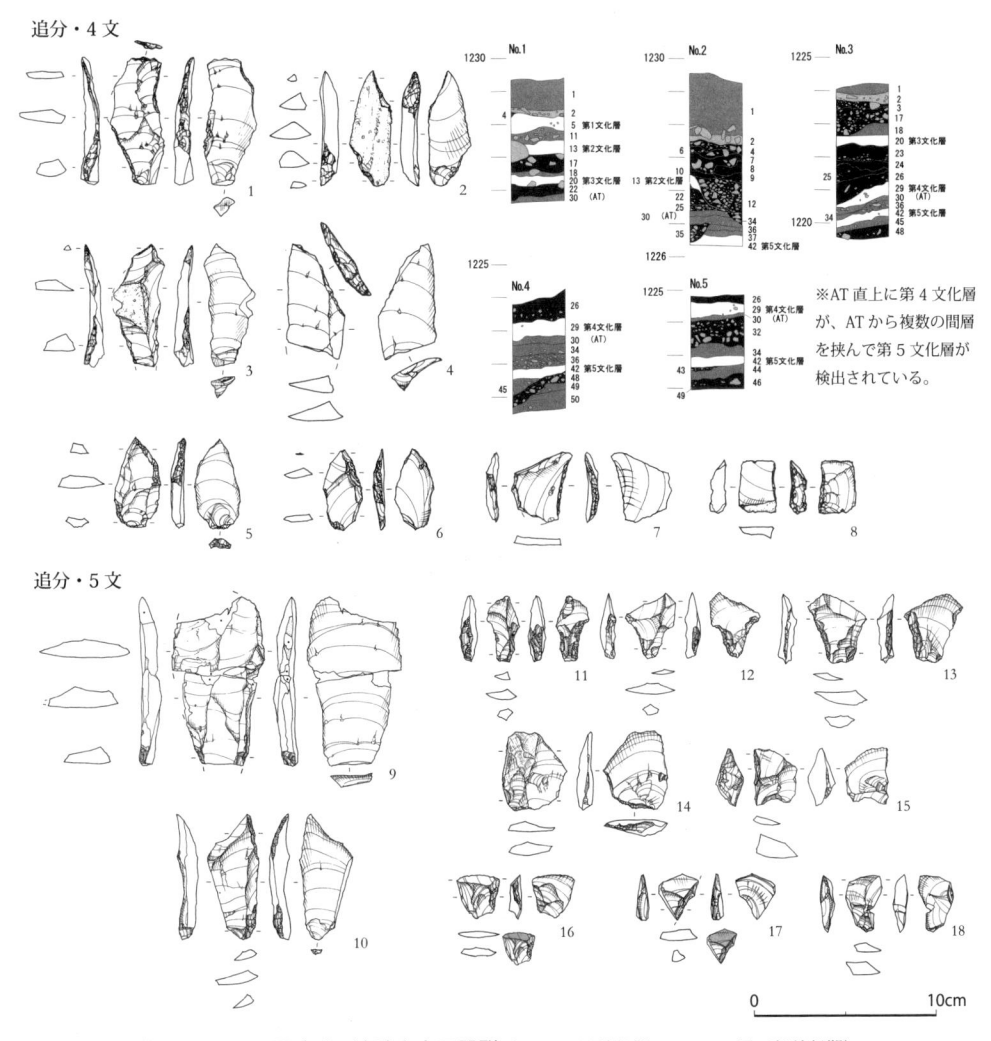

第20図　長野県追分Ⅰ遺跡出土石器群（上：Ⅵ層並行期，下：Ⅶ層下部並行期）

つことも矛盾しない（長崎1987，佐藤1991）。同じく諏訪市の池のくるみ遺跡出土石器群（金井・石井ほか1969，諏訪市史編纂委員会編1986）は，尖頭形石器やナイフ形石器の特徴において茶臼山遺跡に共通し，多数の石刃製掻器を伴うこと等からⅥ層並行期と思われる（第21図11～22）。ここでは，池のくるみ型台形様石器が伴う。池のくるみ型とは，池のくるみ遺跡出土の台形様石器（同17～19）を基準資料とし，北海道北見市の美里洞窟例（宮1985）や，野尻仲町遺跡風成黒色帯（野尻湖人類考古グループ1987）出土例等が関連する資料とされる（佐藤1992）。古本州島東北部にかけて分布する型式であり注意しておく。古本州島東北部の編年研究（本章第3節）において再び触れたい。

　このほか，追分遺跡第4文化層（大竹・勝見ほか　前掲）もⅥ層並行期であろう（第20図1～8）。本文化層はATの直上層にあり，尖頭形石器（同1・3・4）や幅広の剥片製ナイフ形石器（同5・6）に加え，截頂石刃（同4）と思われるもの，撥形～矩形の台形様石器（同7・8）が出土した。

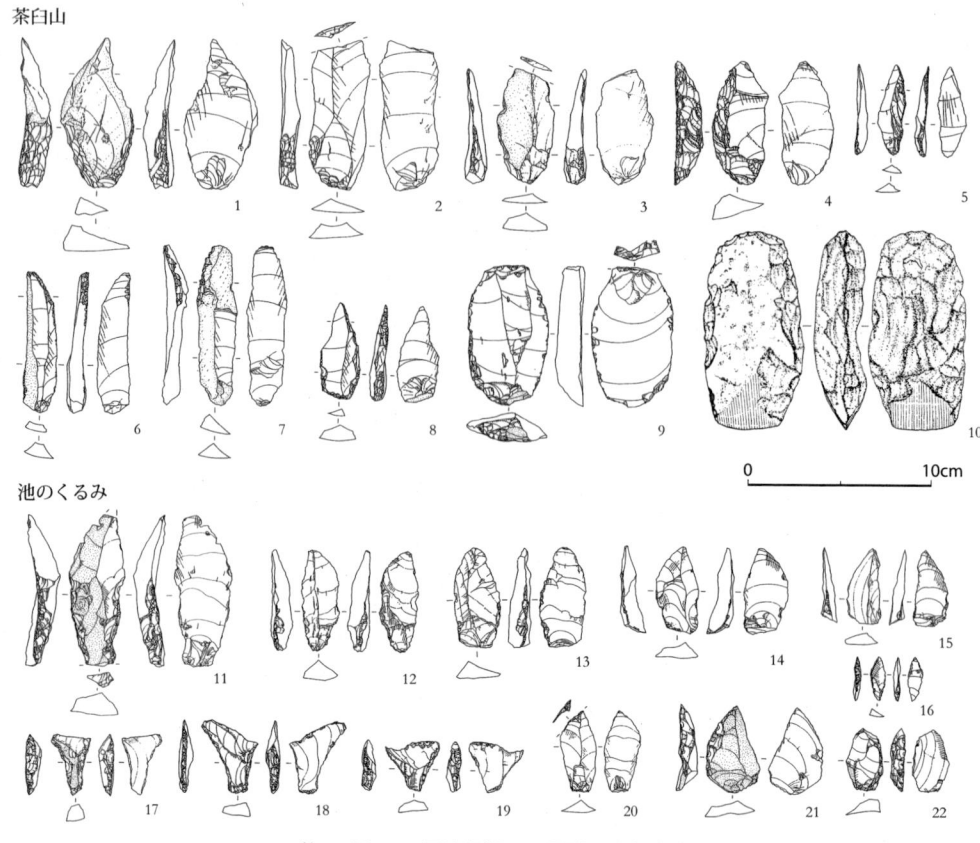

第21図 VI層並行期の石器群：中部高地

尖頭形石器やナイフ形石器の特徴および出土層位からみて，VI層並行期と考えるべきだが，撥形〜矩形台形様石器が残存している点が注目される。北関東地方や古本州島東北部との共通性が看取されるからである。与えられた放射性炭素年代はかなりのばらつきをみせる上に，AT直上であるにも関わらず，25000 ^{14}CyrsBP を超える値が多いなど，石器群の年代として採用するには問題を残す。

　以上のように，中部高地のVII層並行期は，基本的には関東地方（特に北関東）やより北の地域と類似した台形様石器の進化を示し，台形様石器II類の発達に特徴をもつ。さらにVI層並行期には池のくるみ型が存在することをみても，やはり古本州島東北部日本海側とのつながりが深い。ただし，石刃製石器（尖頭形石器・ナイフ形石器）の特徴は，関東地方と共通し，尖頭形石器の系統的進化に特徴づけられる古本州島東北部とは違う。この意味で，中部高地の石器群は関東地方と古本州島東北部の双方と共通点をもちながら，独自の地域をなしているといえそうである。池のくるみ型台形様石器の存在が特異的であるが，それでもVI層並行期の内部において石刃石器モードを中心とした石器製作技術構造へと傾斜を深めていく点は周辺地域と共通する。

(4) 近畿・瀬戸内地方

　この地域では，後期旧石器時代前半期の石器群が少ない。大阪平野周辺丘陵部には後期旧石器

板井寺ヶ谷・下位文

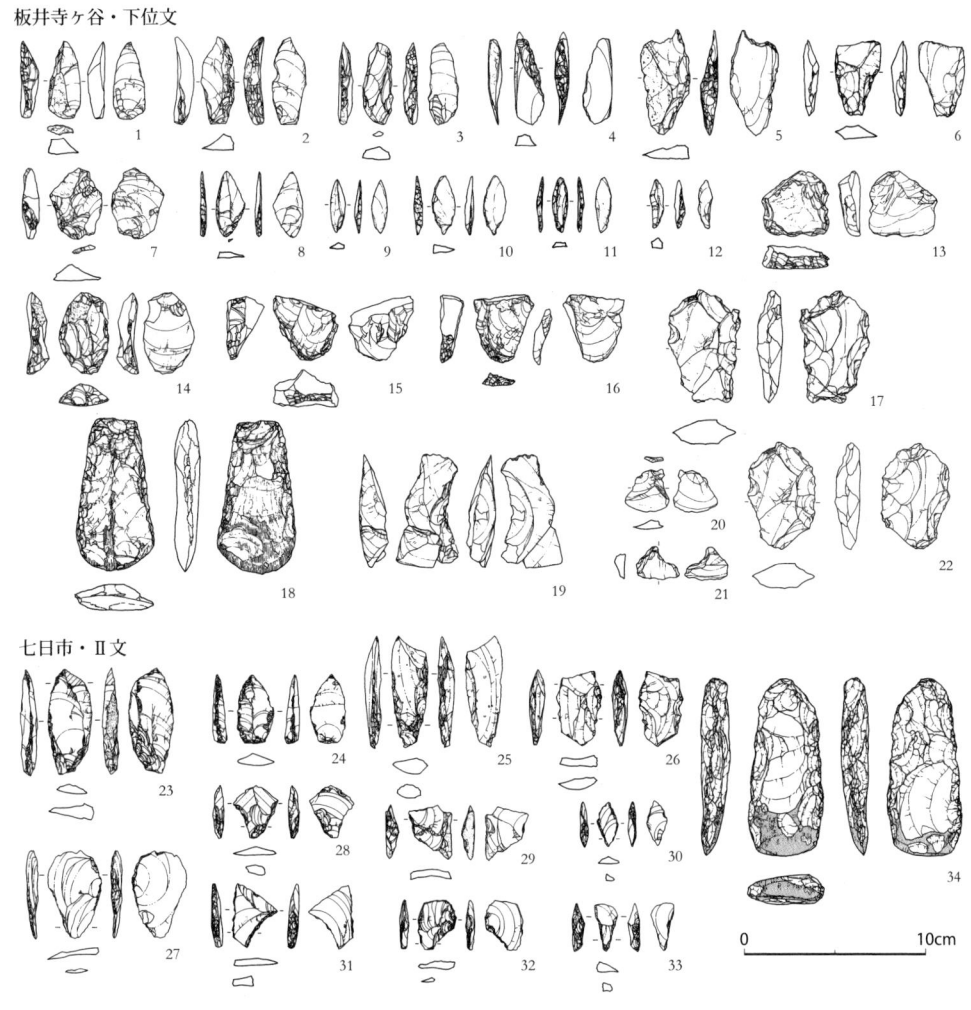

第22図　VII層並行期の石器群：近畿・瀬戸内地方

時代後半期の資料が多数分布するが，同前半期については零細である。ただし，後述のようにVI層並行期の資料は抽出可能である。

　現在，近畿地方とされている範囲内だが，中国山地東縁に位置する兵庫県七日市遺跡（久保・藤田編1990〈1次調査〉，山本・青木ほか編2004〈3次調査〉）および板井寺ヶ谷遺跡（山口編1991）では，前半期後葉の石器群が層位的に検出されている。これらの遺跡の情報が編年上の鍵となる。

　七日市遺跡3次調査第II文化層（山本・青木ほか編　前掲）では，AT直下の第IV文化層よりさらに下位から，台形様石器を主とする石器群が出土している（第22図23～34）。やや短寸幅広の縦長剥片ないし尖頭石刃製の尖頭形石器があるが（同23・24），このほかは台形様石器からなっている。台形様石器には大小のI類（同25～27），この地域では少ない基部加工の発達したII類（同28），そしてIII類（同29・32）が認められる。III類の規格性は低いが，II類は関東地方および古本州島東北部のVII層下部を特徴づける同種石器に対比できる。加工の精緻な薄手の切出

形石器（同31・33）や，撥型の局部磨製石斧（同34）が共伴している。台形様石器と局部磨製石斧の特徴からみてⅦ層下部並行期である。大型の台形様石器の発達と，石刃モードの未発達な点が関東地方等と比べて特異である。

板井寺ヶ谷遺跡では，きわめて良好なAT層の堆積が認められている。その下位（下位文化層）から，チャート縦長剝片素材の中・大型ナイフ形石器・弧状一側縁加工ナイフ形石器（同1～3），チャート横長剝片製の一側縁加工ナイフ形石器（同4），柳葉形横長剝片製小型ナイフ形石器（同9～12），形態的に安定しないやや大型の台形様石器（同5～7），撥型薄手の局部磨製石斧（同18），比較的安定した弧状刃部をもつ多数の掻器（同13～16）が出土している。AT下位出土で，細長い厚手の弧状一側縁加工ナイフ形石器を伴う点，形態の安定した弧状刃部をもつ掻器を一定数伴う点から，Ⅶ層並行期でも新しい時期とみなすのが妥当である。やはり大型の台形様石器の存在と，横長剝片製小型ナイフ形石器は，同時期の他地域では認められない特徴であるので，この地域における横長剝片剝離技術の特異性を示していよう。なお，七日市遺跡1次調査第Ⅱ文化層も近い様相をもつ。

Ⅵ層並行期と思われるのは，七日市遺跡第1次調査第Ⅲ文化層（久保・藤田編1990）である（佐藤1992）。AT直下から検出されたこの文化層では，チャート製の剝片製小型ナイフ形石器がまとまって検出されており，剝片剝離も活発におこなわれている（第23図15～31）。

七日市遺跡第3次調査第Ⅳ文化層（山本・青木ほか編　前掲）は，上記の第Ⅲ文化層と同様にAT直下出土の石器群であるが，第Ⅲ文化層とは内容が異なっている（同1～14）。本石器群を特徴づけるのは，サヌカイト製の一側縁加工横長剝片製小型ナイフ形石器（同5～8）で，柳葉形・薄手である点，背部加工が対向調整による点に特徴をもつ。この点で，Ⅶ層上部並行期の板井寺ヶ谷遺跡下位文化層と異なる。チャート製で形態・加工の安定した薄手の切出形石器（同2・3），サヌカイトの横長剝片製で素材の先鋭な刃部を活かしつつ基部を作出したペン先形を呈する尖頭形剝片石器（同1）や，小型のチャート剝片を用いて対向調整によりおおむね逆三角形に仕上げた台形様石器（同4）等を伴う。まとまって含まれる柳葉形の剝片製小型ナイフ形石器，切出形石器の型式的特徴，出土層準からみてⅥ層並行期に位置づけるのが適当と思われる。

七日市遺跡第Ⅳ文化層と対比できるのは，大阪府粟生間谷遺跡ブロック1出土石器群（新海編2003）である。本石器群ではサヌカイト横打剝片製の柳葉形小型ナイフ形石器，チャート剝片製の小型薄手の切出形石器がセットをなしている（同32～38）。小型ナイフ形石器（同34・36～38）と切出形石器（32・33・35）は七日市遺跡第Ⅳ文化層に共通する特徴をもつ。

剝片製の柳葉形小型ナイフ形石器は，古本州島西南部においてAT直下で広く確認されるといわれている（佐藤1992）。素材の供給技術には差異があるものの，その例は現在も増加し続けている。近畿地方では，特に七日市遺跡第Ⅳ文化層の発見により，それまで編年的位置づけが難しかった大阪平野部のいくつかの石器群をⅥ層並行期に比定できる可能性がある（森先2005a・2006）。

ひとつは，大阪府八尾南遺跡第6地点（山田編1993）である。この遺跡では以上で述べてきた

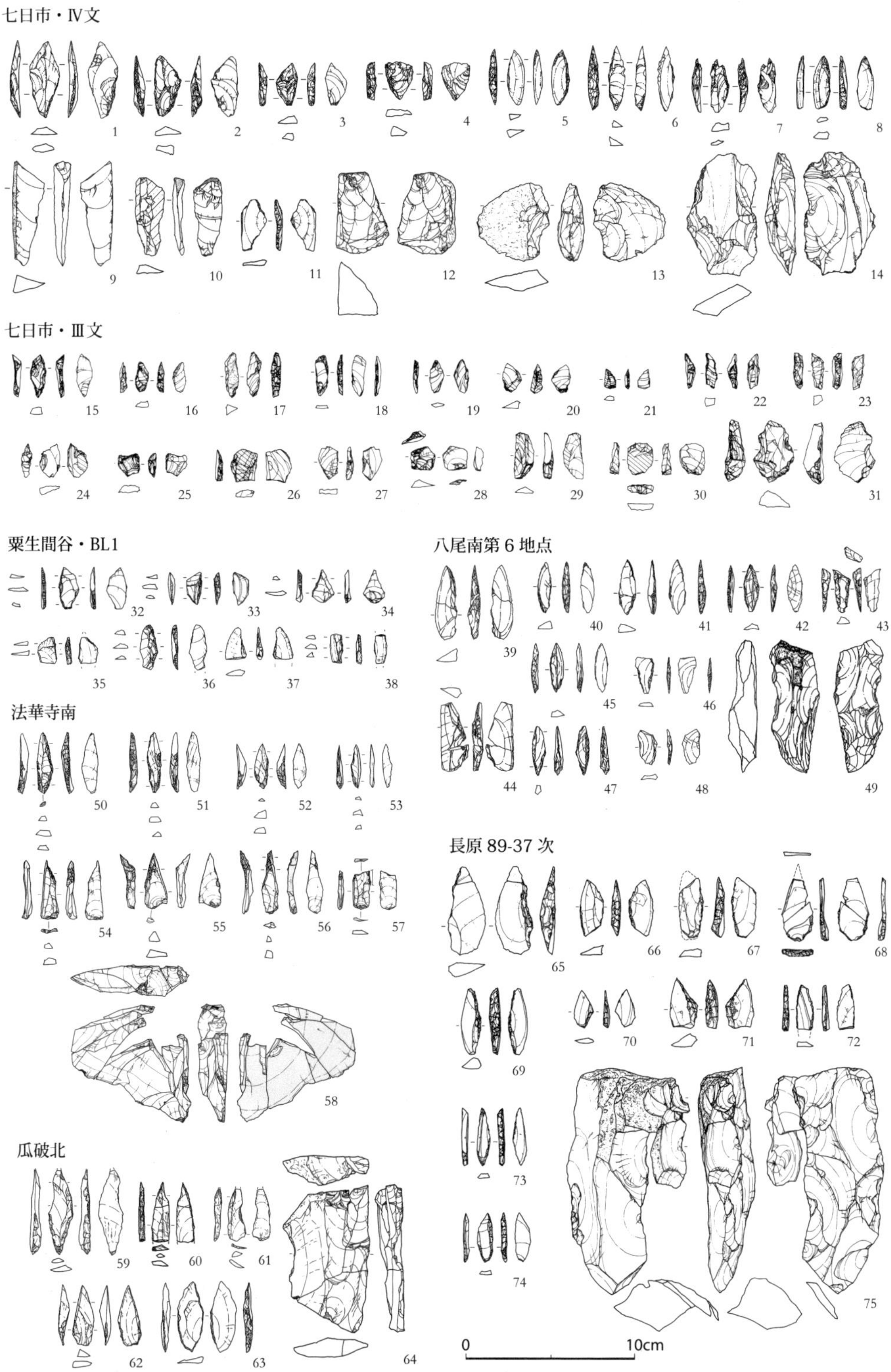

第 III 章 編年研究

七日市・IV文

七日市・III文

粟生間谷・BL1

八尾南第6地点

法華寺南

長原89-37次

瓜破北

0　　　　10cm

第23図　VI層並行期の石器群：近畿・瀬戸内地方

ようなサヌカイト横長剝片製の柳葉形小型ナイフ形石器がまとまって検出されている（同39〜49）。ナイフ形石器の素材供給に関わる接合資料も多量に得られているので，その集中的な製作址であったことが知られる（森川2003・2008）。また，この石器群には少数の中・大型のナイフ形石器も伴っている。重要な点は，これらの中・大型ナイフ形石器が，その大きさを除いて，形態・製作技術の面で小型ナイフ形石器と類似していることである。つまり本石器群の大〜小のナイフ形石器は，それぞれに個別の剝片剝離技術があるのではなく，類似の技術から得られた剝片から目的とする大きさの剝片を選別することによって作り分けられていることに特徴があり，この点で後述する国府石器群とは異なる。石核長軸に打点を並行移動させて中・小型の横長剝片を剝離するのが特徴で，棒状に消費された石核がしばしば認められる（同49）。同様の資料に，大阪府長原遺跡89-37次調査地出土石器群（趙・田中ほか1997）（同65〜75），香川県中間西井坪遺跡1区・5区（ブロック2を除く）出土石器群（森下編2001）がある（第72図）。

　同じく一側縁加工が主で柳葉形の剝片製小型ナイフ形石器からなるが，サヌカイト縦長剝片素材のものを中心とする奈良県法華寺南遺跡（井上・金子ほか2002）のAT直下出土石器群（同50〜59）も，Ⅵ層並行期に比定される（佐藤1992）。ナイフ形石器の素材は，小型の板状剝片を石核素材として，その小口側から剝離された長狭形（かつ幅のわりに厚手）の縦長剝片である（同59）。AT下位で，このように剝片製小型ナイフ形石器がまとまる石器群は，先ほど述べたように古本州島西南部のⅥ層並行期に比定される。だとすると，Ⅵ層並行期の近畿地方では，縦長剝片剝離技術と横長剝片剝離技術とがともに同じようなナイフ形石器に素材供給をおこなう技術構造が成立していたこととなる。

　ところで，最近大阪平野南部の瓜破遺跡群で新たな旧石器時代遺跡・瓜破北遺跡（絹川編2009）が発見された。報告書によると，AT濃集層準をもつ層（第13層：同層上部がAT濃集層準）およびその上位（第12層）から石器群（水洗篩別による微細石器を含めると2031点）が出土している（同59〜64）。石材はサヌカイトのみからなる。ここでは，法華寺南遺跡と同じく，いわゆる備讃瀬戸型石刃技法による石刃生産が特徴的である（同64）。石刃のうち薄手のものを選択し，基部を尖らせた尖頭形石器（同59）や，細身のナイフ形石器（同60）がみられる。相対的な意味では尖頭形石器が大きいが，全体的に石器は小型かつ薄手品からなるようである。石刃製の石器には，石刃末端側を弧状に加工した弧状一側縁加工ナイフ形石器に関連しそうな石器（同61）も認められる。法華寺南遺跡と異なって，少数の横長剝片製ナイフ形石器が確実に伴い（同62・63），その素材剝片を剝離した石核もある。横長剝片製ナイフ形石器には柳葉形のものはないが，背部加工が対向調整からなる幅広・小型品である。基部の尖らない切出形石器が存在するが，台形様石器はない。

　瓜破北遺跡については，横長剝片製のナイフ形石器の型式的特徴からみてⅥ層並行期の他の石器群と共通する点が多い（小型・対向調整・厚さ不均質）が，柳葉形を含まない。他方，石刃そのものはともかく石刃製石器には法華寺南遺跡のものとは異なるものが含まれるが，後述のⅤ層・Ⅳ層下部並行期等の石刃・縦長剝片製石器とも異なる。出土層準と横長剝片製石器の特徴

から，Ⅵ層並行期に位置づけておきたい[3]。Ⅵ層並行期の他の石器群との違いは，細かな時期差を示すのかもしれない。

近畿地方では，Ⅶ層並行期には縦長剥片製ナイフ形石器および尖頭形石器・横長剥片製ナイフ形石器がともに大型の石器を構成し，横長剥片製の柳葉形小型ナイフ形石器・切出形石器・台形様石器は小型品をなす。横長剥片製の大型品は多くないものの，縦長剥片と横長剥片のいずれもが大型品と小型品に素材供給をおこなっていることが特徴である。なお，両者は特定石材との結びつきも弱い（安斎 2003c）。Ⅵ層並行期には，大型品自体が減少するが，前時期に大型品の大部分を占めた石刃ないし縦長剥片製の石器が明らかに少なくなり，少数の横長剥片製ナイフ形石器が優勢となるらしい。小型品には柳葉形の縦長剥片・横長剥片製ナイフ形石器と少数の切出形石器，台形様石器が認められる。台形様石器は非常に少なくなっているが，この時期まで存続する。Ⅵ層並行期に起こった技術構造上の大きな変化は，大型品をはじめ多くの石器の素材供給が，基本的に横長剥片剥離技術に移行しつつあることであろう。このことは，前半期の二極構造がⅥ層並行期に大きく変化を遂げたことを示す。

(5) 中国山地・山陰地方

中国山地では，AT層との上下関係が捉えられている遺跡が複数あり，重要な目安を提供する。岡山県蒜山原の戸谷遺跡群や，恩原遺跡群が編年上の基準を提供することは稲田（1990・1996）や佐藤（1992）が述べてきたとおりであり，この点は現在でもかわらない。資料の増加も乏しいので，既往編年に加えて指摘すべきことが少ないが，ここではこの地域の石器群の特色を捉え直しておくとともに，後半期との関係を重視した記述をおこなっておきたい。

この地域では，Ⅶ層でもより古相の石器群として基部加工が発達した幅広のⅠ類台形様石器をもつ野原遺跡群早風A地点Ⅱ期石器群（平井編 1979）が挙げられていた。野原遺跡群早風A地点の石器群は，ユニットごとに様相を異にしている。佐藤はユニットAを構成する石器のなかでも，黒曜石製の台形様石器をⅨ層上部，石英製のやや基部加工が発達した台形様石器をⅦ層下部に位置づけている（佐藤 前掲）。基本的に矛盾ない指摘と思われるが，筆者には，分布を同じくする石器群を容易に分離しうるほど型式的差異が顕著でないようにみえる。本書では，ユニットAのうち，西部にまとまる一群をⅦ層下部並行期として捉えておく（第24図25〜37）。最近，正式報告がなされた西ガガラ遺跡第1地点ブロック1（藤野・中村編 2004）でも野原遺跡群早風A地点ユニットAに比較的よく類似する石器群が出土している（同6〜13）。

Ⅶ層上部並行期には，直近の隣接地域にある板井寺ヶ谷遺跡下位文化層のナイフ形石器とよく共通する，野原遺跡群早風A地点ユニットC・D石器群の弧状一側縁加工ナイフ形石器が該当する（同14〜24）。また，戸谷遺跡第5地点（鎌木・小林 1986）の石器群は正式報告がなされていないため詳細が不明だが，石刃製の二側縁加工ナイフ形石器や薄手の弧状一側縁加工ナイフ形石器，楔形石器等からなる（同1〜5）。Ⅶ層上部並行期に位置づけたい。

島根県原田遺跡（伊藤・石橋 2008）では最近重要な調査成果が得られた。ATと三瓶浮布火山灰を介在しながら，その上下から三つの文化層が確認されたのである（第25図基本層序）。最下文

戸谷 5

西ガガラ 1・BL1

野原早風 A・Ⅱ

ユニット C・D

ユニット A

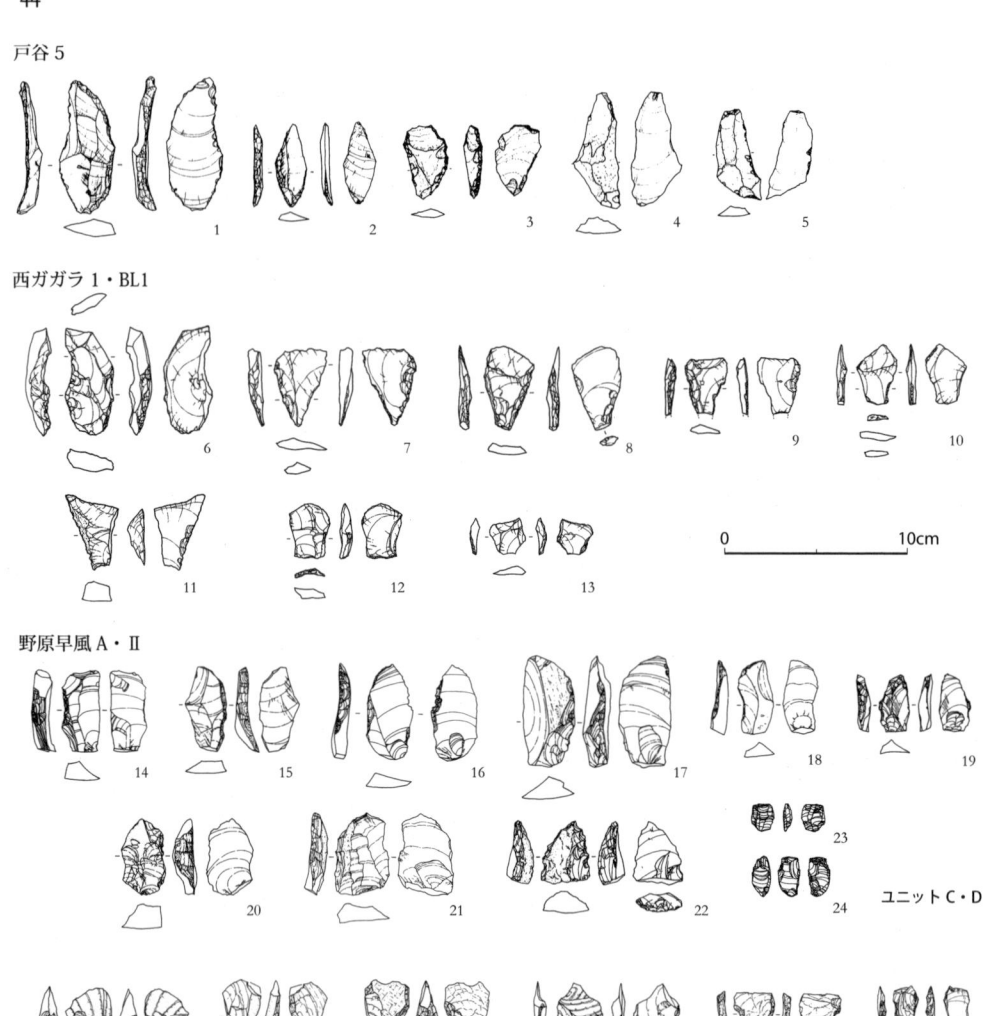

第 24 図　Ⅶ層並行期の石器群：中国山地

化層である第Ⅲ文化層は AT 直下層準から検出されている。第Ⅲ文化層は環状ブロックとそこから離れた複数のブロックからなるが（同ブロック分布図），前者の出土層準は後者のそれよりもやや下位にあり，実際は二時期に分けられると報告されている。環状ブロック周辺の石器群は素材打面からの平坦調整や，折り取り整形，折れ面からの平坦調整に特徴をもつ台形様石器Ⅰ類に局部磨製石斧を伴ない，Ⅹ層上部からⅨ層下部に相当する古い石器群とみられる。一方，環状部の北東数十 m の地点に位置するブロック 1～5 からは，玉髄や安山岩製の二側縁加工ナイフ形石器・弧状一側縁加工ナイフ形石器・切出形石器が出土している（同 1～9）。ナイフ形石器は厚手石刃を大きく切り取ったもので，長狭型を含み，層位的にみても南関東のⅦ層並行期石器

第 III 章 編年研究

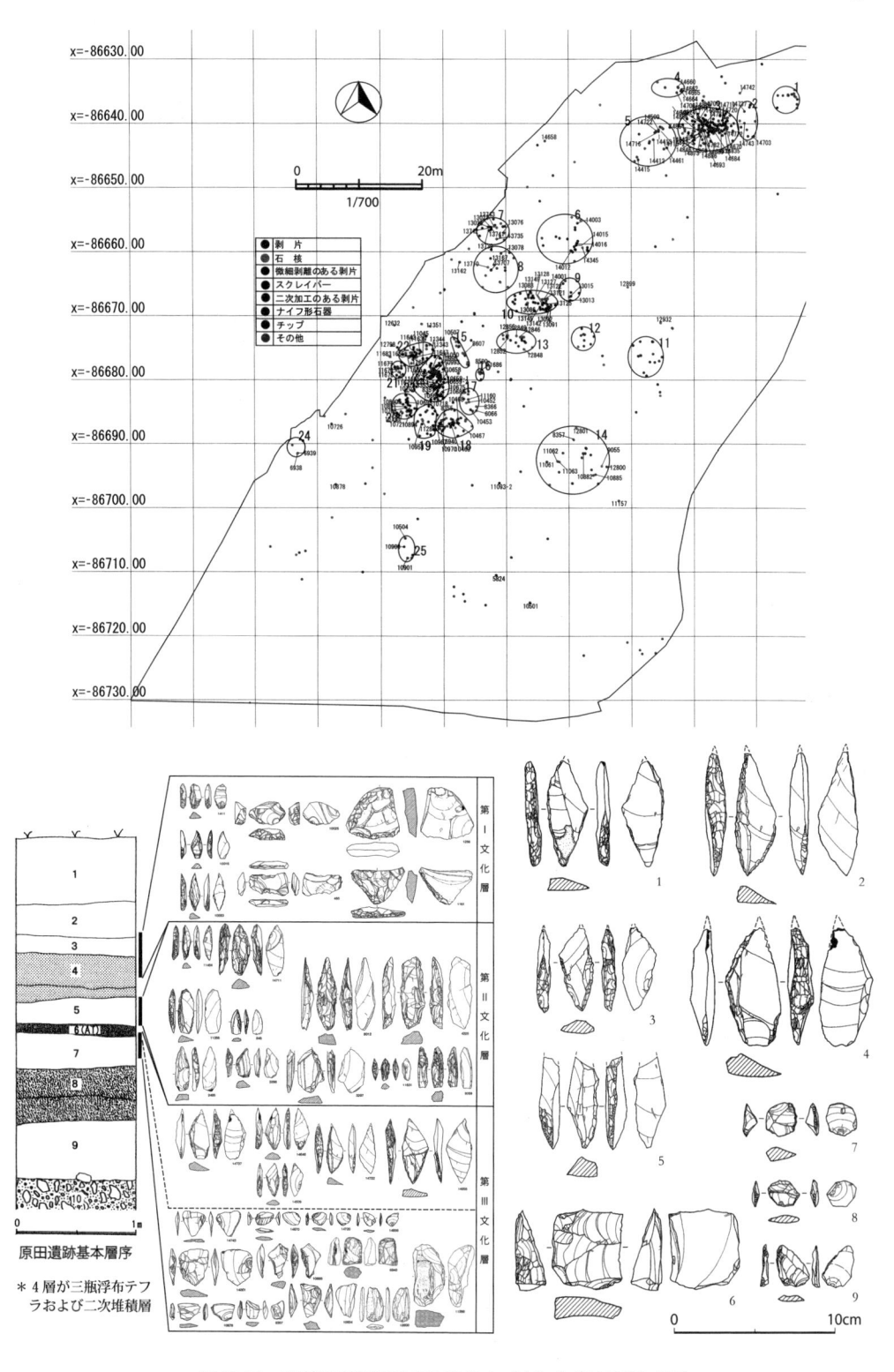

第 25 図 島根県原田遺跡の石器分布（上）と出土石器（下）

群や，後述する九州地方の耳切遺跡 A 地点第 II 石器群によく類似している。小型薄手の台形様石器 III 類（同 7～9）をまとまって伴うことを勘案すると，VII 層（おそらく下部）並行期の可能性が高い。

VI 層並行期の石器群には，広島県西ガガラ遺跡第 1 地点ブロック 3～5（藤野・中村編　前掲），同第 2 地点ブロック 7，岡山県恩原 1 遺跡 R 上層文化層石器群（稲田編 1988，稲田稿 2009），同戸谷遺跡第 4 地点（鎌木・小林　前掲），鳥取県門前第 2 遺跡（辻編 2005）が挙げられる。恩原遺跡では AT 直下の礫混じり粘質土層上面ないしそこから 5 cm 程度の深さより出土したもので，中・小型（4 cm 前後）二側縁加工ナイフ形石器・切出形石器よりなっている（第 26 図 12～26）。背部整形に対向調整が多く認められることが特徴的である。静岡県の広野北遺跡 K3 期石器群（山下編 1985）等に対比可能である。西ガガラ遺跡のナイフ形石器も同様の特徴を有するが，ここには横長剥片製で小型の一側縁加工ナイフ形石器（同 30・31，40～42）が伴なう。戸谷遺跡第 4 地点では非常に薄手の剥片製小型ナイフ形石器（同 27，28）がみられ，AT 直下という出土層位が正しければ VI 層並行期であろう。鳥取県門前第 2 遺跡では，最近 AT 直下の黄灰色粘質土層から黒曜石製の石器群が出土した（同 1～11）。小型切出形石器を中心として剥片製小型ナイフ形石器も伴出し，静岡県子ノ神遺跡 NL 直上石器群（石川編 1982）等に対比できることから，VI 層並行期の石器群と考えられる。

現在でも，中国地方における前半期後葉の石器群の変化を追跡することはまだ難しい。ただし，弧状一側縁加工ナイフ形石器の発達（佐藤 1992），および VI 層期における大型ナイフ形石器の少なさと剥片製小型ナイフ形石器・切出形石器の卓越という点には，東海地方以西と広く共通した様相を看取することができる。一方で，広島県南部丘陵地帯を除き，中国山地では VI 層期に横長剥片製一側縁加工ナイフ形石器が発達しないという特徴も指摘でき，近畿・瀬戸内地方とは違いがある。この意味で，広島県南部丘陵地帯は，石器群の内容からみれば瀬戸内地方に含めるべきともいえる。

（6）九州地方

九州地方では主に 1980 年代を通じて東北九州の大分県大野川流域を中心に前半期後葉の資料が蓄積されており，編年研究の重要な資料をなしてきた。このほかの地域でも 1980 年代後半から 1990 年代にかけて前半期研究における重要な資料（熊本県狸谷遺跡，同曲野遺跡，同石飛東遺跡）が相次いで報告され，資料の着実な蓄積が進められてきた。さらに，最近では 1990 年代後葉より継続されてきた東九州自動車道関係の発掘調査により，宮崎県・鹿児島県（九州地方東南部・西南部）を中心に後期旧石器時代後半期相当の石器群を主体とした膨大な資料の蓄積・整理報告が進行している。このなかには AT 降灰層準との層位関係が確かめられている資料が多く含まれるため，編年上の貴重な情報を提供している。

他地域にくらべて豊富な資料を有する同地域では，しかしながら編年研究の方法に古本州島東北部（後述）と同様の問題を抱えており，前半期後葉の編年研究も，1990 年代以後あまり大きな進展をみていない。この地域での編年研究の問題点は安斎正人や佐藤宏之が批判するところであ

第Ⅲ章 編年研究

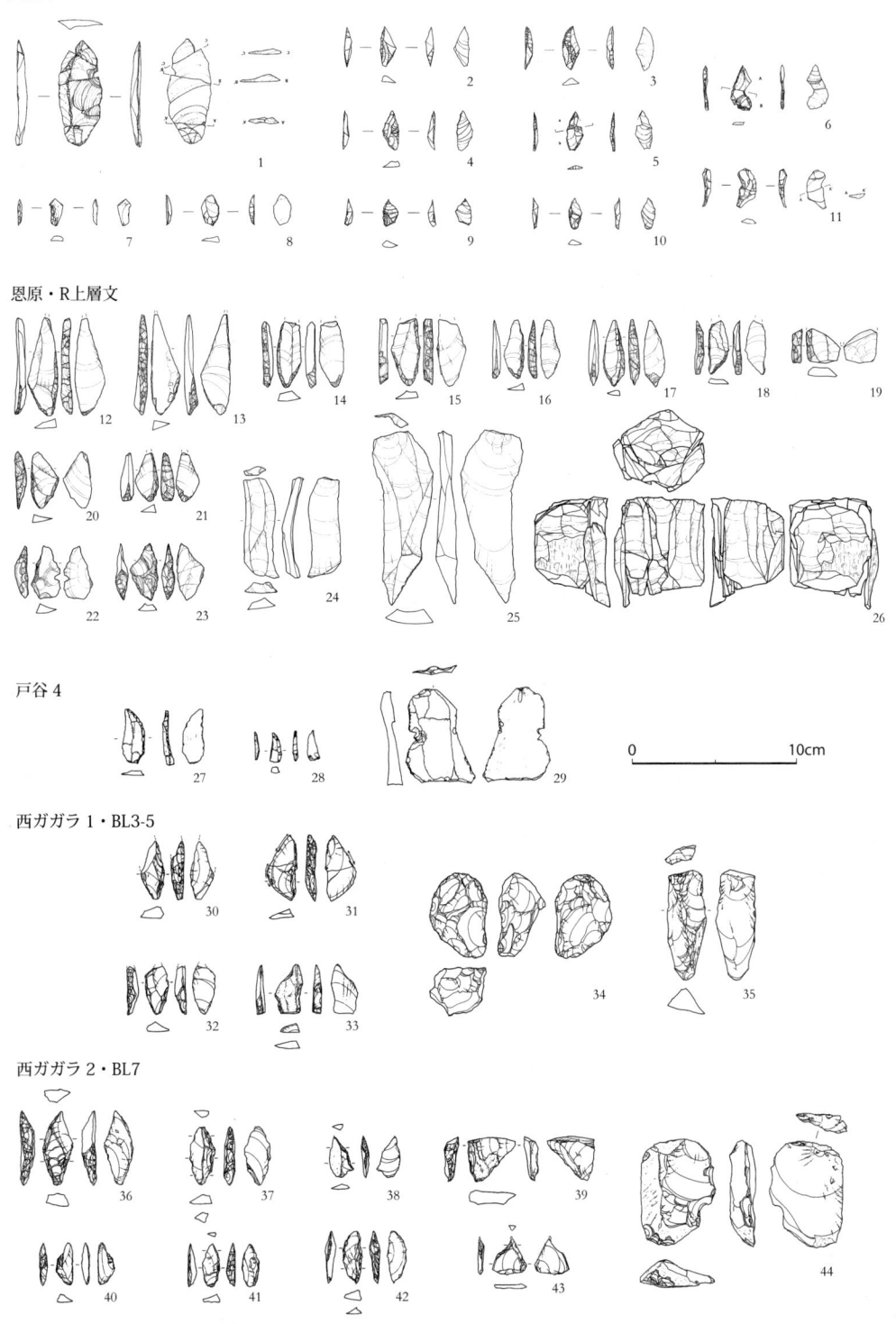

門前第2

恩原・R上層文

戸谷4

0　　　　　10cm

西ガガラ1・BL3-5

西ガガラ2・BL7

第26図　Ⅵ層並行期の石器群：中国山地・山陰地方

る（佐藤1992，安斎2000）が，最大の問題は，やはり石器群の組成に基づく類型化とその段階配置にある（木崎1988，吉留2004，宮田2005・2006aなど多数）。これに加えて，九州地方の従来の類型編年に対する批判として提示された佐藤編年以後，前半期後葉に相当する考古資料の蓄積自体もあまり進んでいない。近年，発掘調査，整理報告の相次ぐ九州地方東南部・西南部でも，この時期に遡る資料は多くない。

とはいえ，VI層並行期の石器群を中心としたいくつかの新出の石器群も知られてはいるので，これらを含めながら，佐藤編年の再検討および，従来不明確であった問題について言及しておきたい。

VII層並行期の石器群は次のものがある。まずVII層下部並行期には，対向調整を主とする二側縁加工ナイフ形石器と，西ガガラ遺跡（藤野・中村編2004）に対比される，基部に弱い抉りを入れる台形様石器I類（第27図55）からなる牟田ノ原遺跡第1文化層（萩原1989）や，平坦剥離が相対的に顕著であるとはいえ牟田ノ原遺跡に共通する台形様石器（同43）をもつ上場遺跡6層上部石器群（池水1967，岩崎・宮田ほか2007）の一部が相当するであろう。耳切遺跡A地点第II石器群（村崎編1999）はAT下位暗色帯出土であり，大きさのわりに厚みのある，対向調整の発達した中型二側縁加工ナイフ形石器と，急斜度調整による矩形の台形様石器から構成されている（第28図1〜10）。台形様石器の特徴は少なくともVII層以降に下ることを示しているが，ナイフ形石器が中型品を中心とし，短寸厚形である（素材の長狭化・薄手化が果たされていない）点を評価してこの時期に含めたい。なお，縦長剥片製で対向調整による弧状一側縁加工ナイフ形石器や小型ながら整った連続基部加工を有する台形様石器で構成される後牟田遺跡（橘・佐藤ほか編2002）第II文化層（AT下位暗色帯中〜上部出土）はIX層上部〜VII層下部並行期に位置づけるのが妥当と思われる。

VII層上部並行期として，対向調整による背部整形で素材を大きく切り取って製作される中・大型の二側縁加工ナイフ形石器に特徴をもつ百枝遺跡C地点第III文化層（清水・栗田編1985），駒方古屋遺跡第2文化層（橘編1985）と（第27図1〜17，18〜25），百花台D遺跡VII層（田川・副島ほか1988）の黒曜石製中・大型ナイフ形石器が比定される（同26〜30）。このナイフ形石器は，近畿・瀬戸内地方を除く古本州島西南部VII層上部並行期石器群を広く特徴づけるものである。VII層下部並行期ですでに認められていた石刃剥離技術であるが，この時期には明らかに石刃剥離技術の発達がみてとれ，しかも中・大型ナイフ形石器製作に結びついている点（佐藤2000）で前時期とは異なる。この時期の石器群には，現在のところ良好な出土状況下での台形様石器の共伴が確認されていないが，先行する時期（たとえば耳切AII）と後行する時期（たとえば狸谷I）に明らかな台形様石器の存在が確認されるため，存在したことは疑いない。すなわち，ナイフ形石器と台形様石器の二極構造を認めることができる。

帖地遺跡AT直下XVII・XVIII層石器群（永野2000）は，対向調整に特徴をもつ二側縁加工の中型ナイフ形石器や弧状一側縁ナイフ形石器，柳葉形の剥片製小型ナイフ形石器，切出形石器，台形様石器からなり，小型の楔形石器や弧状刃部の掻器を含む（同31〜41）。二側縁加工ナイフ

第III章　編年研究

百枝C・Ⅲ文

駒方古屋・2文

百花台

帖地・X層・XVIII層

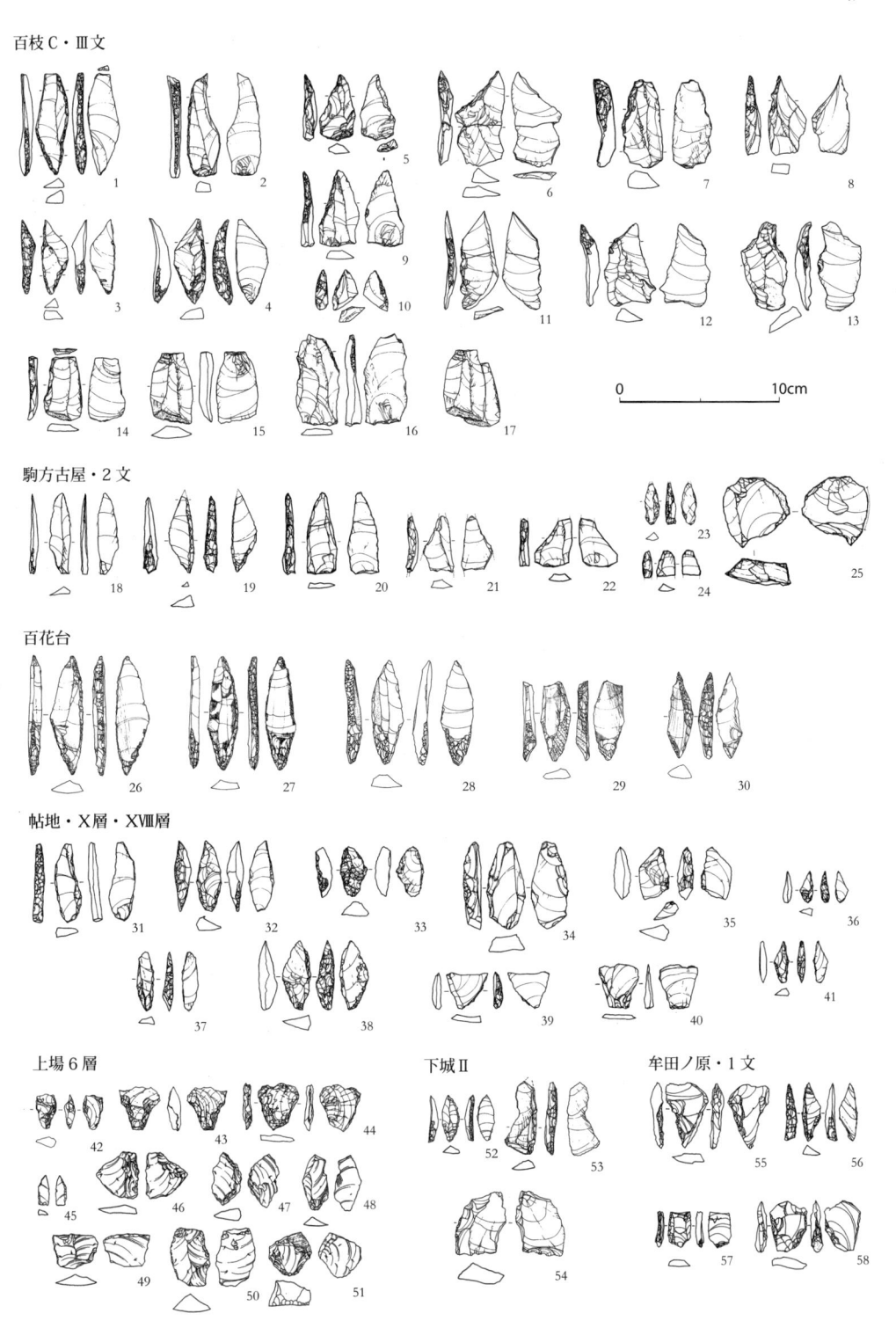

上場6層　　下城Ⅱ　　牟田ノ原・1文

第27図　Ⅶ層並行期の石器群：九州地方

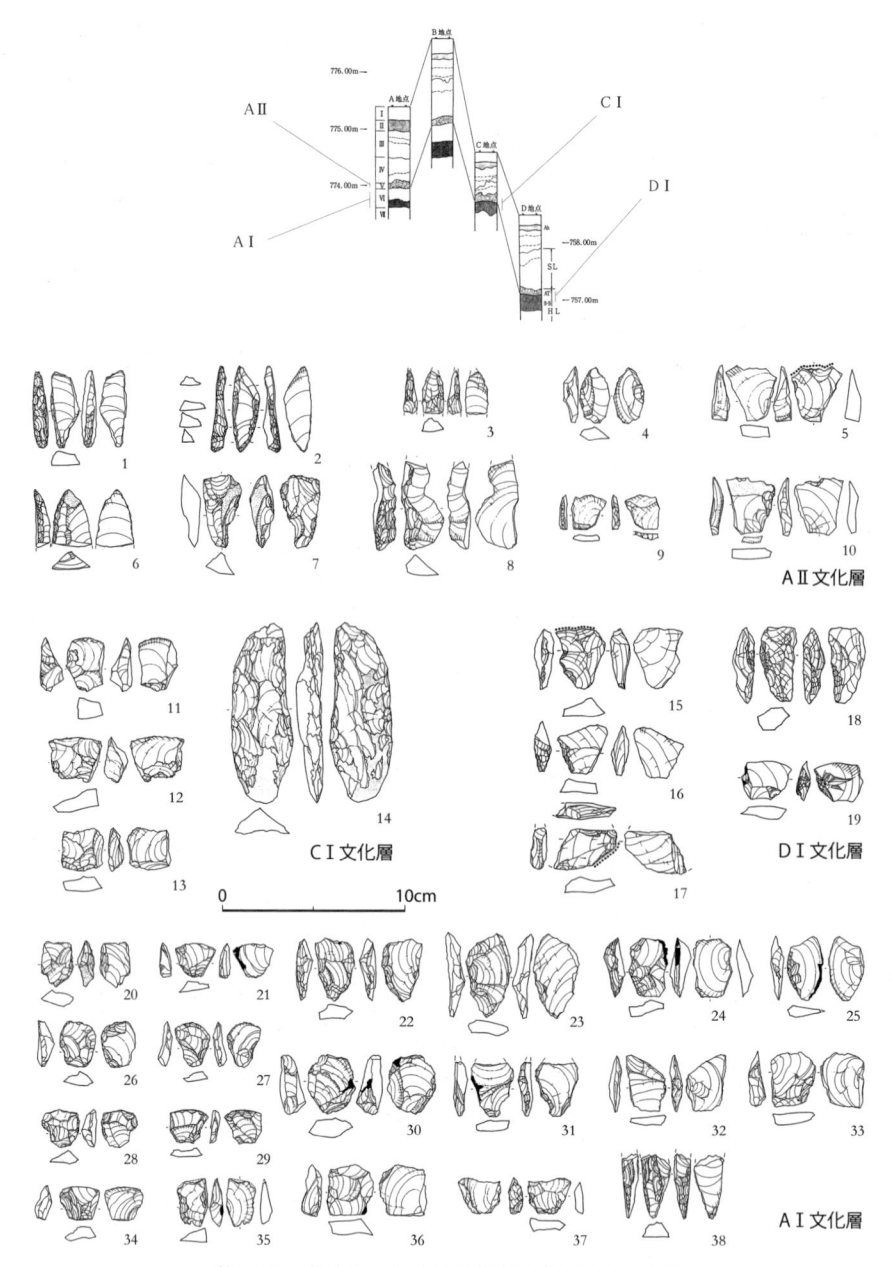

第 28 図　熊本県耳切遺跡の基本層序と出土石器群

　形石器のうち，黒曜石製（同 38）のものはかなり厚手になる。出土層位と石器群の内容から，VI層並行期に及ぶ可能性を認めつつも，以下の VI 層並行期石器群との差異を評価して VII 層上部並行期とみなしておく。

　VI 層並行期石器群では AT 直下暗色帯上部で検出され，縦長剝片製の中・小型二側縁加工ナイフ形石器と剝片製切出形石器・台形様石器，および整った弧状刃部をもつ掻器を多数伴う狸谷遺跡 I 文化層（木﨑編 1987）が基準資料である（第 29 図 25～46）。この石器群ときわめて類似する

第III章 編年研究　51

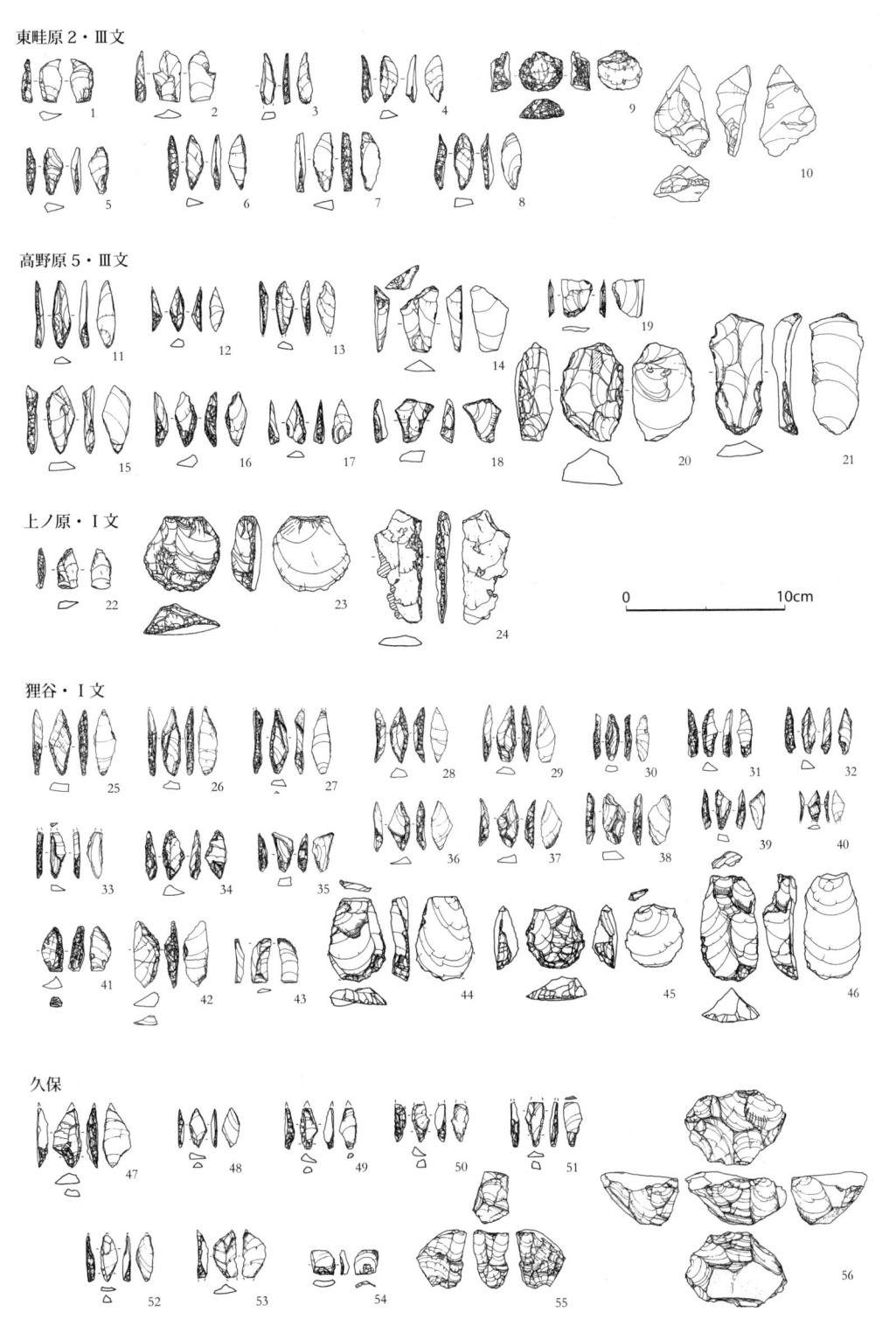

東畦原2・III文

高野原5・III文

上ノ原・I文

狸谷・I文

久保

第29図　VI層並行期の石器群：九州地方1

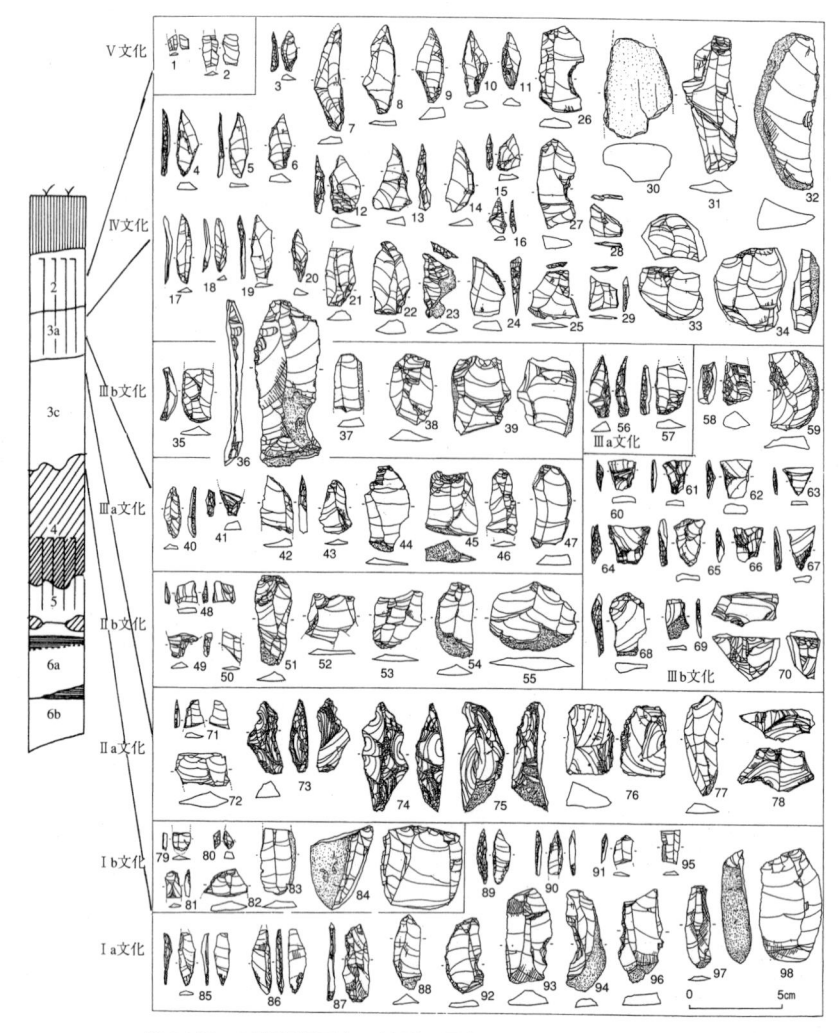

第30図　長崎県堤西牟田遺跡の層位別出土遺物（萩原2006）

特徴をもつものとして，熊本県久保遺跡（木崎編1993）・宮崎県高野原第5遺跡第Ⅲ文化層（日高・竹井ほか2004）・東畦原第2遺跡第Ⅲ文化層（大山編2006），上ノ原遺跡第Ⅰ文化層（谷口・山田編2002）等が挙げられる（第29図）。九州地方西北部では長崎県の堤西牟田遺跡Ⅰ文化層（萩原1985）がAT包含層準から出土したとされ（第30図最下段），石器群の内容も狸谷に近似することから，Ⅵ層並行期と考えられる。長崎県の根引池遺跡（福田編2000）もⅥ層並行期とみられ，大型尖頭形石器（第31図1），中型二側縁加工ナイフ形石器（同2～7）や大型の弧状一側縁加工ナイフ形石器（同8～10）が出土している。

　宮崎県春日地区第2遺跡（柳田・加藤編2003）では，かつて橘（1990）が指摘した内容を傍証するように，AT直上に当たる層から，AT直下の石器群に近い内容をもつ石器群が検出されている（第31図15～31）。形態的な規格化が進展し，やや大型化する点で異なるが，縦長剥片製ナイ

第III章 編年研究

根引池

春日地区第2

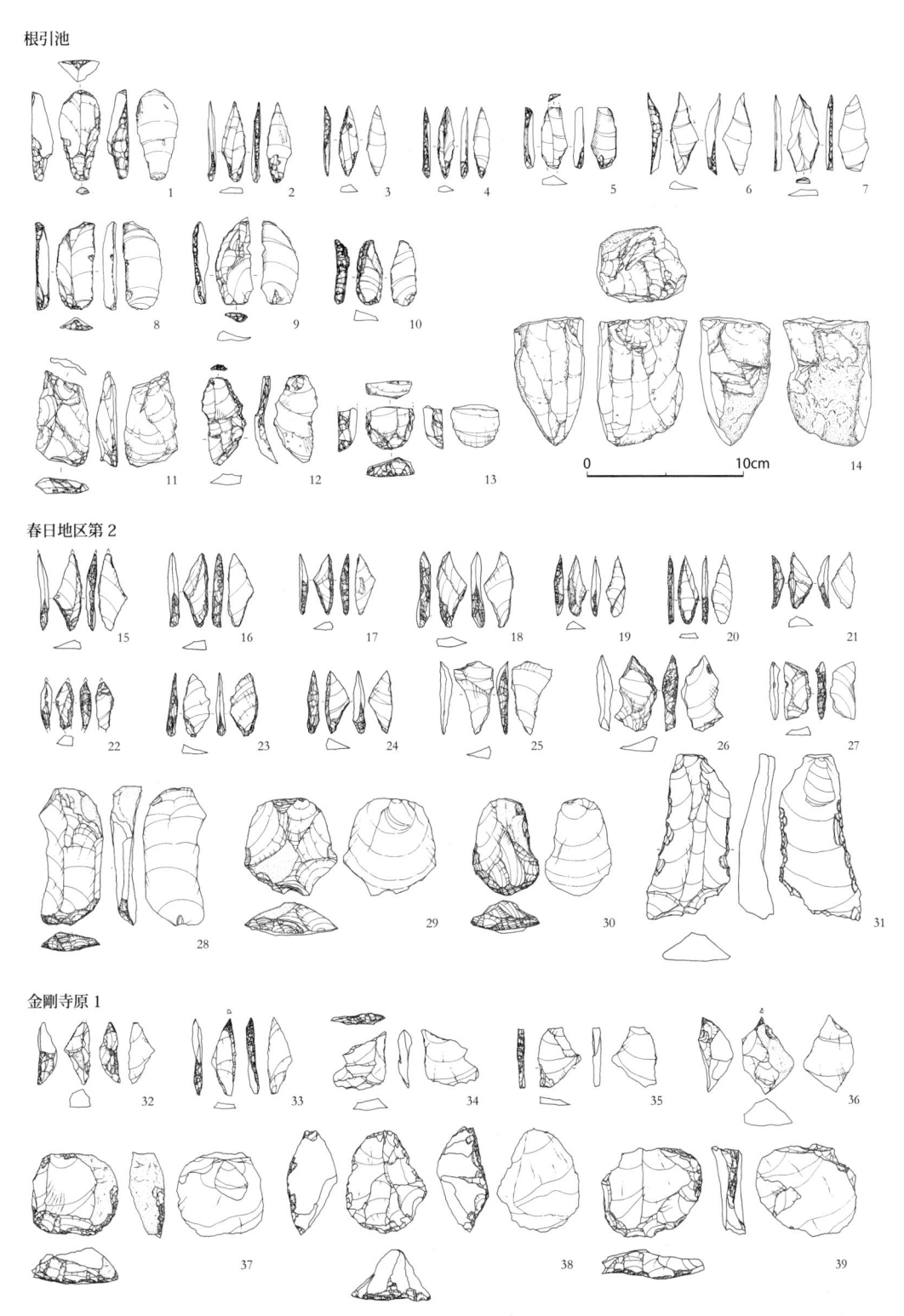

金剛寺原1

第31図 VI層並行期の石器群：九州地方2

フ形石器と切出形石器からなる点でほぼ同内容である。非調整打面をもち端部が尖らない中・大型の石刃も共伴するが，主に削器の素材として用いられるだけで，刺突具の素材とはならない。金剛寺原第1遺跡（宮下編 1990）等も同様に評価される石器群である（同 32〜39）。VI層並行期でもより新しい石器群であることが，層位的に示される数少ない例といえよう。

九州地方では，剥片製小型ナイフ形石器や切出形石器が台形様石器を構造的に置換していく状況を，少なくとも前半期後葉の関東地方のようにはっきりとは読み取れないが，おおむね古本州島西南部と共通する変化をみせる。石刃・縦長剥片製ナイフ形石器と剥片製の台形様石器からなる二極構造は，ここでもVI層並行期に変容することは確かである。九州地方ではVI層並行期にも台形様石器が継続するが，九州地方西北部を除いて中心的器種ではない。その意味で，九州地方西北部（大型の尖頭形石器が認められる点も特異）に限っては二極構造の解体の過程が他地域ほどはっきりしていない可能性が高いが，現在の資料状況からこれ以上の言及は難しい。九州地方の他地域では，やはりVI層並行期に二極構造の変容が認められると評価してよいだろう。

（7）まとめ

石器群の編年的検討を通じ，後期旧石器時代前半期後葉における古本州島西南部の石器製作技術構造の変化を整理してきた。

佐藤によって，IX層並行期までは列島規模で共通する技術構造（二極構造）が認められ，これは次第に変容を遂げながらもVII層並行期まで存続する構造性であるとされている。VII層並行期には二極構造，すなわち石刃・縦長剥片剥離技術と幅広・横長剥片剥離技術とが対をなし，前者がナイフ形石器等の大型刺突具と，後者が台形様石器（切出形石器に置換される）や剥片製小型ナイフ形石器と結びついて石器製作を成り立たせるという技術構造ではおおむね共通しつつも，地域ごとに異なりが生じている時期でもある。これがVI層並行期に変化をとげ，ナイフ形石器内部での二項性（二極的構造）に変換されるという（佐藤 1992）。

新出資料の検討をおこなった結果としても，この枠組みを大きく逸脱する現象は認められなかった。VII層並行期には，二極構造の枠組みの内部で理解できるものの，九州地方，近畿・瀬戸内地方，東海以東の地域ではそれぞれ主体となる器種・型式に差異が生じていることも確かである。たとえば近畿・瀬戸内地方では縦長剥片と，横長剥片とがいずれも大型品と小型品に素材供給をおこなっていることが特異的であった。また九州地方では剥片製小型ナイフ形石器や切出形石器が台形様石器を置換していく傾向が関東地方や東海地方よりも弱い可能性がある。

VI層並行期になっても，この地域差の範囲には大きな違いがない。変化は，基本的には二極構造の一体的な解体と，ナイフ形石器内部での大小二項性の成立に特徴をもつ。関東地方から東海地方では，縦長剥片製の大型ナイフ形石器と剥片製の小型ナイフ形石器・切出形石器が対をなす。ただし，関東地方では大型品を組成する遺跡が他地域より明らかに多い。近畿・瀬戸内地方でもナイフ形石器内部での大小二項性をとるが，横長剥片剥離技術によって大型ナイフ形石器を製作する点が特異的である。九州地方は，西北部を除いてナイフ形石器内部での大小二項性に特徴をもつ。

ここまでみてきたように，VII層並行期・VI層並行期には，各時期にさまざまなかたちで地域性が生じるものの，まだ固定的なものとは言い難い。そこで，次にこれが後半期にかけてどのように変化するのかをみていきたい。

2　後期旧石器時代後半期前葉
(1) 関東地方

　先ほどと同じく，関東地方からはじめ，他の地域へと編年網をつなげていく。さらに，最近は九州地方でも独自の地域編年を立てやすい条件（層位的出土例）が整ってきたため，関東地方とは異なる基準で編年をおこなうことが可能である。この二つの地域の編年をもとに，周辺地域の石器群を位置づけていくことによって，古本州島西南部の編年を進めるという手順を採る。この編年は森先（2007a）を基本とし，追加と修正を加えたものである。関東地方については，北関東地方には遺跡がきわめて少ないので必要に応じて触れるにとどめ，南関東地方を中心に取り扱う。

　関東地方における後期旧石器時代後半期前葉（立川ロームV層・IV層下部期）についての編年研究には多くの蓄積がある。織笠昭（1987a・1988・1992）をはじめとして伊藤健（1991a），西井幸雄（1996），亀田直美（1995・1996），須藤隆司（1996）らがこの時期の細分編年を提出しており，いずれも層位的根拠をもつため，各細分案にそれほど大きな食い違いは認められない。

　織笠昭（1987a・1988）は，かつて武蔵野IIa期（V層・IV層下部期）を細分し，前半と後半に分離した。また国府型ナイフ形石器が検出されるのは前半であり，これに置換するように後半には角錐状石器が卓越するとみなす見解を示し，その後の細分案の定点を成している。さらにその後，より詳細な3期区分を提示しており，国府型ナイフ形石器出現前後の変化を追述している（織笠1992）。一定の層位的出土例にも支持されるため，この三期区分は現在もおおむね有効であると考えられる。この骨子に地域間比較に必要な知見を付け加えて本書の編年軸を立てる。

　織笠の編年に拠れば，該期の変遷は慶応大学湘南藤沢校地内遺跡第V文化層（B2L下部，武蔵野V層下部相当）（慶応義塾藤沢校地埋蔵文化財調査室編1992）から柏ヶ谷長ヲサ遺跡第IX文化層（B2L中部，V層中・上部相当）（堤編1997）を経て柏ヶ谷長ヲサ遺跡第VII・VIII文化層（B2L上部からB2U，IV層下部相当）へと変遷する。これを基本としながらも，この時期の個別石器の型式学的分析に重点を置いて細分編年を提出している伊藤健の編年案（1991a）も参照しつつ，新たな資料を加えて作成した筆者による石器群変遷を示す。各時期は，その層位的位置も勘案して古い時期からV層下部期，V層上部期，IV層下部期と概念的に呼称する。

　V層下部期の石器群には，神奈川県慶応大学湘南藤沢校地内遺跡第V文化層（慶応義塾藤沢校地埋蔵文化財調査室編　前掲）・同柏ヶ谷長ヲサ遺跡第XI文化層（堤編　前掲）・東京都天文台構内III遺跡第5文化層（吉田・高麗ほか2004），同羽根沢台遺跡第VI文化層（吉田・高麗ほか1996），同武蔵台東遺跡V層中部（坂東・坂詰ほか編1999），同嘉留多遺跡第3文化層（對比地・高杉編1982），千葉県北大作遺跡（西沢1995），一本桜南遺跡第4文化層（落合2000）などが相当する（第32・33図）。

56

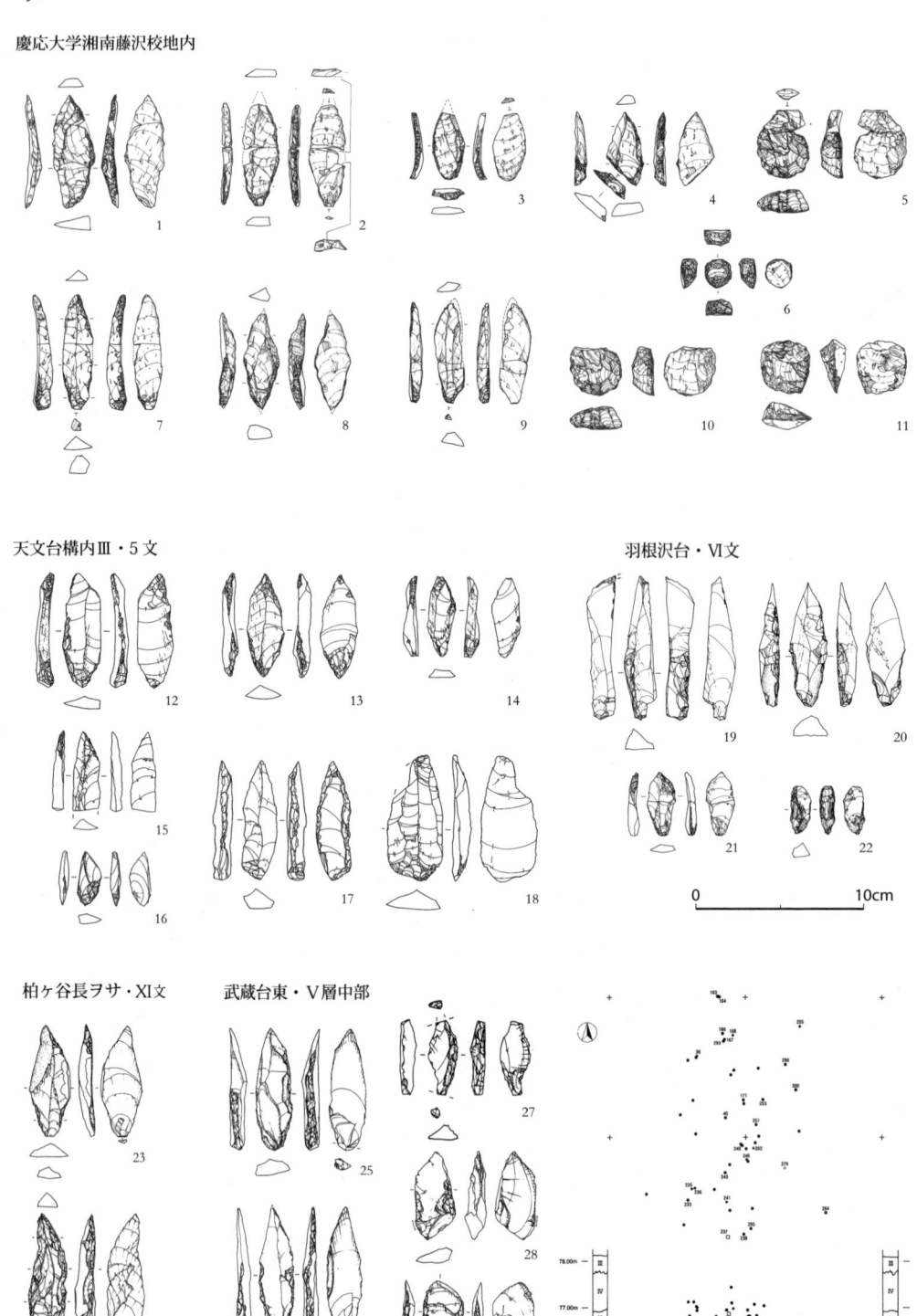

慶応大学湘南藤沢校地内

天文台構内Ⅲ・5文

羽根沢台・Ⅵ文

0　　　10cm

柏ヶ谷長ヲサ・XI文　武蔵台東・V層中部

石器集中部の出土層準

第32図　V層下部並行期の石器群：関東地方1

第III章　編年研究

北大作

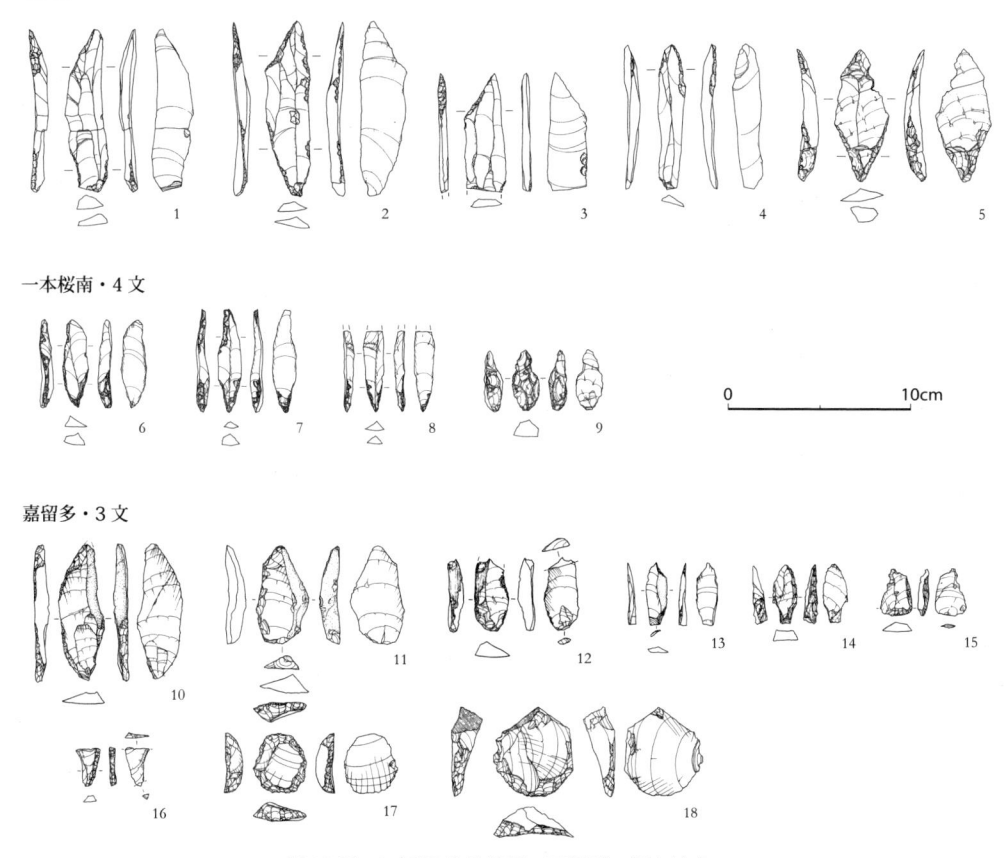

一本桜南・4文

嘉留多・3文

第33図　V層下部並行期の石器群：関東地方2

　この時期の石刃は厚手で，背面中央に一稜か間隔の狭い二稜を有する石刃が主体となる。第32図7～9のように，VI層期よりやや幅広の尖頭形石器と，同1・2のような石刃製のナイフ形石器（一側縁加工を基本に反対側縁基部加工あり）が主要大型刺突具である。特徴的なのは，大型尖頭形石器では基部加工の範囲が器体中部付近にまで及ぶ例が多い点であり，素材石刃の幅広化に対応した技術適応とみられる。このため，器体中ほどに最大幅を有する菱形形状の尖頭形石器が生じる（第32図8・13・23・25・26，第33図2・5・10）。

　また，石刃を切り取ったものや（同4），前時期より存在する剥片を素材とした中型の切出形石器，小型尖頭形剥片石器や剥片製小型ナイフ形石器が存在する（第32図16・21・22，第33図13・14）。ただし切出形石器に基部を強く凹入加工するものはほとんどない。武蔵台東遺跡V層中部では台形様石器（第32図28・29）や横長剥片製の小型のナイフ形石器（同27）がみられる。当該期は，石刃技法と大型刺突具製作は密接に関係し，他方小型石器製作には剥片石器モードが主になる。この特徴はVI層期の石器群と構造的にはおおむね共通する。

　石材は黒曜石のほか，遺跡の位置する台地部からみてかなり遠隔に産すると考えられている珪質頁岩・硬質頁岩が利用される傾向が強い。

58

柏ヶ谷長ヲサ・Ⅸ文

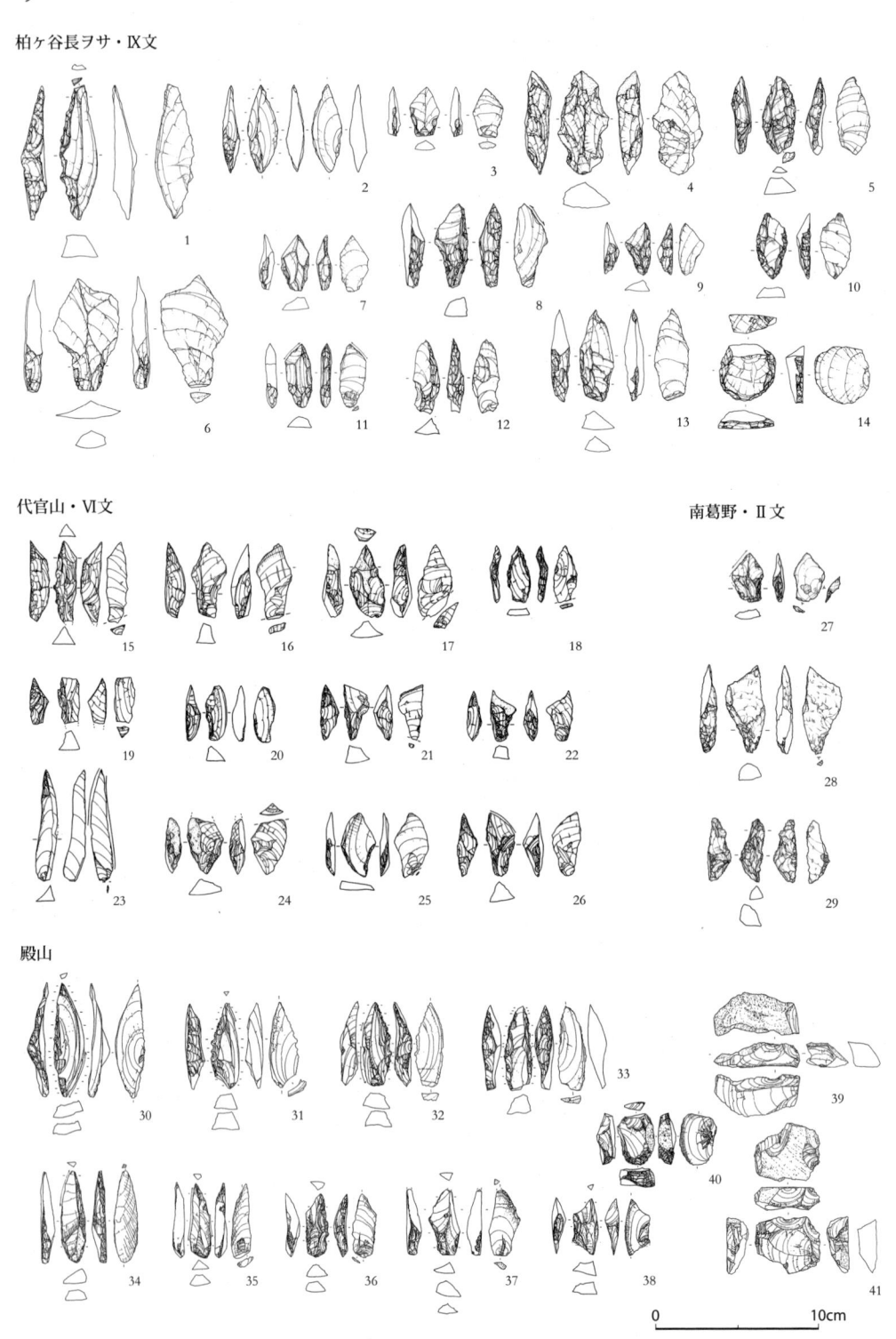

代官山・Ⅵ文

南葛野・Ⅱ文

殿山

0　　　　10cm

第34図　Ⅴ層上部並行期の石器群：関東地方1

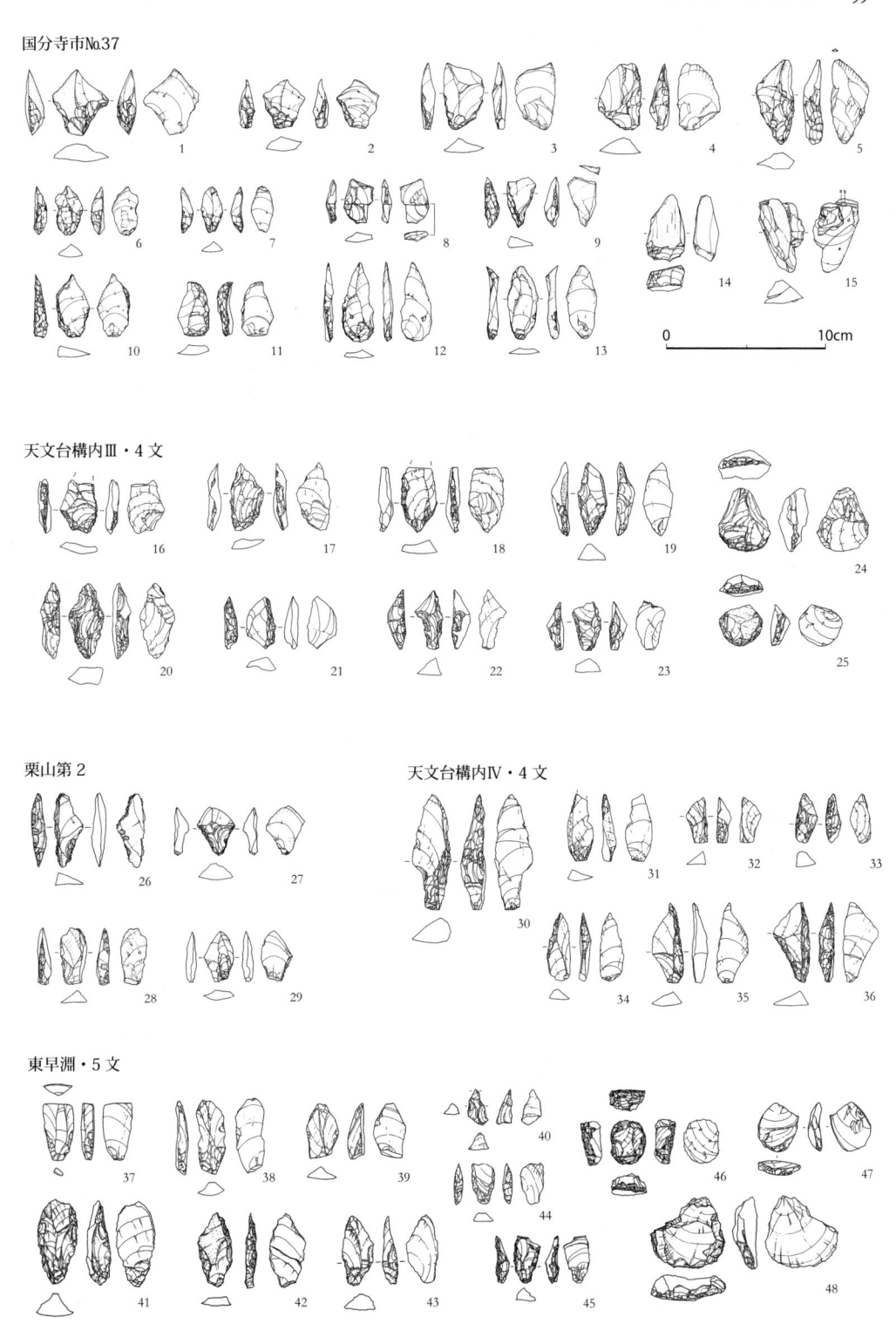

国分寺市No.37

天文台構内Ⅲ・4文

栗山第2

天文台構内Ⅳ・4文

東早淵・5文

第35図　Ⅴ層上部並行期の石器群：関東地方2

一本桜南・5文

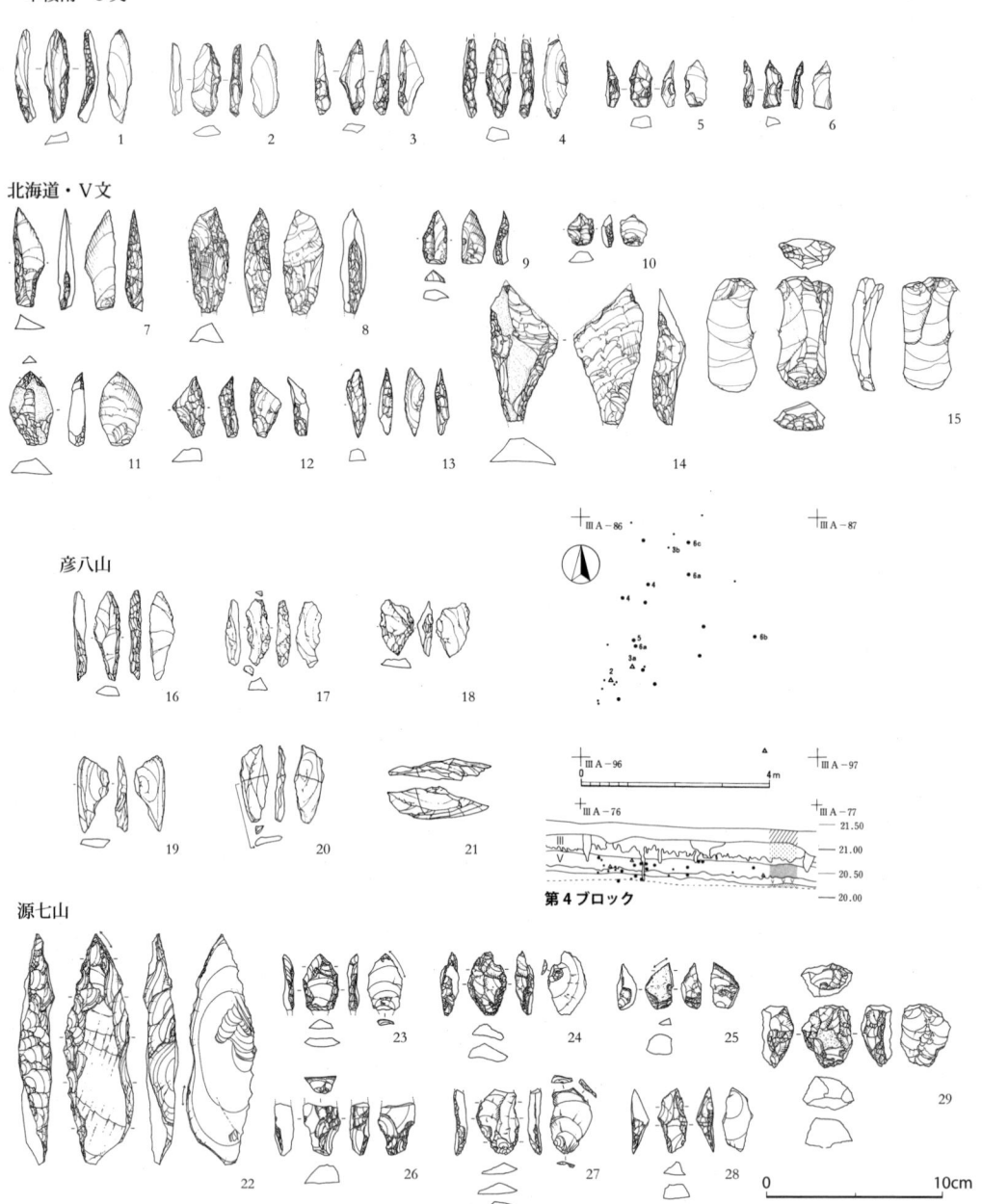

北海道・V文

彦八山

源七山

第36図　V層上部並行期の石器群：関東地方3

　ところでこの時期には，角錐状石器とみなすには問題を残すが，それに関連しそうな石器が認められる。神奈川県柏ヶ谷長ヲサ遺跡第XI文化層（B2L下底～L3上面），東京都天文台構内III遺跡第5文化層（V層下部～VI層上部）のものがそれである（第32図17・24）。石刃ないし縦長剝片を素材としてほぼ全周縁を加工したこれらの厚形の石器は，ナイフ形石器よりも加工がやや大振りで，尖頭部を有するが基部加工・裏面基部加工はみられず，器体が左右対称とはならない。

加えて単品で出土していることや，石材がナイフ形石器・尖頭形石器とは異なっていることから，製作の機会もまた異なっていた可能性が示唆され，ナイフ形石器の変異で捉えるべきものではないと考えられる（亀田1996）。一本桜南遺跡第4文化層の例（第33図9）は，小型の角錐状石器とみなしうる。なお，国府型ナイフ形石器やその関連資料は認められない。

続くV層上部期の石器群は，埼玉県殿山遺跡1次調査地（石器研究会1982）神奈川県柏ヶ谷長ヲサ遺跡第IX文化層（堤編　前掲），同代官山遺跡第VI文化層（上田・砂田編1986），同南葛野遺跡第II文化層（関根・桜井ほか1995）（第34図），東京都葛原B遺跡第III文化層（廣田・前田ほか編1987），同栗山遺跡第2地点（栗山遺跡第2地点調査会1994），同天文台構内III遺跡第4文化層（吉田・高麗ほか　前掲），同天文台構内IV遺跡第4文化層（吉田・石井ほか2005），同花沢東遺跡第4文化層（実川・廣瀬編1984），同国分寺市No.37遺跡第IV文化層（中村・森先ほか編2003）（第35図），同堂ヶ谷戸遺跡32次調査地第3文化層（久末・高杉ほか　前掲），千葉県一本桜南遺跡第5文化層（落合　前掲），同北海道遺跡第V文化層（阪田・藤岡1985），同彦八山遺跡（田村・小林1987），同源七山遺跡第3文化層（香取・榊原ほか2007）（第36図）などで代表させられる。下総台地での出土状態は，第36図の彦八山遺跡第4ブロック例にみるように良好とは言いがたいが，武蔵野台地ではV層上部に明瞭なピークをもって出土することを発掘調査において確認している（中村・森先ほか編　前掲）。

ナイフ形石器は縦長剥片の打面部を基部においた一側縁加工（＋反対側縁基部加工）（第34図11・12・16・17・36，第35図10・19・26・28・30・34・35，第36図7・16など）が多く認められる（伊藤1991a）。尖頭形石器も細身の縦長剥片を素材として存続する（第34図23・35，第35図12・13・31・37・38）。切出形石器は片側縁を凹入するよう加工した中・小型品が多く（第34図8・9・21・22・26，第35図22，柏ヶ谷長ヲサ型：須藤1996），また加工がやや平坦な五角形を呈する小型尖頭形剥片石器（基部加工尖頭形剥片石器）がこの時期特徴的に認められる（第34図3・6・7・24・25・27，第35図1・2・16・27・29・39，第36図11・23・24）。五角形の尖頭形剥片石器は従来あまり注目されていないが，本時期を特徴づける石器のひとつといえる。国府型ナイフ形石器や角錐状石器も少数確認されている。たとえば，柏ヶ谷長ヲサ遺跡IX文では，硬質細粒凝灰岩製の国府型ナイフ形石器（第34図1）と黒曜石製の中型木葉形の角錐状石器（同5）が確認されている。一本桜南遺跡第5文化層をはじめ，千葉県では国府型・国府系のナイフ形石器が目立つが（第36図1・2・22），主要な大型刺突具とはいえない。角錐状石器にも大型尖頭形のものは少なく，国府型ナイフ形石器同様，主体的な大型刺突具とはなっていない。伊藤（前掲）が指摘した以上に，この時期には石器型式が極度に多様化し，遺跡間変異も大きい。

まとめると，石刃モードが後退し，縦長剥片剥離技術による側縁加工ナイフ形石器・尖頭形石器と，幅広剥片を用いた中・小型切出形石器・尖頭形剥片石器が技術構造の基本を構成し，ここに国府型ナイフ形石器・角錐状石器が少数伴う。

IV層下部期の石器群の代表的なものとして，神奈川県用田大河内遺跡第VI文化層（栗原・新開ほか編2004），同上草柳遺跡第2地点第II文化層（安藤・堤編1984），同上土棚遺跡第III・IV文

上草柳第2・Ⅱ文

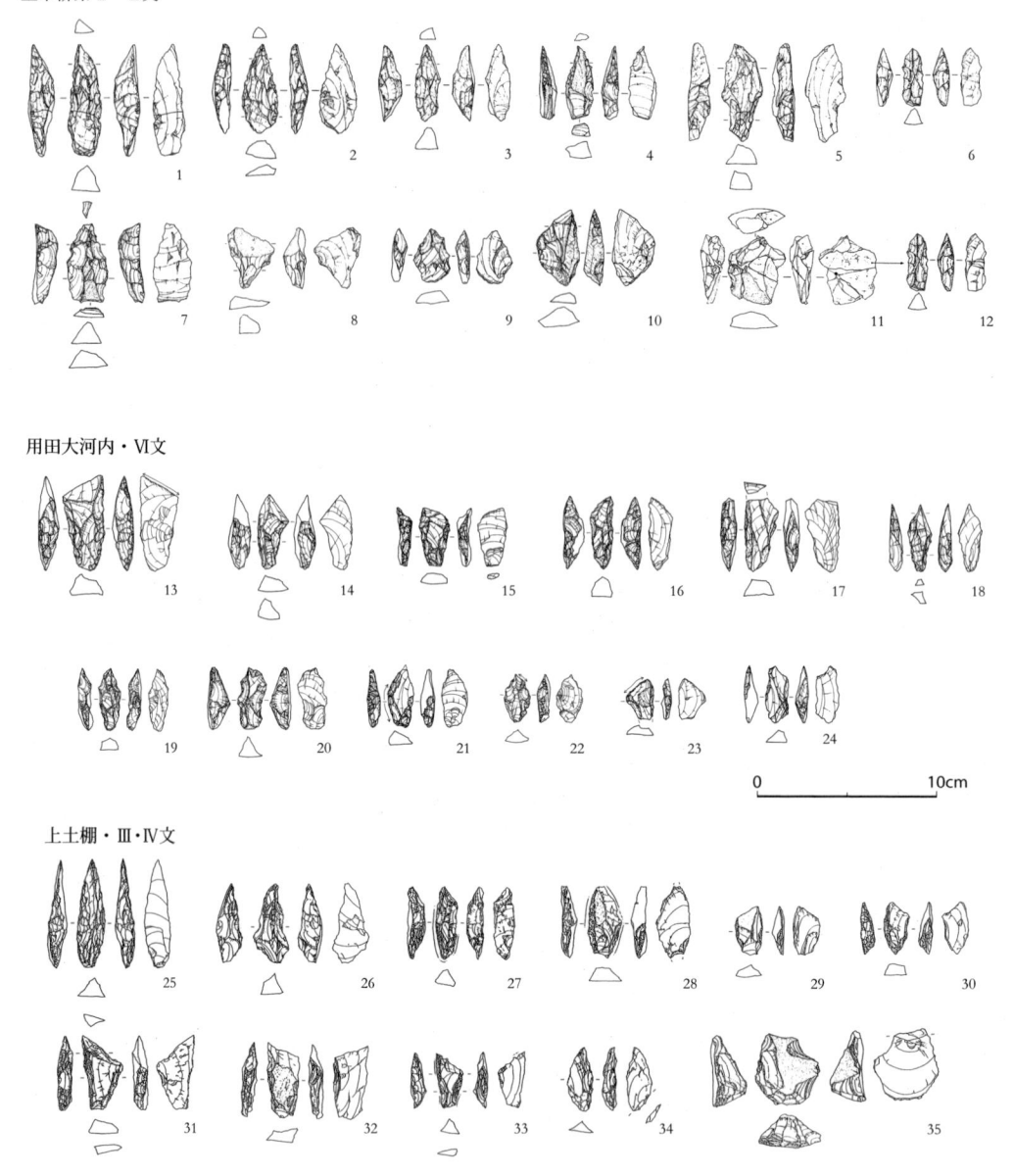

用田大河内・Ⅵ文

0　　　　10cm

上土棚・Ⅲ・Ⅳ文

第37図　Ⅳ層下部並行期の石器群：関東地方1

化層（矢島・小滝ほか編1996），同橋本遺跡第Ⅳ文化層（第37図），同慶応大学湘南藤沢校地内遺跡第Ⅳ文化層（慶応義塾藤沢校地埋蔵文化財調査室編　前掲），東京都自由学園南遺跡Ⅳ下文化層（伊藤・松浦編1983），同1991年調査地第2文化層（自由学園南遺跡発掘調査団編1991），同丸山東遺跡Ⅳ層出土石器群（窪田・大田ほか編1995），同下柳沢遺跡第1・2文化層（早稲田大学文化財整理室編2000），同出山遺跡（関塚編1985）（第38図），同大門遺跡第2文化層（隅田編1990），同西之台遺跡B地点Ⅳ下文化層（小田編1980），同下戸塚遺跡第1文化層（早稲田大学校地埋蔵文化財調査

第III章 編年研究

自由学園南 1983

自由学園南 1991

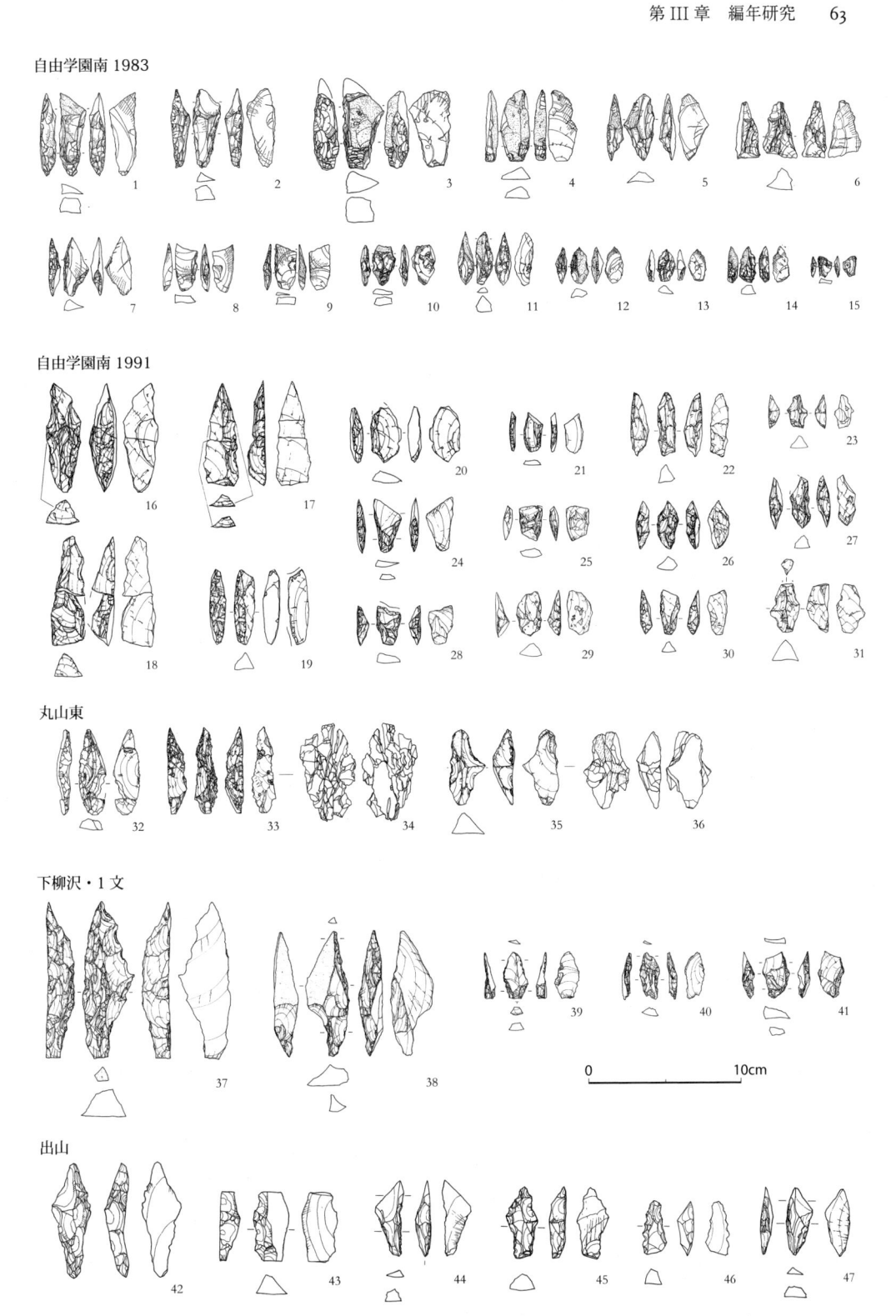

丸山東

下柳沢・1文

出山

第38図　IV層下部並行期の石器群：関東地方2

室編 1996），千葉県天神峰奥之台遺跡第 III 文化層（矢本・横山 1997），同和良比本山遺跡 II-5 地点（齊藤編 1991），白幡前遺跡 S30 ブロック（大野・田村 1991），一本桜南遺跡第 6 文化層（第 39 図）等が挙げられる。

　縦長剝片製の中・大型刺突具が明らかに少なくなるかわりに，切出形石器に，より大振りの横長・幅広厚手剝片を素材として先端部の狭い範囲に刃部を残す大型品が出現し（第 37 図 13・14，第 38 図 1・2・3・16，第 39 図 4・15・16・23・27・28），同時に角錐状石器には中・小型品だけでなく大型品が増加している（第 37 図 1・25，第 38 図 33・37・42，第 39 図 1・8・13・16 など）。小型石器にも切出形石器は多数みられ（第 37 図 29～33，第 38 図 21・24・28・44・47，第 39 図 11・18・29），横打剝片製一側縁加工ナイフ形石器などが認められる。横長剝片製ナイフ形石器には国府型やその類似品も含まれる（第 38 図 32・43）。

　大型切出形石器については V 層上部期の縦長剝片製ナイフ形石器に由来するとみる意見があるが（伊藤 1991a），切出形石器は切出形石器に系統を求めるのが妥当であると考えられ，本書の編年観では前段階の中・小型切出形石器に直接的な系統関係を辿りうる。V 層上部期には相対的に小型であった切出形石器（基部を凹入加工したものを含む）がこの時期に機能転化し，大型刺突具化したと考えられる。なお，関東地方では IV 層下部期でも左右対称形の大型角錐状石器は少なく，中・小型品が主である。大型品には先端部片側に肩をもつ形態があり，切出形石器との形態的親和性が高くなっている。角錐状石器に大型品が少ないことは，東海西部以西と大きく異なる特徴である。

　なお，北関東地方では，上白井西伊熊遺跡第 2 文化層石器群が V 層上部〜IV 層下部並行期に相当する可能性が高い。概要報告（大西 2008）によると，本石器群は，浅間白糸軽石（およそ 18000[14]CyrsBP）より下位で，浅間板鼻褐色軽石群（およそ 19000〜24000[14]CyrsBP）下部の前橋泥流堆積物より上位の，河岸段丘礫層被覆土中から得られている。黒色安山岩を用いて瀬戸内技法を多用した翼状剝片剝離を集中的におこない，大型の国府系ナイフ形石器を含む。黒色頁岩では打面転移を繰り返しながら縦長・幅広の剝片を剝離し，スクレイパーを製作する例が多いが，大型の盤状剝片が得られた場合には，これを石核素材として翼状剝片剝離をおこなう。小型の角錐状石器（黒曜石）がある。時期比定の根拠となる石器が乏しいが，出土層位と翼状剝片・横長剝片剝離を中心とする内容から，V 層〜IV 層下部並行期であることは確かだろう。

　このほか，角錐状石器の形態的特徴等からみておそらく V 層上部〜IV 層下部並行期の資料が得られているものに，栃木県伊勢崎 II 遺跡第 I 文化層（吉田・森嶋 2000），同寺野東遺跡第 II 文化層（森嶋・谷中ほか 1998），群馬県今井三騎堂遺跡第 III 文化層（岩崎 2004），同今井見切塚遺跡第 III 文化層[4]（岩崎・津島 2007）がある（第 40 図）。図示したとおり南関東地方と同内容であるが，いずれも内容は零細である。

　以上をまとめておく。関東地方では VI 層期に台形様石器が認められなくなり（前半期二極構造の解体），佐藤宏之（1992）のいうように，剝片製小型ナイフ形石器や切出形石器が台形様石器の機能的位置を代替していく。また，同一個体の消費過程に石刃モードから剝片モードへと移行す

第 III 章　編年研究

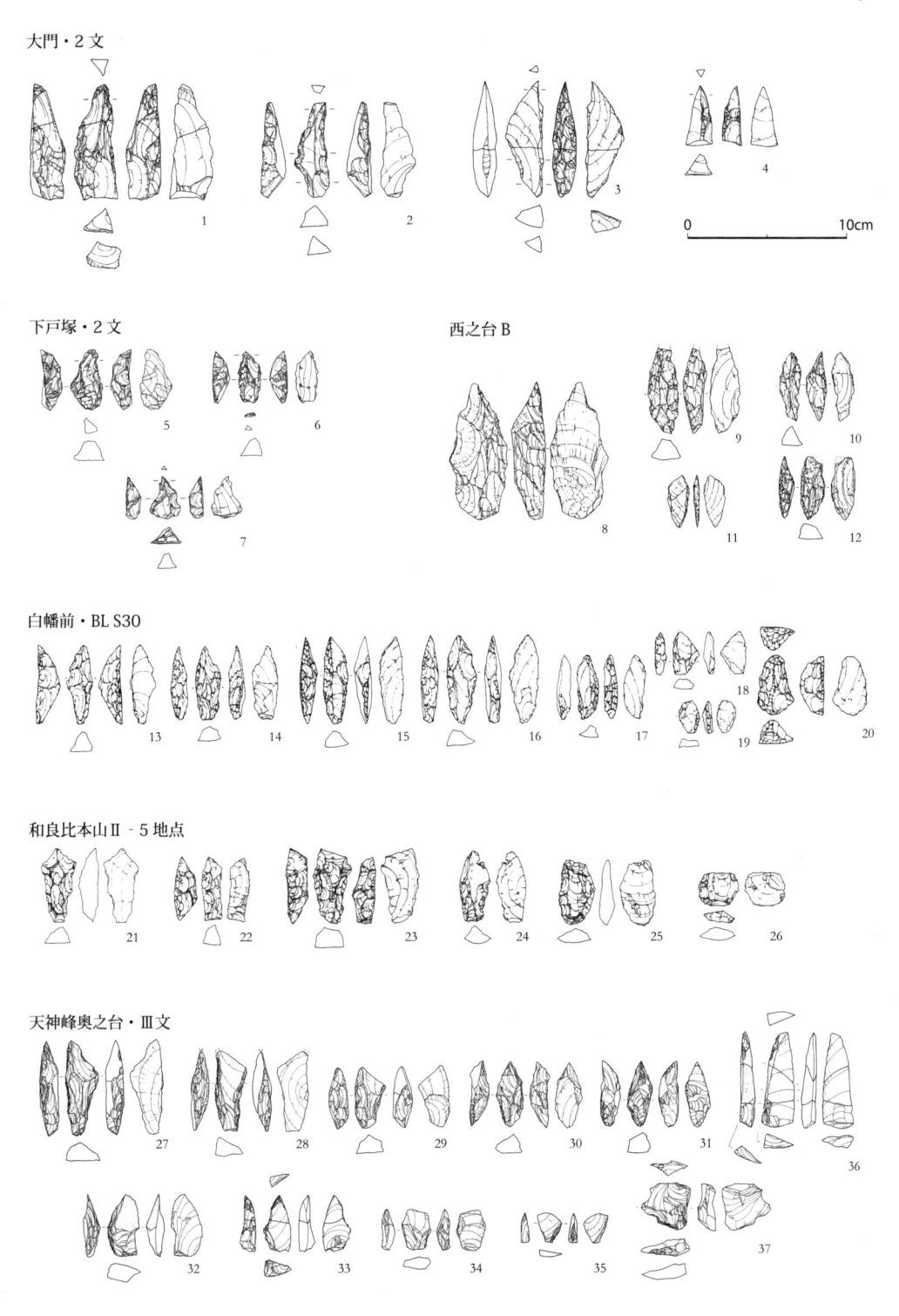

大門・2文

下戸塚・2文　　　　　　西之台B

白幡前・BL S30

和良比本山 II - 5 地点

天神峰奥之台・III 文

第 39 図　IV 層下部並行期の石器群：関東地方 3

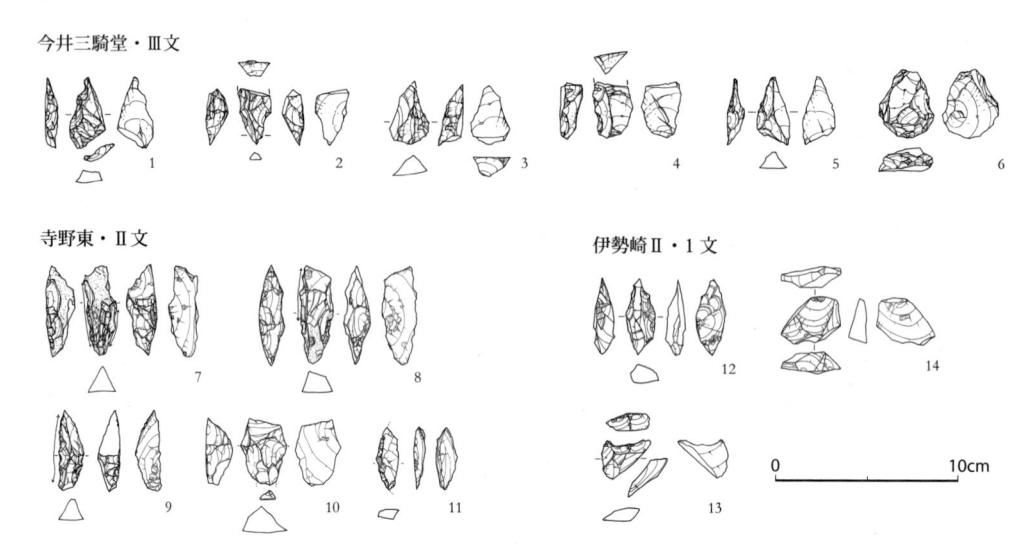

今井三騎堂・Ⅲ文

寺野東・Ⅱ文

伊勢崎Ⅱ・1文

第40図　Ⅳ層下部並行期の石器群：関東地方4

る現象が確認され，剝片製小型ナイフ形石器や切出形石器は剝片モードと結びつきながらも，石刃モードにより生産された素材も利用して作られる。Ⅴ層下部期の石器群は，技術構造の面ではⅥ層期のものと大きく異ならない。Ⅴ層上部期には体系的な石刃生産がまったくみられなくなるという急速な変化を示し，剝片モード内部で縦長剝片剝離技術／横長・幅広剝片剝離技術が緩やかに二項性をなして，それぞれがナイフ形石器・尖頭形石器／尖頭形剝片石器・切出形石器と組み合っている。このうち，大型刺突具はほぼ縦長剝片剝離技術と結びついている。一方，Ⅳ層下部期には縦長剝片剝離技術は小型尖頭形石器に素材供給をおこなう程度にとどまって，大型刺突具（切出形石器・角錐状石器）から小型石器（切出形石器・角錐状石器）の大半が横長剝片剝離技術と結びつくようになる。

(2) 九州地方西南部・東南部

　古本州島西南部における後期旧石器時代後半期の編年に関しては，関東地方だけではなく，近年では鹿児島県大隅半島北部でも層位的条件の良好な遺跡が複数調査されている。膨大な資料が蓄積され続けている宮崎県でも，その成果に基づいていわゆる「10段階編年」（宮崎県旧石器文化談話会2005）が提示されている。ただし，本節の対象とする後半期前葉については2時期にしか区分されておらず，本書との対応を図ることはできない。この問題を解決するには，層位的根拠がより強固な鹿児島県下の諸遺跡を参照する必要がある。まず鹿児島県の資料をもとに編年の基軸を立て，そこに宮崎県の資料を対比して九州南部の地域編年を構築したのちに，関東地方との比較を試みたい。なお，九州地方北部の既往の編年観（たとえば木﨑1988，萩原1995・1996，吉留2004等）は，同南部の成果をうけてこれから部分的な修正を必要としよう。また，杉原敏之（2004・2005）の編年観も最近の南九州の成果との対応が考慮されていない。南九州の成果を覆すべき根拠が北部九州にない以上，論拠が不十分といわざるを得ない。

　各地にATテフラを降灰させた鹿児島県始良火山の噴火は，とりわけ大隅半島北西部にシラ

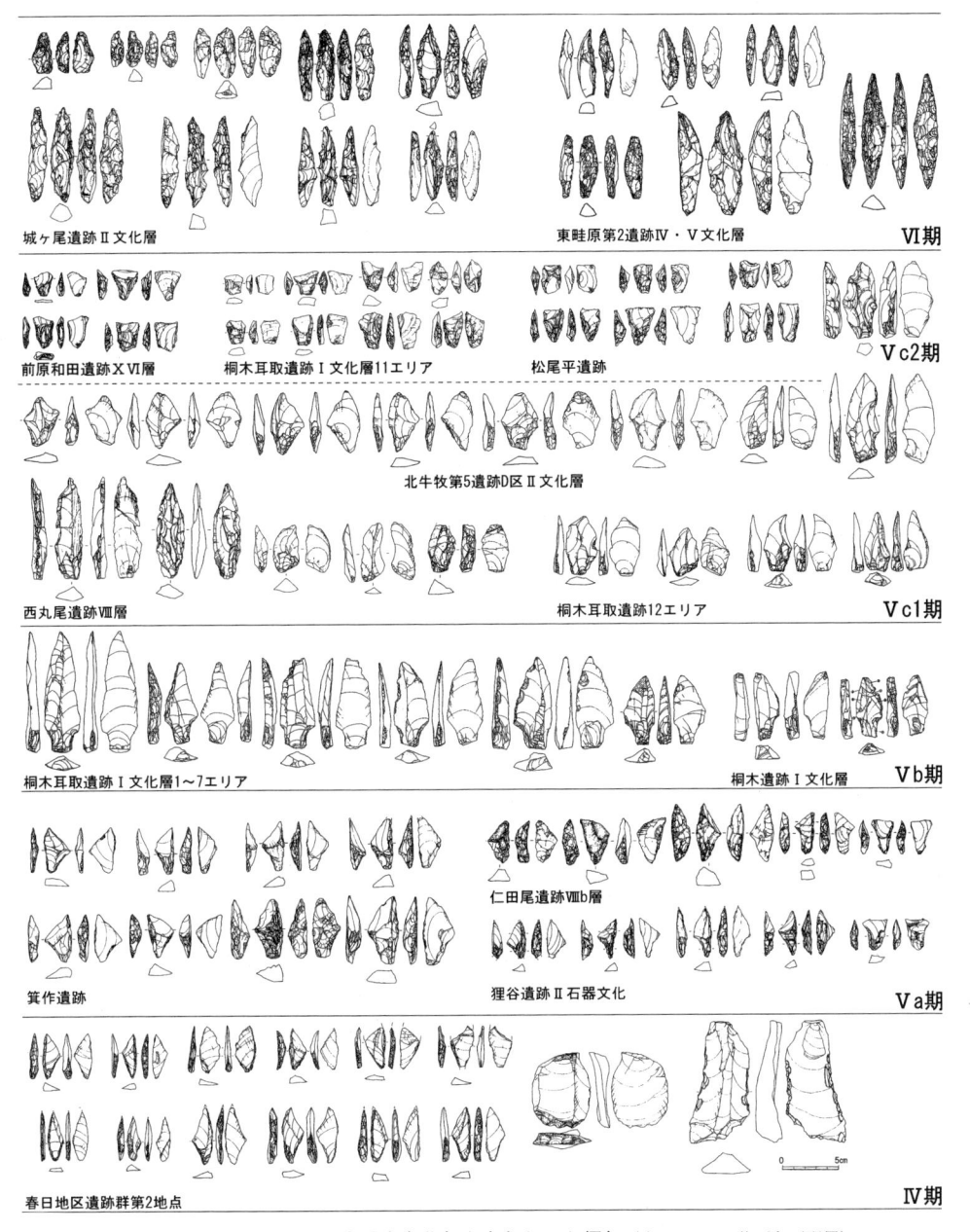

第41図　宮田栄二による大隅半島北部を中心とした編年（宮田2006に基づき再配置）

スと呼ばれるきわめて厚い火砕流堆積物を供給したため，この地域ではATより下位の石器群については調査の手が及んでいない。しかしAT上位では姶良カルデラ南縁に位置する後カルデラ火山である桜島火山を給源とするローカルテフラ（桜島テフラ群P1～17）の堆積が認められ，編年の重要な手掛かりを提供している。本書に関わるテフラとして，AT上位にあり，およそ23000 ^{14}CyrsBPとされるP17テフラと，約21000 ^{14}CyrsBPのP15テフラが確認されている（奥野2002）。最近こうした情報をもとに，九州地方の編年研究において重要な研究を宮田栄二が提

桐木耳取・エリア 2～5・6・7・10・11・15

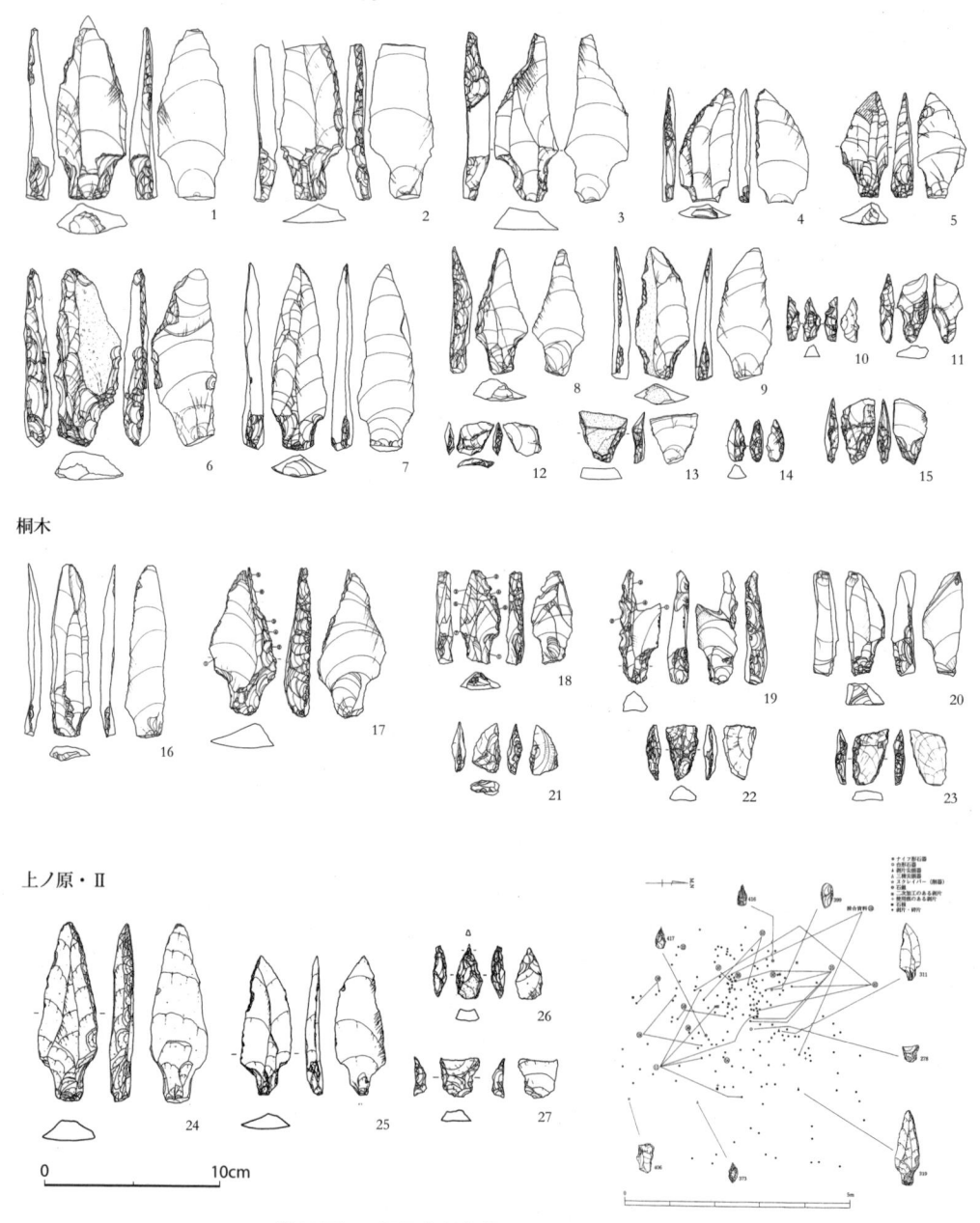

桐木

上ノ原・Ⅱ

0　　　　10cm

第 42 図　Ⅴ層下部並行期の石器群：九州地方 1

示しているので、まずこの検討をおこなう。

　宮田栄二（宮田 2005・2006a・b）による大隅半島北部を基準とした最新の編年（第 41 図）を参照すると、AT 上位の石器群は、AT 直上の Ⅳ 期に続き Ⅴa 期：「狸谷型ナイフ形石器」を主体とする石器群から Ⅴb 期：剝片尖頭器主体の石器群へ、続いて Ⅴc 期 1 群：「今峠型ナイフ形石器」を主体とする石器群および Ⅴc 期 2 群：「台形石器」を主体とする石器群へ、そして Ⅵ 期：角錐

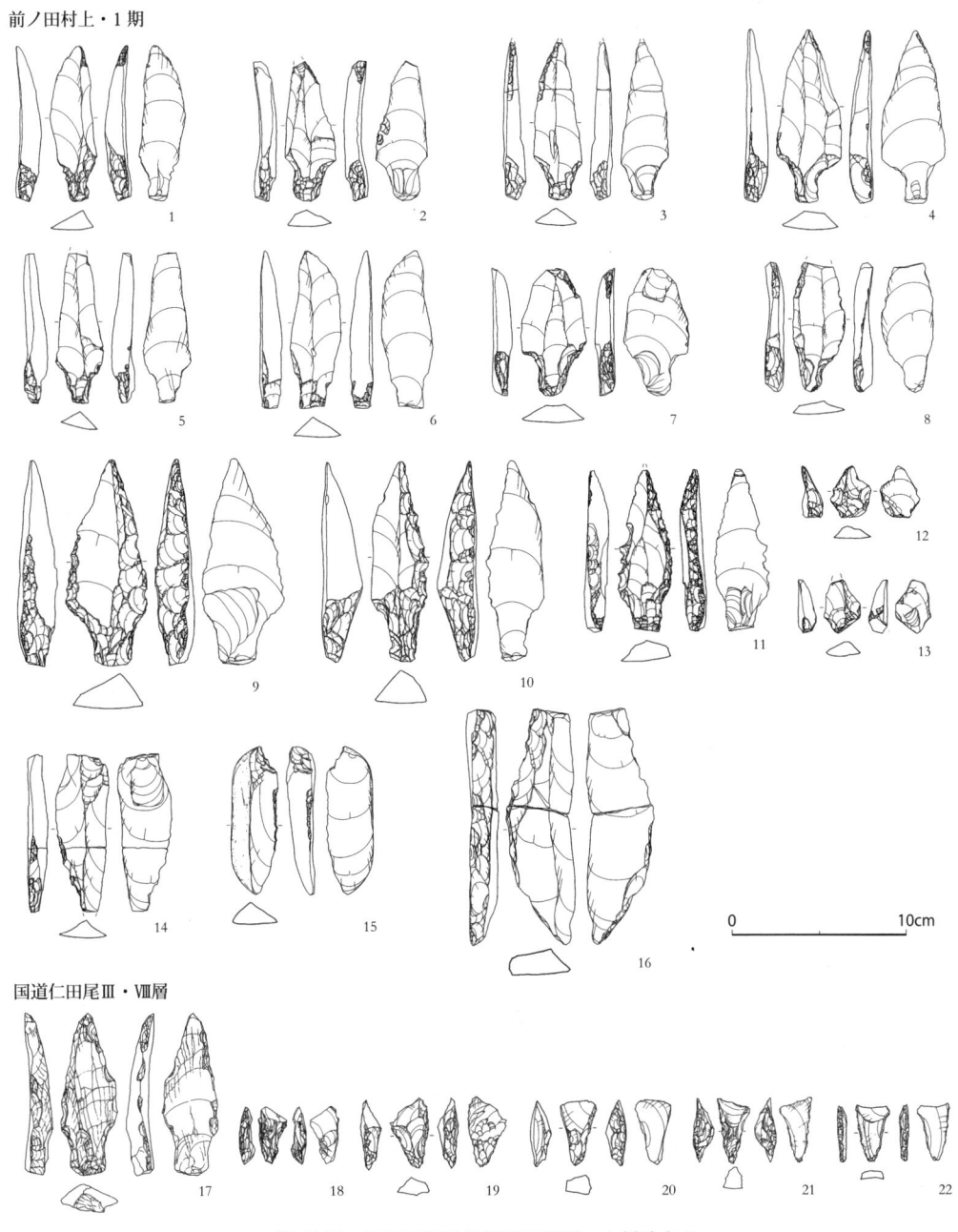

前ノ田村上・1期

国道仁田尾Ⅲ・Ⅷ層

第 43 図　V 層下部並行期の石器群：九州地方 2

状石器を主体とする石器群へと変遷するとされる。たとえば桐木耳取遺跡（長野・大保ほか編 2005）第Ⅰ文化層エリア 1～7 の剝片尖頭器主体の石器群は，桜島 P17 テフラ下位から検出されており，少なくとも大隈半島北部では，基部側の狭い範囲を整形した大型厚手の長狭形剝片尖頭器を主とする石器群は，編年的に AT から P17 までの間に収まり，存続期間が短かったと考えられている。「今峠型ナイフ形石器」を主体とする石器群と「台形石器」を主体とする石器群は，

わずかな層位差から剥片尖頭器石器群よりも後出的とされる。そして，城ヶ尾遺跡（有馬・馬籠ほか編2003）では，桜島P17より上位に堆積する桜島P15テフラと同層準か上位から，角錐状石器を主体とする石器群が検出されているという。

なお本書では，「今峠型ナイフ形石器」は今峠型尖頭形剥片石器，「狸谷型ナイフ形石器」は狸谷型切出形石器とそれぞれ呼称する（第Ⅱ章17頁参照）。

先述のとおり，大隅半島北部地域で相次いで報告されてきた層位的出土事例に基づく宮田編年は，九州地方北部を中心とする，型式変化に重心を置かざるを得なかった編年研究に対する強力なアンチテーゼであった。この意味で宮田編年の研究上の意義は大きい。しかし，宮田編年には次の問題点がある。すなわち，①特定器種・型式（たとえば剥片尖頭器・角錐状石器・台形様石器等）がまとまって出土する石器群を取り上げて，それらのみからなる「純粋」な段階を設定する傾向にあること。②したがって，段階の特徴となる器種・型式以外の石器が石器群中に認められた場合，それを混在として除外する傾向にあること。③こうした資料操作のために生じる段階間の石器群の顕著な内容差の背景を説明できていないこと，である。これらは石器文化階梯論の根本的欠点である。編年の根拠の一部に明確な層位的裏づけをもつので，たとえば剥片尖頭器から角錐状石器中心の石器群へ，といった大枠の編年観は認めてよいと思われるが，石器群の通時的変化の背景を詳細に明らかにするには不十分である。実際は，両石器群間の時間的推移はより複雑であったと考えられる（阿部2005・2007，森先2007a）。

宮田編年の大きな問題は，台形・台形様石器と狸谷型切出形石器の位置づけである。Ⅴb期を代表する桐木耳取遺跡（長野ほか編　前掲）第Ⅰ文化層エリア2～5，エリア10・11[(5)]では台形・台形様石器と剥片尖頭器がともに存在しており（第42図1～15），桐木遺跡（中原編2004）でもブロックは異なるが両者が認められる（同16～23）。一方，Ⅴc1期とされる今峠型は台形・台形様石器とは共伴するが，長狭形剥片尖頭器と共伴する事例が少なく，また層位的にも若干上位から出土するとされる。今峠型は，むしろいわゆる中原型とも呼ばれる縦長剥片製二側縁加工ナイフ形石器か，あるいは上記2石器群には確認されない，長狭形剥片尖頭器が崩れたような，いわば「スペード形」を呈する基部の太い短寸形剥片尖頭器（たとえば第45図34，第46図23）に伴出する。たとえば，北牛牧第5遺跡D区第Ⅱ文化層（草薙・山田編2003）では今峠型（第46図27・28），台形様石器（同25・29）を主体に，短寸形剥片尖頭器（同23）や国府系ナイフ形石器（同26）が伴出する。したがって，台形・台形様石器は長狭形剥片尖頭器とも今峠型とも共伴するが，後二者は互いに共伴しない傾向があるため，台形・台形様石器は両時期を通して存続している可能性が高い。なお，鹿児島県の堂園平遺跡（寒川編2006）では長狭型剥片尖頭器と台形・台形様石器に「今峠型」が共存しているとされている（第44図3）。この「今峠型」は尖頭部が不明瞭であり，どちらかといえば矩形台形様石器により近い。筆者は安斎（2000）の視点を参照して，この種の台形様石器が次の時期の今峠型尖頭形剥片石器に系統上連続する具体的な資料であると考えている。なお，堂園平遺跡に対比される宮崎県前ノ田村上第2遺跡1期石器群（嶋田2007）（第43図1～16）でもやや類似した石器（同12・13）が伴っているが，これもきわめて小型で，かつ短寸

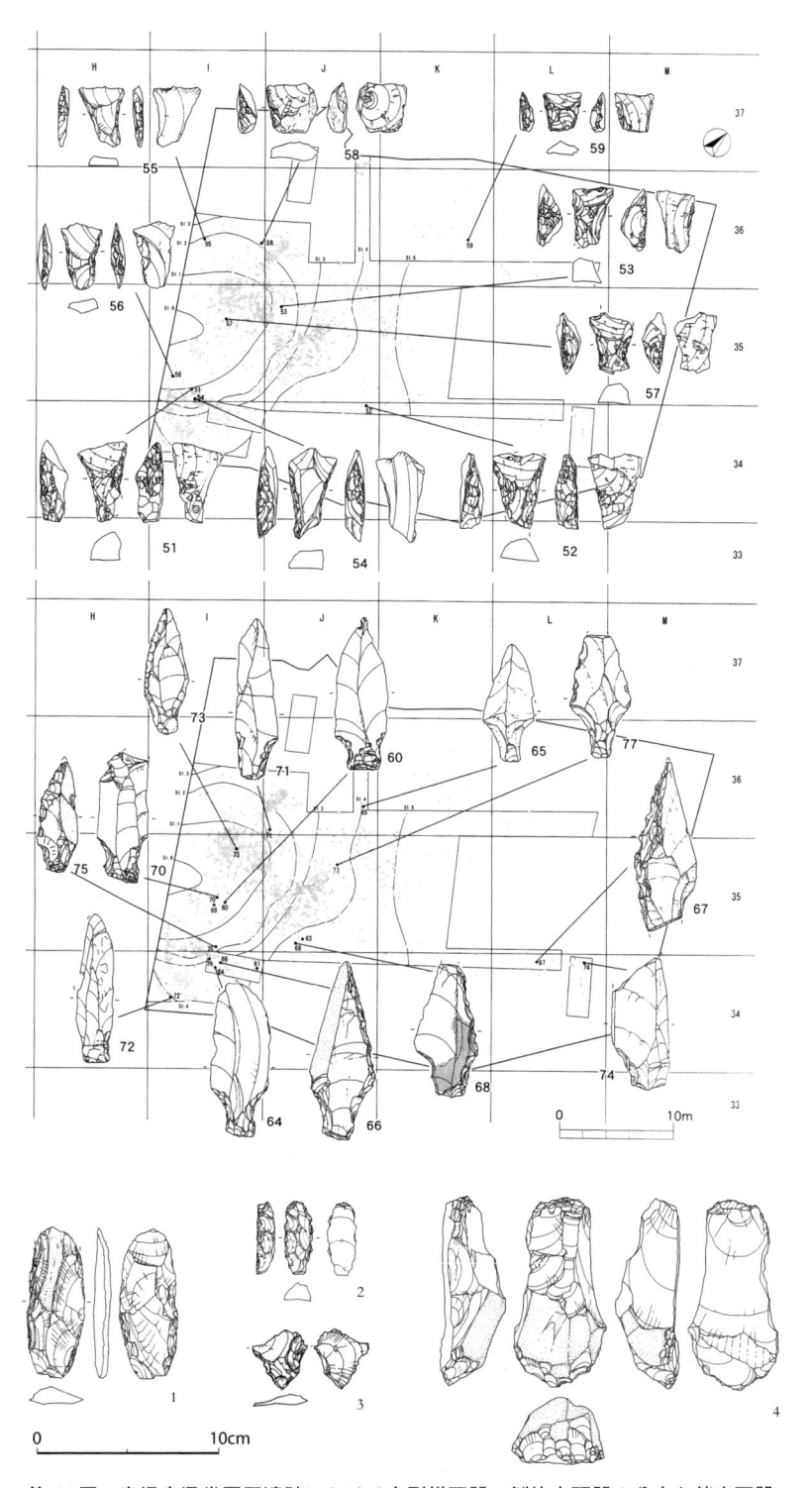

第44図 鹿児島県堂園平遺跡における台形様石器・剥片尖頭器の分布と伴出石器

西丸尾・Ⅷ層

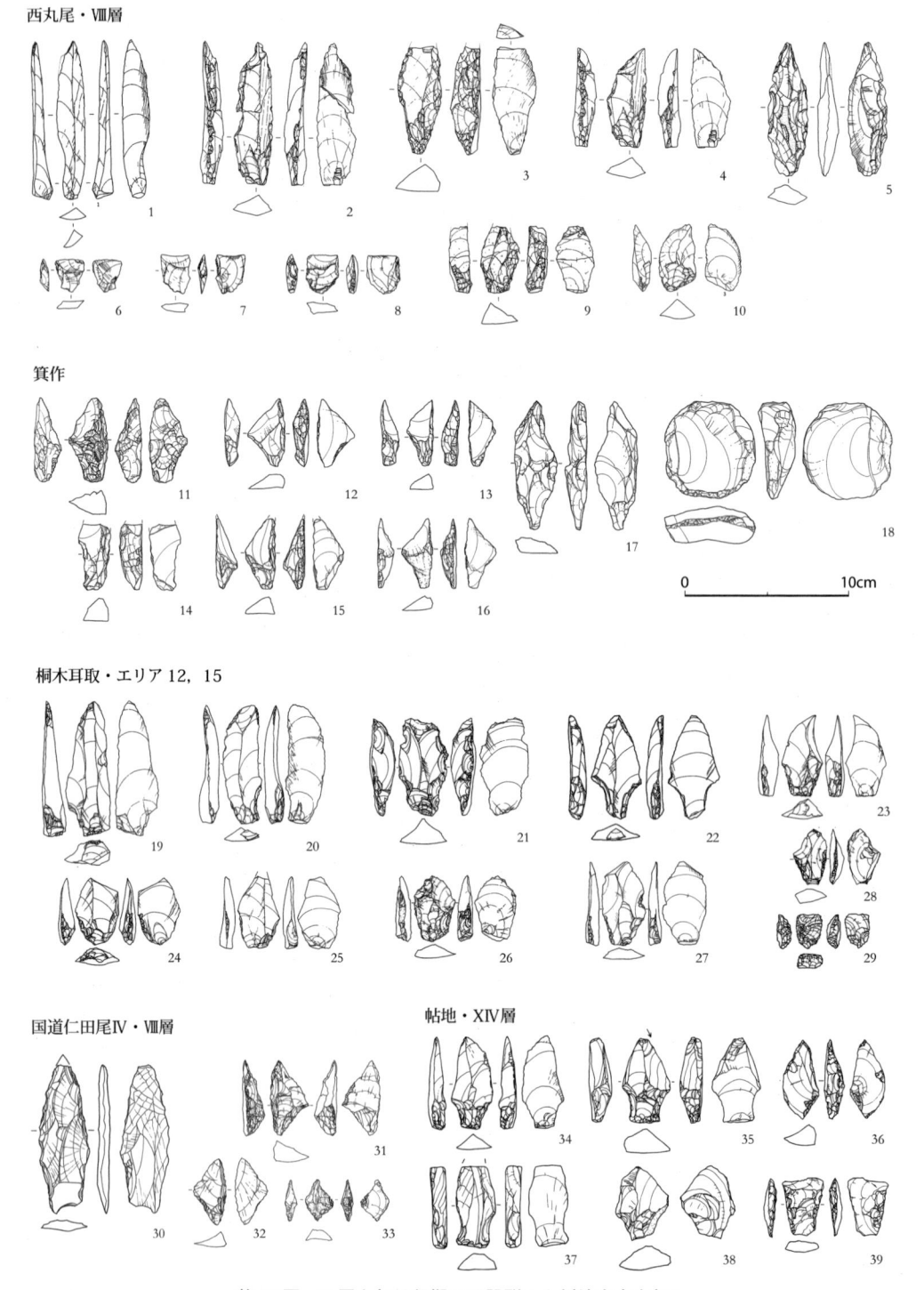

箕作

桐木耳取・エリア12, 15

国道仁田尾Ⅳ・Ⅷ層

帖地・ⅩⅣ層

第45図　Ⅴ層上部並行期の石器群：九州地方東南部1

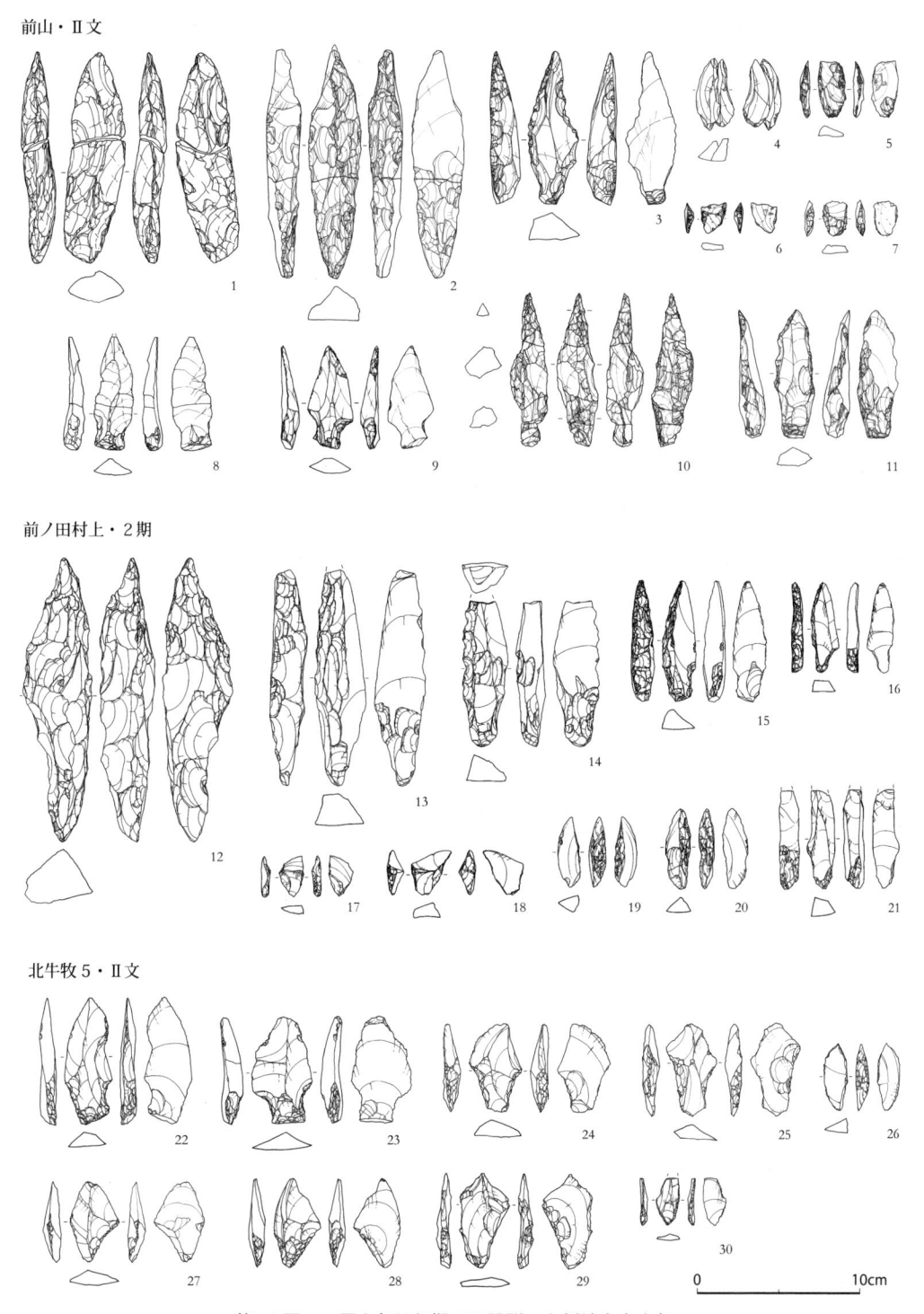

第III章 編年研究

前山・II文

前ノ田村上・2期

北牛牧5・II文

第46図 Ｖ層上部並行期の石器群：九州地方東南部2

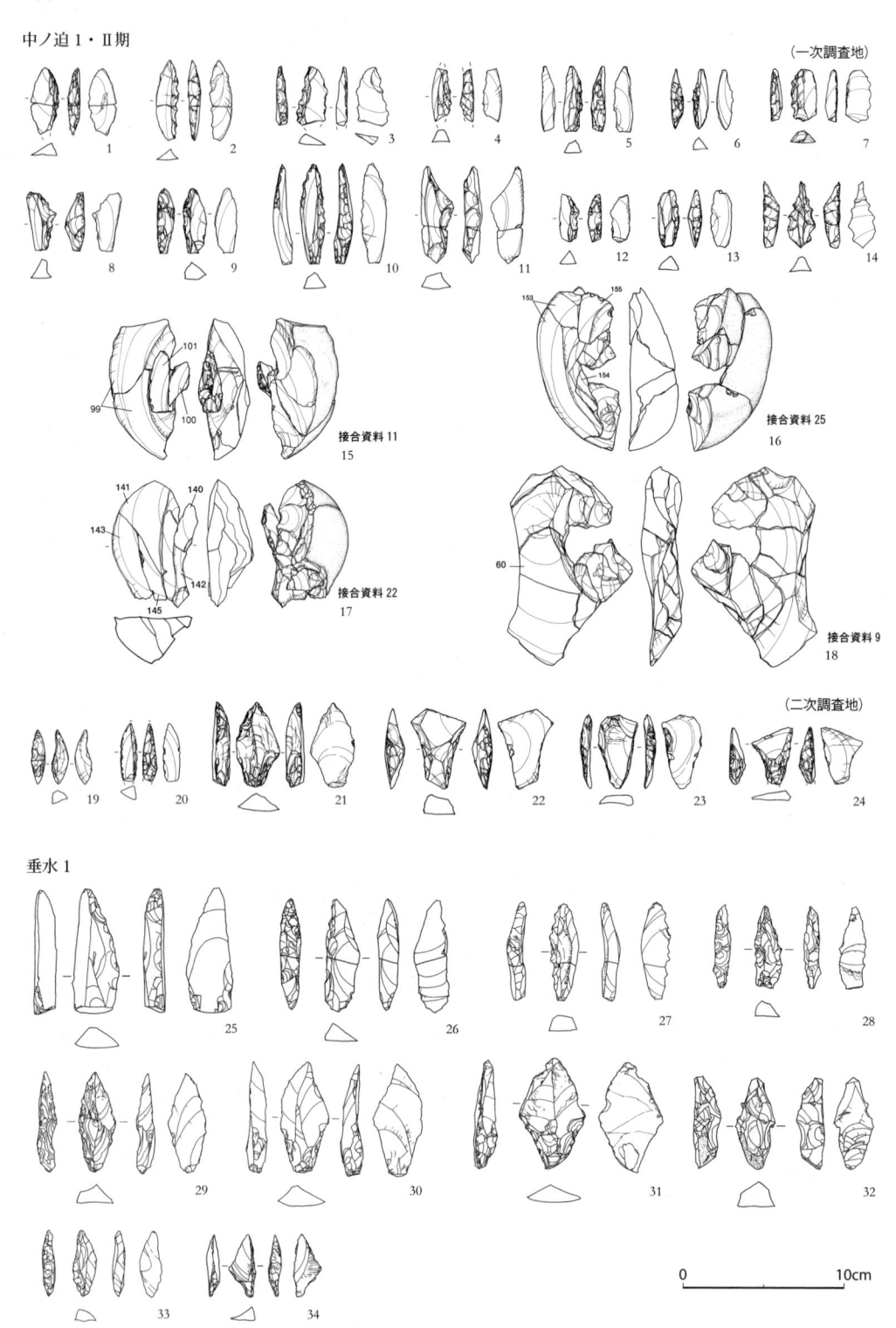

中ノ迫 1・II期　　　　　　　　　　　　　　　　　　　　　　　　（一次調査地）

（二次調査地）

垂水 1

第 47 図　V 層上部並行期の石器群：九州地方東南部 3

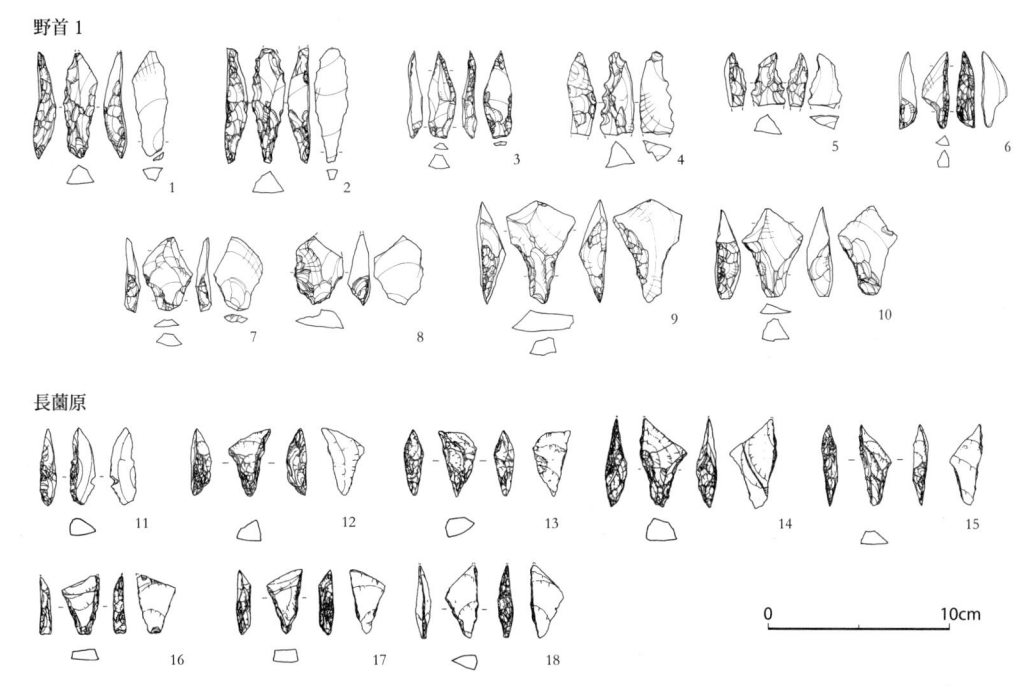

第 48 図　V 層上部並行期の石器群：九州地方東南部 4

である。
　次に Va 期とされる狸谷型切出形石器を主体とする石器群について検討する。宮田編年では，狸谷型切出形石器を AT 直上にあって，AT 直下石器群にある「類似」石器群（IV 期）の直後に位置づけ，剥片尖頭器石器群直前と考える。その根拠は大隅半島北部の層位事例と，一遺跡で狸谷型切出形石器が他の石器を含まずに検出される事例が増えてきたことに置く（宮田 2006a）。宮田の指摘どおり，狸谷型切出形石器を石器組成中に高比率に含む石器群では，他の石器の構成比は多くない。しかし狸谷型以外の共伴石器を一概に混在と片付ける根拠もまた，現時点では乏しい。
　狸谷型の共伴石器には次のようなものがある。宮崎県上ノ原遺跡 BL18～21（谷口・山田編 2002）も狸谷型・台形石器・国府系ナイフ形石器からなる。さらに重要なことに宮崎県中ノ迫第 1 遺跡 II 期石器群（安藤・島木 2007）では AT 上位において検出された小規模なブロックから，国府系ナイフ形石器，狸谷型を含む切出形石器，角錐状石器，短寸形の剥片尖頭器，台形様石器，今峠型類似の尖頭形剥片石器がまとまって出土している（第 47 図 1～24）。同長薗原遺跡ブロック I（時任・山田編 2002）では，ブロック中央部に横長剥片製一側縁加工ナイフ形石器が共伴し（第 48 図 11），またブロック IV を除けば本遺跡の器種構成は狸谷型・国府系ナイフ形石器と，「スペード形」の短寸形剥片尖頭器からなる。野首第 1 遺跡 II 期石器群（田中・藤木ほか編 2004）では，同一ブロックから狸谷型に近い切出形石器（第 48 図 6）と基部加工尖頭形剥片石器（同 7・8）・台形様石器（同 9・10）とが伴出し，近接して国府系ナイフ形石器や角錐状石器（同 4・5）が検出されている。熊本県狸谷遺跡 II 石器群（木﨑編 1987）では，北牛牧第 5 遺跡 D 区第 II 文化層例に

城ヶ尾Ⅱ文

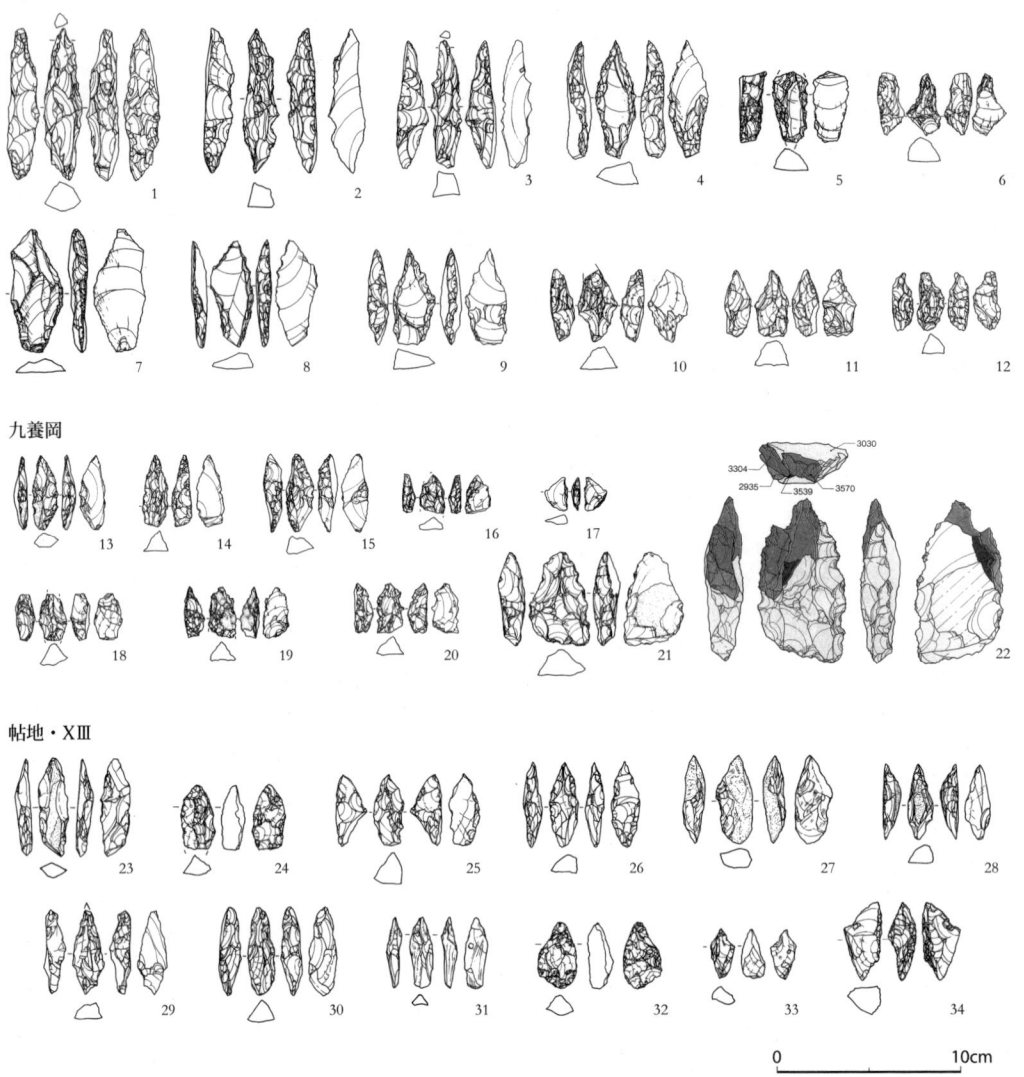

九養岡

帖地・ⅩⅢ

第49図　Ⅳ層下部並行期の石器群：九州地方東南部1

対比できるスペード形の短寸形剝片尖頭器・厚手の国府系ナイフ形石器が共伴する（第63図30～44）。

　このように，狸谷型は，短寸で幅広のスペード形を呈する剝片尖頭器と共伴する事例がしばしば確認されていること，今峠型との共伴例があることを評価すれば，厚手で長狭形の剝片尖頭器と台形・台形様石器からなる石器群の次の時期に位置づけられる可能性が高いと考えられる。狸谷型は，前時期の切出形石器に由来する石器であろう。そして，P15と同層位かやや上位から出土する，大型角錐状石器を多く含む石器群が，それらに後続するとみるのが適当である。

　宮田編年の成果を参照しつつも，本書では以上の点に修正を加えておきたい。その結果，九州地方東南部では次のような地域編年が構築できる。①から③の順で新しくなる。

第III章　編年研究

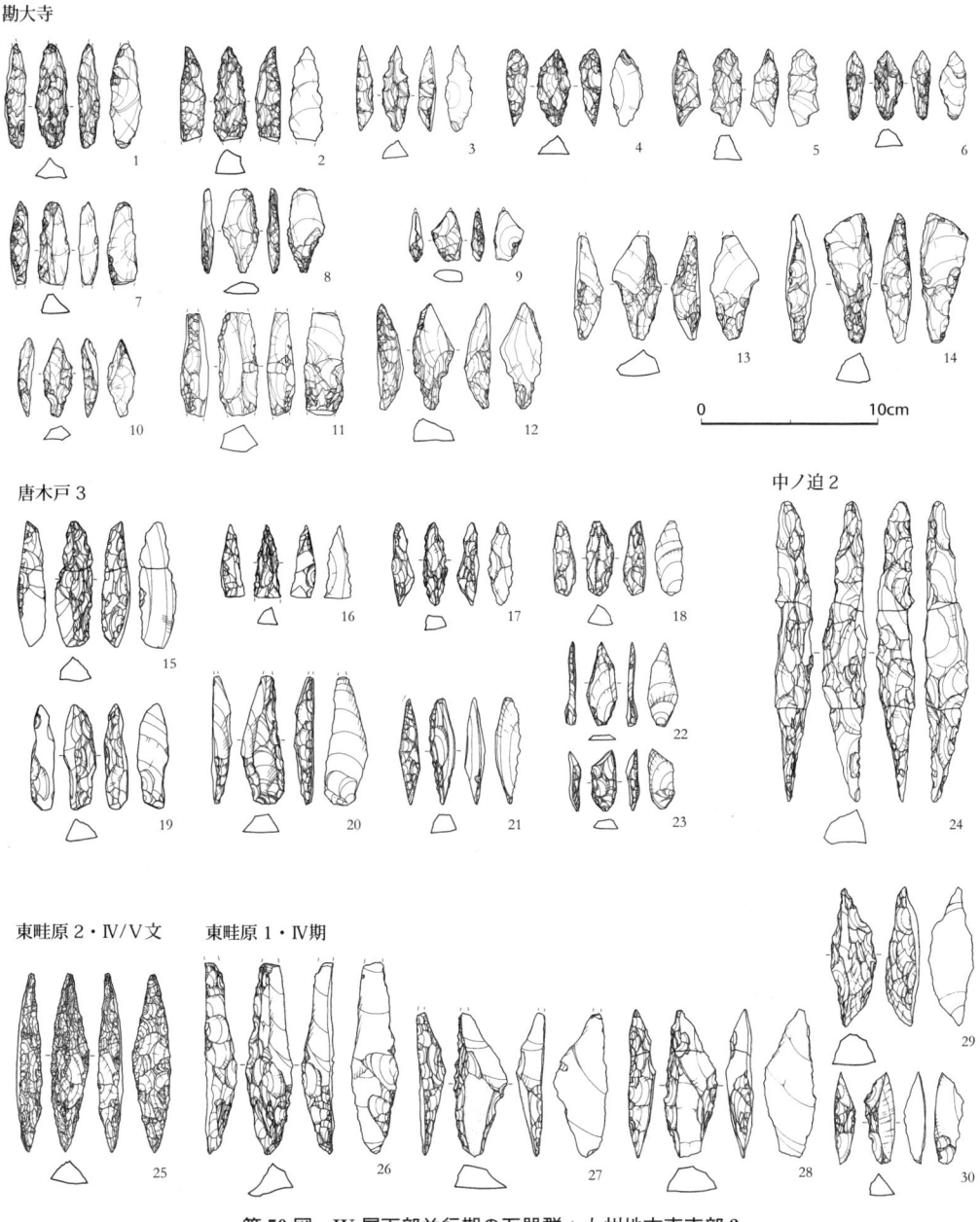

勘大寺

唐木戸3　　　　　　　　　　　　　　　　　　　　　　中ノ迫2

東畦原2・IV/V文　東畦原1・IV期

第50図　IV層下部並行期の石器群：九州地方東南部2

①基部周辺に加工が集中する石刃製長狭形剝片尖頭器や尖頭形石器に台形様石器や平坦剝離を併用した切出形石器（第42図11・15など）が組み合わせられ，稀に中・小型の角錐状石器（同26）や小型の国府系ナイフ形石器（同14），両面加工石器（第44図1）を伴う石器群（第42～44図）。

〈鹿児島県：桐木耳取遺跡第I文化層エリア2～5，同エリア6・7，同エリア10・11，同エリア15，桐木遺跡第I文文化層，堂園平遺跡，宮ヶ迫遺跡（八木澤・桑波田ほか編2000），国道仁田尾遺跡III地区VIII層石器群（長野・堂込ほか編2006）／宮崎県：前ノ田村上第2遺跡1期石器群，

上ノ原遺跡 BL6・7（谷口・山田編　前掲）〉

　なお，非常に小型の国府系ナイフ形石器と角錐状石器が含まれる桐木耳取遺跡第Ⅰ文化層エリア 6・7 は，剥片尖頭器の形態が大型とはいえ，加工が粗い鋸歯状のものが多く，側縁加工品が多いことからも，次の石器群②との共通点も多く，①と②の中間的様相を示す。以上の石器群のなかでも新相である可能性が高い。

　②石刃モードの痕跡が乏しくなり，縦長剥片を素材とした大型の二側縁加工ナイフ形石器（中原型ナイフ形石器含む），短寸形剥片尖頭器，横長剥片による中・小型の国府系ナイフ形石器，今峠型尖頭形剥片石器，台形様石器，狸谷型切出形石器等の多様な石器に，稀に特大品（第 46 図 2・12）を含む角錐状石器が伴う石器群（第 45〜48 図）。角錐状石器は対称性が低い。鹿児島県でのみ，両面加工石器が特徴的に含まれる（第 45 図 5・17・30，第 46 図 1）。

〈鹿児島県：桐木耳取遺跡第Ⅰ文化層 12・16 エリア，箕作遺跡（宮下編 2004），西丸尾遺跡Ⅷ層（宮田編 1992），国道仁田尾遺跡Ⅳ地区Ⅷ層石器群，前山遺跡第Ⅱ文化層（寒川・宮田ほか 2007），帖地遺跡 XIV 層（永野 2000）／宮崎県：中ノ迫第 1 遺跡一次調査地Ⅱ期石器群，前ノ田村上第 2 遺跡 2 期石器群，野首第 1 遺跡，北牛牧第 5 遺跡，長薗原遺跡，垂水第 1 遺跡（久富・中山 1994），金剛寺原第 2 遺跡（宮下編 1990）〉

　③横長剥片剥離技術を中心とする剥片モードが主体となり，大型石器が角錐状石器と大型切出形石器（第 49 図 8，第 50 図 12〜14・27・28），前時期より不整形なものを中心とする縦長剥片製の一側縁加工ナイフ形石器（第 49 図 7，第 50 図 19・20），中・小型石器が角錐状石器や尖頭形石器，国府系ナイフ形石器（第 50 図 21）などからなる石器群（第 49・50 図）。

〈鹿児島県：城ヶ尾遺跡第Ⅱ文化層，前原和田遺跡（大保編 2002），九養岡遺跡（福永・真鍋 2004），帖地遺跡 XIII 層／宮崎県：東畦原第 1 遺跡四次・Ⅳ期（大山編 2006），東畦原第 2 遺跡第Ⅳ・Ⅴ文化層（倉薗・興梠ほか 2005），勘大寺遺跡一次（長友・今丸編 2005），唐木戸第 3 遺跡等（鵜戸・金丸編 2005），中ノ迫第 2 遺跡（佐竹 2008）〉

　宮田のいうように，③に後続して城ヶ尾遺跡第Ⅲ文化層にみるような中・小型木葉形の尖頭形石器からなる石器群があらわれるようである（第 51・52 図）。この石器群は③に含まれる城ヶ尾遺跡第Ⅱ文化層より確実に上位である[6]。角錐状石器はほぼみられないが，鋸歯縁加工を有する石器（第 51 図 28・35）があり，前時期との連続性を窺わせる。尖頭形石器は前時期にも認められた同種石器との連続性を追うことができる。他にも，鹿児島県小原野遺跡（中村・森田 1999）の一部や，宮崎県前ノ田村上第 2 遺跡 3 期石器群（第 52 図）が同種石器群である。

　一方，前半期の編年において述べたとおり，宮崎県では AT 直下から剥片製小型ナイフ形石器がまとまって出土する事例が増加している。AT 直上にも類似した石器群があり，同型の技術構造が継続していたと考えられることは，すでに指摘がある（橘 1990）。この石器群は出土層位からみてもおおむね武蔵野台地編年のⅥ層相当期に位置づけられるだろうから，後続して出現する剥片尖頭器を組成に加えた石器群はおおむねⅤ層相当期石器群に並行させてよいと思われる。さらに，③の石器群は，鹿児島県においておよそ 21000 ^{14}CyrsBP の桜島 P15 テフラと同層

第Ⅲ章　編年研究　79

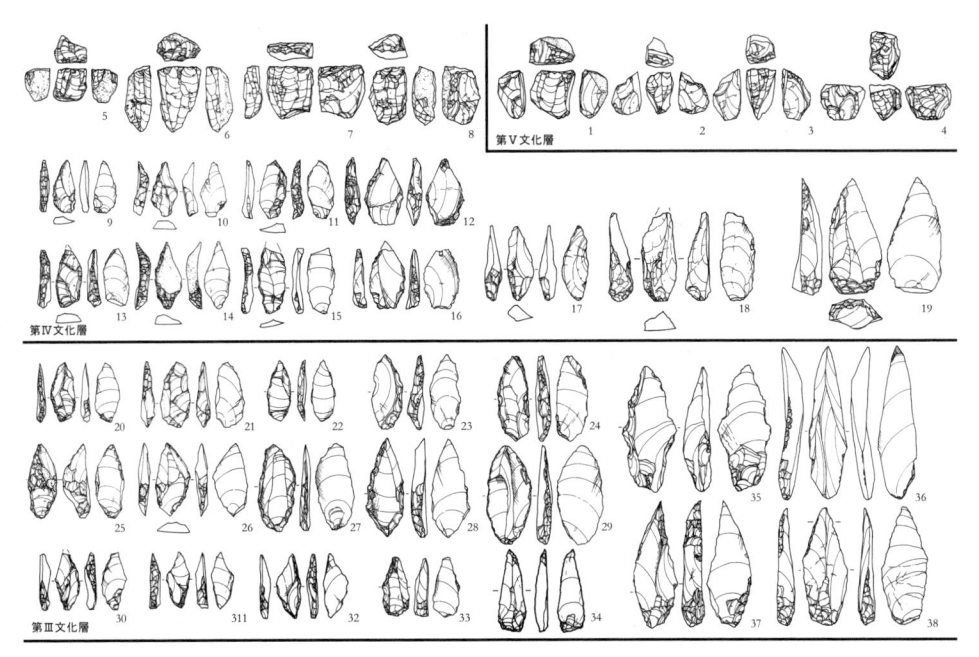

第51図　城ヶ尾遺跡第Ⅲ・Ⅳ文化層　※第Ⅲ文化層がⅣ層中部並行期（馬籠・長野2006を改変）

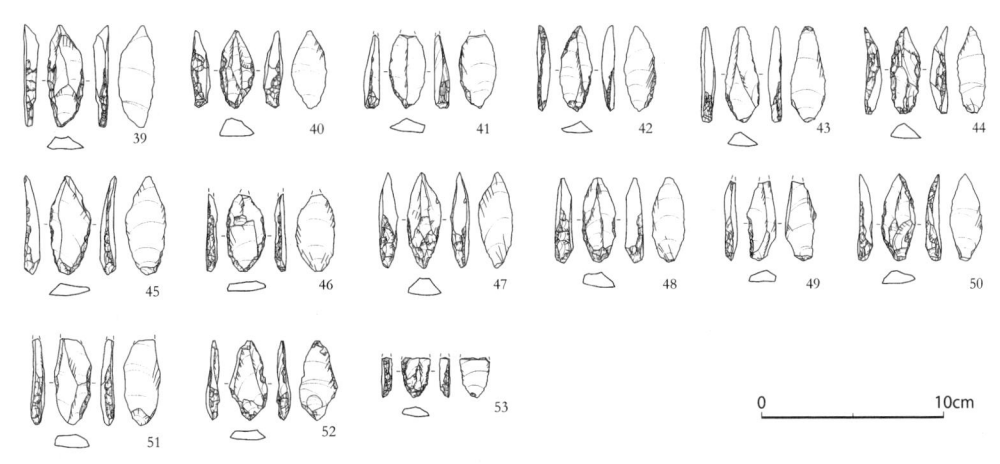

第52図　前ノ田村上第2遺跡3期石器群

準ないし上位より出土している。

　したがって，九州西南部，東南部の情報から構築した上記の編年は，おおむね関東地方のⅤ層～Ⅳ層下部期に並行するものとみてよいだろう。さらに，石器群①～③の変遷は，主要器種を異にしつつも次の点において関東地方と類似する。

　たとえば②にあたる野首第1遺跡や北牛牧第5遺跡にみる今峠型・狸谷型は，これとやや特徴を異にしつつも技術形態的に類似する石器が，遠く離れた関東地方Ⅴ層上部期の国分寺市No.37遺跡や柏ヶ谷長ヲサ遺跡等にも時期限定的に認められる。国府系石器群が多く出現するのもこの時期である。また，③に含まれる城ヶ尾遺跡や東畦原第1遺跡（四次調査）にみる大型角錐

中村分

桜畑上

尾上イラウネⅡ

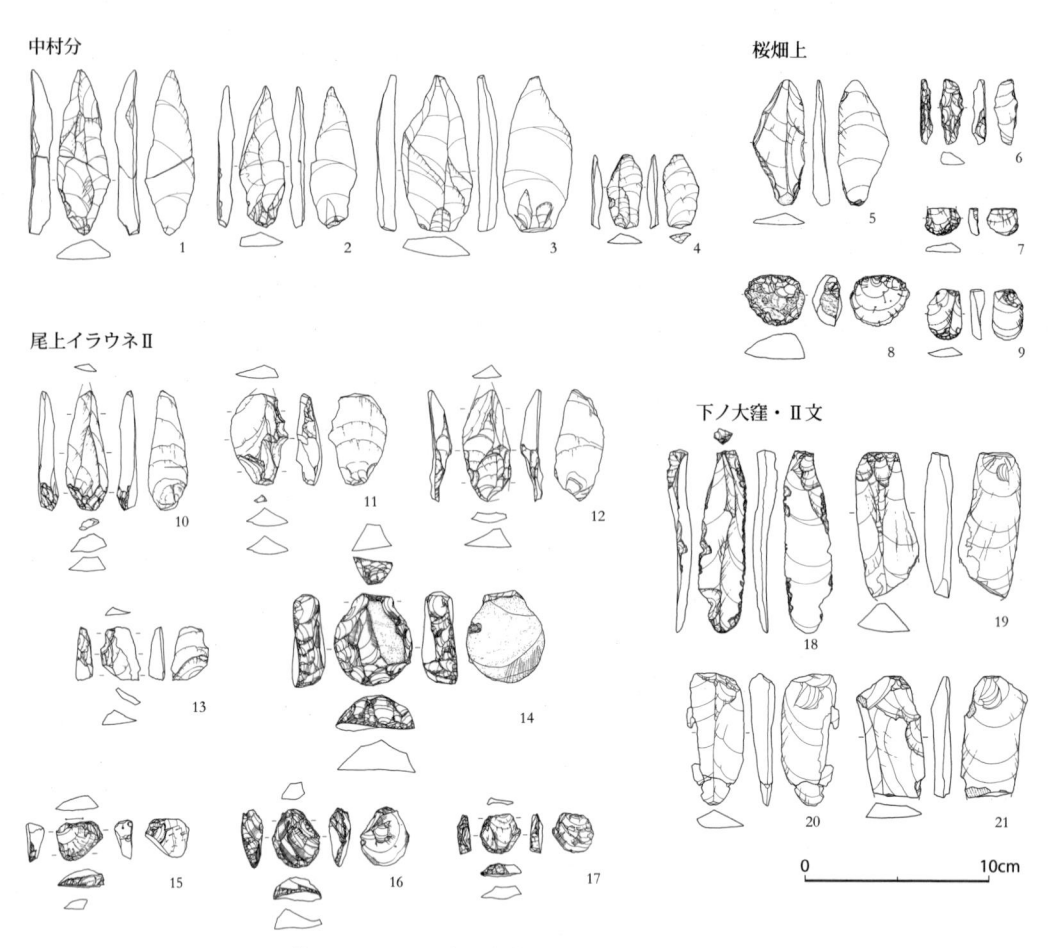

下ノ大窪・Ⅱ文

第53図　Ⅴ層下部並行期の石器群：東海地方東部

状尖頭器と大型切出形石器などは，直接的な型式対比は困難であるものの，関東地方Ⅳ層下部期の諸遺跡によく類似した石器が認められる。

　以上のことから，南九州において構築した上記編年は，関東地方のⅤ層下部期からⅣ層下部期にかけての変化とおおむね連動している蓋然性が高い。よって①～③についても，それぞれⅤ層下部／Ⅴ層上部／Ⅳ層下部並行期という時期概念で捉えることにしたい。

　ここでは，地理的にきわめて遠距離にある二つの地域間で，型式的差異をもちつつもほぼ時間的に連動する技術構造の変化（たとえばⅤ層上部並行期の石刃モードの衰退と剝片モードの進展）や国府系石器群・角錐状石器の出現（同じくⅤ層上部並行期）が認められたことが特記されよう。ただし，角錐状石器の発達度合いやナイフ形石器の型式的特徴，量比は関東地方と九州地方では大きく異なっており，Ⅴ層並行期（特にその後半期）にそうした地域差が顕在化していた。

　さらに，この編年からは，九州地方西南部（鹿児島県）と東南部（宮崎県）とのあいだにも，次のような相違点が見出される。宮崎県では「北牛牧型」と呼ばれる基部加工尖頭形剝片石器や，国府型が多く特徴的に認められ，長狭対称形の大型角錐状尖頭器が発達する。鹿児島県では両面

加工石器が存在し，角錐状石器には精美で細身の大形品はほとんどみられない。これらのことからも両地域は主としてⅤ層上部並行期以降に明瞭な地域性を呈しはじめるといえる。

(3) 東海地方

上でみた関東地方と九州東南部との連動性は，他の地域についても認められるだろうか。九州地方南部では火山灰層序に基づいて関東地方との大まかな並行関係を推定できたが，こうした情報がない場合，型式対比のみに基づく広域編年は困難と考えられる。そこで，以下では，関東地方，九州地方を編年の基軸にして，それぞれの隣接地域である東海地方・中部高地と，九州東北部・西北部との石器群の型式比較を中心に，編年的対比を試みたい。

すでに笹原芳郎・高尾好之らの詳しい編年（笹原2005，高尾2006等）がある東海地方東部の愛鷹・箱根山麓地域では，本書で重要視するⅤ層並行期の細分を加えれば，次のような変化を辿る。NL直上の小型ナイフ形石器・基部加工尖頭形石刃石器・弧状一側縁加工ナイフ形石器等からなるⅥ層並行期相当の石器群より上位のBBⅠ層に，先細り石刃と尖頭形石器で構成されるⅤ層下部並行期の中村分遺跡BBⅠ層（寺田編1998）や桜畑上遺跡BBⅠ層下部（望月・森嶋ほか編2003），尾上イラウネⅡ遺跡BBⅠ層下部（関野編1992），下ノ大窪遺跡第Ⅱ文化層（阿部・岩崎編2008）がある（第53図）。桜畑上遺跡では左右非対称の非尖頭角錐状石器（同6）が含まれる。BBⅠ層の上部を中心として厚手縦長剝片を素材とした側縁加工（一側縁主体）ナイフ形石器（第54図1～3・12・14・29）や短寸の尖頭形石器（同4・13・15・16・25），五角形の尖頭形剝片石器（同5・19）にわずかに小型角錐状石器（同6）が伴うⅤ層上部並行期の上ノ池遺跡第Ⅲ文化層（前嶋編1998），イラウネ遺跡BBⅠ層上部（平川・廣瀬ほか編1986），中見代第Ⅱ遺跡BBⅠ層（高尾編1988），中見代第Ⅲ遺跡BBⅠ層（高尾編　前掲）等が存在する。この上層のBB0層からは大型品を少数含む切出形石器（第55図2・17・18・32）や，尖頭形・対称形を含む角錐状石器（同11～15，26・27・35）を中心とするⅣ層下部並行期の中身代第Ⅱ遺跡，中身代第Ⅲ遺跡，子ノ神遺跡BB0層（石川1982），上ノ池遺跡第Ⅱ文化層，野台南遺跡第Ⅳ文化層（三好・佐野ほか編2009）が続くという変化を辿り，関東地方とは技術構造の変遷のみならず型式変遷も比較的一致する。なお，子ノ神遺跡BB0層石器群では，中型の角錐状石器を1点含む以外は小型の角錐状石器とナイフ形石器からなり，やや新しい様相を示す可能性が高い。

東海地方中・西部にはやはり資料が少なく（進藤1995），これまでの編年も本書で求める精度よりは大まかなもの（齋藤2003等）とならざるを得ない。関東地方と東海地方東部を参考にするかぎり，いまのところ次のように編年できる。中・大型の縦長剝片製一側縁加工ナイフ形石器（第56図1～4）を特徴とし，国府型・国府系ナイフ形石器（同5・6・7・17・18）をもつ岐阜県日野1遺跡（吉田編1987）が柏ヶ谷長ヲサ遺跡第Ⅸ文化層の内容に近くⅤ層上部並行期であろう。報告書によると，縄文時代草創期の石器群との混在があり，旧石器時代石器群の抽出が困難であったというが，旧石器時代石器群各ブロック出土の石器は大部分において同時期と捉えて矛盾のない内容である。日野2遺跡（高木編1987）でも近い内容の石器群が石器集中部をなして出土している（第56図）。匂坂上2遺跡（山崎1997）にも，国府系ナイフ形石器や角錐状石器があり，Ⅴ

82

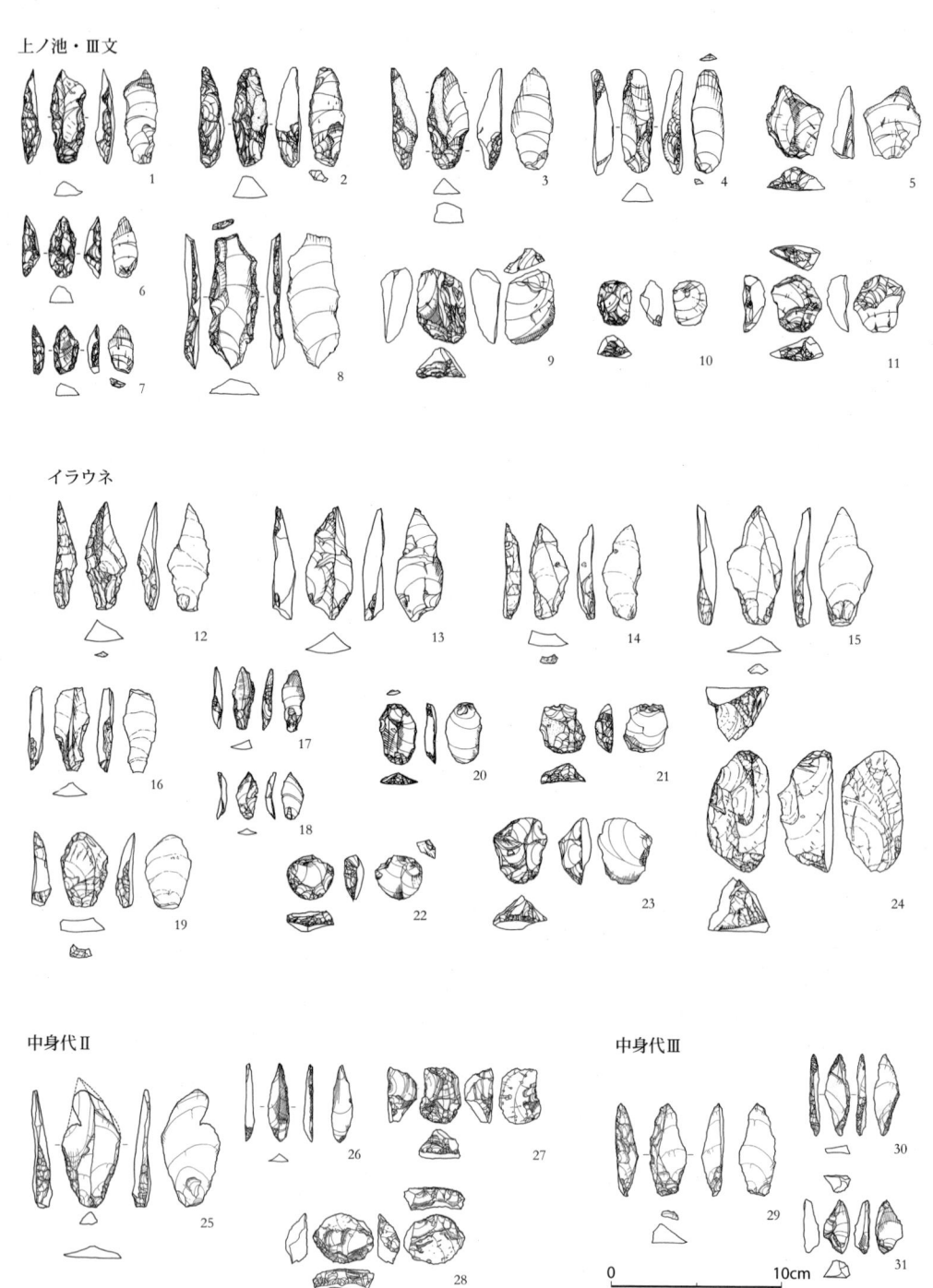

上ノ池・Ⅲ文

イラウネ

中身代Ⅱ

中身代Ⅲ

第54図　Ⅴ層上部並行期の石器群：東海地方東部

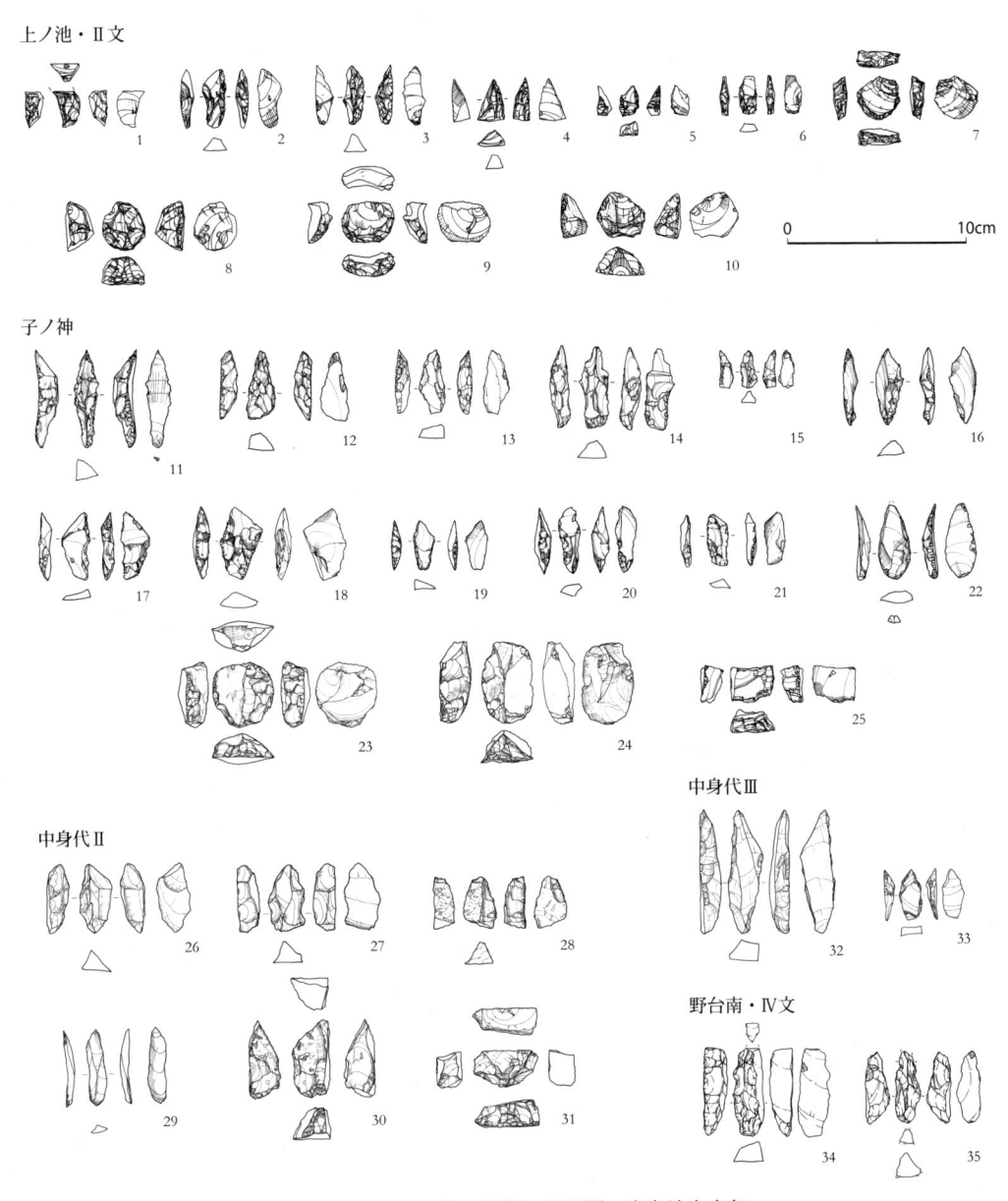

上ノ池・II文

子ノ神

中身代II

中身代III

野台南・IV文

第55図　IV層下部並行期の石器群：東海地方東部

層上部ないしIV層下部並行期の資料が含まれている（第57図1～5）。

　IV層下部並行期には大型対称形の角錐状石器（同11～14）を多く有し，横長剝片製ナイフ形石器（同15・16）を伴う岐阜県椿洞遺跡KII期石器群（堀編1989）の一部が相当する。同じく岐阜県の寺田遺跡（吉田編1987）は多時期の石器群が複雑に混在しており，報告書の記載からではこれらを分離することはできないが，角錐状石器や国府系ナイフ形石器が出土しているので，この時期ないし前時期の石器群を含んでいる[7]（同6～10）。また，岐阜県下呂石原産地の初矢遺跡（鈴木・片田1979）や大林遺跡（井上2001），富山県境付近の宮ノ前遺跡（早川・河野ほか編1999）で

日野1

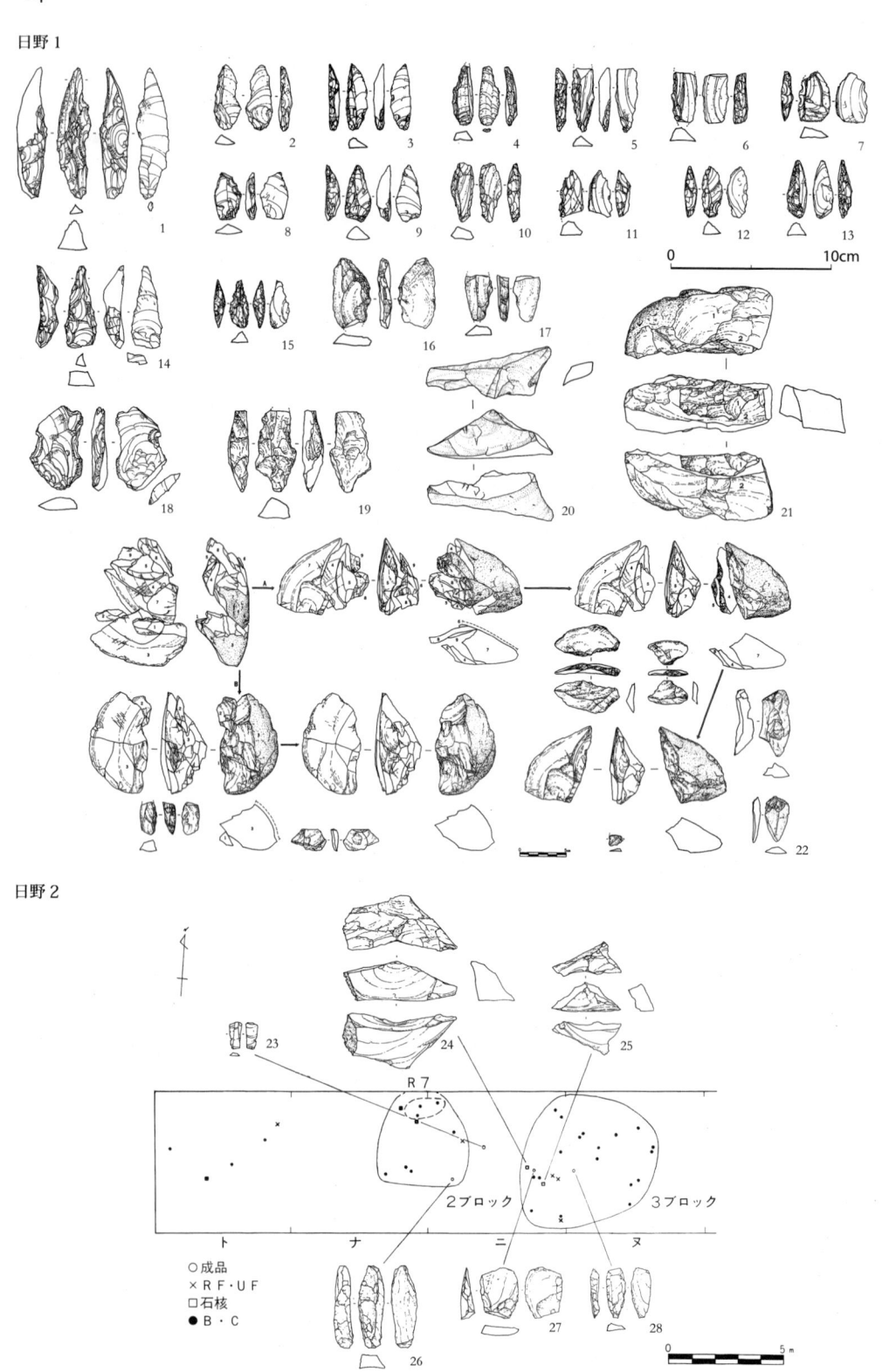

0　　　　10cm

日野2

○ 成品
× RF・UF
□ 石核
● B・C

0　　　5m

第56図　V層上部並行期の石器群：東海地方西部

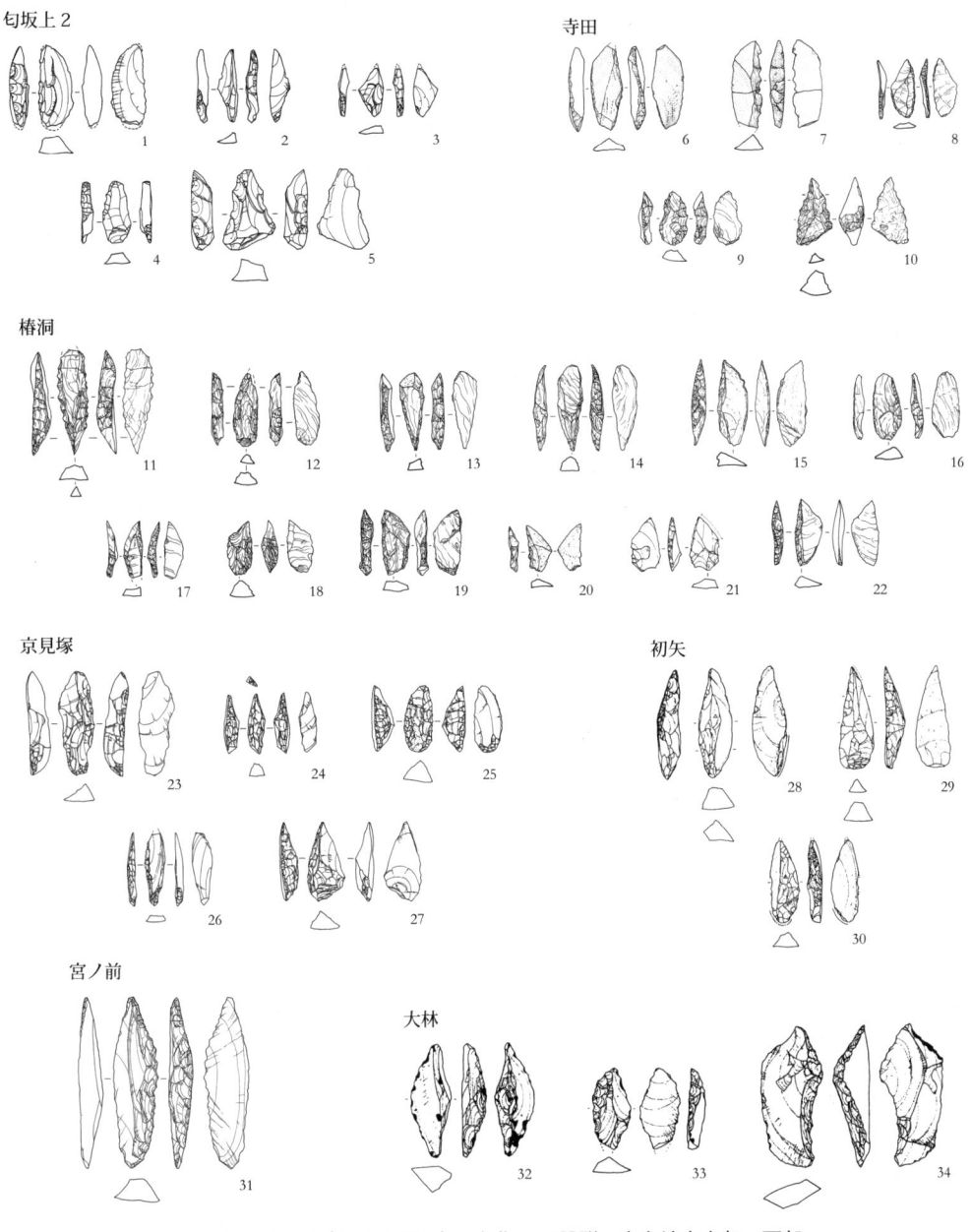

第 III 章　編年研究

第 57 図　V 層上部・IV 層下部並行期の石器群：東海地方中部・西部

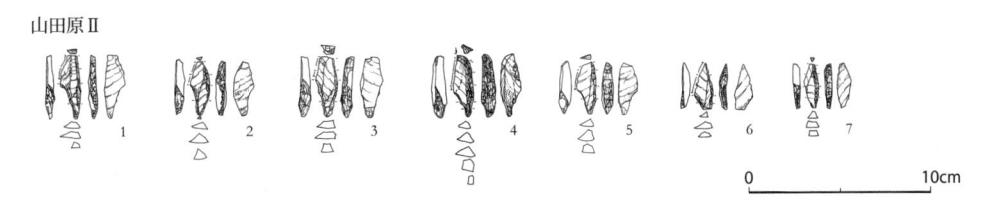

第 58 図　静岡県山田原 II 遺跡の石器群（IV 層中部並行期）

は国府型・国府系ナイフ形石器が出土している（同28〜34）。前二者は表採資料であり，またこのナイフ形石器のみでは時期比定が困難であるが，V層上部〜IV層下部並行期に帰属するということはできるだろう。静岡県磐田原台地の京見塚遺跡（磐田市史編纂委員会編 1993）は，正式報告がないのではっきりしない（同23〜27）。IV層下部並行期に特徴的な基部の長い大型切出形石器（同23）が存在している。ただし，基部が丸く鋸歯状加工による小型幅広の角錐状石器や切出形ナイフ形石器（同25・27）が主体となる点からみて，IV層下部並行期でもより新しい時期，国武貞克（2003）の「IV下最新段階」石器群との共通点も多く，多時期を含む可能性がある。とはいえ，石器の型式学的共通性からいって，これらの地域でも少なくとも本時期までは関東地方との型式対比によって編年できる可能性が高い。さらに続く時期にも薄手中型の二側縁加工ナイフ形石器が発達し（たとえば山田原II遺跡（松井・高野ほか1994）等），関東地方IV層中部期の砂川石器群に対比可能である（第58図）。

　以上を次のようにまとめておきたい。東海地方の様相は関東地方と類似する。東海地方東部では，VI層並行期に，ナイフ形石器系列内部での作り分け（中型ナイフ形石器／剥片製小型ナイフ形石器・切出形石器）が顕著な技術構造へと変化する。ただし関東地方と異なって，VI層期に大型の刺突具が少ない。これは東海以西に共通する特徴と思われる。V層下部並行期の石器群は大型の尖頭形石器からなり，剥片製小型ナイフ形石器と対をなす。V層上部並行期には石刃モードが明らかに後退して，剥片モードが優勢となる。縦長剥片剥離技術／横長剥片剥離技術が緩やかに二項性をなし，それぞれがナイフ形石器・尖頭形石器／ナイフ形石器・切出形石器と組み合っているが，大型刺突具はほぼ縦長剥片剥離技術と結びついている。IV層下部並行期になると，少数の大型刺突具として角錐状石器（東海地方西部では国府系ナイフ形石器も）があらわれており，小型石器（切出形石器・角錐状石器）の大半が横長剥片剥離技術と結びつく。関東地方を特徴づける大型切出形石器は東海地方東部には非常に少なく，その発達の弱さは地域差を示す可能性がある（伊藤1996b）。

　(4) 中部高地

　中部高地ではこの時期の石器群がほとんど知られていないが，城ノ平遺跡（茅野市史編纂委員会編 1986）や柳又遺跡C地点（青木・内川ほか編 1993）が相当する（第59図）。城ノ平遺跡は，基部加工尖頭形剥片石器（同5）や，やや平坦な剥離で調整した切出形石器（同7）の特徴が国分寺市No.37遺跡（中村・森先ほか編 2003）に対比でき，縦長剥片製二側縁加工ナイフ形石器もこの時期に特徴的な石器である（たとえば北海道遺跡第V文化層：第36図7）。詳しい報告がなされていないため単位性が不明であるが，V層上部並行期の石器を含むと思われる。野辺山B5遺跡（佐藤1970）や柳又遺跡C地点では横長剥片製ナイフ形石器（同3・14）や角錐状石器（同2・9・10・12・13），大型の切出形石器（同1・11）が出土している。細別編年に組み入れることは難しいが，V層上部からIV層下部並行期と考えられる。

　中部高地においては，男女倉型尖頭器を有する石器群や二側縁加工ナイフ形石器に特徴をもつ石器群等，おおむね関東地方IV層中部並行期に相当する時期になってようやく遺跡が増加する

第III章 編年研究

野辺山B5

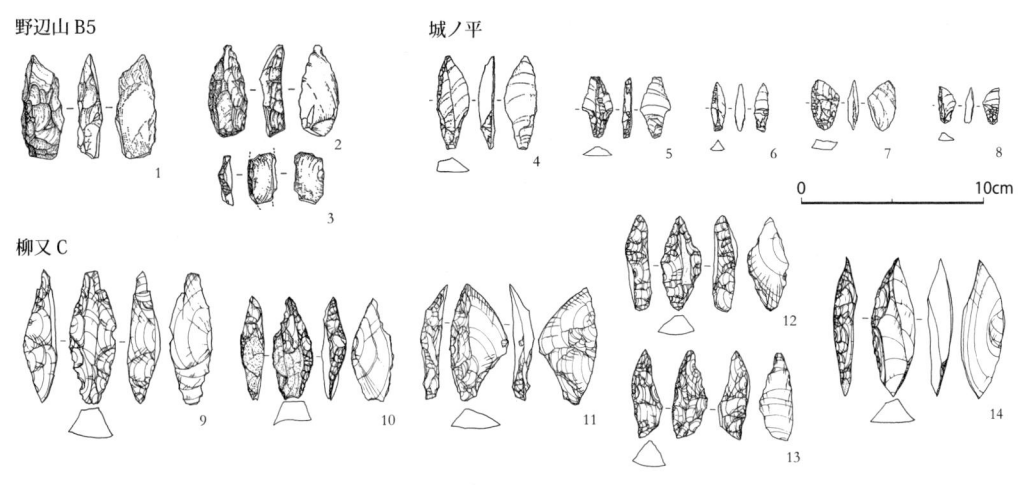

城ノ平

柳又C

第59図　V層上部・IV層下部並行期の石器群：中部高地

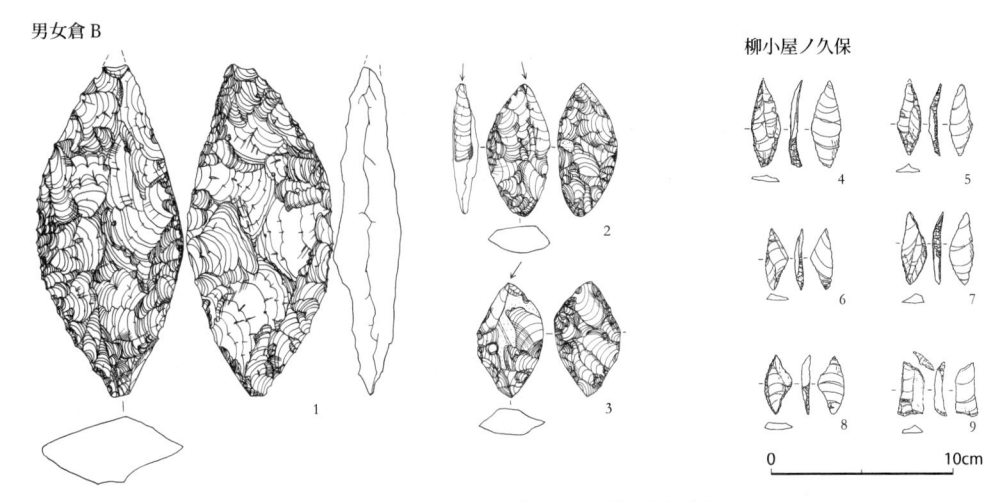

男女倉B

柳小屋ノ久保

第60図　IV層中部並行期の石器群：中部高地

〈男女倉遺跡B地点・J地点（森嶋・川上編1975），御小屋ノ久保遺跡（茅野市史編纂委員会編1986），追分遺跡第3文化層（大竹・勝見ほか2001），手長丘遺跡（諏訪市史編纂委員会編1986）等：一例を第60図に示した〉。この遺跡の増減現象は，最終氷期における寒冷化によって中部高地の通年開発，冬季立ち入りが困難になったことを示すと解釈されている（佐藤1991，田村2008b）。

(5) 九州地方東北部・西北部

　九州東北部にあたる大分県の石器群では，長狭型の剝片尖頭器は確実に分布するため九州東南部V層下部並行期の石器群の存在は確かであるが，良好な出土状態の石器群が認められない。西北部の福岡県有田遺跡6次調査地（山崎・井澤編1994）では，長狭型剝片尖頭器と小型細身の二側縁加工ナイフ形石器や細身の一側縁加工ナイフ形石器が共伴している（第61図1～7）。佐賀県平沢良遺跡（杉原・戸沢1962）では，有田遺跡より若干幅広い弧状一側縁加工ナイフ形石器などが検出されている（同8～14）。長崎県川原田遺跡（同27～32）（松尾1983），同西輪久道遺跡A

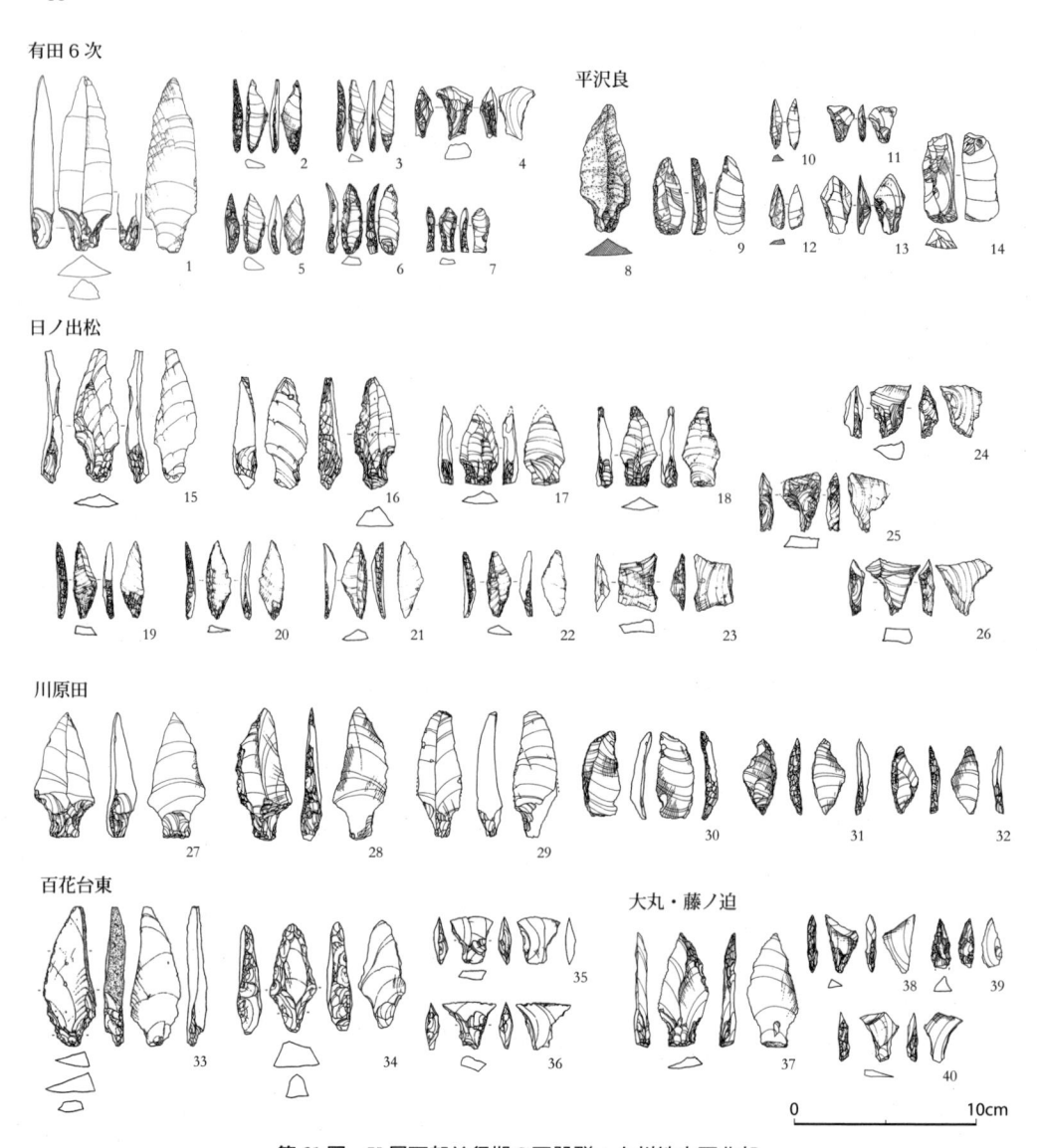

第61図 V層下部並行期の石器群：九州地方西北部

区下層石器群（第62図）[8]（副島編1981，副島・伴編1985）では，長狭型の剥片尖頭器に原ノ辻型台形様石器と切出形石器が共伴する。これらの石器群は剥片尖頭器の型式対比から，V層下部並行期と捉えておきたい。日ノ出松遺跡（第61図8～19）（田島編1993）や百花台東遺跡第I文化層（同33～36）（松藤編1994），西輪久道遺跡下層の剥片尖頭器は，形態がやや崩れて，若干幅広・短寸のもの，加工が側縁部に及ぶ剥片尖頭器（ないし縦長剥片製ナイフ形石器）を含む。こうした石器群において平刃の原ノ辻型（第61図24～26・35・36，第62図17～19・21・22）が伴う傾向があり，若干の時期差を示している可能性が想定される。熊本県大丸・藤ノ迫遺跡（木崎編1986）も同様の特徴をもつ（同37～40）。とはいえ，V層上部並行期を特徴づける他の器種をほぼ含まず，原ノ辻型・切出形石器と剥片尖頭器のみからなるので，ここではV層下部並行期の新しい時期

第III章　編年研究

西輪久道遺跡

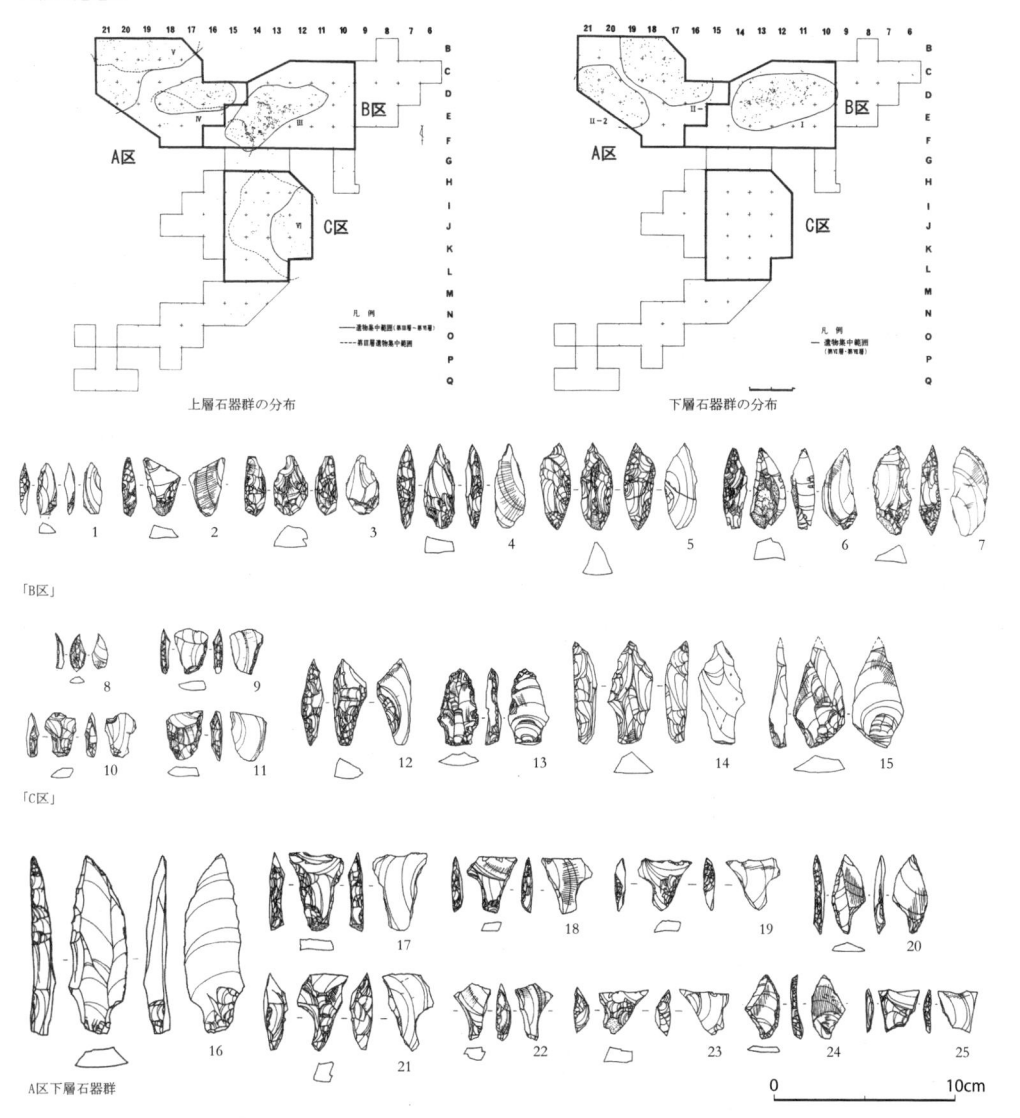

上層石器群の分布　　　　下層石器群の分布

「B区」

「C区」

A区下層石器群

0　　　　10cm

第62図　長崎県西輪久道遺跡の石器群（阿部2007を改変）

として捉える。西北部では，二側縁加工ナイフ形石器・原ノ辻型台形様石器の存在が九州地方南部と異なる特徴である。

　V層上部並行期石器群を抽出する（第63図）。隈・西小田遺跡第13地点（森山・吉留ほか2001）では横長剝片製で比較的大型の角錐状石器（同1），側縁に加工の及ぶ剝片尖頭器（同4）や横打剝片製ナイフ形石器（同2）が得られており，一括性を有するならV層上部並行期と思われる。今峠型に特徴づけられる大分県大坪遺跡（綿貫・坂本編1989）も同時期に相当すると思われる（同5〜9）。大分県一方平I遺跡東区（ブロック8〜13含む）石器群（綿貫編1999）は幅広化し裏面基部加工が施されるなどV層下部並行期とは異なる剝片尖頭器（同10・11）・狸谷型切出形石器（同

90

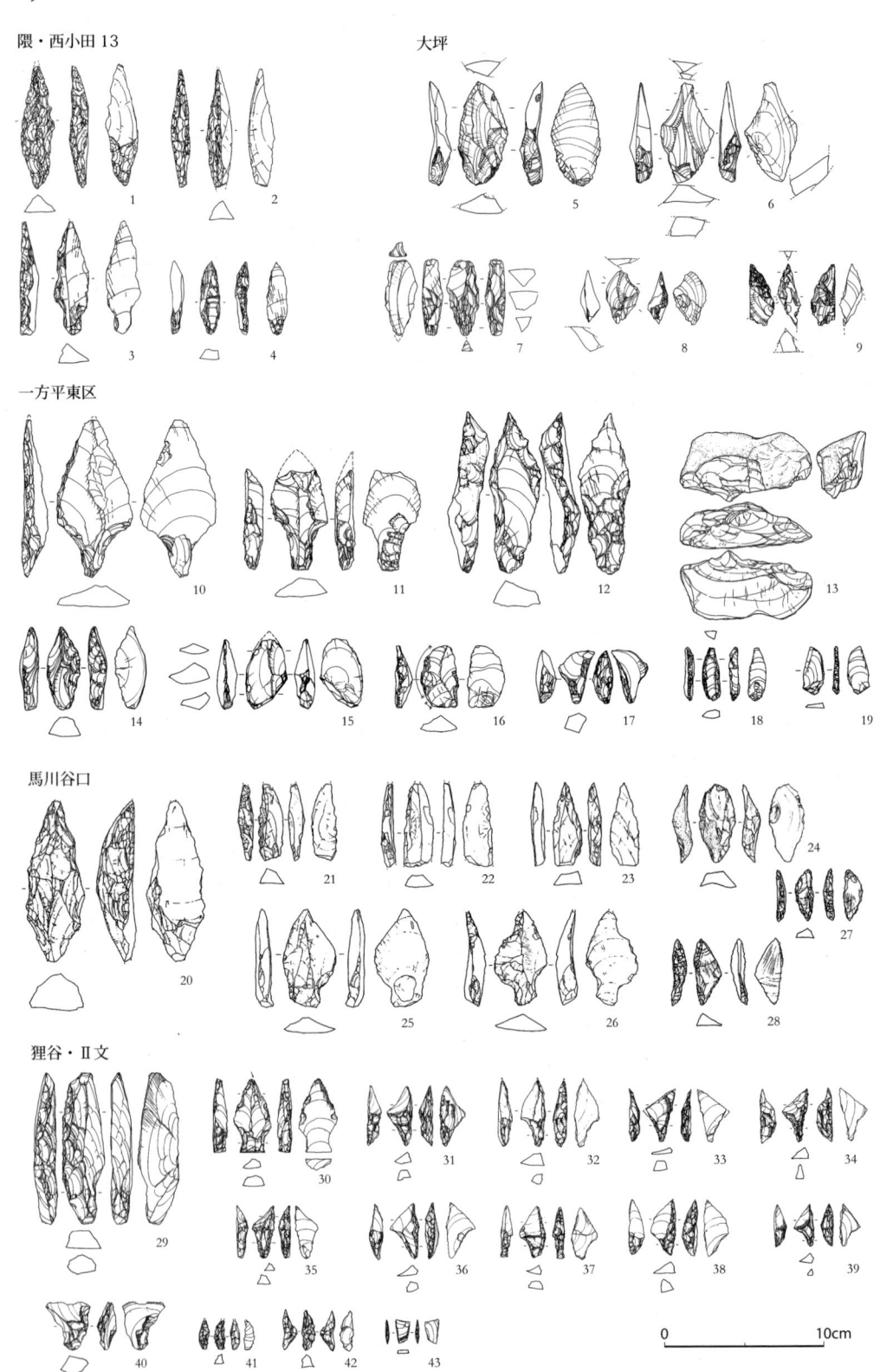

隈・西小田 13

大坪

一方平東区

馬川谷口

狸谷・Ⅱ文

第 63 図　Ⅴ層上部並行期の石器群：九州地方西北部 1

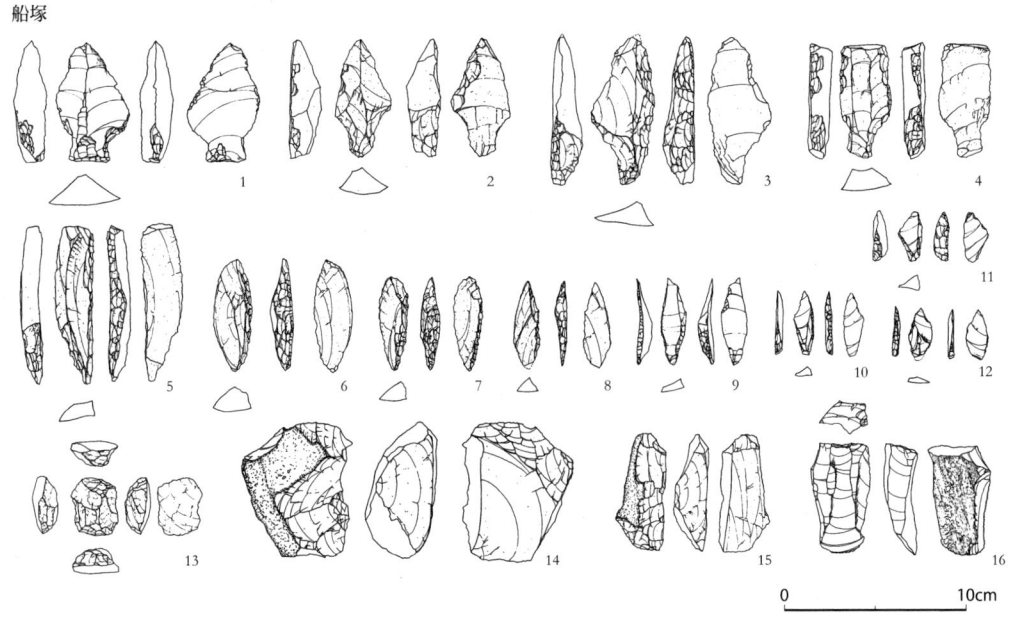

船塚

第64図 V層上部並行期の石器群：九州地方西北部2

17)・尖頭形剝片石器（同15・16)・角錐状石器（同12・14）などからなり，V層上部並行期の石器群に型式対比しうる。一方平I遺跡出土石器群は，全体的にみても，ほとんどがV層上部並行期の枠内で理解可能である。長崎県西輪久道遺跡C区上層石器群では短寸形の剝片尖頭器に黒曜石製の角錐状石器・横長剝片製ナイフ形石器や，中・小型の平坦調整を多用した台形様石器・切出形石器および今峠型尖頭形剝片石器が伴い，V層上部並行期の石器が中心であると思われる（第62図8～15）。佐賀県馬川谷口遺跡（武谷編2001）は，出土石器群の特徴が下に述べる船塚遺跡によく類似するため（第63図20～28），大部分は本時期に帰属すると思われる。熊本県狸谷II石器群（木﨑編1987）については前述のとおりこの時期である（同29～43）。佐賀県船塚遺跡（八尋1984）では，国府型ナイフ形石器の製作がおこなわれており，ここに短寸形の剝片尖頭器や大型厚手の縦長剝片製二側縁加工ナイフ形石器（いわゆる中原型）が共存することから本時期で捉えたい（第64図）。黒曜石製の小型二側縁加工ナイフ形石器・切出形石器が共伴しており，西北九州の特異性を浮き彫りにしている。

IV層下部並行期には，横長剝片製の大型切出形石器や，左右対称形で大形の角錐状石器の発達等からみて，岩戸I遺跡（芹沢編1978），岩戸遺跡6層下部（清水・高橋ほか編1986），駒方池迫遺跡（後藤編1995），駒方津室迫遺跡（橘・牧尾ほか編1992），百枝遺跡C地点第II文化層（清水・東田編1985），福岡県宗原遺跡（水ノ江編1994），春薗遺跡（木下1993），熊本県下城I遺跡（緒方編1979），同下城II遺跡（緒方編1980），同白鳥平B遺跡（宮坂編1994）を位置づけておく（第65図）。ただし，九州地方西北部でも佐賀県・長崎県では，上記特徴をもつ切出形石器や角錐状石器が良好な出土状態を保って検出された例をみない。角錐状石器は百花台遺跡等に多数あるので，将来の資料の増加を待ちたい。また，西輪久道遺跡B区上層石器群では中型（4cm前後）木葉形の角

岩戸

岩戸3次・6下

宗原

百枝C・Ⅱ文

春園・2下

駒方津室迫

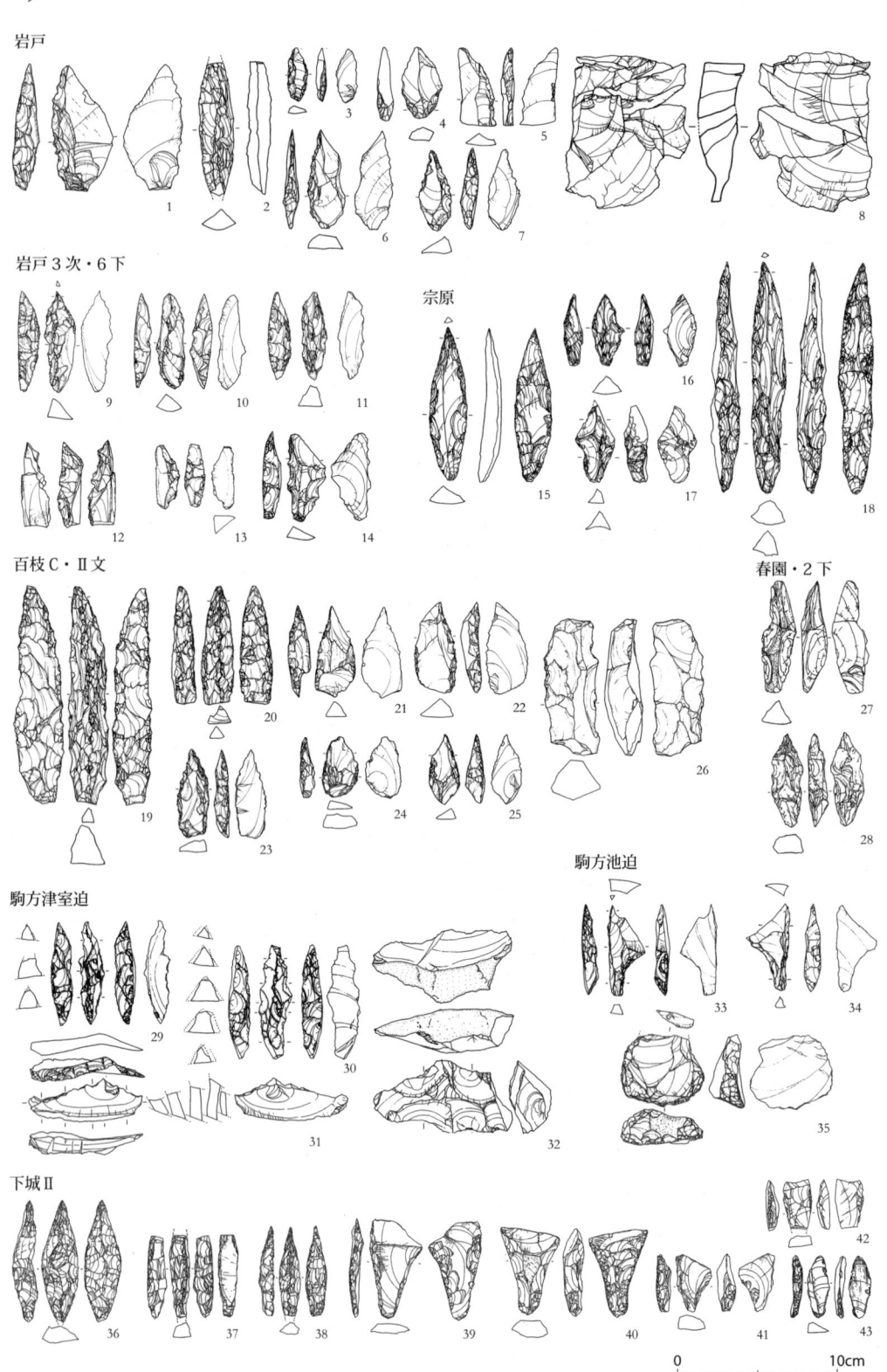

駒方池迫

下城Ⅱ

0　　　　10cm

第65図　Ⅳ層下部並行期の石器群：九州地方西北部

錐状石器がまとまって出土する例があり（第62図1～7），こうした石器群も本時期に位置づけ可能かもしれないが，不確実である。

百枝遺跡C地点と宗原遺跡，そして筑後川最上流域の下城II遺跡の石器群（第65図36～43）には，宮崎県と同様に長狭対称形の大型角錐状石器が多数存在することが特筆される。下城IIでは発達した大型の枝去木型台形様石器（同39・40）が伴出しており，共伴関係にあるとみれば，東南部における切出形石器の機能的位置を代置しているとみなせる。一方，大分県では国府系ナイフ形石器や非常に細身の角錐状石器（同2・18・19・20・37・38）が分布しており，宮崎県とは比較的類似性が高い一方，九州地方西南部の鹿児島県とは異なった地域性を形成している。

さて以上から，関東以西の地域には地域ごとに発達する石器型式に偏りや相違があるものの，「関東～東海」「九州」というそれぞれの地域枠内では型式対比が成り立ち，またテフラ年代・層位的上下関係も考慮した九州地方東南部と関東地方との地域間の編年比較によれば，古本州島西南部で広域にわたって時期的にほぼ一致し，連動した技術構造の変化が想定可能である。関東地方でも，九州地方でも，V層上部並行期に石刃モードが後退し，縦長剥片剥離技術や横長剥片剥離技術が中心となる。この技術の変動期に，国府系石器群や角錐状石器の広域的出現も確認することができた。環境条件が異なる広い範囲で，共通する変化・変動が認められることになる。

そこで問題となるのが，まだ検討を済ませていない近畿・瀬戸内地方の当該期の石器群変遷である。

(6) 近畿・瀬戸内地方

a 国府型ナイフ形石器の出現時期

ここまでの広域的な編年比較の結果，後半期前葉の時期には，時期的におおむね連動した石器群の変遷が窺えるとともに，石器モードと器種との関係にみる技術構造の変化もおおむね類似した推移を辿ることが推測された。このとき，AT降灰直後の時期には，尖頭形石器や石刃製ナイフ形石器，剥片尖頭器が大型刺突具の位置を占め，これに少数種の小型剥片石器が組み合わせられている。つまり，技術構造の上では，前半期の二極構造的な技術構造がみてとれる。国府系石器群の出現はこれに後続する時期において認められ，それは古本州島西南部の広い範囲で一致していると考えられる。

しかしながら，近畿・瀬戸内地方ではV層下部並行期の石刃石器モードからなる大型刺突具が認められない。それゆえ，近畿・瀬戸内地方以外の地域で国府系ナイフ形石器が主としてV層上部・IV層下部並行期に見出されることから考えて，近畿・瀬戸内地方の国府石器群もこの時間幅に収まり，瀬戸内地方においてはV層下部並行期の石器群が存在しないことになるのだろうか。

近畿・瀬戸内地方以外の，本書で扱った諸地域のV層下部並行期の大型刺突具は，地域ごとに特徴的型式が出現していても，石刃モードで製作されるのが通常で，小型石器は石刃モードや剥片モードで製作されるという二極構造的な技術構造が，基本的な技術構造として存続している可能性があった。先の検討を考慮して，この技術構造が少なくとも西南日本に共通する構造性であると仮定すれば，先述したように近畿・瀬戸内地方の場合は，VI層並行期から横打剥片モー

ドで大型刺突具を製作していたので，直後のV層下部並行期にもそれまでどおり横長剝片製ナイフ形石器が大型刺突具の位置を占めていたとみるのが自然である。であるならば，その大型刺突具とは，現在の資料からみて国府型ナイフ形石器であったに違いない。

国府型ナイフ形石器の成立が周辺のV層下部並行期石器群とまったく一致するかは明らかではない。ただし，先に検討した九州地方西南部・東南部の編年において，V層下部並行期新相の石器群とみなした桐木耳取遺跡第I文化層エリア6・7で，小型の国府系ナイフ形石器がみられたことは，上述の推定と矛盾しない。

瀬戸内地方において石器群がこのような変化を遂げたのは，やはり主たる大型良質石材が，安山岩というより横剝ぎに適した石材にほとんど限られており，横長剝片剝離技術が技術構造内において伝統的に重要な位置を占めていたことに起因しよう。

以上の推論から，ここでは国府型ナイフ形石器がV層下部並行期にすでに近畿・瀬戸内地方では発達を遂げていたと考える。しかしV層下部・上部並行期を編年的に細別する根拠は現在のところかなり乏しいので，この点は保留にしておかざるを得ない。

b 編年的検討

V層下部並行期の問題を除けば，近畿・瀬戸内地方の編年も周辺地域との対比によってV層並行期とIV層下部並行期の石器群は推定可能である。とくに隣接する九州地方で確認した，角錐状石器の推移や切出形石器の大型化など，共通して比較できる資料を手掛かりにする。なお最近では，悉皆的資料集成を踏まえての瀬戸内編年を藤野次史（2006）が提示しており，現在もっとも進んだ編年であるので，本書でも参照した。ただし，藤野編年では本書で対象とする時期の石器群の多くがほぼ同一時期に含められていること等，本論とは編年観に違いが大きいため，ここではそのまま採用できなかった[9]。

大阪平野周辺丘陵部からみていきたい。V層並行期には郡家今城遺跡C地点（大船編1978）・国府遺跡第3地点・はさみ山遺跡（一瀬編1990）・西大井遺跡1999年度調査区（森井・竹原編2003）・翠鳥園遺跡（高野・高橋編2001）・長原遺跡97-12次調査地（絹川編2000）・粟生間谷遺跡BL3（新海編2003）が相当する（第66・67図）。いずれの石器群も大型刺突具の位置は国府型ナイフ形石器が占め，これに小型の横打剝片製ナイフ形石器（第67図16〜19・26〜29など）や小型の切出形石器（第67図7・30・47・48）が伴うことがある。翠鳥園遺跡では小型の横長剝片製ナイフ形石器や切出形石器も多数あり，切出形石器には基部を凹入加工するものが1点認められる（第67図48）。また翠鳥園遺跡と長原遺跡97-12次調査地では，共通してやや細身の縦長剝片素材一側縁加工ナイフ形石器が一定数確認されている（第67図20〜25など）。郡家今城遺跡C地点の角錐状石器（松藤1980）は半折しているが（第66図17），いずれも形態的特徴が木葉形で幅に比して厚みに乏しく，細身で長身・甲高のIV層下部並行期の角錐状石器とは異なる。郡家今城遺跡例は，敢えて比較すれば関東地方の柏ヶ谷長ヲサ遺跡第IX文化層例など，V層上部並行期のものに近い。

IV層下部並行期には長狭対称形の角錐状石器と大型切出形石器の存在などからみて，八尾南

第 III 章 編年研究　95

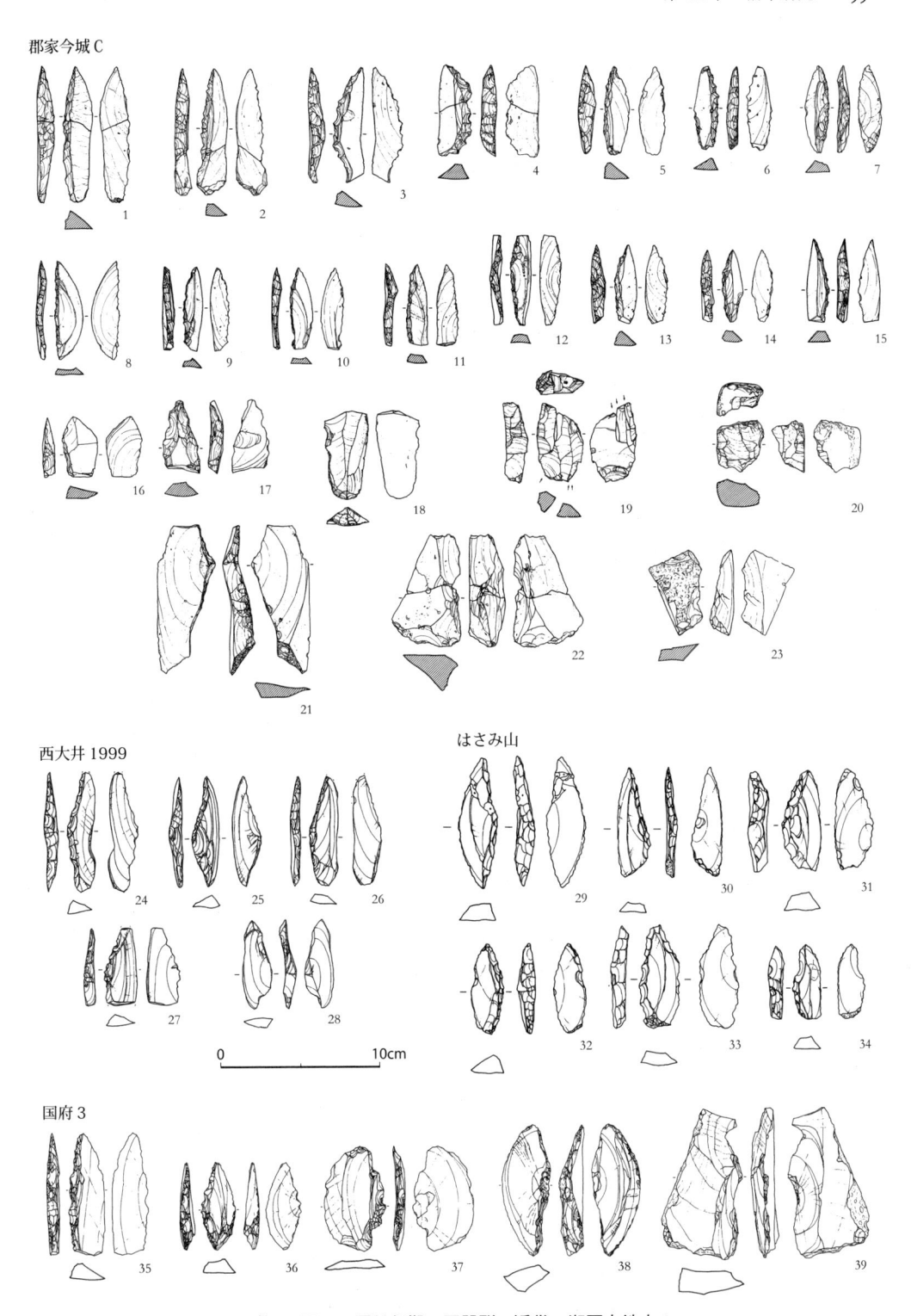

郡家今城 C

西大井 1999

はさみ山

0　　　10cm

国府 3

第 66 図　V 層並行期の石器群：近畿・瀬戸内地方 1

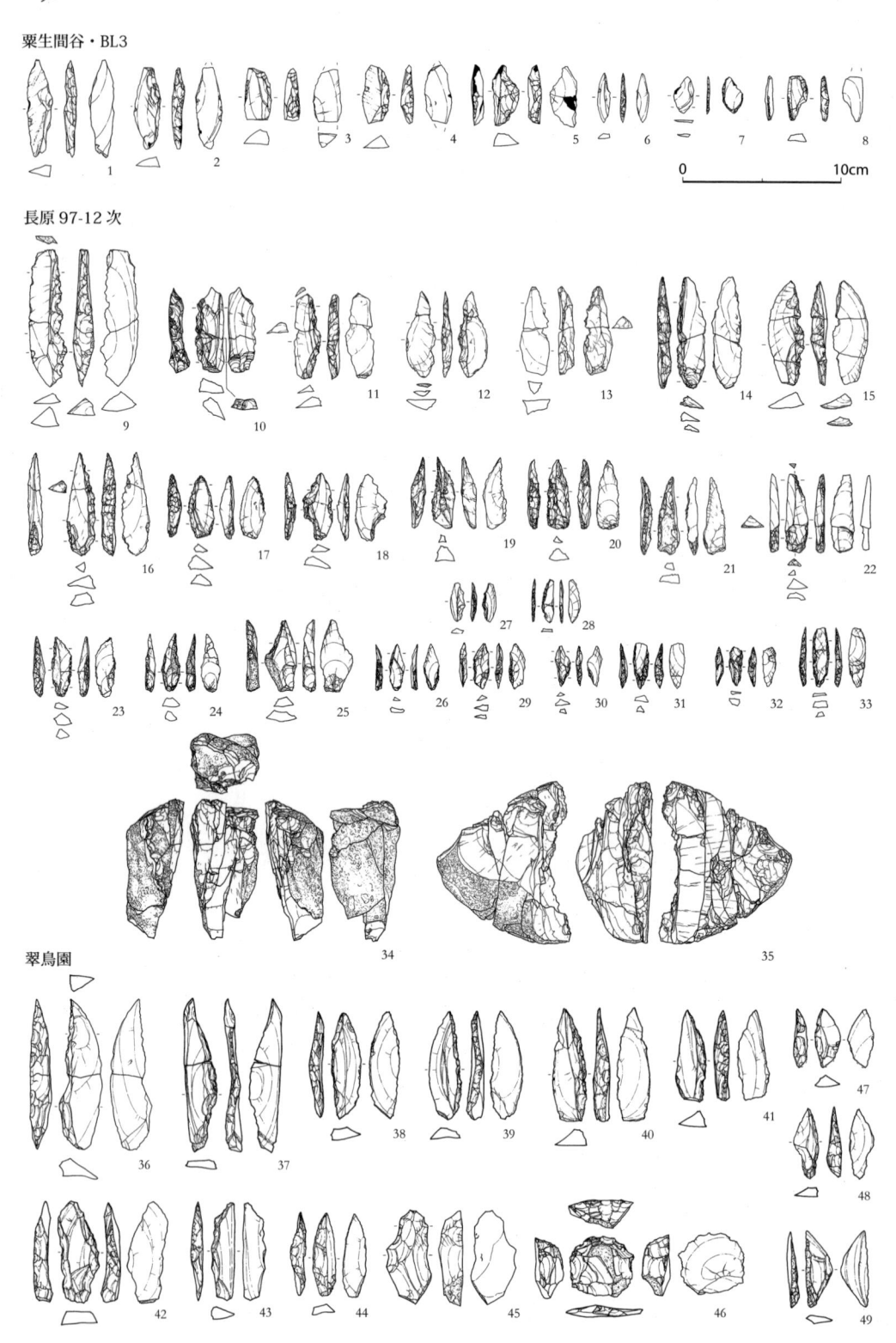

96

粟生間谷・BL3

0　　　　　10cm

長原97-12次

翠鳥園

第67図　V層並行期の石器群：近畿・瀬戸内地方2

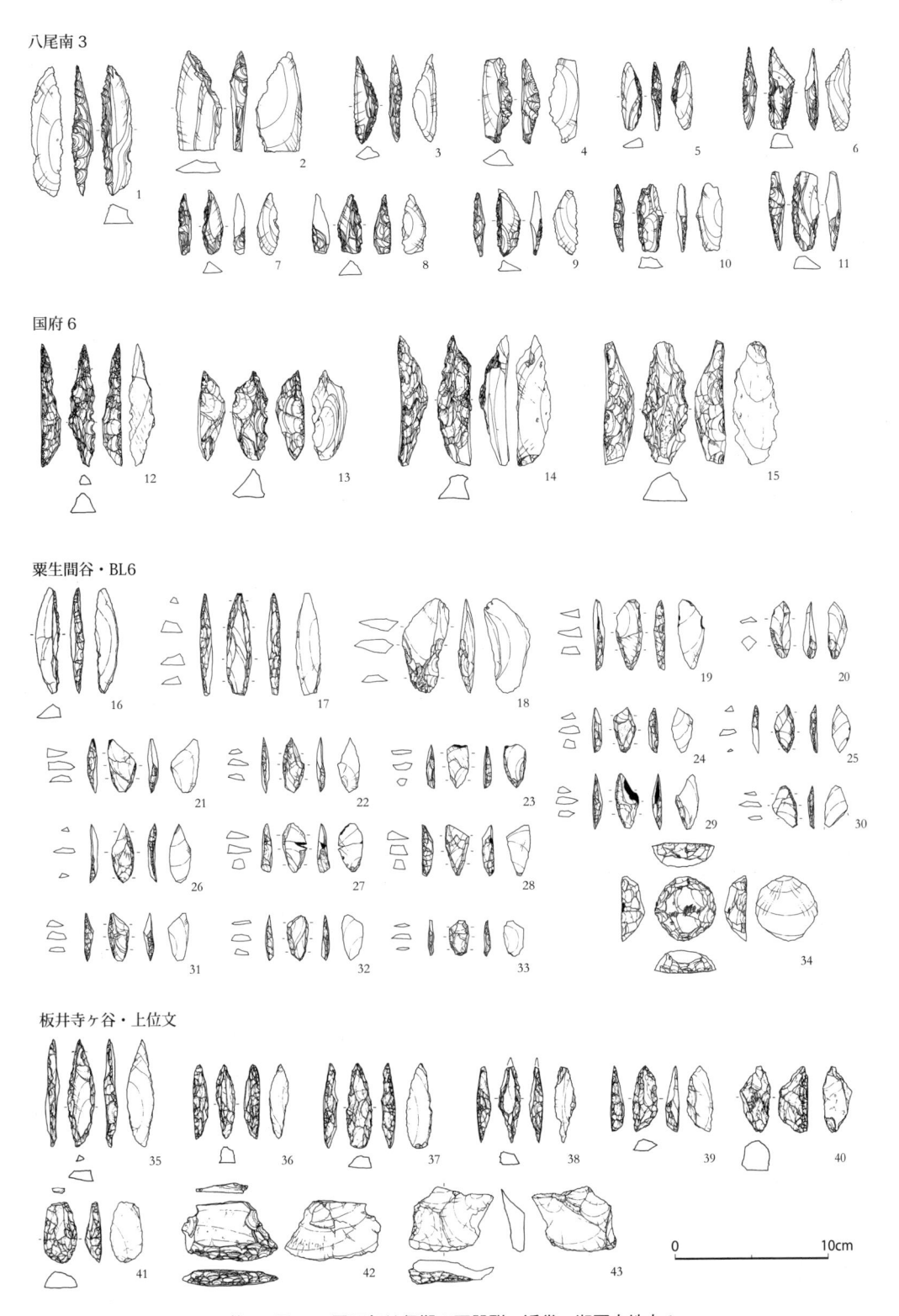

第 III 章　編年研究

八尾南 3

国府 6

粟生間谷・BL6

板井寺ヶ谷・上位文

第 68 図　IV 層下部並行期の石器群：近畿・瀬戸内地方 1

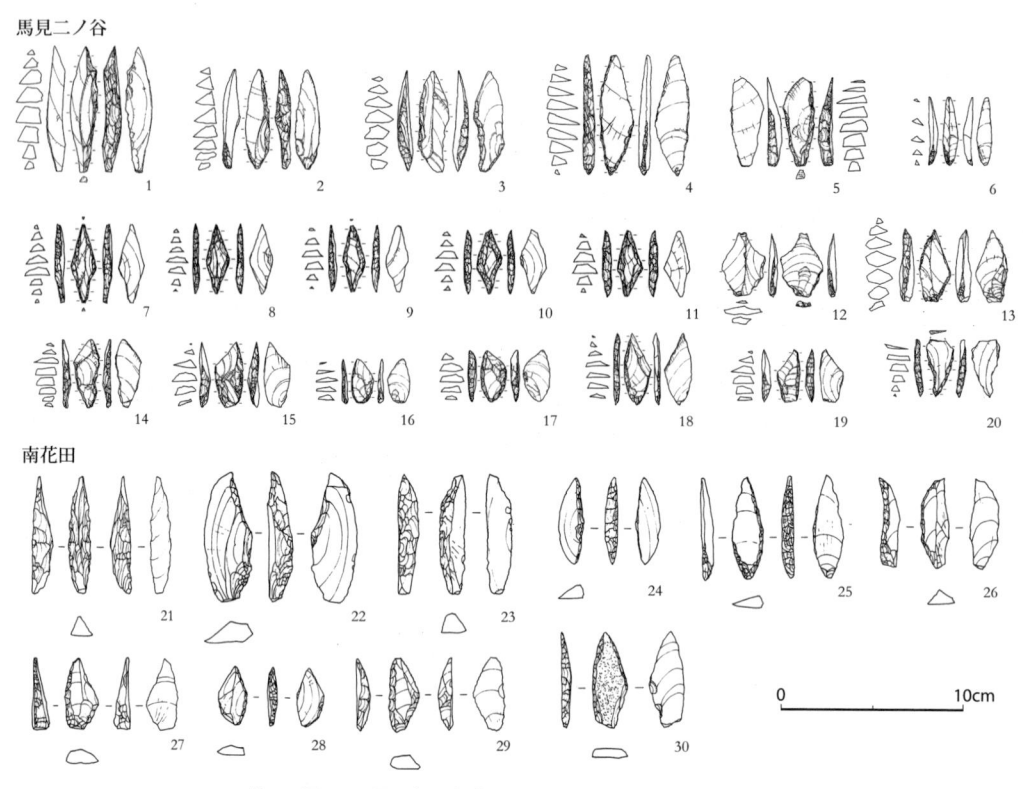

馬見二ノ谷

第69図　IV層下部並行期の石器群：近畿・瀬戸内地方2

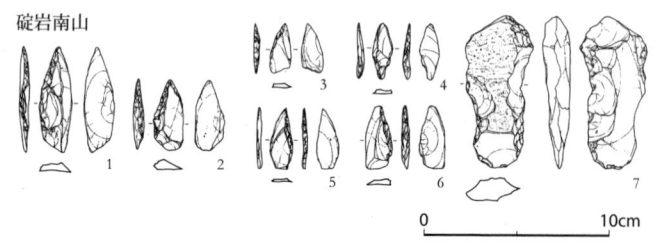

碇岩南山

第70図　兵庫県碇岩南山I遺跡の石器群（IV層中部並行期）

遺跡第3地点（福田編1989），国府遺跡第6地点（一瀬編1990），板井寺ヶ谷遺跡上位文化層（山口編1991），粟生間谷遺跡BL6（新海　前掲）が該当する（第68・69図）。粟生間谷遺跡BL6等の小型切出形石器（第68図21～33，第69図14～20・27～29）は，V層並行期の翠鳥園遺跡や長原遺跡のそれらとは異なり，相対的に形態的斉一性が高い。南花田遺跡（安里・竹原編1988）には細身で長狭対称形の角錐状石器（第69図21）が存在し，切出形石器の特徴も粟生間谷遺跡BL6に近いので，出土状態は良好ではないが，この時期の石器を多く含むであろう。馬見二ノ谷遺跡（光石編2006）では，石刃・縦長剥片製の二側縁加工ナイフ形石器と小型切出形石器が多く，「馬見型尖頭器」（第69図7～11）と呼ばれる特異な小型石器も伴出している。粟生間谷遺跡BL6や南花田遺跡に近いが，若干新しい時期に属する可能性もある[10]。

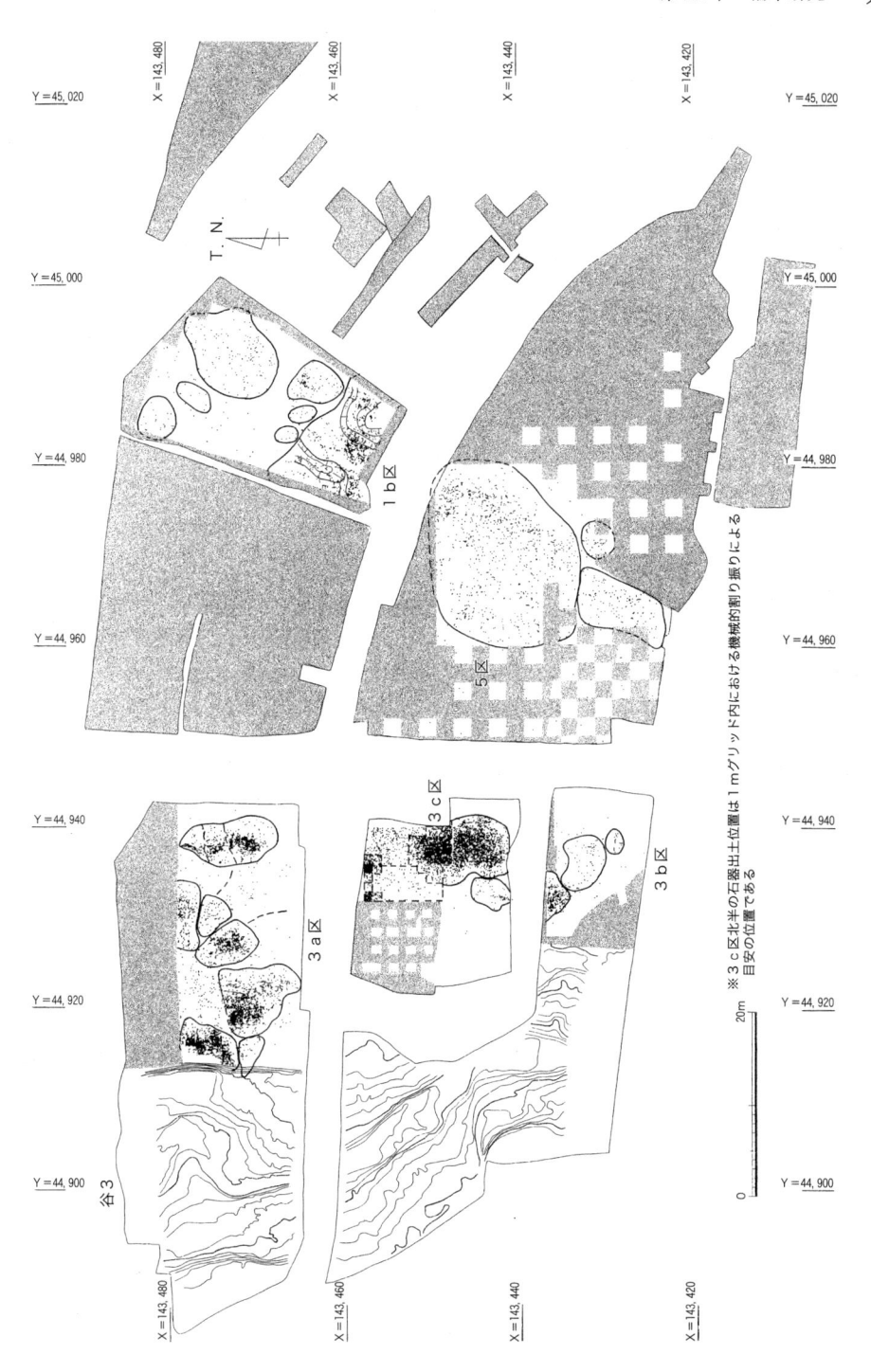

第 71 図　香川県中間西井坪遺跡の石器分布（森下編 2001）

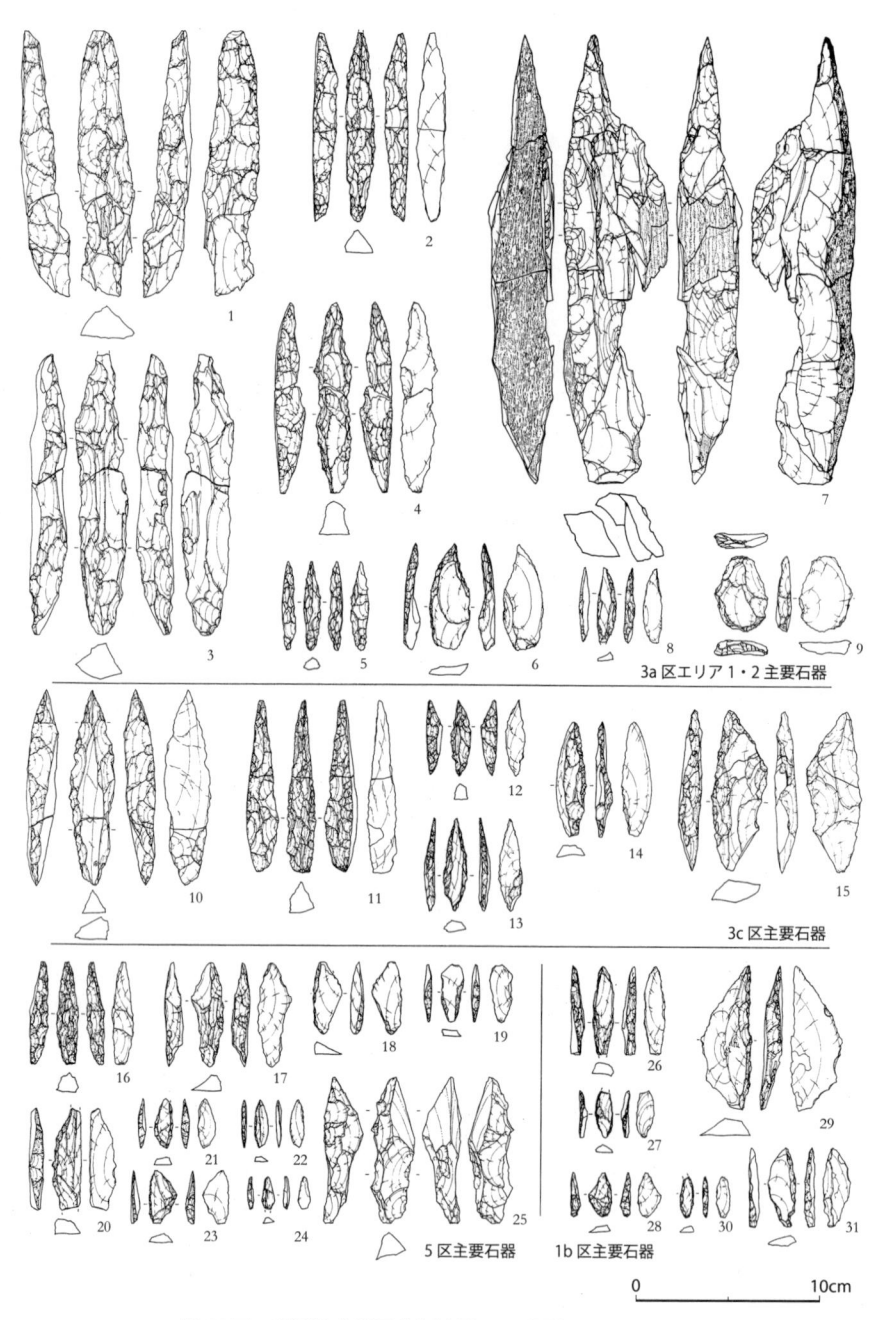

第72図　香川県中間西井坪遺跡の石器群1 (森下編2001)

　これに後続する時期（IV層中部並行期）の石器群は，今のところよく分かっていない。あくまで型式学的な観点からの推測に過ぎないが，兵庫県碇岩南山遺跡（山口・成瀬ほか1995）がこの時期に相当する可能性がある（第70図）。薄手中・小型の横長剝片製ナイフ形石器からなる，主にサヌカイトを用いた石器群である。一見，VI層並行期とした石器群に類似するようにもみえるが，背部整形に対向調整がみられず，整形加工が精細である特徴が指摘できる。削器が卓越する。

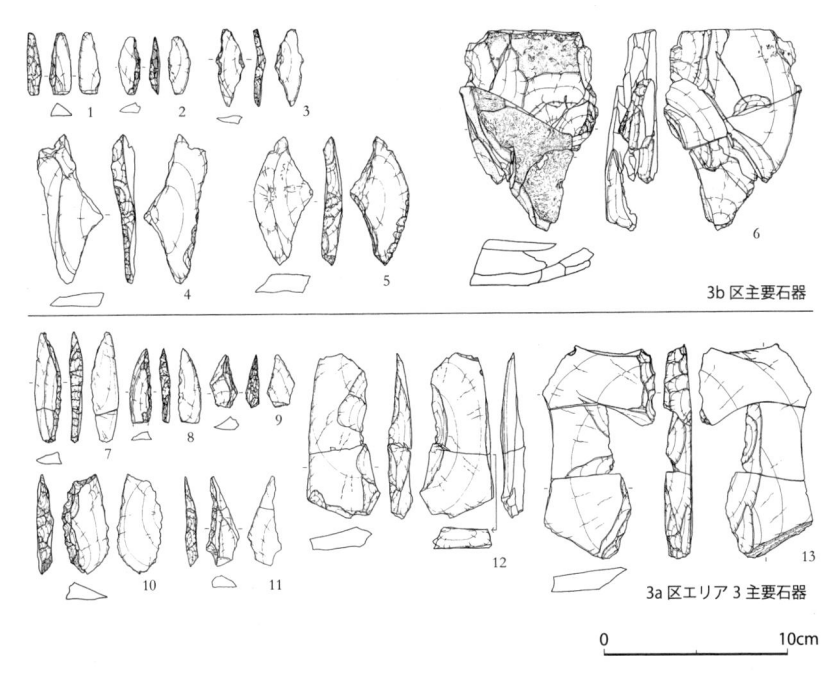

第73図　香川県中間西井坪遺跡の石器群2 (森下編2001)

　横長剝片剝離技術は盤状剝片の長軸に沿って打点を配置する並列剝離である（同7）。これらは恩原2遺跡S文化層や，後述する北陸地方の瀬戸内系石器群と共通する。火山灰層序記載があるものの，若干の混乱がみられるため層位的な新旧判断が難しい。技術的には新しい様相をもつといえよう。

　さて，瀬戸内地方の備讃瀬戸地域では，瀬戸大橋建設関連の調査で出土した石器群にみられるように，膨大な石器が重畳して検出される場合が多く，編年上の単位性が明確な石器群がほとんどないため，取り扱いが難しい。そのようななかで，中間西井坪遺跡（森下編2001）の調査例は重要である。本遺跡では総計2845㎡の発掘区から，12811点と膨大な点数の石器が検出されている（第71図）。相互に距離を隔てて配置されている小調査区単位（1b区・3a区・3b区・3c区・5区）では石器群の様相が異なっている（第72・73図）。このうち，①3a区エリア3と3b区からは，国府型ナイフ形石器製作を集中的に遂行した石器集中部が，②3a区エリア1・2と3c区からは長狭対称形の大型角錐状石器を大量生産した石器集中部が，それぞれ複数検出されている。5区ではブロック2から長狭対称形の角錐状石器と切出形石器が出土している（第74図）。③5区のブロック2以外のブロックおよび1b区では前半期末葉のⅥ層並行期の石器群が検出された（42頁前述）。

　上記③の時期は推定できるが，①・②については次のように考える。①では国府型ナイフ形石器の製作をおこなっているが，角錐状石器は認められない。②では角錐状石器の大量生産に加え，横長剝片製のナイフ形石器が出土しているが，①の国府型と異なって翼状剝片を素材としないものが大半であり，一側縁に帯状の石核底面が残るものであっても，決まって背面剝離痕が多数枚

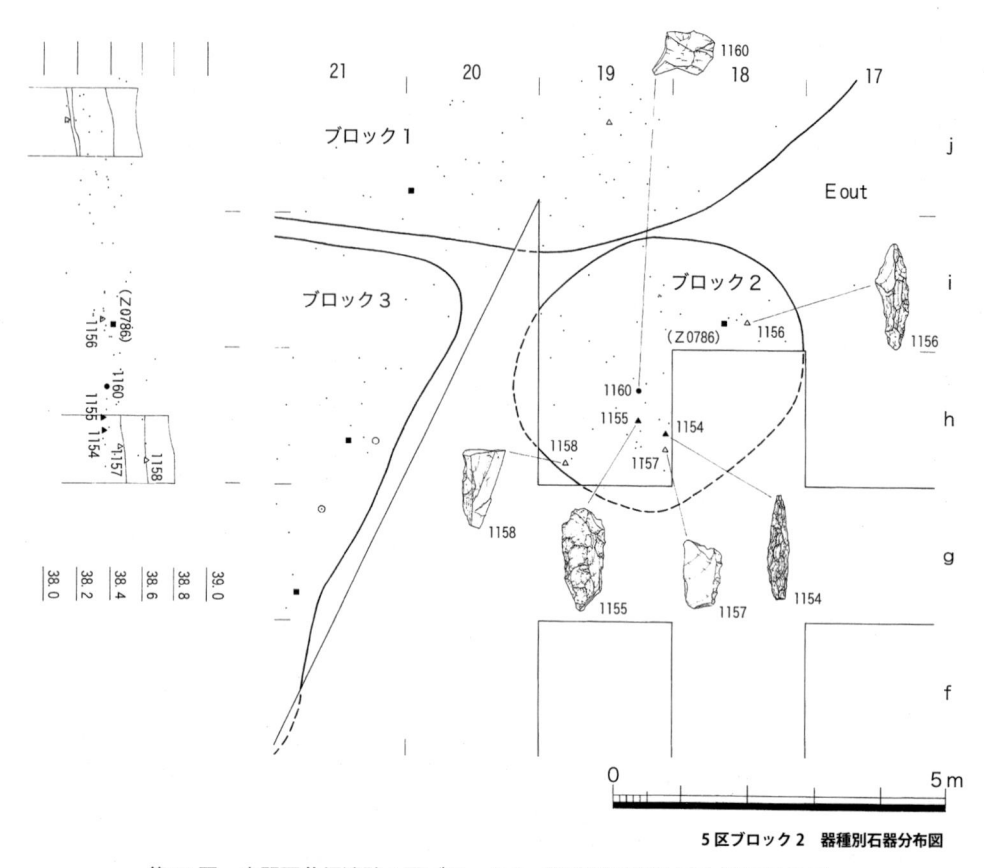

第74図　中間西井坪遺跡5区ブロック2：器種別石器分布図（森下編2001）

確認される。この素材剝片は，石核幅いっぱいに翼状剝片を連続剝取するという剝離過程によることは少なかったと考えられる。仮に石核幅いっぱいに翼状剝片を連続剝離していたとしても，打面調整が施されることは稀である。①と②のナイフ形石器には，型式差を生み出す剝離過程上の差異が認められる。①の石器群は近畿地方V層並行期の石器群や国分台遺跡東地区（絹川1988）の石器群に近いが，②は上記の点で①とは大きく異なっており，遺跡間変異では説明が困難であるため，時期差の可能性が高い。大阪平野周辺丘陵部の石器群編年に照らし合わせれば，①はV層並行期，②は後述のIV層下部並行期に相当するとみなすのが妥当であろう。

なお，5区ブロック2で細身長身の角錐状石器に共伴する切出形石器は，大型で基部の長いタイプであり，関東地方の同種石器（たとえば第38図2）に対比可能であるため，この編年案を傍証する。

備讃瀬戸地域ではこの編年を基本に，V層並行期には中間東井坪遺跡（信里編2004）や郡家田代遺跡（佐藤竜1996），香西南西打遺跡（小川編2000）を位置づけておきたい（第75図）。編年の指標はきわめて乏しいが，これらの石器群は国府型ナイフ形石器・国府系ナイフ形石器を中心とし，左右対称形の大型角錐状石器や，小型切出形石器等をまったく含まないことによる。瀬戸大橋建設関連遺跡の与島西方遺跡（藤好1985）・羽佐島遺跡（秋山・渡部1984）でもV層並行期に帰属す

第III章 編年研究 103

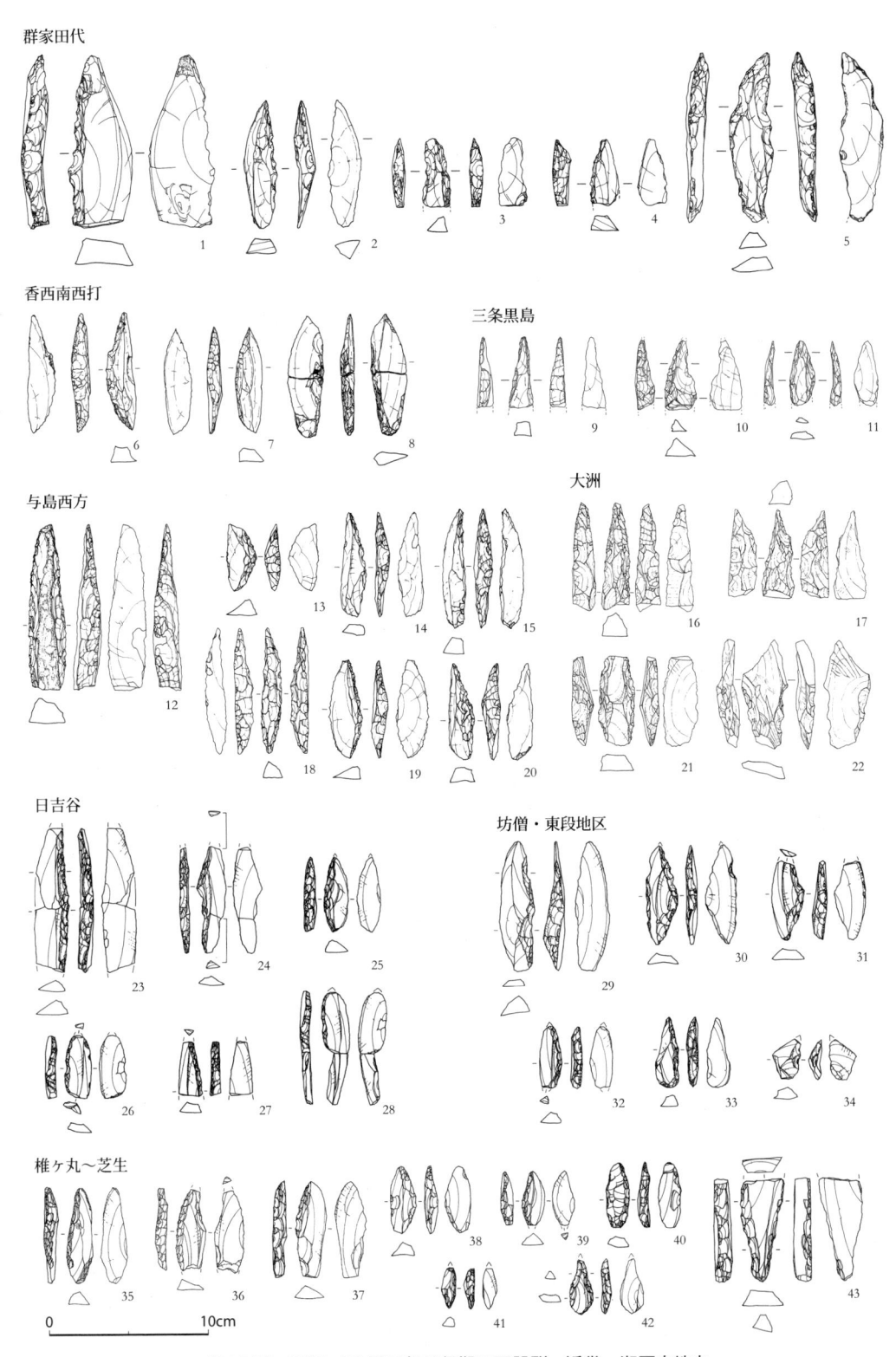

第75図 V層・IV層下部並行期の石器群：近畿・瀬戸内地方

ると考えられる資料が大量に出土している（第75図13～15・19・20）。IV層下部並行期には大洲遺跡（真鍋編1982）・三条黒島遺跡（森下1997）があり，瀬戸大橋関連遺跡群でも与島西方遺跡で多数の当該期資料が得られている（同12・18）。なお，徳島県吉野川流域の石器群では，V層並行期として坊僧遺跡東段地区（氏家・栗林ほか2001）・椎ヶ丸～芝生遺跡（久保脇1994）・日吉谷遺跡（小泉1994）を比定しておく（第75図下段）。

　このようにみてくると，近畿・瀬戸内地方では，V層並行期の細別はできないとはいえ大勢としては周辺地域と時期的に対応させることは可能と考える。まとめると，VI層並行期には剝片モード内部でのナイフ形石器の二項性（横長剝片剝離技術＝大型刺突具／小型石器，縦長剝片剝離技術＝小型石器）が成立し，VII層並行期とは異なる技術構造へと大きく変化していたが，V層並行期にはいって，盤状石核の幅いっぱいに規格的な横長剝片（翼状剝片）を剝離する技術が大型刺突具製作と結びついた結果，国府型ナイフ形石器を主体的に製作する国府石器群が成立したとみられる（佐藤1992）。VI層並行期と同様に小型ナイフ形石器の製作には依然として縦長剝片剝離技術が用いられているため，技術構造上はVI層並行期と同型的であるが，大型刺突具製作における規格的素材供給技術が確立したため，石材消費の効率性と計画性が向上していると評価できる。IV層下部並行期には小型切出形石器の形態が規格化し，なにより大型刺突具に角錐状石器・切出形石器が加わって，大型石器製作技術が複雑化している。

(7) 中国山地・山陰地方・四国地方南部

　まず，広島県冠遺跡群について検討する[11]。冠遺跡群は原産地遺跡であるので，一括性が保証されておらず，編年的単位としての有効性に乏しい。以下の編年は，主たる出土石器に基づくもので，あくまで目安程度のものである。

　九州に近接するこの地域でも，剝片尖頭器や今峠型尖頭形剝片石器・狸谷型切出形石器が分布しないため，編年対比の指標にできない。冠原産地石器群は，瀬戸内を取り巻く山中に位置する安山岩原産地であるにも関わらず，いわゆる瀬戸内技法が発達した石器群が相対的に少ないといわれてきた。このため，瀬戸内地方（大阪平野周辺丘陵・備讃瀬戸地域）の編年基準（松藤1980・1985・1992，佐藤1989，久保1989・1999），すなわち瀬戸内技法関連資料の組成率が高いほど古いという基準で編年的位置づけが与えられると，多くの石器群が相対的に新しい時期に編年されることとなった[12]（藤野・保坂1983）。だが，すでに一定密度の分布・発掘調査がおこなわれている冠原産地近傍に瀬戸内技法関連資料が量的にまとまって検出されていないという事実（藤野・保坂　前掲）は，むしろこの地域が瀬戸内地方東側とはやや異なった石器製作技術構造を有していたことを強く示唆する。むしろ瀬戸内地方東側の地域で横長剝片剝離技術が特異に発達したのであり，「瀬戸内技法の優先度」といった旧来の技術的指標だけに基づいて編年することは適切ではないと考えられる。

　近畿・瀬戸内地方編年との比較では，V層並行期として冠遺跡A地点（植田・梅本ほか1983）に該当資料が含まれる。国府型ナイフ形石器やこれに類する横打剝片製ナイフ形石器が多く存在し，基部を細めて器体上半まで加工を加えた基部加工尖頭形剝片石器が共伴する可能性がある

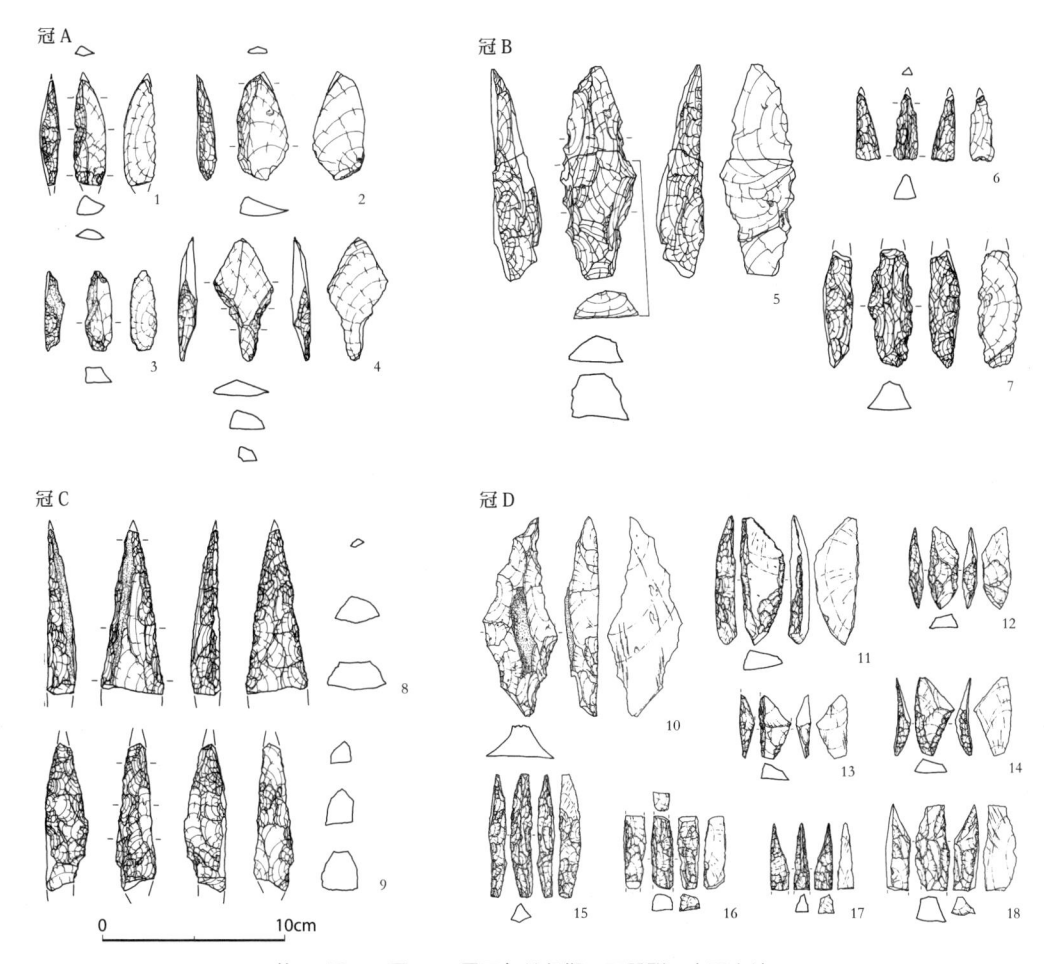

第76図　V層・IV層下部並行期の石器群：中国山地1

（第76図1~4）。この石器群には両面加工石器も存在するため，すべてが同時期とはいいがたいが，整った国府型ナイフ形石器が量的に多いことと，少なくとも公表資料に整った対称形の角錐状石器が認められないことから，本時期に含めた。

IV層下部並行期には，いまのところ冠遺跡D地点第2次調査地（妹尾1989）と冠遺跡C地点（植田・梅本ほか　前掲）を位置づけておきたい（同8・9，10~18）。大型角錐状石器が多数検出された冠遺跡B地点（植田・梅本ほか　前掲）にも可能性がある。ただし，原産地ということもあって折損品が多く（織笠1988，藤野1996），加工が粗いものを主体とし，長狭対称形の大型品も存在しない（同5~7）。その位置づけは相当に困難であるが，長狭型を含むので，一応IV層下部並行期の石器を多く含むものと考えておきたい。

最後に，四国地方南部・中国山地・山陰地方の石器群に触れておく。中国山地では恩原遺跡群の調査成果による稲田孝司の編年が参考となる（稲田編1988・1996・2009）。恩原遺跡群を含む周辺では，AT火山灰層の上に下のホーキ・オドリ・上のホーキ・弥山軽石という大山系火山灰層が検出され，石器群はこれらとの層位的関係で捉えられている。稲田はこれを手がかりに，中国

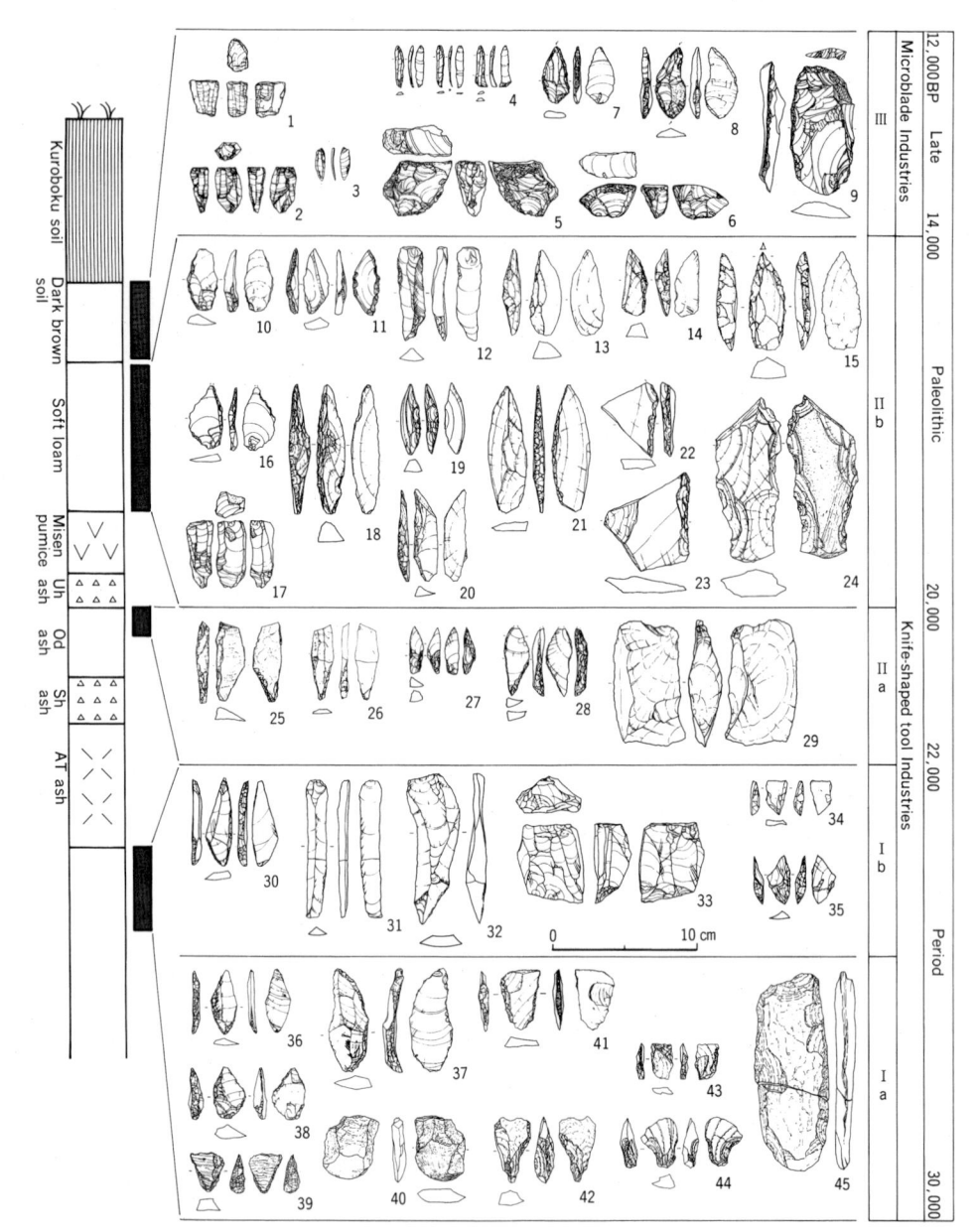

1：東（鎌木・小林 1985）、2・3・42〜45：野原早風A（平井 1979）、4〜9・16〜24：恩原2、28〜35：恩原1、10〜12：野津三1（稲田・日野 1993）、13〜15：笹畝（白石 1988）、25・27：フコウ原（鎌木・小林 1987、稲田 1990）、36・37：戸谷5（鎌木・小林 1986）、38〜40：戸谷1（鎌木・小林 1986）、41：小林河原（白石 1985）

第77図　稲田孝司による中国山地の編年案（稲田編 1996）

山地の旧石器時代石器群の変遷を考えた。稲田によると，AT 上位のナイフ形石器石器群は2時期に分けて理解されている（第77図）。ひとつはオドリ火山灰層上部の暗色帯中の石器群（フコウ原遺跡（鎌木・小林1987），恩原1遺跡O文化層（稲田編1988・2009）），もうひとつは弥山軽石層上位のソフトローム層出土の石器群（恩原2遺跡S文化層（稲田編1996），笹畝遺跡第2地点（白石・小林1998），野津見第1遺跡（稲田・日野1993））である。大局的な石器群の地域変遷案としては賛成した

第Ⅲ章 編年研究 107

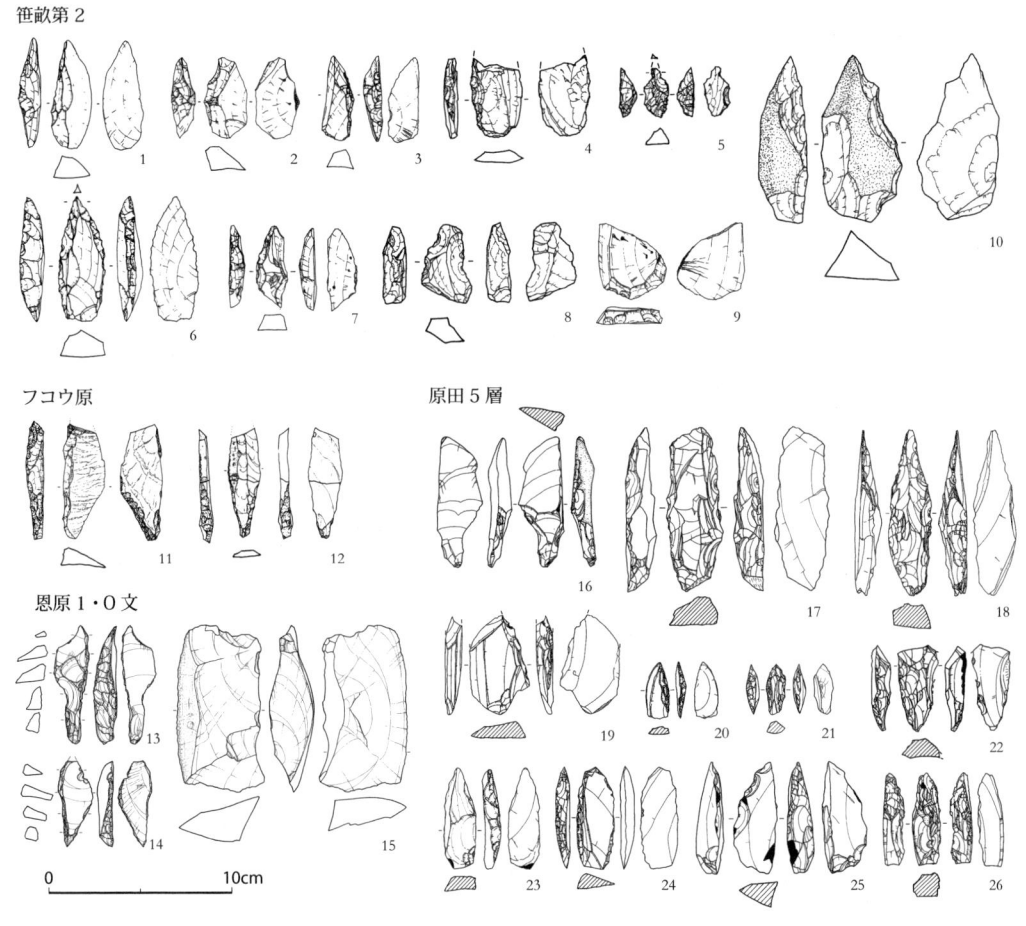

笹畝第2

フコウ原　　　　　原田5層

恩原1・O文

0　　10cm

第78図　Ⅴ層・Ⅳ層下部並行期の石器群：中国地方2

いが，稲田の編年は本書の編年観のような地域間対比を目的としたものではない。以下で本書独自の検討を加えておきたい。

　まず山陰地方である。島根県の原田遺跡（伊藤・石橋2008）では新しい石器群の発見があった。本遺跡では，比較的良好な土層堆積が確認されており，AT包含層準である第6層より上位の第5層から安山岩と凝灰岩を主たる石材とする石器群と，多数の礫群が検出されている。主に横長剝片製ナイフ形石器・国府系ナイフ形石器（第78図19・20，23～25）と，大型対称形の角錐状石器（同18）や，大型切出形石器（同17）が検出されており，Ⅳ層下部並行期の位置づけを与えられよう。

　中国山地東部では，フコウ原遺跡でオドリ火山灰層上部暗色帯から石器群が出土しており，層位的にみて次に述べる恩原2遺跡S文化層や笹畝第2遺跡より明らかに古い（同11・12）。本遺跡を特徴づける縦長剝片製で細身の二側縁加工ナイフ形石器は，九州地方でⅤ層上部並行期に特徴的な石器である。ただし，フコウ原遺跡のものはやや薄手である。恩原1遺跡O文化層でも同層準から類似のナイフ形石器や茎部を細長くつくり出した特異なナイフ形石器が出土し，こ

恩原・S文

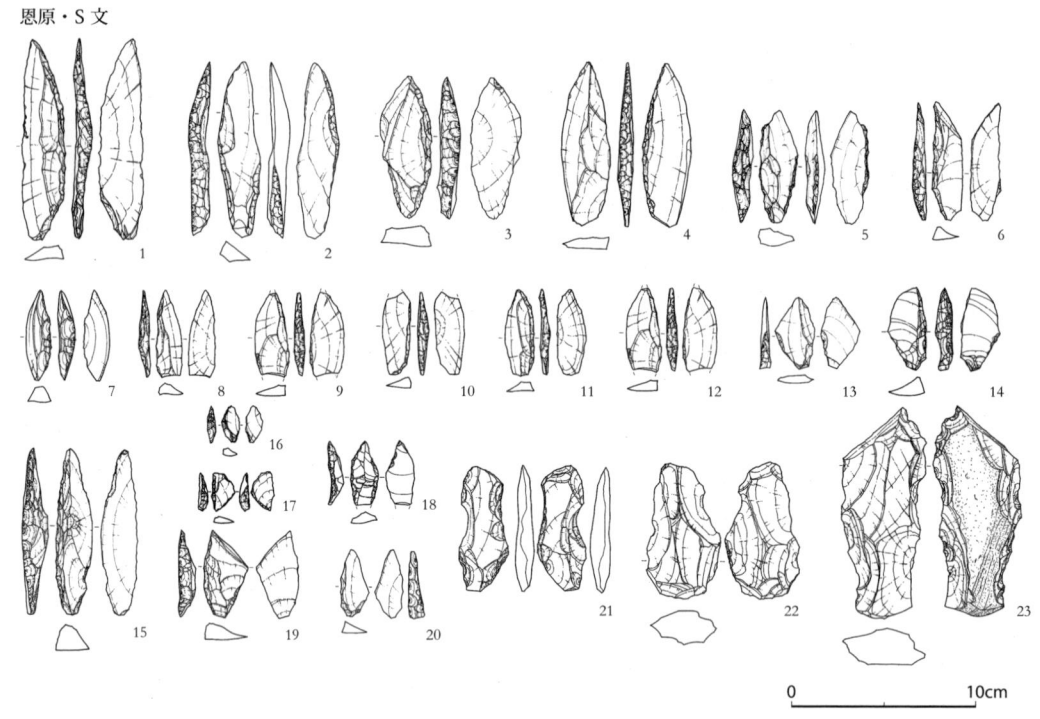

第79図　恩原2遺跡S文化層の石器群（IV層中部並行期）

こに翼状剝片石核が伴うとされる（同13〜15）。

　笹畝遺跡第2地点では，上のホーキ火山灰層・弥山軽石層等の大山系火山灰より上位のソフトローム層から石器群が出土している（同1〜10）。ナイフ形石器の特徴は幅広短寸の厚手タイプ（同1〜4）で，掻器や角錐状石器（同5〜9）を伴う。

　大山系火山灰の年代値は未だ確定的ではないが，弥山軽石層を20000〜22000^{14}CyrsBPとする測定例が複数（津久井1984等）ある（町田・新井2003）。したがって，これらの測定結果に則ると，弥山軽石層より上位から出土した笹畝第2遺跡石器群は一番古く見積もっても22000^{14}CyrsBPより新しいことになる。火山灰編年，地質編年の進展を待って結論すべきだが，石器群の内容を重視すればⅤ層上部・IV層下部並行期に位置づけられそうである。ただし，Ⅴ層上部石器群は，層位的にも弥山軽石層より明らかに下層から出土しているフコウ原遺跡や恩原1遺跡O文化層が相当すると考えられるので，笹畝遺跡はIV層下部付近に位置づけたい。

　同じくソフトローム層より出土し，稲田により笹畝第2遺跡と同時期とされる恩原2遺跡S文化層（第79図）では，主に安山岩よりなる石器群が出土している。石材が非安山岩（凝灰岩・黒曜石製）製の少数の国府型ナイフ形石器（同15）を含むが，他の安山岩製ナイフ形石器は次の特徴をもつ。すなわち，盤状剝片の縁辺に沿って打点を並列移動しながら剝離される，大きさの割に薄手の横長剝片を素材とし，背部一側縁を加工した，薄手の幅広木葉形のものである。加工は腹面側からだけでなく対向方向から，あるいは背面側から加えられることも特徴である。また背部加工が鋸歯状となるものはきわめて少なく，技術形態的に明らかに国府型と呼べる長狭型の

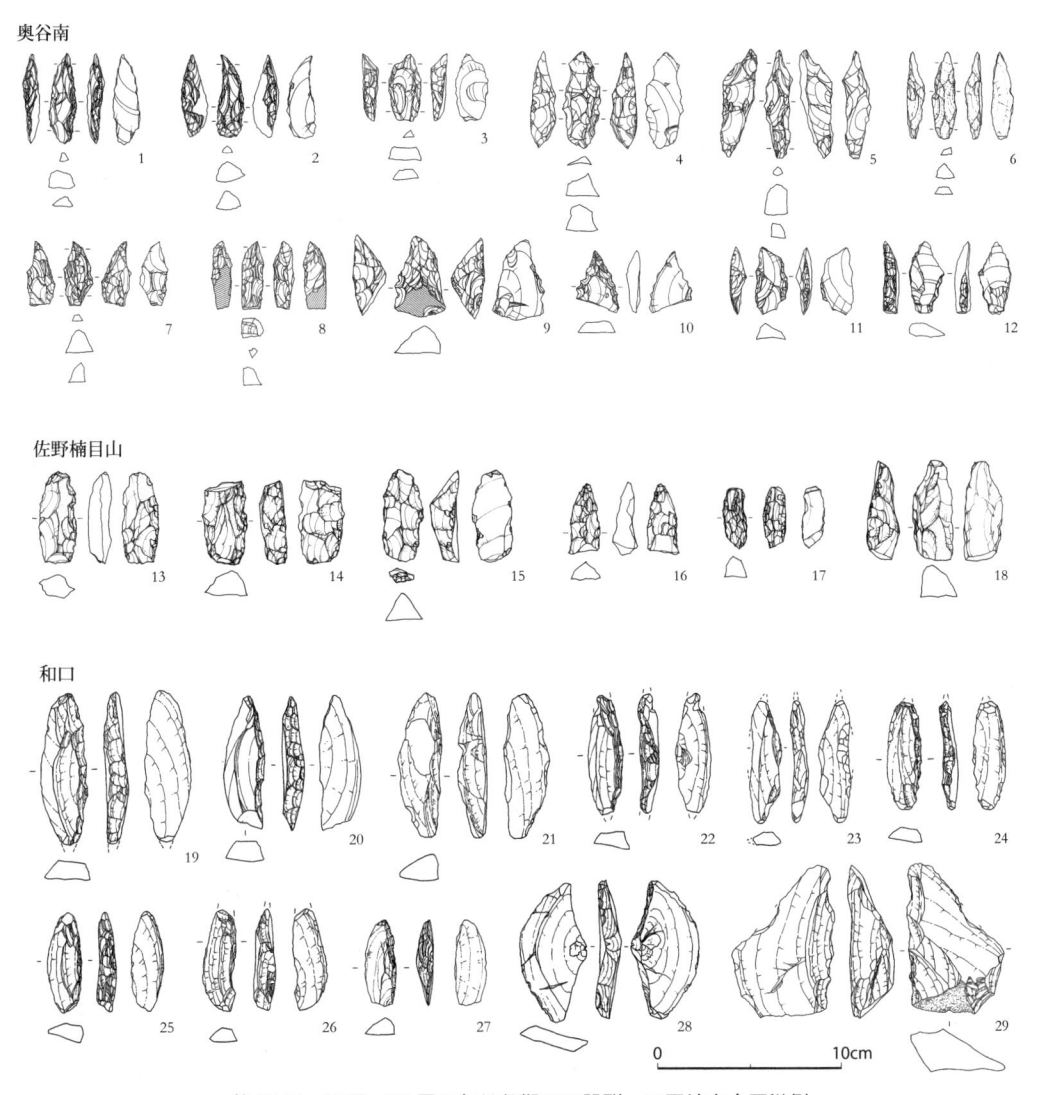

第80図 V層・IV層下部並行期の石器群：四国地方太平洋側

ナイフ形石器（凝灰岩・黒曜石製）にのみ施される。国府型ナイフ形石器の存在にも関わらず、ほとんどの横長剥片製ナイフ形石器の型式的特徴は、大阪平野周辺丘陵部や備讃瀬戸地域には認められないものである。なお、角錐状石器は1点も含まれない。

　もっとも類似するのは古本州島東北部西端に位置する、北陸地方のIV層中部並行期前後の瀬戸内系石器群（後述）であるが、地域が離れすぎており、対比の有効性に問題を残す。笹畝遺跡第2地点で指摘したように、出土層位から位置づけることはできない。地質編年の進展をみなければ確言は難しいが、ここでは、その技術的特殊性と、瀬戸内系石器群との類似性などから、IV層中部並行期ごろに相当するものとみなしておきたい。

　以上、中国山地の後期旧石器時代後半期前葉の石器群は少なく、その技術構造を考察することは難しい。また、冠遺跡群と、中国山地東部の遺跡では様相が大きく異なる。中国山地東部に関

していえば，VI層並行期からV層並行期には縦長剝片製ナイフ形石器が発達しているようにみえる一方，IV層並行期と思われる時期になって横長剝片製ナイフ形石器が卓越することは注意しておきたい。冠遺跡群は，むしろ瀬戸内地方との関連が強い。

なお，四国地方では，国府型ナイフ形石器を多数出土した和口遺跡（木村2003）がV層並行期に，奥谷南遺跡（松村・山本2001），佐野楠目山遺跡（森先・山崎2006）出土・採集の，大型品を含む角錐状石器や横長剝片製ナイフ形石器を多数有する石器群がIV層下部並行期に位置づけられる（第80図）。

(8) まとめ

古本州島西南部における後期旧石器時代前半期から後半期にかけての編年研究を通じて，技術構造の変遷過程を検討してきた。VII層並行期にはいずれの地域でも認識可能であった二極構造が解体し，特にVI層並行期とV層上部並行期を経て変化を遂げる過程がみてとれた。

VI層並行期では，ナイフ形石器の大小二項性が広い地域で成立した。大型品は原則として石刃・縦長剝片剝離技術と結びついているが，小型品は特定の剝片剝離技術と結合しない。また，ここでは，関東地方における大型刺突具の発達と，東海地方以西におけるその発達の弱さが特徴的である。このなかで，近畿・瀬戸内地方では大型刺突具も横長剝片製であり，横長剝片剝離技術によるナイフ形石器の大小二項性が特異的に認められる。また，この時期以後，搔器や削器といった刺突具以外の定型的な石器が頻繁に組成に加わるようになる。

V層下部並行期には，技術構造上の地域差の空間的範囲はVI層並行期とあまり大きな違いをみせない。ただし，石刃製の大型刺突具が再び顕著に増加し，小型石器と対をなす現象が関東地方・東海地方東部・九州地方では認めることができた。九州地方では大型刺突具を石刃・縦長剝片製の剝片尖頭器が占め，小型石器に剝片製の台形様石器が発達するなどの点で顕著な地域差を示す。台形様石器は，ごく少数ながら，関東地方のこの時期に再び一時的にあらわれている。近畿・瀬戸内地方では大型刺突具としての国府型ナイフ形石器が出現していた可能性が高い。

技術構造がもっとも大きな変化をみせ，地域差が顕著になるのはV層上部並行期である。ここで地域差の特徴をまとめておきたい。

関東地方から東海地方東部：縦長剝片剝離技術による中・大型ナイフ形石器・尖頭形石器が，剝片製の小型の切出形石器・ナイフ形石器や角錐状石器・尖頭形剝片石器と対をなしている。

東海地方西部：大型刺突具として縦長剝片製ナイフ形石器のほかに国府型ナイフ形石器やその類似品も多くあらわれて，技術構造が複雑化している。

近畿・瀬戸内地方：中・大型刺突具が特殊な素材供給技術と結びついた技術構造をなす国府石器群が成立する。

九州地方西北部：大型刺突具に国府型ナイフ形石器やその類似品，角錐状石器，剝片尖頭器が組み合わせられ，小型の切出形石器や台形様石器が認められる。

九州地方東南部・西南部：縦長剝片製ナイフ形石器・角錐状石器・剝片尖頭器が大型刺突具を占め，小型の切出形石器・台形様石器や尖頭形剝片石器が認められる。西南部では両面加工尖頭

器も出現する。

　この時期には石器の機能転化がしばしば起こり，素材供給技術と大小の石器との結びつきが多様化しているばかりでなく，石器そのものの形態的特徴も多様化し，技術構造レベルでの地域差が一挙に顕在化する。そしてほぼ同時に，国府系石器群・角錐状石器の広範囲への広がりが確認された。

　IV層下部並行期はこの多様性の幅がやや縮小するとともに，地域性がより明確化する。また，大型刺突具と小型石器の位置に，それまでとは異なる石器が発達する傾向がV層上部並行期より顕著である。また，横長剥片剥離技術の進展も特徴となる。大型刺突具と小型石器との関係をまとめると，次のようになる。

　関東地方：大型剥片製の切出形石器と相対的に少数の角錐状石器に，小型剥片製の尖頭形剥片石器や切出形石器，小型角錐状石器が組み合わさる。

　東海地方中・東部：資料が少ないが，大型剥片製の角錐状石器に小型剥片製のナイフ形石器・切出形石器や小型角錐状石器が組み合わさる。

　東海地方西部：大型剥片製角錐状石器・横長剥片製ナイフ形石器に小型剥片製のナイフ形石器が対をなす。

　近畿・瀬戸内地方：大型の角錐状石器・国府型ナイフ形石器およびその類似品に小型のナイフ形石器・切出形石器が対をなす。

　九州地方西北部：様相が不明瞭であるが，東南部・西南部にみられるような石器群は発達しない。

　九州地方東南部：大型剥片製の角錐状石器・横長剥片製切出形石器と少数のナイフ形石器に，小型の角錐状石器・切出形石器・尖頭形石器・国府系ナイフ形石器が組み合わさっている。

　九州地方西南部：同東南部と異なって角錐状石器の発達が著しく，逆に国府系はほとんど認められない。

　このように，V層上部並行期には地域分化が進行し，地域間の技術構造の差異がきわめて明瞭となる。この傾向はIV層下部並行期にも続いている。技術構造の変化には，V層上部並行期を中心とする特定石器・石器群（国府系石器群・角錐状石器）の広域での出現が関与している可能性が高い。

　ところで，古本州島東北部では，ナイフ形石器（背部加工尖頭形石刃石器）の代わりに尖頭形石器（基部加工尖頭形石刃石器）が卓越し，後期旧石器時代前半期の段階から古本州島西南部とは異なる地域性を呈するため，西南部とは一応の区別を設けていることを前述した。次に，この東北部の編年的検討をおこなっておきたい。

第3節　古本州島東北部の編年研究

1　後期旧石器時代前半期後葉
(1) 古本州島東北部における前半期編年研究の問題

　古本州島東北部における後期旧石器時代前半期研究に好資料を提供した，秋田県七曲台遺跡群を始めとする秋田県下の諸遺跡の調査以後に提示され，現在も主要な編年となっている研究例には，石川恵美子（石川編1991）・渋谷孝雄（1992）・藤原妃敏（1983・1992）・柳田俊雄（2006）・吉川耕太郎（2007）らの研究がある。これらの編年案を比較したものが第1表である。吉川を除く編年観に共通しているのは，台形様石器群からナイフ形石器群へ，という固定的枠組みである。すなわち，最初に台形様石器のみからなる石器群が存在し，続いて石刃技法が発展するという構図である。これらの編年の具体的な難点は後述するが，こうした構図自体は理論的にいっても成り立ち難いので，最初にこの点をまとめておく。

　渋谷・藤原らは，二極構造論批判において，台形様石器から主に構成される石器群に石刃技法の痕跡がないことを主たる根拠として，台形様石器のみからなる一時期を設定し，二極構造を証明するためには遺跡間接合が不可欠であるとみなす（渋谷1992，藤原1999）。しかし，あくまで現実の組み合わせである石器・技術の組成をもとに設定した石器群類型に，石刃石器モードが伴わない，とする根拠もまたない。

　一方，システム・構造論的視点に立つ二極構造論では，古本州島東北部においても，もっとも古相の台形様石器を含む石器群には，これと対をなして機能する石器モードが存在していたと考える。なぜなら，両遺跡には，関東地方と比較した場合，IX層相当の石器群と型式学的に共通

第1表　後期旧石器時代前半期編年の比較

	藤原・柳田1991	藤原1992	石川1991	渋谷1992	柳田2006			吉川2007
新↑↓古	D 此掛沢II　笹山原A 下堤G	III 此掛沢II 下堤G	此掛沢II	此掛沢II 風無台I	3a期 米ヶ森　　金谷原　　弥明 上ミ野A　大渡II1文 越中山K　弓張平B			秋田③ 家の下 風無台I 下堤G
	C 風無台I 松木台III　笹山原7 　　　　　笹山原8？	II 松木台III 風無台I 小出I 笹山原No.7		松木台III 小出I	2期　　（暗色帯中） 此掛沢II　米ヶ森2次　笹山原8 下堤G　　家の下　　成田 風無台I　南部工業　大谷上ノ原下 小出I　　峠山IA2文　笹山原A・10 　　　　　　　　　　一里段A下			秋田② 小出I 縄手下 此掛沢II
	B 地蔵田B 松木台II 風無台II	I 松木台II 風無台II 地蔵田B 上萩森	風無台II 松木台II	松木台II 風無台II 地蔵田B 上萩森IIb	松木台II　峠山IA1文　上悪戸 風無台I　上萩森IIb　乙字ヶ滝			秋田① 松木台III 松木台II 風無台II 地蔵田B
	A 平林				1期　　（暗色帯より下） 平林			

第 III 章　編年研究　　113

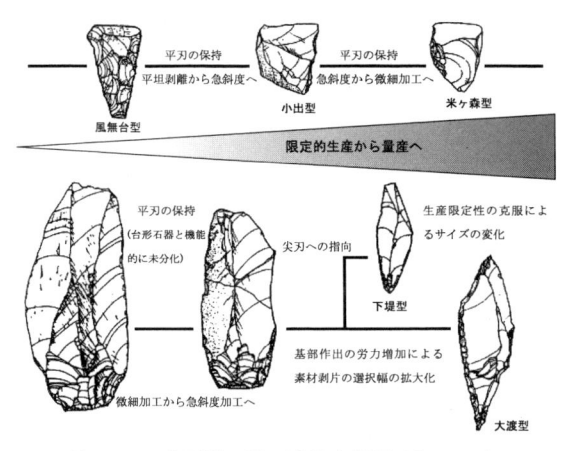

第 81 図　台形様石器の連続変化説（吉川 2007）

する台形様石器が確実に存在しているためである（佐藤 1991）。このとき，柳田らの考えによるなら，関東地方では管理的な石刃石器モードと二項的に機能している台形様石器に対比可能な石器が，直近の隣接地域である東北地方において，単独で機能していたということになる。しかもこのことは，視野を広げた場合，東北地方に限って他地域とは極端に異なった石器群構造が生成されていたということを意味する。したがって，東北地方においても，石刃石器モードを有する石器群が，最古期の台形様石器群と同時期に存在すると仮説するのが適当であろう[13]。

　さらに，台形様石器の変遷観にも問題がある。第 1 表でみると，〈風無台 II 遺跡〉→〈小出 I 遺跡ないし松木台 III 遺跡〉→〈此掛沢 II 遺跡ないし下堤 G 遺跡〉という変遷観は，すべての編年観に共通する（遺跡文献は後記する）。これは，変異幅の大きい風無台 II 遺跡（大野・高橋ほか 1985）の台形様石器から，整形度の低い規格的な「米ヶ森型台形石器」へ，という段階的発展を意味している（第 81 図）。

　しかし，台形様石器という枠組みを一括して，単一特定の論理で時系列に並べることは難しい。なぜなら，台形様石器の各細別類型の発達度合いは，地域や時期によりそれぞれ異なっているからである（佐藤 1988・1991）。このことは，少なくとも各類型が別々の系統進化を遂げているのであり，単純に台形様石器全体を多様な形態から規格的な形態へという時間的先後関係に置けないことを示す。まずは，それぞれの類型毎に系統立てて前後関係を考察すべきである。たとえば，後で図示するが，III 類中には米ヶ森型のほかにも小出 I 遺跡（石川編 1991），地蔵田遺跡[14]（菅原 2002），松木台 II 遺跡（大野・高橋ほか 1985），風無台 II 遺跡の各遺跡にみるようなバリエーションがあり，明らかに時期を異にした系統進化を示す。米ヶ森型の位置づけは，連綿と続く「整形度の低い」III 類内部の系統で検討されねばならない。撥形と呼ばれる台形様石器（I 類）も，たとえば松木台 II 遺跡，地蔵田遺跡，上萩森遺跡（菊池 1988，鹿又 2005）のものは各々異なっている。これらもまず I 類の系統で新旧関係を考察すべきものである。つまり，多様な台形様石器の整形技術・形態が一方向的に規格化を遂げて米ヶ森型化したとするよりも，ある時期に台形様石器のなかでもとりわけ III 類が特殊発達したものが米ヶ森型である，と理解するほうが，共伴

する他の台形様石器の存在を合理的に説明するためにも，より説得的である（森先2007b）。たとえば，従来の変遷案では，I・II類とともに米ヶ森型を多く含むIII類からなる，まさに多様な上萩森遺跡や，笹山原No.16遺跡（会田2007）の解釈が困難となる（第85図）。

一方，田村隆による構造変動論（田村2001）には，上述の批判は当てはまらない。まず田村の所論を確認しておく。

田村は，富山平野の石器群の構造性とその変換関係の追究を通じて，「端部整形石器」（田村が従来の台形様石器の一部から分離・抽出したカテゴリー：第82図上段）を母体とし，基本構造を等しくしつつも剥片製小型ナイフ形石器や「台形石器」が端部整形石器を置換していく通時的・空間的変換関係を見出そうとする。しかし，層位的出土事例に乏しい富山平野の石器群では時間的新旧関係の推定が明らかに困難であるため，視点を関東地方東部に移してこれを確認しようと試みた。関東地方のX～IX層相当の石器群を構造分析した結果，そこでは端部整形石器に象徴される石器群構造が，田村のいう台形石器に先行して存在し，ここから各種の変換群が生成されていく可能性を指摘したのである。さらに視点は東北・北海道地方へと広げられ，端部整形石器群の普遍的分布と，これを基盤としたその後の変換関係を叙述した（第82図下段）。

ところが，田村の論では，端部整形石器群の時間的位置の根拠は，関東，特に関東地方東部での層位的出土事例に置かれている。つまり，関東地方の出土事例をもとにして富山平野や東北・北海道地方の端部整形石器群を後期旧石器時代初頭に位置づける，という論理展開となっている点に，同論文の最大の問題がある。このことは，田村による東北地方の石器群の検討でも明らかである。

田村は自身の分類に基づいて，まず，東北地方の後期旧石器時代前半期石器群の石器型式論と型式間の関係を再整理した。すなわち，風無台II遺跡の資料に基づく「風無台型端部整形尖頭器／刃器」を設定し，米ヶ森型が「風無台型端部整形刃器」の変異体であることを指摘する。また，小出I遺跡出土資料に基づき「小出型端部整形尖頭器／刃器」を設定する。そして東北地方の石器群を五つのグループに整理し，その新旧関係を次のように考えた。すなわち，まず端部整形刃器と端部整形尖頭器からなり，少量の尖頭石刃をもつ小出I遺跡を最古期に位置づける。次に，「台形石器」と端部整形刃器からなる風無台II遺跡，松木台II遺跡，上萩森遺跡（ただし時間差をもつ）と，これらと「台形石器」と端部整形刃器が共通するが多量の石刃から構成される風無台I遺跡（大野・高橋ほか1985）を後続させる。引き続いて，多量の石刃からなり端部整形石器は共伴しない松木台III遺跡（大野・谷地ほか1986）と，石刃および「端部整形刃器（米ヶ森変異体）」からなり，松木台III遺跡と同様の「尖頭部を持たない基部加工石刃」を共有する此掛沢II遺跡（柴田1984），家の下遺跡（高橋・五十嵐1998）に，より後続的な位置を与えたのである。

小出I遺跡が最古期，すなわち武蔵野X層並行期に編年された根拠は，千葉県御山遺跡第II文化層（矢本編1994）に共通した特徴を有する石器がある点におかれている。これに基づき，東北地方では端部整形尖頭器／端部整形刃器の組み合わせがやはり最初にあって，後者は長期的に継続したが，前者は時間の経過に伴なって尖頭石刃や「台形石器」に置換されていく，という基

第 III 章　編年研究　115

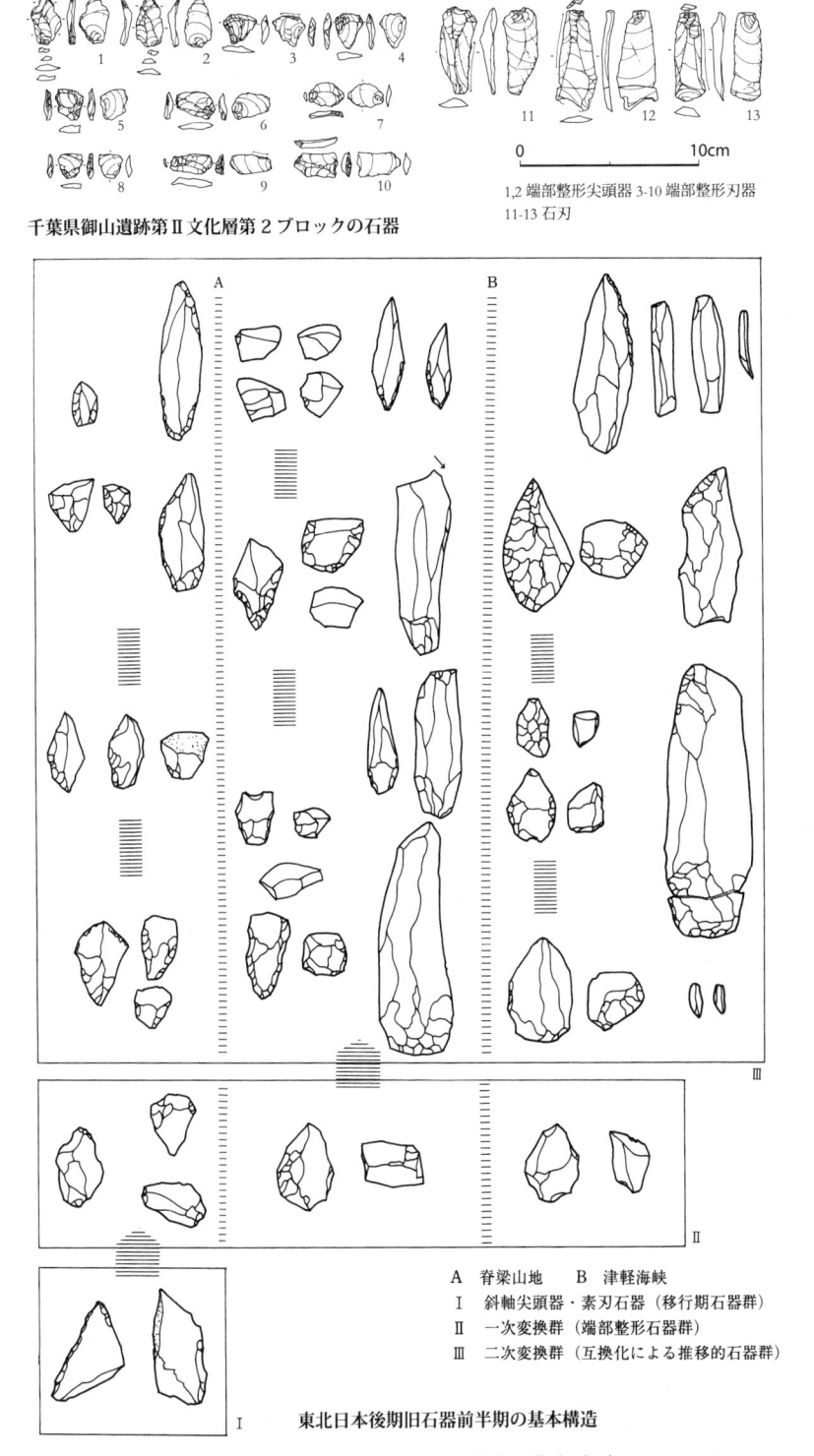

千葉県御山遺跡第 II 文化層第 2 ブロックの石器

1,2 端部整形尖頭器　3-10 端部整形刃器
11-13 石刃

A　脊梁山地　　B　津軽海峡
I　斜軸尖頭器・素刃石器（移行期石器群）
II　一次変換群（端部整形石器群）
III　二次変換群（互換化による推移的石器群）

東北日本後期旧石器前半期の基本構造

第 82 図　「端部整形石器」（上）と田村隆の構造変動論（下）（田村 2001）

本的な構造変換の構図を導いたわけである。

　田村の論に対しては，編年上の定点に据えている下総台地の層位事例から，そのまま東北地方の編年を推定できるのかどうかという批判が可能である。もちろん，関東地方との対比と整合性の追究は重要であるが，小出I遺跡を御山遺跡第II文化層に直接対比することは難しい。たとえばこの論理では，小出I遺跡と類似する台形様石器III類を伴う新潟県前山遺跡（鈴木・田中1996）や岩手県岩洞堤遺跡2文（村木2007）を，同じく武蔵野台地立川ロームX層並行期に位置づけねばならなくなり，これらの石器群に伴う，対向調整による長狭型二側縁加工ナイフ形石器（第90図27・28・31・32）の出現時期があまりにも早すぎることとなる。このことに対する説明が困難となろう。

　台形様石器III類の形態的特徴に編年の基軸を設定したことが最大の問題といえる。台形様石器III類は，きわめて機能的性格の強い便宜的な石器であるので，特別な場合を除いては，その技術形態のみに編年の積極的根拠を求めることは危険である。

　ところで，最近柳田俊雄はAT直下の古土壌層（暗色帯）と石器群の出土層位との関係を手がかりとした独自の編年研究をおこなっている（柳田2006）。しかし，ローカルな形成要因をもつ古土壌層を東北地方全域で対比可能な鍵層とみなせるかについて，いっそうの地質学的・土壌学的検討が不可欠である。東北地方においては，今後，より様々な堆積環境での遺跡探査と，地考古学（Geoarchaeology）的な発掘調査が必要である（Izuho and Sato 2008）。が，それには長い時間が必要となることが予想され，地質編年に重心をおいての石器群編年は現状ではきわめて困難である（出穂　私信）。

(2) IX層並行期の石器群について

　さて，ここでは上述の問題を解消し，筆者の対案を提示したい。本書の対象とする前半期後葉（VII層並行期以後）について述べる前に，先述の編年案との相違点を明瞭にするために，まずIX層並行期に位置づけられる石器群に簡単に言及しておきたい。

　IX層並行期には松木台II遺跡（大野・高橋ほか1985）・風無台II遺跡（大野・高橋ほか　前掲）が相当する（第83図）。台形様石器はI類を中心とするが，弱い尖頭部をもつII類（同12・13）も確認される。平坦調整が多用され（一部粗い急斜度調整併用），素材形態と加工部位に安定した関係が成立していないため，全体的に多様な形態を呈する。素材端部に微弱なトリミングを施したIII類は魚鱗状のものからなり，小型のものと（同17～20），やや大型（同33～36）の二種類があるらしい。これらの石器群をもっとも古相に位置づけるという点に関しては，佐藤編年や東北地方各研究者の編年でも一致しており（第1表），今後とも大きな変更を要しないだろう。ただし，本書では風無台I遺跡（大野・高橋ほか　前掲）の尖頭形石器群（同39～52）が，これらの台形様石器群と対をなしてこの時期に存在していたと考える（佐藤1991）。その根拠は，尖頭形石器が中・小型品を中心とし，また後述するVII層並行期以降のどの中・小型品とも明らかに異なり，薄手かつ調整加工が微弱で，形態的安定性に乏しいこととする。新潟県坂ノ沢C遺跡AT下位石器群（田中・鈴木1998，鈴木1999）は，精製の台形様石器I類（同53）を有し，これに形態的に

第III章 編年研究

風無台Ⅱ

松木台Ⅱ

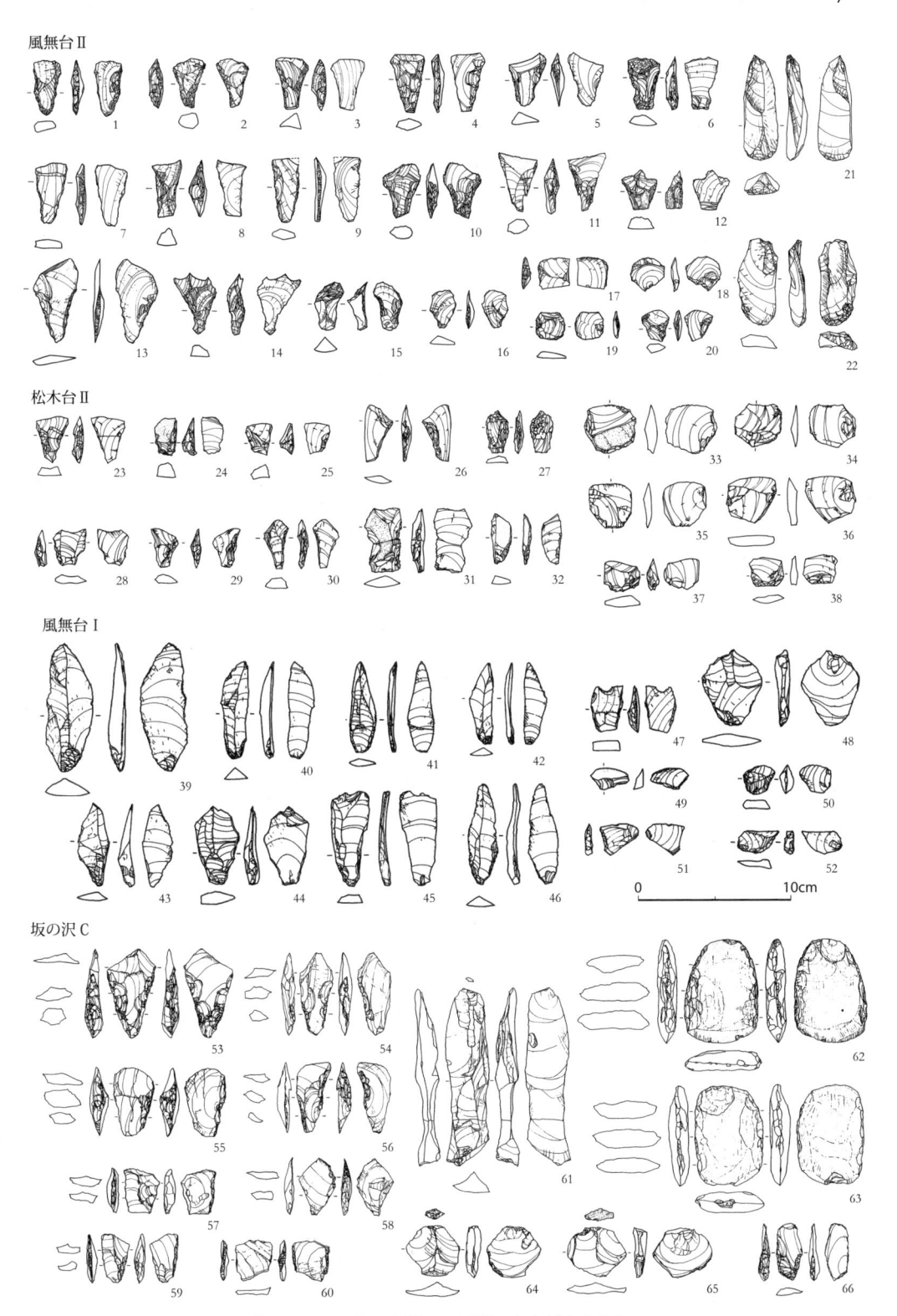

風無台Ⅰ

坂の沢C

第83図　Ⅸ層並行期の石器群：古本州島東北部1

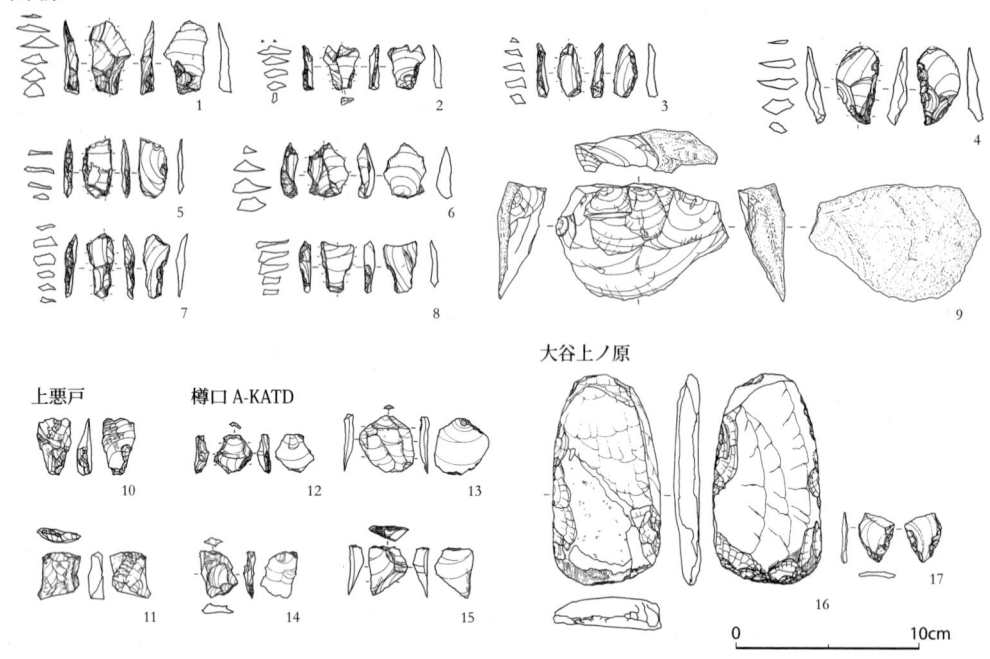

第 84 図　IX 層並行期の石器群：古本州島東北部 2

多様な台形様石器 I・III 類が共伴する。本石器群には大型の石刃が伴っており（同 61），この時期の石刃モードの存在が示される。IX 層並行期とみなせる。新潟県上野林 J 遺跡（藤田・早田ほか 2004）も風無台 II 遺跡に類似し，IX 層上部並行期である（同 1～9）。福島県上悪戸遺跡（福島県文化センター編 1983）も，台形様石器の特徴が松木台 II・風無台 II 遺跡に共通し，おおむね同時期に比定される（第 84 図 10・11）。同大谷上ノ原遺跡 1 次調査 BL1・2（山内・小野ほか 2001）は，尖頭形石器が基部片側縁のみを加工する中・小型品からなるという特徴も有している。台形様石器も平坦剥離による I 類（同 17）が認められ，IX 層でもより古い時期に位置づけられる可能性が高く，さらに時期を遡る可能性（X 層上部）もある。また同じく福島県笹山原 No. 7 遺跡（堀・藤原 1990）も近い時期に比定できよう。新潟県樽口遺跡 A-KATD 文化層（立木宏編 1996）は，時期推定に適した石器を欠くため位置づけが困難だが，全体的に不整形で非常に技術形態的個性の強い少量の台形様石器 III 類（同 12～15）からなる点を評価して，IX 層並行期と捉えておく。

(3) VII 層～VI 層並行期の編年

　a VII 層下部並行期

　VII 層並行期の石器群について述べる。地蔵田遺跡（菅原 2002）の石器群は，先に述べたとおり，従来は風無台 II 遺跡・松木台 II 遺跡と同段階に比定されてきたが，佐藤宏之は VII 層上部並行とみなしている（佐藤 1991）。地蔵田遺跡は台形様石器 II 類に特徴を有する（第 85 図 1～5・7）。II 類（ペン先形）は基部を錯向調整によって整形した，相対的に厚手で大型のものが多い。その他の I・II 類（平刃）は風無台 II 遺跡のものとよく類似しつつも，厚みの均質性にあらわれ

る素材選択度の高まりや，加工部位の規格化が看取され，風無台II遺跡よりは新相であると思われる。加工に平坦調整が多用されていることからみても，これはVII層上部並行とする位置づけよりも，風無台II遺跡との連続性を評価して，より古期，すなわちVII層最古期に位置を与えるべき石器群と考える。ここにはほぼ全面研磨の石斧（同15）が共伴している。また，仮にこの石器群をブロック配置のやや崩れた環状ブロック群とみなすとすれば，この時間的位置づけは，列島の環状ブロック群の存続時期（主としてX層上部～IX層）からみても，より整合性が高い。最近，会田容弘によって速報のあった笹山原 No. 16 遺跡（会田 2007）も，地蔵田遺跡によく類似した特徴を有する（同 16～23）。笹山原 No. 16 では，石器群と分布上の相関関係を有すると考えられる「特殊遺構」から，28000 ^{14}CyrsBP 前後の年代が得られていることも注意されよう（第17図参照：VII層下部～IX層上部の年代値）。最近ではこれよりやや古い年代値も得られているらしい（伊東 2009）。両石器群は，きわめて類似した特徴を有し，ホライズンをなす。

　上萩森遺跡（菊池 1988，鹿又 2005）の石器群は，東北地方の編年におけるひとつの定点となりうる。この点についてはすでに次のような説明が加えられている（佐藤 1991）。本遺跡を特徴づける台形様石器II類の特殊的発達は（第85図 21～36），北関東や北陸を含めた東北日本に広く観察される現象であるため，これを編年的基軸のひとつとすることが可能である。具体的には，その発達が北関東の石器群（磯山遺跡・分郷八崎遺跡：第11図）を参照すれば武蔵野VII層相当期でもより古い時期（VII層下部並行期）に顕著であり，II類における形態的共通性の高い範囲，すなわち東北から北陸までの範囲に対しても，近い編年的位置を想定しうる。筆者は，上萩森遺跡は笹山原 No. 16 遺跡や地蔵田遺跡と時期的に近接してはいようが，笹山原 No. 16 遺跡や地蔵田遺跡のほうが，風無台II遺跡に型式学的特徴が類似しており，より古相と判断している。

　上萩森遺跡の石器群をもとに，米ヶ森型と，角形基部をもつ中型品を中心とした尖頭形石器からなる石器群の位置づけを推定可能である。米ヶ森型と中・小型尖頭形石器からなる石器群には岩手県愛宕山遺跡（佐藤 1993）（第85図 43～53）・二ノ台長根遺跡（吉田 2006），秋田県此掛沢II遺跡（柴田 1984）・下堤G遺跡（菅原 1983）・家の下遺跡（高橋・五十嵐 1998），山形県懐の内F遺跡（渋谷・大川 2000）・岩井沢遺跡（加藤・米地ほか 1973），福島県一里段A遺跡西区（石本・松本ほか編 2000）がある（第86・87図）。上萩森遺跡と下堤G遺跡・二ノ台長根遺跡は，中型尖頭形石器の特徴も共通する（第85図 33，第86図 19～28，第86図 62～64 を比較されたい）。一方，家の下遺跡・此掛沢II遺跡は中・大型尖頭形石器および多量の米ヶ森型がまとまって組成されており，互いに近い時間的位置づけを与えうる。また，以上の石器群は，型式学的特徴から，相互に若干の時期差が予想されるとはいえ，それはVII層下部並行期という時間幅のなかにおいての変異と捉えるほうがよいだろう。

　最近報告のあった岩手県鵜ノ木遺跡（北村編 2009）では，中型石刃製の角形基部をもつ尖頭形石器（第87図 25～27）に，上萩森遺跡とも共通する台形様石器II類（同 29），そして平坦調整の発達したI類（同 28）や多数のIII類（同 32～39）が共伴しており，別々にしか出土していなかったVII層下部並行期石器群の諸要素が，一遺跡でまとまって出土した重要な例である。上萩森遺

地蔵田 B

笹山原 No.16

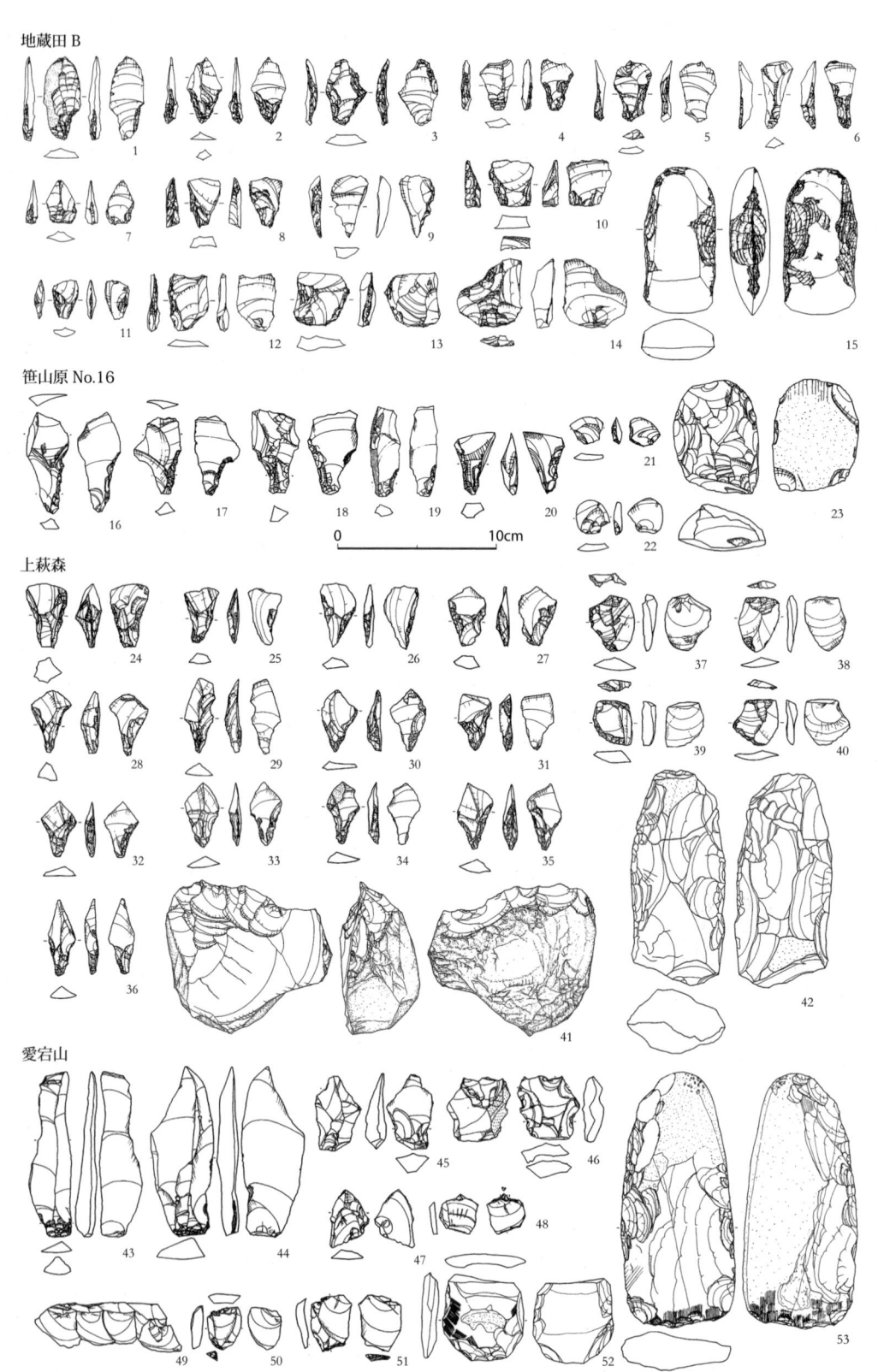

上萩森

愛宕山

第 85 図　VII 層下部並行期の石器群：古本州島東北部 1

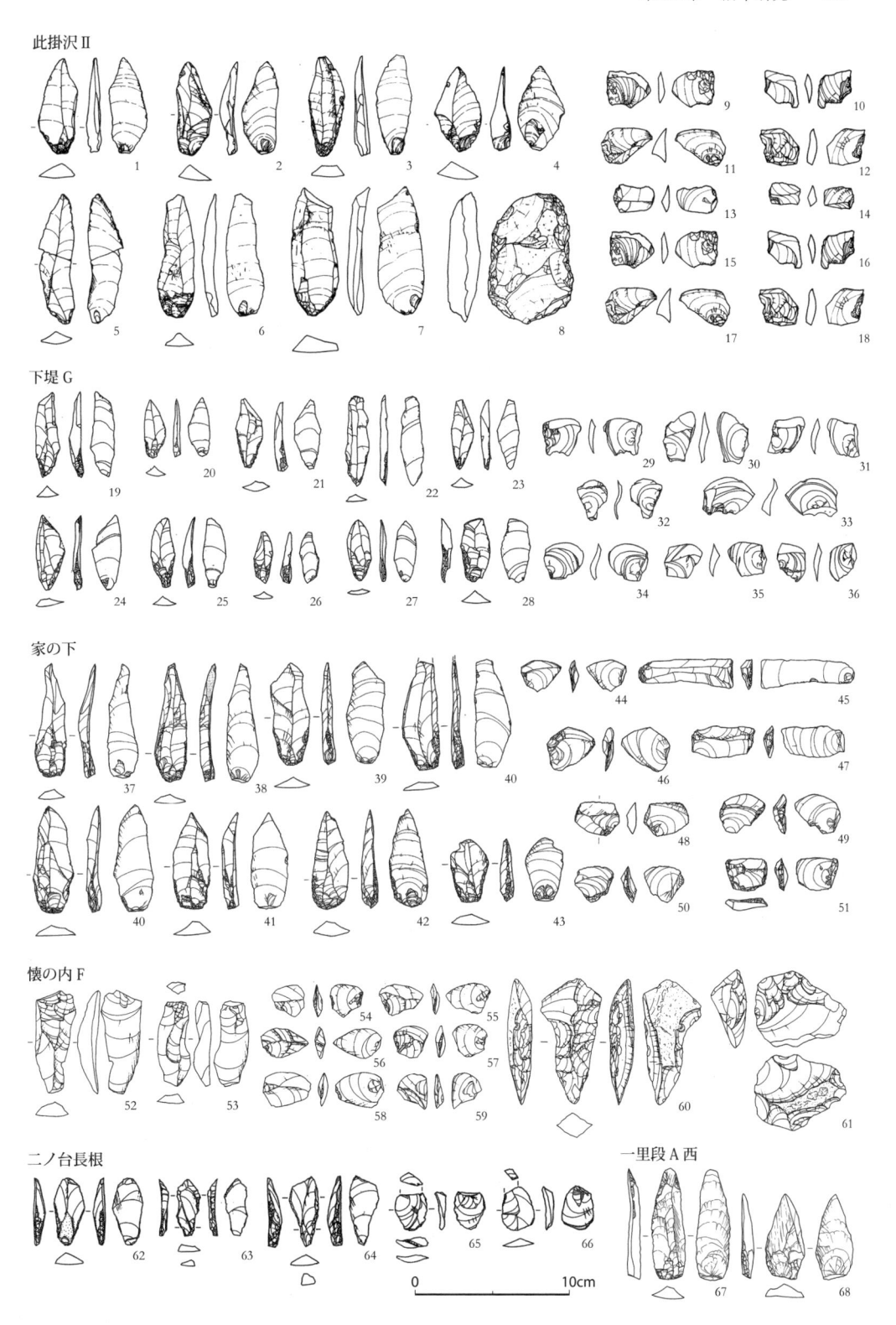

第III章 編年研究 121

此掛沢II

下堤G

家の下

懐の内F

二ノ台長根　　　　　　　　　　　　　　　　　　　一里段A西

0　　　　10cm

第86図　VII層下部並行期の石器群：古本州島東北部2

笹山原 No.8

岩井沢　　笹山原 No.10

鵜ノ木

第 87 図　VII 層下部並行期の石器群：古本州島東北部 3

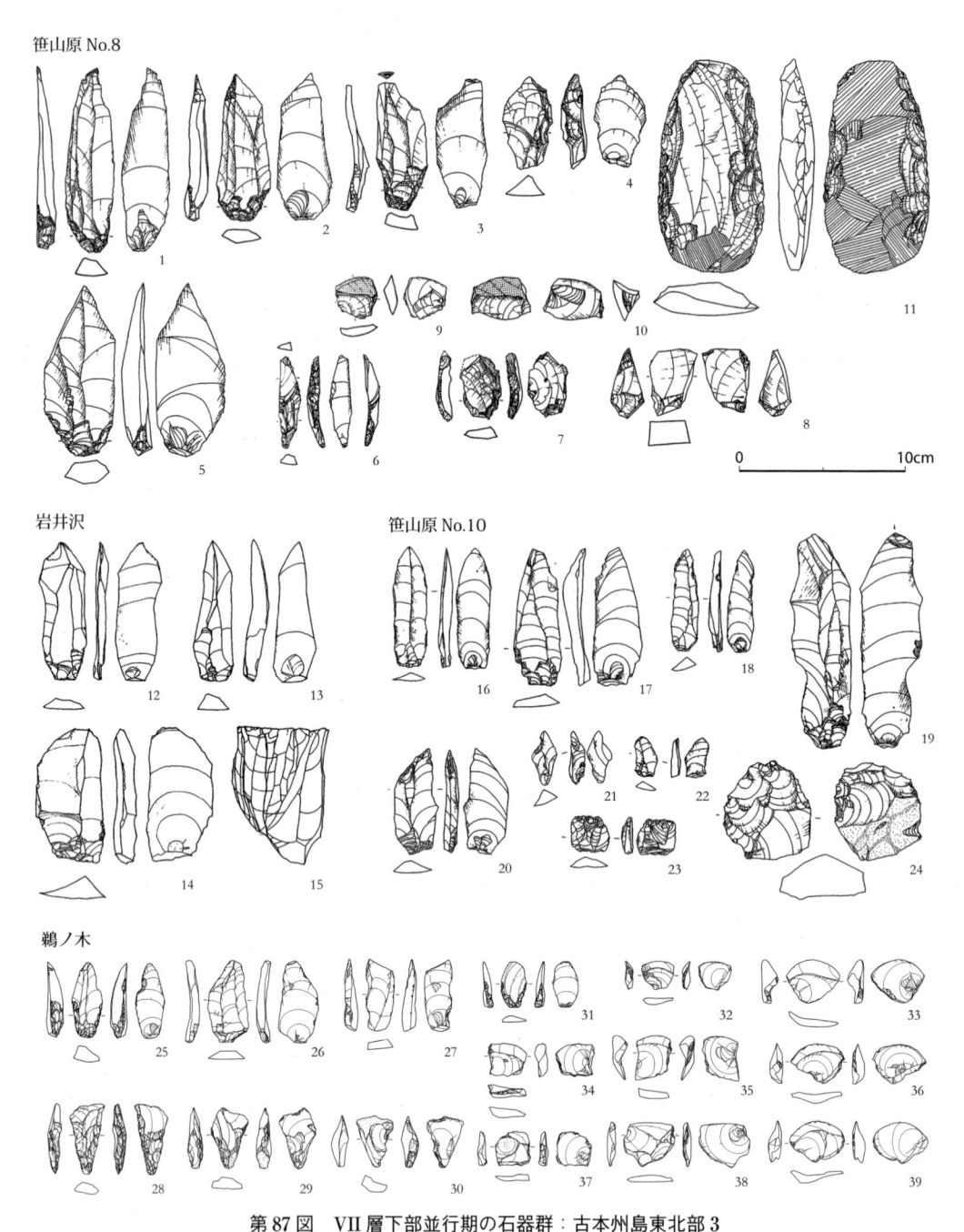

跡類似のII類が，石刃製石器とともに出土したことは，既往編年が成立困難であることを示す。
　福島県笹山原 No.8 遺跡（柳田 1995）では，後述する岩洞堤遺跡や前山遺跡のように規格的ではないが，側縁加工で中型のナイフ形石器（同 6・7）と，角形基部をもち大型の尖頭形石器（同 1〜3・5），弧状一側縁加工ナイフ形石器（同 4），片面全面研磨の石斧（同 11）等を有し，IX 層上部から VII 層最古相，すなわち地蔵田遺跡とほぼ同時期の位置づけを与えうる。尖頭形石器の共

第 III 章 編年研究 123

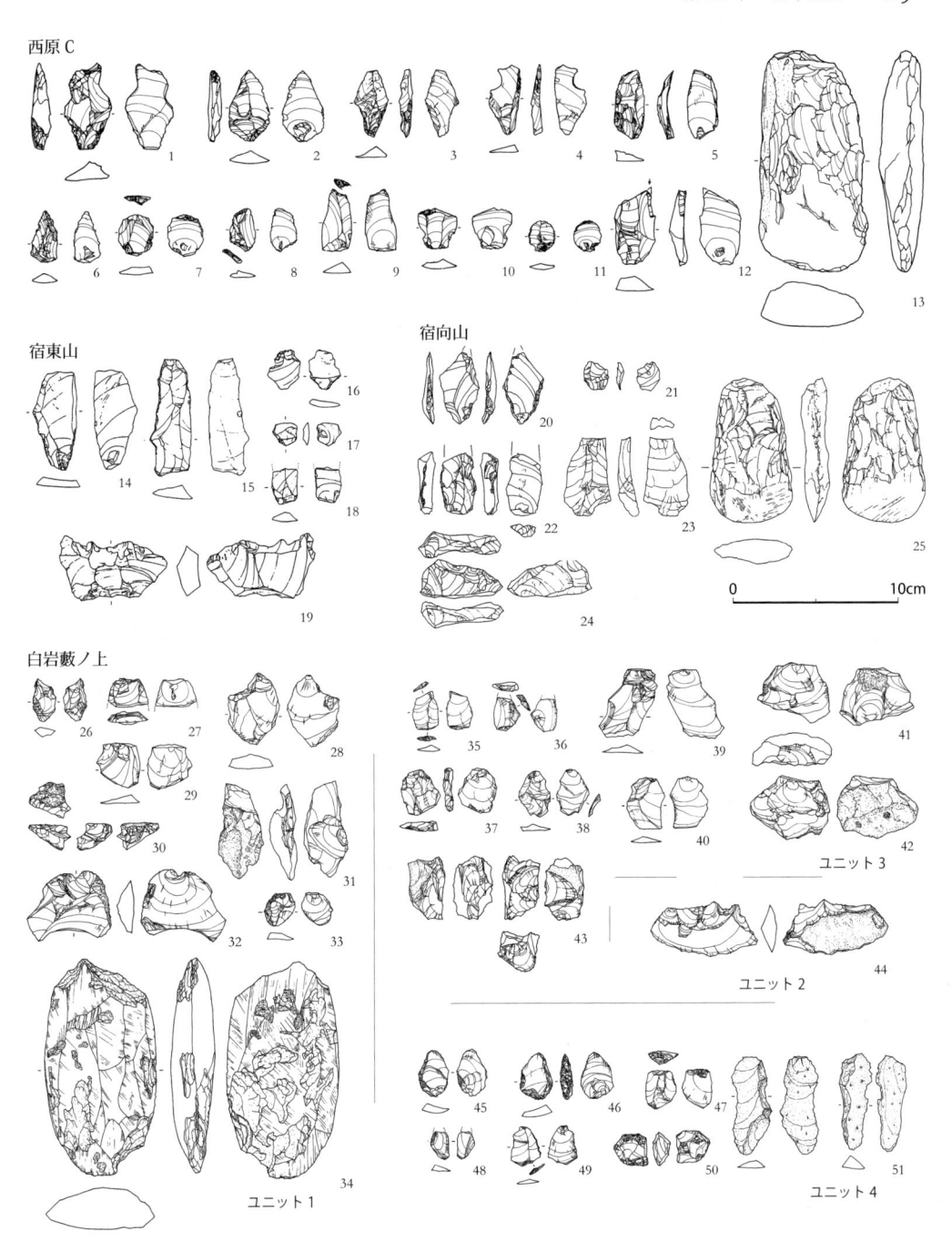

西原 C

宿東山

宿向山

0　　　10cm

白岩藪ノ上

ユニット 1

ユニット 2

ユニット 3

ユニット 4

第 88 図　VII 層下部並行期の石器群：古本州島東北部 4

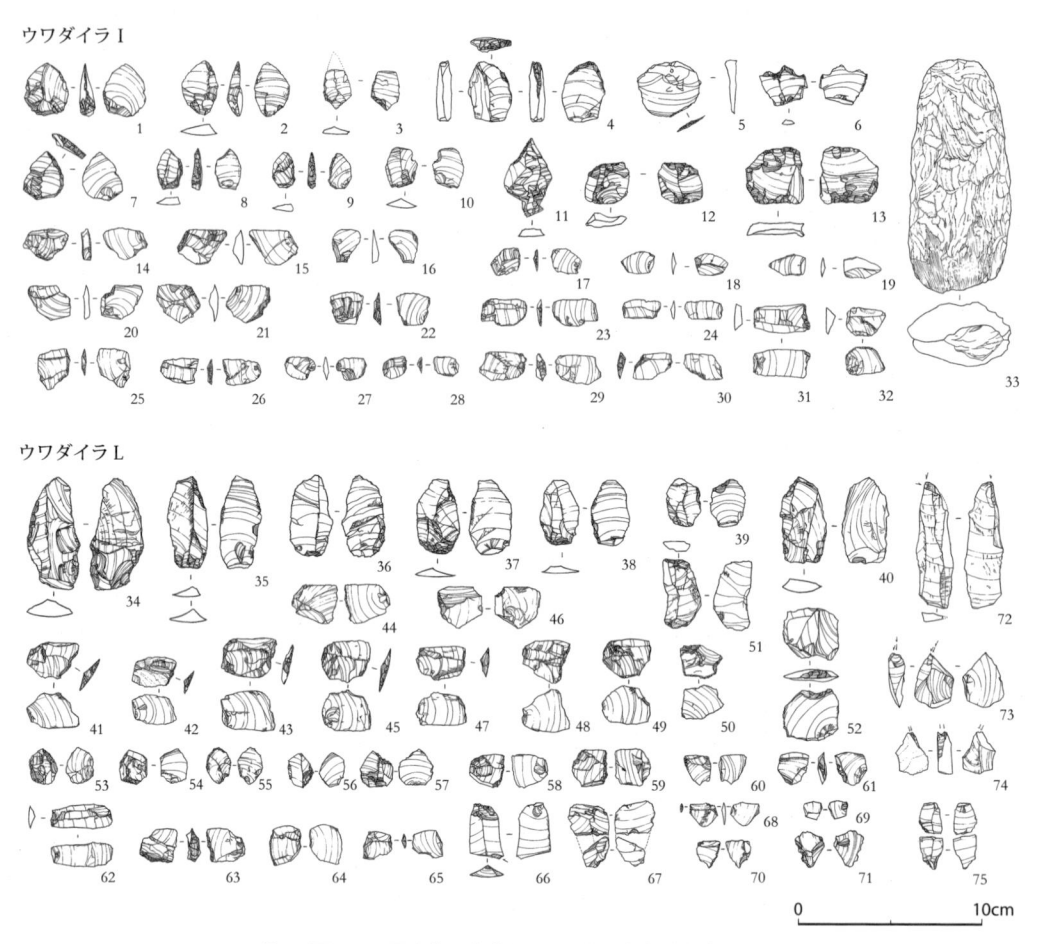

ウワダイラI

ウワダイラL

第89図　VII層上部並行期の石器群：古本州島東北部1

通性から，福島県成田遺跡（鏡石町史編纂委員会1982）も同時期かやや新しい時期に比定されよう。笹山原No.10遺跡（阿部・柳田1998）も岩井沢遺跡と共通する尖頭形石器（同16～18）をもち，矩形の楔形石器（同23）をもつVII層下部並行期の石器群と考えられる。

　前述の通り，筆者編年は，地蔵田遺跡をVII層でも最古期の石器群と位置づける点において佐藤編年とは一部異なっている。したがって，筆者の案では，関連する北陸地方の石器群をどのように理解するかという問題が当然生じるため，ここで説明しておく。

　佐藤によって，地蔵田遺跡は富山県西原C遺跡（山本1977）に対比されているが（佐藤1991），この点を変更する必要はないと考える。したがって，筆者は西原C遺跡・地蔵田遺跡をともにVII層でも最古期の石器群とみなす。西原C遺跡の台形様石器III類は魚鱗状・貝殻状の形態で，調整も微弱な非急斜度調整のものを中心としている（第88図1～13）。大型の石核素材を得にくい，節理の多いジャスパーを主石材とするため，そうした制約のない良質頁岩を背景に発達した米ヶ森型のようには均質的・規格的形態とならないが，たとえばVII層下部並行期の上萩森遺跡のものとは形態・厚み・調整の特徴が類似している。台形様石器II類の発達や台形様石器III類の上

記特徴，局部磨製石斧の特徴から，富山県白岩藪ノ上遺跡（岸本・松島1982）・石川県宿向山遺跡（藤田・宮下編1987）・宿東山遺跡（本田1987）もほぼ同時期に位置づけられる。宿東山遺跡では，大型の尖頭形石器（同14）が出土している。

一方，ウワダイラI遺跡・同L遺跡（橋本・上野ほか編1974）では，矩形急斜度調整の，やや大型の台形様石器III類がまとまって出土している（第89図）。III類の型式比較という点では，上記した石器群とは異なっているが，一遺跡におけるIII類の豊富さは東北地方VII層並行期石器群の特徴として注目される。両石器群には中型幅広の尖頭形石器が共伴する。これらの石器群をVII層上部並行期に比定すれば，細部では異なるが東北地方日本海側の大部分において一致した石器群の変遷を読み取れる。次にこの点を確認していく。

b VII層上部並行期

さて，大型〜小型の尖頭形石器と，急斜度調整により矩形に仕上げられた台形様石器III類に特徴を有する秋田県小出I遺跡出土石器群（石川編1991）は，VII層でもより新しい時期であろう（第90図1〜15）。その理由を述べる。北関東地方では，VII層上部（佐藤によればVII層最上部）並行期に，関東地方の内部では系統関係を追跡できない後田型台形様石器（III類）が出現する。この由来を説明するためには，台形様石器III類の系統を，III類の発達する東北地方に求めることが適当と考えられる。このとき，後田型がVII層上部並行期に位置づけ可能ならば，東北〜北陸の石器群に伴う類後田型III類の位置づけも，おおむね同時期に位置づけられねばならないのである（佐藤1991）。この点について，佐藤編年の論理に変更の必要はないと考えている。

基部を角形に仕上げた大型尖頭形石器や，尖端が平刃となる基部加工石刃石器（類ヘラ形石器），小出I遺跡に類似するIII類（中型石刃ないし縦長剝片製）を有する松木台III遺跡（大野ほか1986）は同時期の石器群と考えられる（同16〜26）。太平洋側では，大型の尖頭形石器・弧状一側縁加工ナイフ形石器・中型の二側縁加工ナイフ形石器（同31・32）と，矩形急斜度調整のIII類（同33）を伴う岩洞堤遺跡第2文化層（村木2007）や，大型の尖頭形石器（同34・35）および小出I遺跡に近いIII類を多量に製作（同40）している峠山牧場I遺跡A地区のBL3（AT下位）（高橋・菊地編1999）が，VII層でもより新しい時期に位置づけ可能である。峠山牧場I遺跡A地区・BL3には，矩形縦長剝片の打面部を基部側におき，一側縁を弧状に整形した半月形の弧状一側縁加工ナイフ形石器が存在する（同36〜38）。これは，先にVII層上部並行期に位置づけた富山県ウワダイラI遺跡に類似する一方，VII層下部並行期の富山県白岩藪ノ上遺跡例とはやや特徴を異にしている。新潟県前山遺跡（鈴木・田中1996）も，ナイフ形石器と台形様石器III類の特徴から，この時期であろう（同27〜30）。長野県北部の太子林遺跡（高橋・望月編1981）は，平刃・撥形の局部磨製石斧と大型の尖頭形石器等の存在からみて，同時期でよいと思われる（同41〜43）。

小出I遺跡の基部加工尖頭形石刃石器・台形様石器III類と近い特徴を有する石器群として，秋田県縄手下遺跡（吉川編2006）が挙げられる（第91図1〜27）。縄手下遺跡では，このほかに特徴的な切出形石器が出土しており，同種石器を最初に出土した秋田県狸崎B遺跡（安田編1993）にちなんで（同28〜43），筆者はこれを「狸崎型」と呼んでいる（森先2007b）。ブロック状の石

126

小出I

松木台III

前山　　岩洞堤

0　　　　10cm

峠山牧場ⅠA・BL3　　太子林

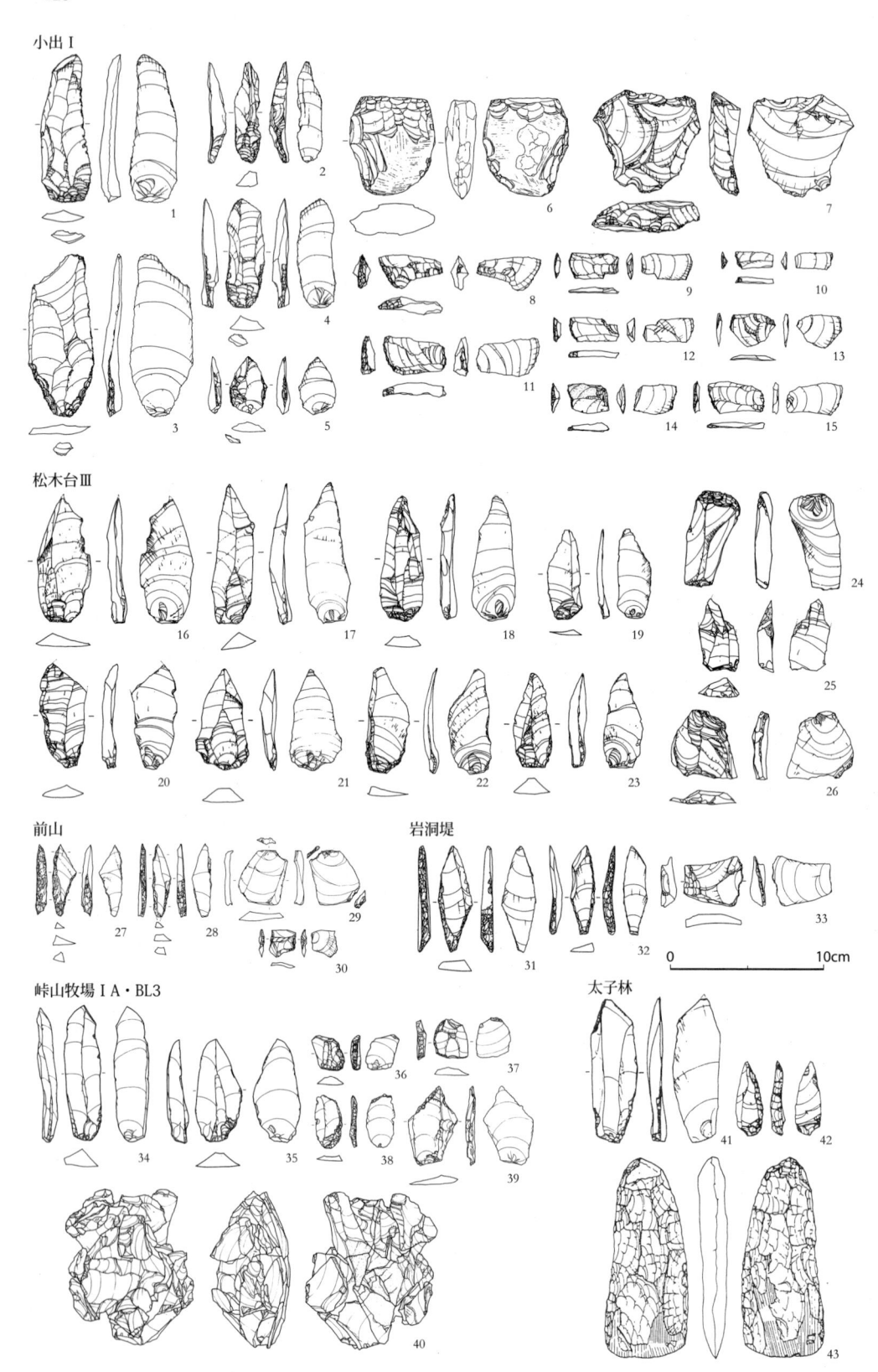

第90図　Ⅶ層上部並行期の石器群：古本州島東北部2

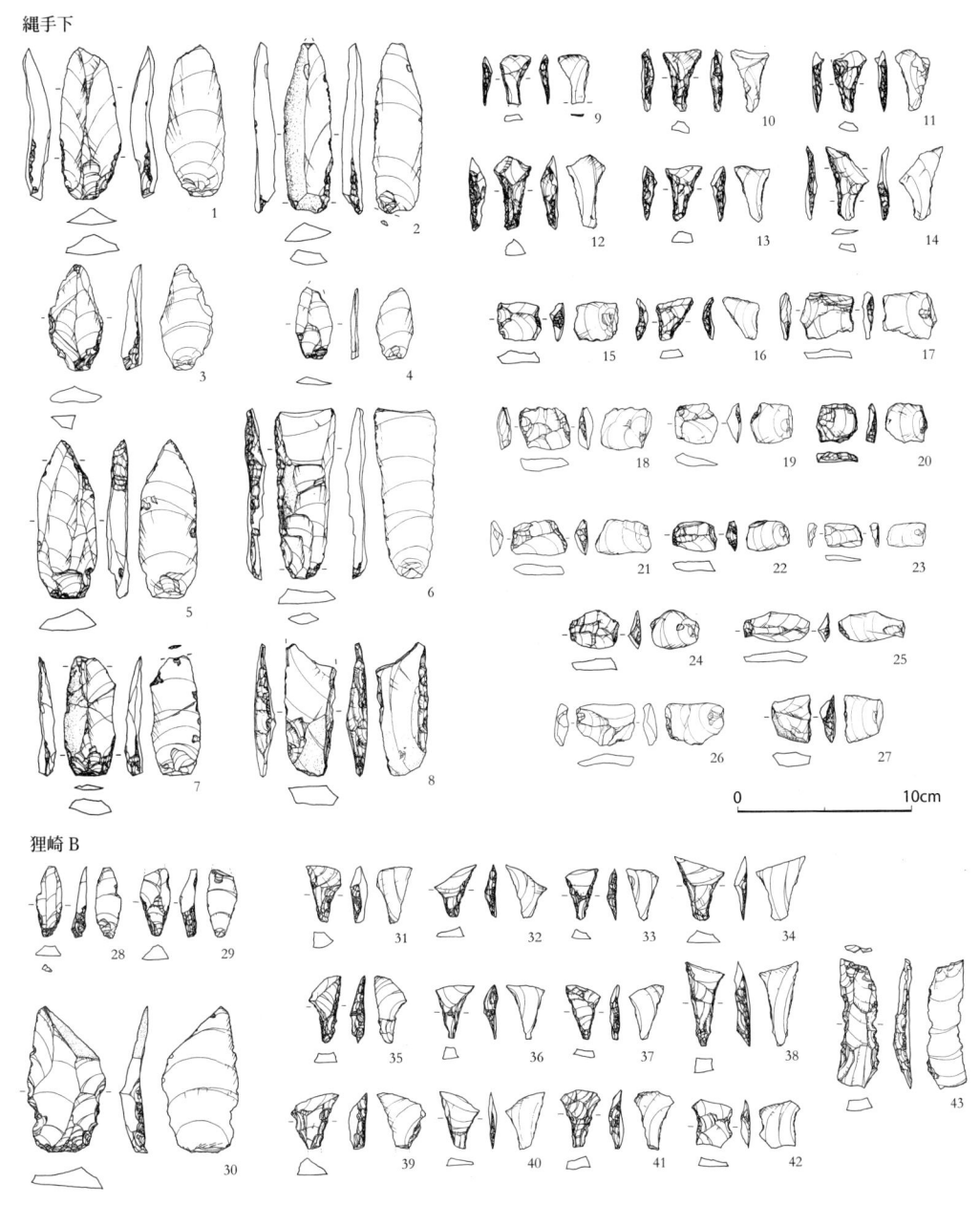

縄手下

狸崎B

第91図　VII層上部並行期の石器群：古本州島東北部3

　核から剥離された，主に矩形を呈する剥片を素材とし，その末端部と打面部の両側を内湾状に加工して基部を作出した斜刃の石器で，刃部両端が尖ることに特徴をもつ。これと類似する技術形態的特徴をもつ石器に，「池のくるみ型台形様石器」がある。池のくるみ型とは，佐藤宏之（1988・1991）によって抽出・設定された台形様石器の終末的形態を示す一型式である。長野県池のくるみ遺跡出土の台形様石器を基準資料とする。その特徴は，「両側縁を弧状にトリミングし，急傾斜な背部加工を加えた平縁刃部の台形様石器」である[15]（佐藤1991）。両者は類似し，縄手

下遺跡や狸崎B遺跡で共存するようだが，基軸と刃部の配置システムが異なっており，また両者間には中間的形態が多くない。

狸崎型はその先行形態を上萩森遺跡の台形様石器II類に求められるだろう。上萩森遺跡の台形様石器II類は，素材剥片の打面側が器体横位置に配置され，また側縁は内湾状に加工される点に特徴を有しており，その一部は斜刃となることから，狸崎型の先行形態として相応しい特徴をもつといえる。上萩森遺跡では前時期の石器群にくらべII類の発達が明瞭化しているが，いまだ台形様石器I・II類の区別があいまいで連続的である。この分化が時間の経過に伴って進行し，II類が特殊化したものが狸崎型であると解釈したい。基本的には台形様石器II類が発達する地域において，狸崎型が認められていることがその傍証となろう。同じ論理で，池のくるみ型の由来は前時期の（たとえば上萩森遺跡）台形様石器I類にもとめたい。この点については後述する。

なお，佐藤により池のくるみ遺跡はVI層並行期に位置づけられている。池のくるみ遺跡の位置づけは同遺跡を構成するあらゆる石器の検討の結果導かれており，筆者には異論がない。縄手下遺跡は，上の型式学的分析からVII層上部並行期と考えたいが，台形様石器III類の規格化の程度において同じくVII層上部並行期の小出I遺跡ともわずかな異なりをみせ，細別編年上は時期が異なることが考えられるので，縄手下遺跡は小出I遺跡よりもやや新相と考えられる。とはいえ，やはり前記した台形様石器III類の特徴からVII層上部並行期で捉える。したがって狸崎型・池のくるみ型はVII層上部からVI層並行期に存在した石器であろう。

c VI層並行期

この時期には，AT降灰層準直下から出土しながらも，他の石器群とは異なってすでに発達した周縁型の石刃技法を有し，石刃製掻器・彫器，および少量の台形様石器III類を組成する新潟県樽口遺跡A-KH石器群（立木宏編1996）と（第92図1〜14），岩手県大渡II遺跡1文石器群（中川・星ほか編1995）が相当する（同15〜21）。尖頭形石器の特徴（素材石刃は薄手であるが湾曲が大きい点，基部両側を直線状に加工して尖鋭化する点，細身である点，基部付近に最大幅があるものが多い点）は，金谷原遺跡（加藤・小林1974，藤田1992）のそれに対比可能であり（同22〜32），現在の情報からみても田村（1989）や佐藤（1991）が予測していたとおり，金谷原遺跡はVI層並行期であろう。近年，秋田県で発見された龍門寺茶畑遺跡（加藤2004）では，周縁型石刃技法を有しているものの（同33〜38），石刃製掻器はまったく伴わず，小出I類似だが相対的に大型の台形様石器III類や（同35），幅広剥片素材の台形様石器III類（同36・37）等，変異幅の広い台形様石器III類が伴っている。金谷原等より尖頭形石器の基部加工が粗雑という特徴があり（同33・34），相対的に古相の可能性があるが，VII層石器群との相違点の大きさから，やはりVI層相当の位置を与えるのが妥当であろう。

宮城県野田山遺跡（窪田・佐藤2002），同上ノ原山遺跡（主浜1995），福島県一里段A遺跡東区（石本・松本ほか編2000），富山県直坂I遺跡（橋本1973）も同様の技術形態的特徴をもち，ほぼ同時期とみなせる（第93図）。一里段A遺跡東区の石器群は，VI層並行期を特徴づける長い石刃の両端を切り取った石器（同17）や石刃製掻器が多数出土している。

第III章 編年研究

樽口・A-KH文

大渡Ⅱ・1文

0　　　　10cm

金谷原

龍門寺茶畑

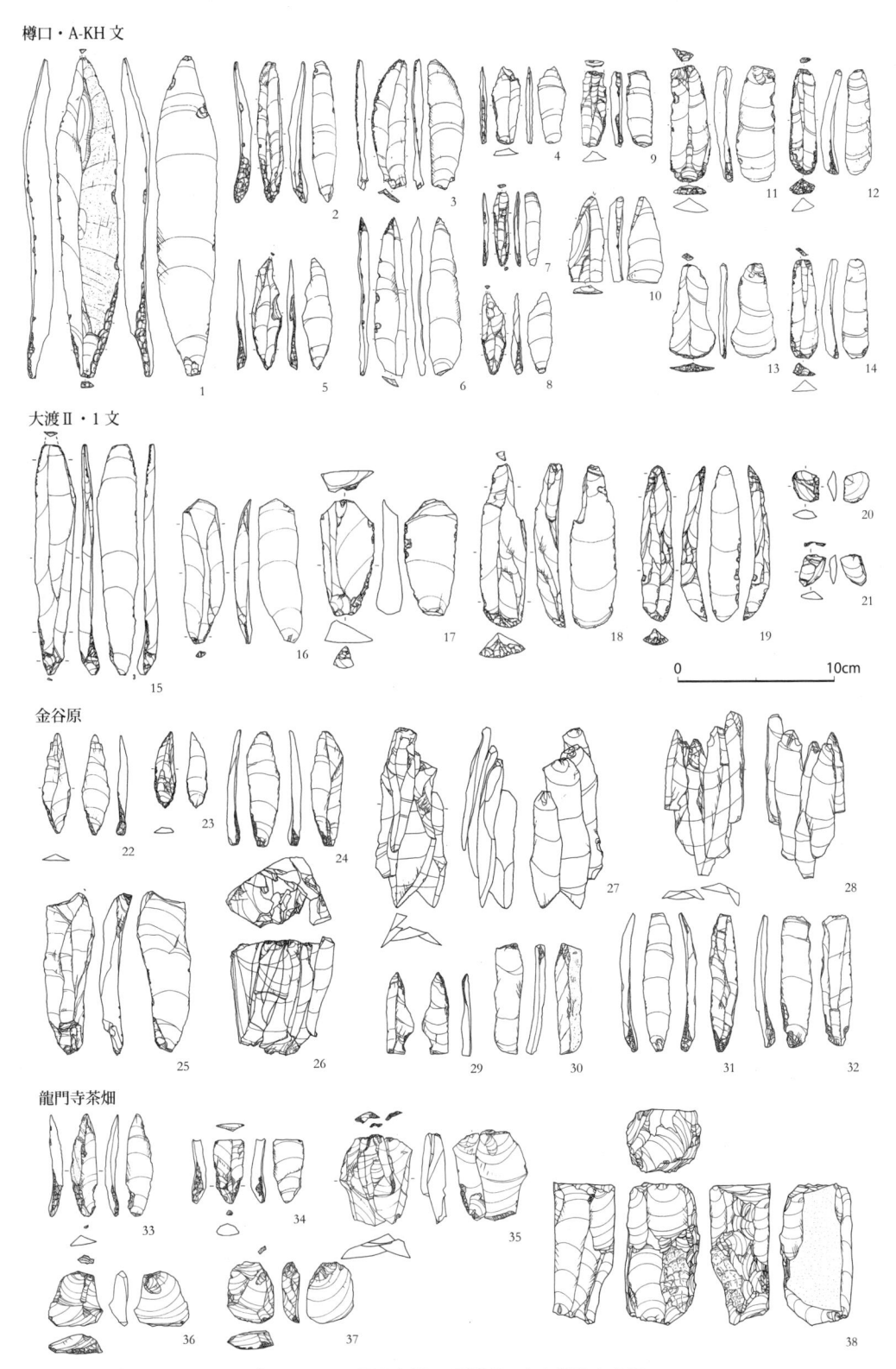

第92図　Ⅵ層並行期の石器群：古本州島東北部1

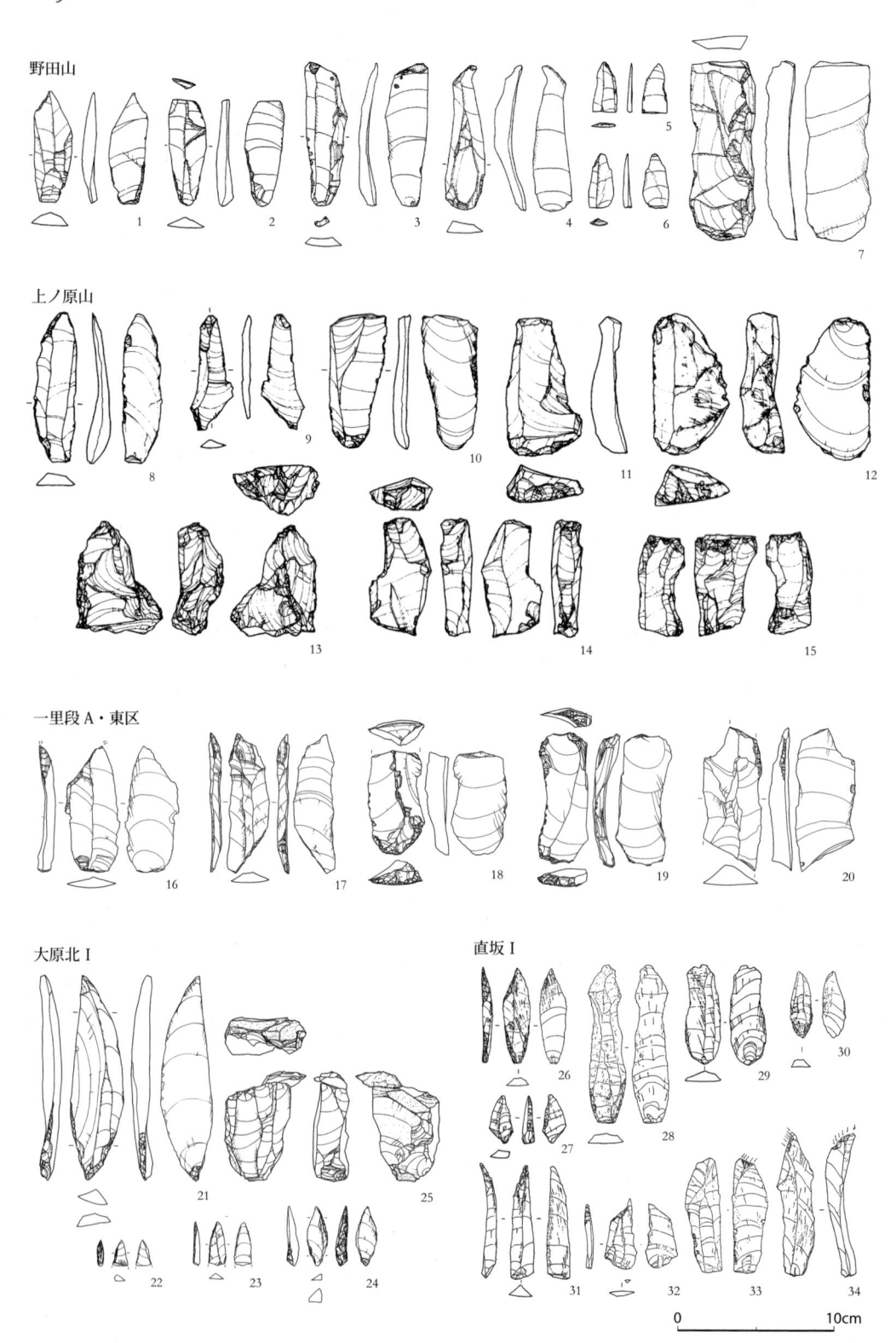

野田山

上ノ原山

一里段A・東区

大原北Ⅰ

直坂Ⅰ

第93図　Ⅵ層並行期の石器群：古本州島東北部2

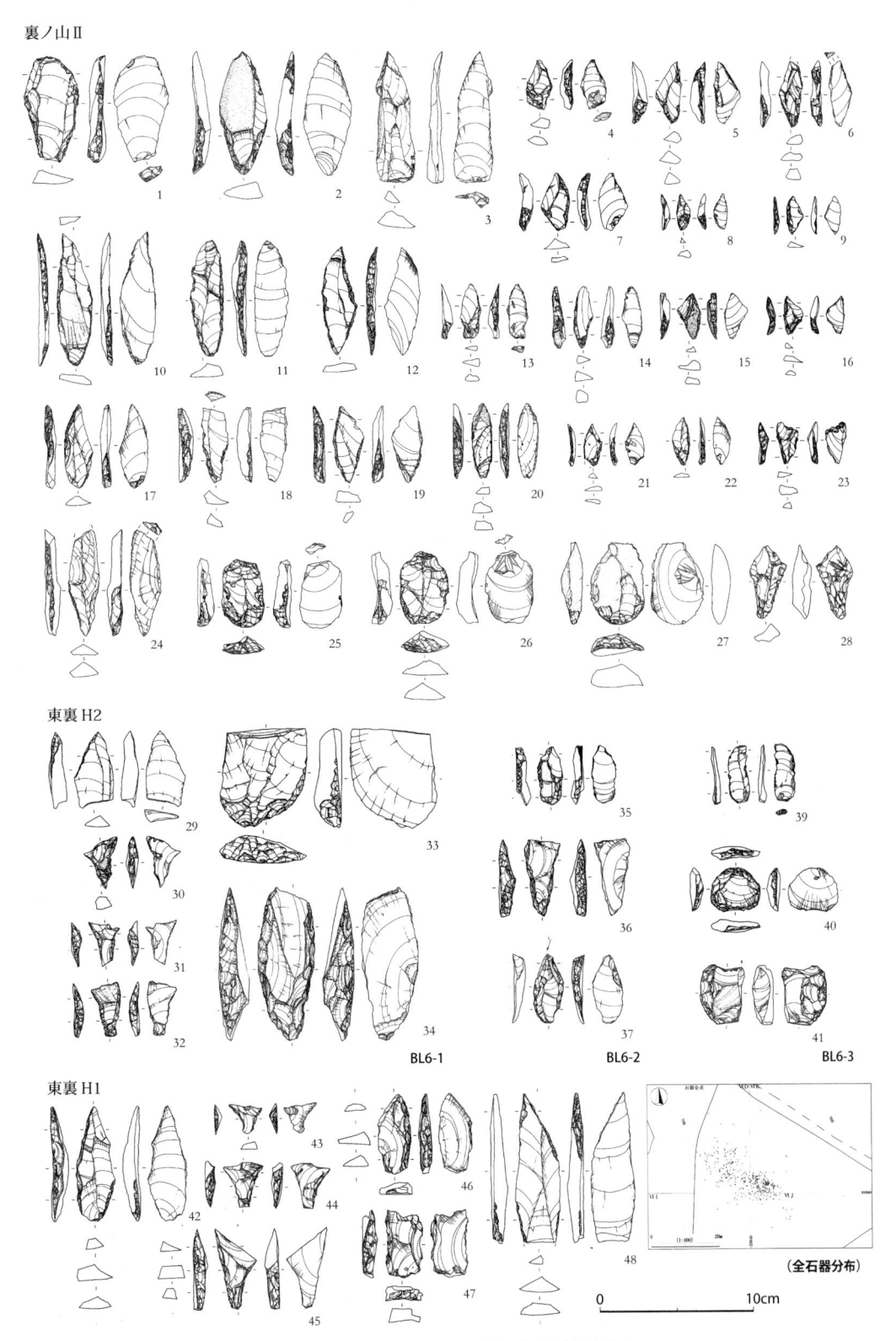

裏ノ山Ⅱ

東裏H2

BL6-1　　　　BL6-2　　　　BL6-3

東裏H1

（全石器分布）

0　　　10cm

第94図　Ⅵ層並行期の石器群：古本州島東北部3

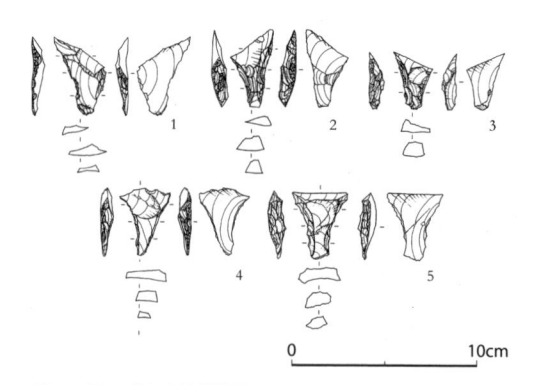

第 95 図　仲町遺跡除雪ステーション地点出土石器

　同じⅥ層並行期でも，津南町の大原北Ⅰ遺跡（佐藤・新田 2002）では，大型の尖頭形石器と中型側縁加工ナイフ形石器，剥片製小型ナイフ形石器とを主とする石器群が出土した（第 93 図 21～24）。これはⅦ層上部並行期からⅥ層並行期に位置づけることができるが，剥片製ナイフ形石器の存在からみて以上の石器群とは異なり，関東地方との類似性が強い（安斎 2003c）。また，野尻湖の裏ノ山Ⅱ遺跡（土屋・谷 2000b）では，やや幅広の二側縁加工ナイフ形石器と小型の切出形石器に特徴づけられる石器群が出土している（第 94 図：ただし，同 28 等の台形様石器は型式学的にみてⅥ層並行期石器群から除外すべきである）。神奈川県寺尾遺跡第Ⅵ文化層等（鈴木・白石 1980）に比定でき，同時期であろう。これも，型式学的にみて上述してきた在地の系統をひく石器群とは考えにくく，関東地方に由来をもつ石器群と思われる。同じ意味で，山形県弓張平 B 遺跡（加藤編 1979）の小型切出形石器・ナイフ形石器類も，関東地方に由来をもつ，Ⅵ層並行期の石器群とみられる。

　なお，野尻湖周辺では，先述の池のくるみ遺跡を介することで，東裏遺跡 H1 地点第Ⅱ石器群・東裏遺跡 H2 地点ブロック 6（土屋・谷 2000b）の一部をⅥ層並行期に比定できる。東裏遺跡 H1 地点は比較的狭い範囲にまとまって石器群が出土しているが（第 94 図下段右），同 H2 地点の出土状況はきわめて不良である。後者では尖頭形石器と側縁加工ナイフ形石器が池のくるみ型に近接して出土するという傾向がある。前者では大型の尖頭形石器（同 48）と中・大型の側縁加工ナイフ形石器（同 42）が池のくるみ型（同 43・44），狸崎型（同 45）と共伴している。なお，両遺跡のナイフ形石器には横打剥片製のもの（同 46）があるが，横打剥片製ナイフ形石器は盤状剥片石核から剥離されたものではなく，加工も鋸歯状とならない。

　ところで，野尻湖仲町丘陵上にあって，堆積条件が比較的良好な仲町遺跡除雪ステーション（JS）地点（鶴田・谷ほか 2004）の調査例は重要である。この遺跡では，槍先形尖頭器など明らかに新しい時期の石器は上Ⅱ上部（Ⅳ層上部）から，局部磨製石斧など明らかに古い時期の石器は上Ⅱ最下部～黒色帯（Ⅴ層）において層位的に出土している（第 2 表 A）。ブロック 21 を中心に，狸崎型（第 95 図 1～3）や池のくるみ型（同 4・5）が出土している。狸崎型・池のくるみ型は，特に上Ⅱ最下部（Ⅴa 層：上部に AT 層準）～黒色帯上部にかけて出土している。両者が集中するBL21 では，石器群の出土ピークは上Ⅱ最下部～黒色帯上部にある。BL21 石器群は鉄石英とチ

第 III 章　編年研究

第 2 表　野尻湖仲町遺跡 JS 地点の層位別石器組成

A　層位別器種組成（全石器）

層位	槍先形尖頭器	ナイフ形石器	台形石器	彫器	削片	掻器	掻器状石器	削器類	揉錐器	楔形石器類	斧形石器（破片含）	砥石	砥石破片	敲石類	磨石	凹石類	台石類	細石刃	石刃	2次加工のある剝片	微細剝離のある剝片	剝片	砕片	石核	合計
I		1																		1		9	1		12
II																						4			4
III	2	3	3		1	1				5				1					1	6	7	273	61	7	371
IV上	1	2	2	2		3	1			1				4		1					1	141	56	3	218
IV中										9	1			1						3	2	192	120	5	333
IV下		5	3		1		1			2	1			2						1	5	216	74	7	318
IV	1	1					2			12				5						9		260	147	9	446
IV〜V		3			1									1		1						28		4	39
Va		4	8		1	2	2	5		33	3		1	20	1		9			25	29	1023	347	46	1559
Vb		10	8	2			5	6	1	38	11	1		16		5	7		1	22	6	991	735	65	1930
Vc														1						1		49	32		83
V		2	2			1				1				7		1				2	7	166	51	6	246
攪乱		1				1		3												3		115	21	3	147
合計	4	32	26	4	3	8	7	16	1	105	16	1	1	57	1	6	19	1	1	69	61	3467	1645	155	5706

※ Va 層が AT 降灰層準

B　ブロック 21 の層位別器種組成

	斧形石器	斧形石器破片	ナイフ形石器	台形石器	掻器	楔形石器	敲石	磨石	剝片	砕片	石核	合計
III			1	1					42	8		52
IV									4			4
IV上			1	2		2			18	3	1	27
IV中	1					2			32	15	1	51
IV下		1		2			1		47	21	1	73
Va				4	1	1	2	1	85	25	2	121
Vb			1	1		1	4		64	35	5	111
Vc										1		1
V									3			3
攪乱									9	2		11
合計	1	1	3	10	1	4	9	1	304	110	10	454

← AT 降灰層準（Va）

C　狸崎型を含む個体 2 の出土層準

個体番号	2
石材	鉄石英
III	7
IV上	6
IV中	15
IV下	20
Va	39
Vb	19
Vc	
攪乱	1
計	108

ャートを主要石材としているのだが，狸崎型・池のくるみ型と明らかに同一母岩の鉄石英〈個体 No. 2〉も上 II 最下部〜黒色帯を中心に出土する（第 2 表 B・C）。なお，後半期型の器種（掻器・彫器）の出土は乏しい。こうした出土状況は，両者が後期旧石器時代前半期末葉に遡行する石器であることを傍証しよう[16]。

（4）まとめ

佐藤編年以後の新出資料を加えて編年的検討をおこなってきた。その結果，個別遺跡の位置づけに若干の変更を要すると考えられたものの，二極構造論の基本的枠組みには変更を要しない。東北地方においても，IX 層並行期石器群は明瞭な二極構造を呈している（佐藤 1991・1992）。

台形様石器（I〜III類）と尖頭形石器はそれぞれ遺跡間で発現程度に大きな開きがある。つまり石刃モードと中・小型尖頭形石器，剝片モードと各種台形様石器，という技術と器種の結びつきが強固であり，またその製作の機会がはっきりと異なっていたことが示される。なお，台形様石器の内部では，I・II類の区別が非常に曖昧で，それぞれの機能分化が不十分であることを示す。この時期は地域間（東北地方日本海側／太平洋側／北陸地方）で大きな差異が見出せない。

　VII層下部並行期において，この構造は変容し，たとえば地蔵田遺跡・笹山原 No. 16 遺跡にみるように台形様石器の内部における尖頭形態（II類）の発達と，I類との分化が相対的に明確化する。この過程は二ノ台長根遺跡や上萩森遺跡に至ってより顕著となる。逆に，家の下遺跡では，おそらく石刃モードによって生み出された幅広尖頭形の剝片を用いて，台形様石器 II 類と形態的に共通する石器が製作されている。さらに家の下遺跡における石刃モードと剝片モード（貝殻状剝片剝離）とが同一個体で発揮されているという状況も，関連して生じた現象であろう。結果として，廃棄の場面において，石刃石器モードと剝片石器モードが同一遺跡に多数残されるという現象（家の下遺跡・此掛沢 II 遺跡・岩井沢遺跡・愛宕山遺跡）も目立つ。つまり VII 層下部並行期の内部では，石材消費における石刃モード・剝片モードと各器種との結びつきがやや不明瞭となり，モード間での製作と廃棄の機会が明確に分離されなくなっていく一方で，素材選択性に重点をおいた諸器種（大型尖頭形石器・中小型尖頭形石器／台形様石器 I 類・台形様石器 III 類）の作り分けが顕著となる。なお，当該時期にはほぼ全面研磨の石斧が東北地方から北陸地方までの範囲に散見される（白岩藪ノ上遺跡・地蔵田遺跡・笹山原 No. 8 遺跡）。

　この変化は，VII 層上部並行期にかけて一層強化される。VII 層上部並行期では，盤状剝片を石核素材として求心剝離ないし並列剝離により得られる貝殻状剝片を素材とした台形様石器 III 類から，ブロック状の石核消費による小型縦長剝片素材の III 類へと製作技術の重心がシフトしている。尖頭形石器の大小分化も継続し，大型品の発達が著しい。また，前段階において分化しはじめていた台形様石器 I・II 類は，たとえば上萩森遺跡の台形様石器 II 類でさらに分化をとげ，一部において基部加工や刃部の設定において切出形石器に類似する形態をもつ石器が生じている。この変化の過程を踏まえると，筆者が先に VII 層上部並行期ないしわずかに新しい時期とみなした狸崎型と池のくるみ型の二者は，系統論的には VII 層下部並行期の台形様石器の形態分化が進行し発達した結果，出現したと理解しうる。狸崎型は台形様石器 II 類からの系統進化で，池のくるみ型は，おそらく I 類からの系統進化で説明できるのではないだろうか。前述したように，台形様石器 II 類の発達と池のくるみ型の出現は中部高地においても確認でき，両者間の関係を窺わせる。

　佐藤宏之は，池のくるみ型が，関東地方においては北関東地方の後田型とわずかに関係を有していると予測しつつも，主分布域は東北日本の日本海側にあると述べている（佐藤 1988）。後田型の一部には，確かに基部加工を有する平刃形態の台形様石器があり，これらは池のくるみ型との関係が想定できるかもしれない。

　VI 層並行期になると，切出形石器・台形様石器系は急速に衰退し，少数みられる台形様石器

Ⅲ類，および池のくるみ型・狸崎型もこの時期を通じて消滅する。前時期と決定的に異なるのは，基本的に尖頭形石器と石刃製の石器類（掻器・彫器）が中心となる石器製作技術構造が成立することで，前半期二極構造が変化していることである。この変化の時期は，古本州島西南部とおおむね一致している。Ⅵ層並行期では，尖頭形石器石器群である山形県の金谷原遺跡と，尖頭形石器石器群ながら台形様石器を伴う大渡Ⅱ遺跡第 1 文化層との差異にみるような地域差も指摘できるが，まだ明瞭ではない。地域差が本格化するのは続く時期であるようなので，後半期前葉の編年研究を次におこなう。

2　後期旧石器時代後半期前葉
(1)　古本州島東北部における後半期編年研究の問題

　後期旧石器時代後半期の古本州島東北部では，1990 年代に入るまで，東山系石器群・杉久保系石器群と呼ばれる二つの代表的石器群の編年関係が主たる問題となってきた。これらの石器群は，細身薄手の石刃を素材として両端を尖らせた「杉久保型ナイフ形石器」（設定当初は「杉久保形 knife blade」と呼称：芹沢・麻生 1953）が出土した長野県北端の野尻湖畔にある杉久保 A 遺跡（林・樋口ほか 1966）と，大型の石刃の基部に微弱な加工を施した「東山型ナイフ形石器」（当初は「東山型ナイフ」：芹沢 1963）が出土した山形県東山遺跡（加藤 1964）を基準資料としている。ナイフ形石器以外の器種に関しては，「神山型彫器」（芹沢・中村ほか 1959），「小坂型彫器」（高橋 1963，加藤 1965a）などが注意されており，前者が「杉久保系石器群」に，後者は多量の石刃製掻器とともに「東山系石器群」に特徴的に組成されるものとして，研究の初期から注意されている（中村 1965，加藤 1965a・b）。

　しかし，古本州島東北部では，後期旧石器時代後半期についても前半期と同様の編年法上の問題がある。すなわち，特定の石器群の要素（型式や技術属性）の組み合わせに基づいて石器群を類型化し，この類型を単位に一系列的な段階変遷を組み立てるという方法である。

　たとえば，加藤稔は当該地域の石器群を分析するなかで，「東山系石器群」と「杉久保系石器群」とする石器群類型の通時的関係について多くの論考を提出しているが，当時は両者の関係を推定するための決定的根拠が存在しなかったため，内容は定まらなかった。1965 年には「東山型ナイフ形石器」が「杉久保型ナイフ形石器」に比して古くなる可能性にも注意を喚起しながら，佐藤達夫の見解を受けて，ひとつの案として両者の並行説もありうるとした（加藤 1965b）。また別の論考では東山型ナイフ形石器の出現を石刃石器群の最終末期とし，それは「杉久保以降」であると考えている（加藤 1965a・1975）。その後，もっとも新しい見解（加藤 1992）では東山系石器群が杉久保系石器群に後行すると考えている。

　また，藤原妃敏は加藤と同様に石刃技法の技術的特徴から東北地方の石刃石器群の編年をおこなった（藤原 1983）。このなかで藤原は「東山系」と「杉久保系」に関わる議論に触れ，両者の分布が重複することと，秋田県米ヶ森遺跡（富樫編 1977）の例から両者は漸移的に変化する可能性があるとして，両者は年代差に置き換えられるものと考えている。

前半期の編年研究同様，特定の指標に基づく石器群の類型化による編年は，石器群の多様性を捨象し，単調な段階編年を帰結する危険性が高い。類型編年では，ある石器組成が常に同じように遺跡に残されるという前提を基本としているが，石器組成は生活の各場面の機能的要請に応じて残される多様なものであることが通常であるので，この前提も成り立ちがたい。

ただし，こうした方法上の問題があるとはいえ，古本州島東北部では1990年代に入るまで層位や理化学年代といった編年研究上の手がかりが非常に乏しかったことも事実であるので，編年研究が遅滞することもやむを得ない状況ではあった。1990年代以後は，広域火山灰ATテフラの検出，^{14}C年代測定例の蓄積もあるため，研究事情は改善されつつある。特に，先にも触れた岩手県大渡II遺跡や新潟県樽口遺跡を始めとする多くの遺跡から得られた，相対的な上下関係ないしATとの上下関係をもった石器群の出土事例は，編年研究に一定の根拠を与えた。

1990年代以後の編年研究の代表として，沢田敦の研究をみたい。沢田は，東北日本において「東山石器群」がAT火山灰（約25000^{14}CyrsBP）の上下から出土していること，上ノ平遺跡A地点（沢田・飯坂編1994）での「杉久保石器群」がAT上位に位置づけられ，層位的にはATよりもAS-YPk降灰（約13000^{14}CyrsBP）層準に近いことを根拠に，「東山石器群」がAT降灰前から降灰以後にわたる石器群とし，「杉久保石器群」がこれに後続すると位置づけた。また「杉久保石器群」は二側縁加工ナイフ形石器の有無によって細別される。さらに「国府石器群」については「東山石器群」の一部に並行して流入すると考えている（沢田1996）。この編年は他の研究者にも承認されている。

一方，佐藤雅一は，新潟県津南段丘遺跡群を対象とした地域編年において，個別石器群を単位とし，津南地域における層位状況を基礎とした編年を提示している（佐藤2001）。編年の細別において，遺跡ごとに偏りの大きい石材組成等をその基準とする点には問題があるが，AT降灰前後の大型石刃を用いたいわゆる「東山石器群」に，「杉久保石器群」が後続するという大きな変遷観は沢田の研究と共通している。

層位的な情報が得られたことにより，石器群の大枠での変化は確定したように思われるが，類型編年の枠組みに変化がみられない点は問題である。また，1990年代以後の研究は新潟県下の諸遺跡を扱ったものが多いので，新潟県下での成果が古本州島東北部全域に敷衍できるとは限らない。たとえば渋谷孝雄らの研究では，東北地方という範囲内で石器群類型が段階変遷することが前提として議論されているので問題がある（渋谷1994・2003, 山田1999）。「杉久保型ナイフ形石器」と「東山型ナイフ形石器」が分布をずらす，あるいは後者がより広い分布をもつことは，すでに研究の初期から繰り返し指摘されていることであり（佐藤1969），これらが単純に先後関係に置かれるとするならば，分布の大きな違いを説明せねばならない。

以上のことを踏まえると，まずは類型編年の枠組みから離れ，やはり本書でここまでおこなってきたように，個別石器群を単位とした編年研究の遂行が必要である。東北地方全域での一様な石器群変遷を想定するのではなく，個別石器群の年代編成の後に，地域差や通時変化の多様性を読み取っていくべきであろう。

樽口 B-KSU 文化層

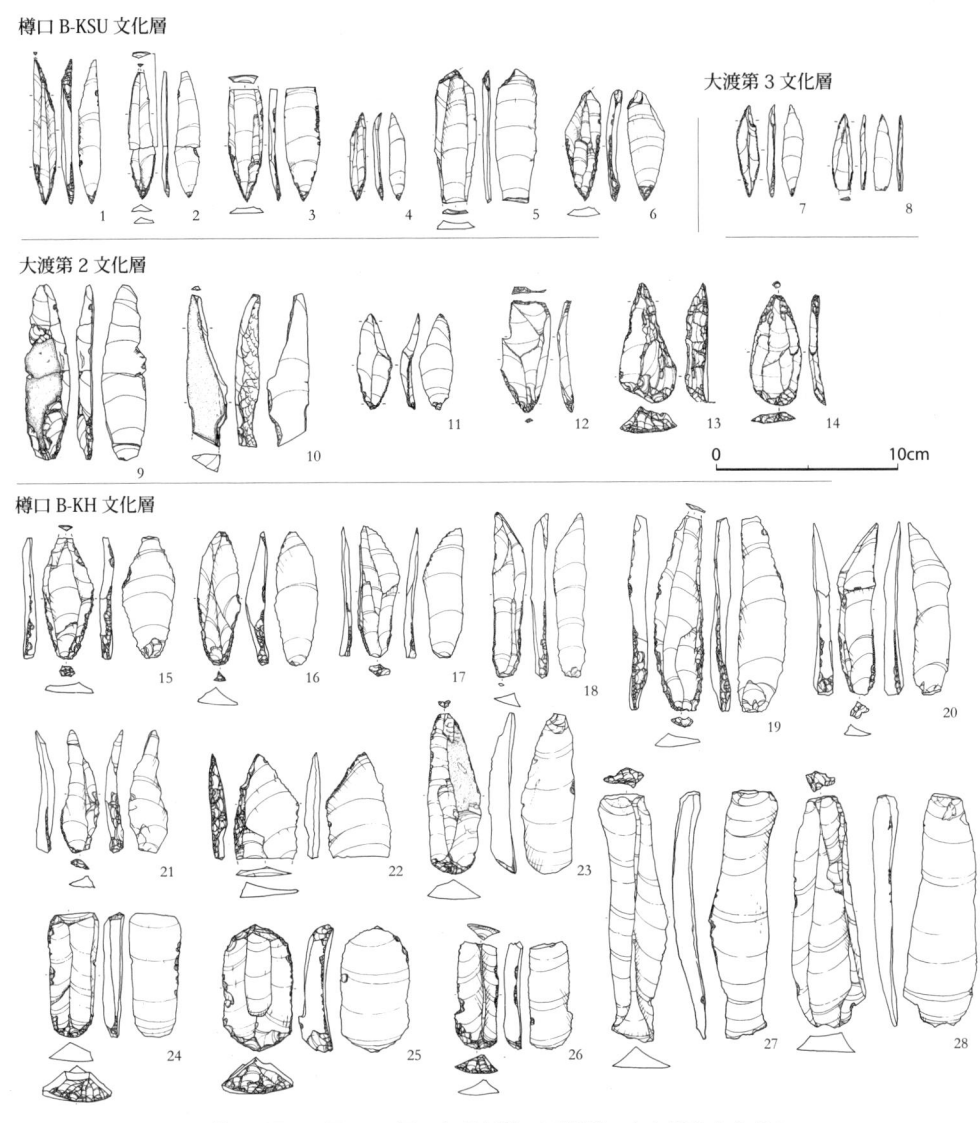

大渡第 3 文化層

大渡第 2 文化層

樽口 B-KH 文化層

第 96 図　V 層・IV 層下部並行期の石器群：古本州島東北部 1
※最上段の石器は IV 層中部並行期である。層位的上下関係を表すために提示した。

(2) 新潟県・北陸地方

　大渡 II 遺跡第 2 文化層（中川・星ほか編 1995），樽口遺跡 B-KH 文化層（立木宏編 1996）は，石刃モードのみからなる AT 上位の尖頭形石器石器群である（第 96 図）。尖頭形石器は打面調整を有する厚手の石刃を素材とし，打面を残すように基部加工を加えたものである（同 9・15～21）。石刃製の搔器や（同 13・14・24～26），切断／折断面を打面とする器体長軸に沿った彫刀面を残す小坂型彫器が伴う点で共通している（同 12）。大渡 II 遺跡では，第 1 文化層の尖頭形石器の形態が長狭型で基部を尖らすタイプであるのに対し，第 2 文化層では基部を残置する厚手タイプのものへと型式変遷を遂げているが，相互に類似した器種組成をなしており，技術系統的にもよく連続

胴抜原A

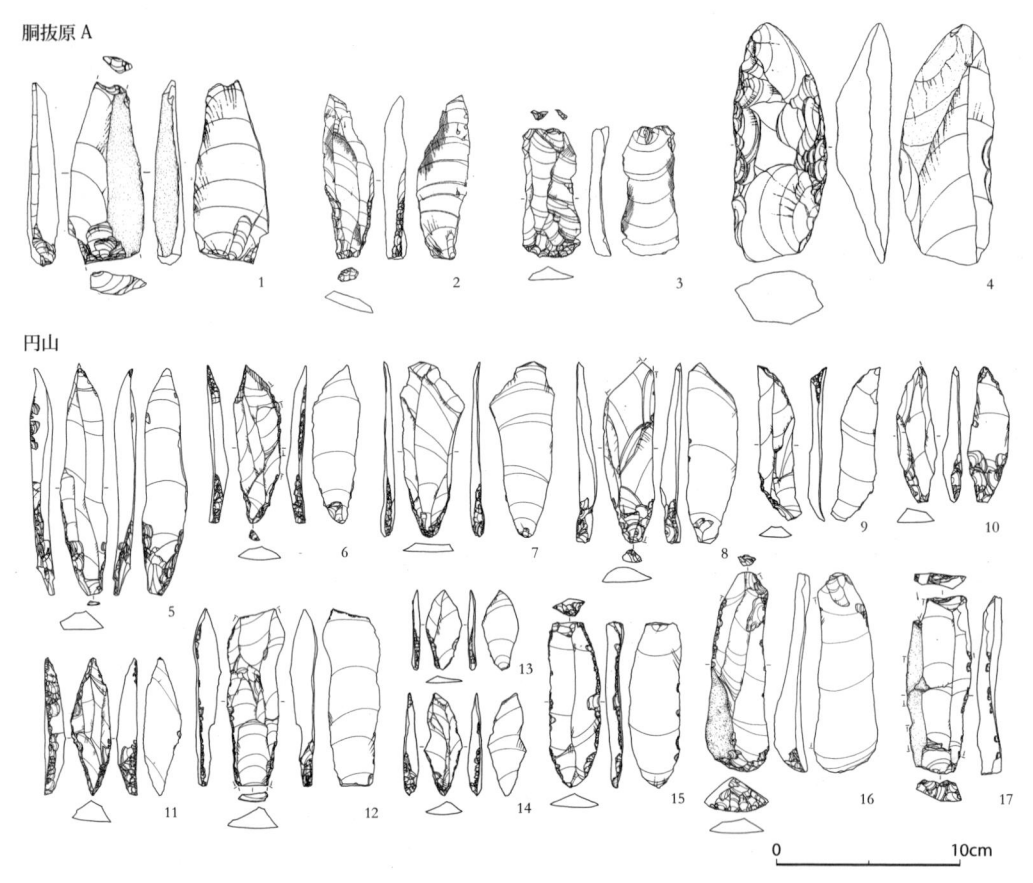

円山

第97図　V層・IV層下部並行期の石器群：古本州島東北部2

する。同じ傾向は樽口遺跡におけるA-KH文化層とB-KH文化層との間にも認められる。さらに，両遺跡ではこの上層から杉久保型尖頭形石器（森先2004b）と神山型彫器からなるいわゆる杉久保石器群（樽口遺跡A-KSU・B-KSU文化層，大渡II遺跡第3文化層）が出土している（同1～8）。

　杉久保石器群について得られている放射性炭素年代値は，新潟県津南町の向原A遺跡（阿部昭2000）の例（約19000 ^{14}CyrsBP，4点），大渡II遺跡第3文化層直上の例（約19000 ^{14}CyrsBP，1点）があり，関東地方と比較するとおおむね砂川石器群の展開する時期（IV層中部）と重なっている。少なくとも一部は砂川期並行であるといえるので，大型尖頭形石器石器群より確実に新しい。このことから，AT上位の大型尖頭形石器石器群は，少なくともV層～IV層下部並行期のどこかに位置づけられる。新潟県の大型尖頭形石器石器群には，胴抜原A遺跡（佐藤・山本ほか2001，佐藤2001），円山遺跡（土橋編2003），二夕子沢A遺跡（田中・鈴木2000），太子林II遺跡（望月1999）がある（第97図）。円山遺跡には大型尖頭形石器石器群に小型の台形様石器III類がごく少数伴っている。

　ただし，杉久保石器群の分布範囲は新潟県を中心としており，大渡II遺跡第3文化層，峠山牧場I遺跡B地区（阿部勝2000）は飛び地的な分布である。したがって，新潟県域以外において，

第III章　編年研究

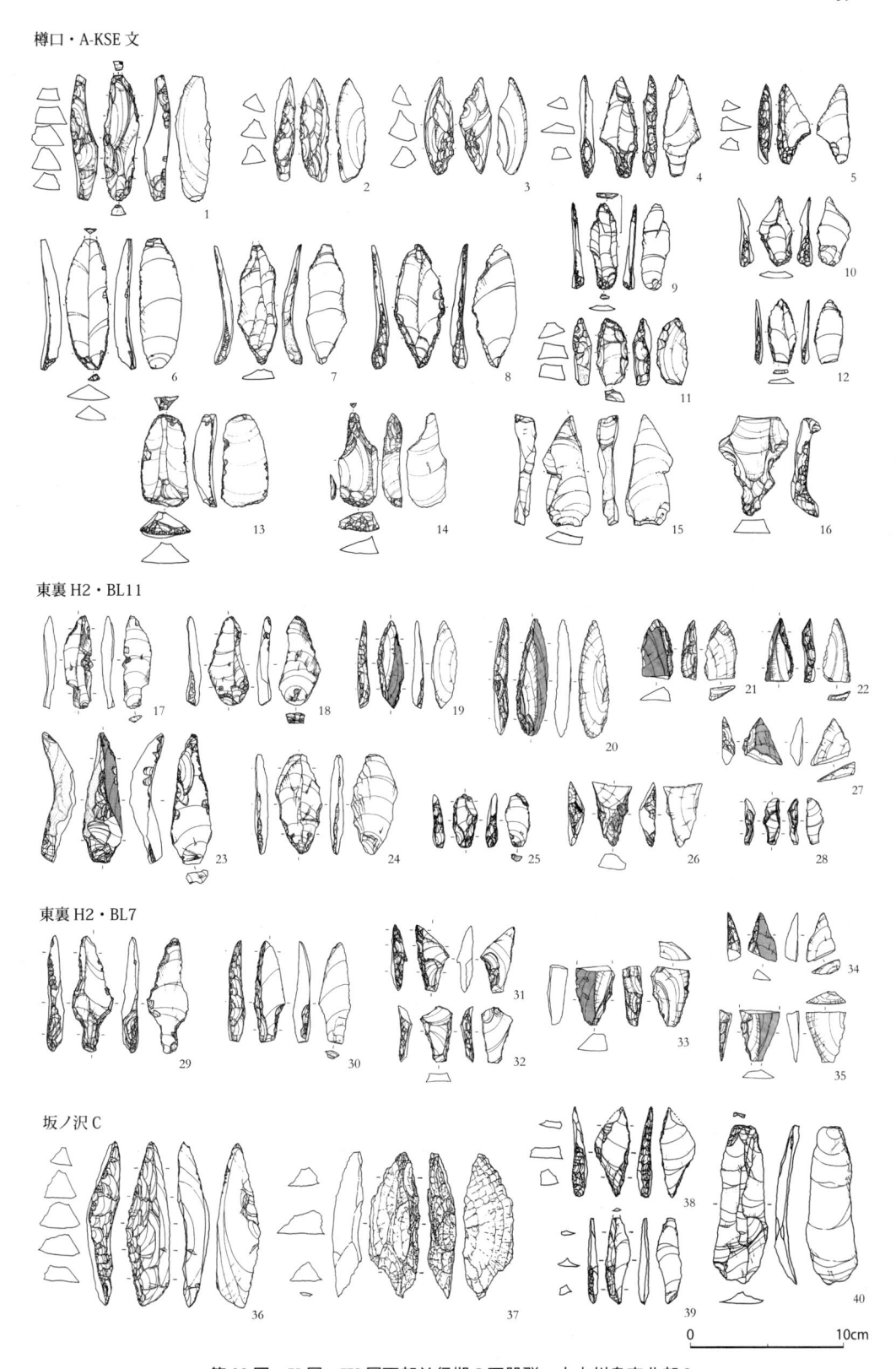

樽口・A-KSE文

東裏H2・BL11

東裏H2・BL7

坂ノ沢C

0　　　　　10cm

第98図　V層・IV層下部並行期の石器群：古本州島東北部3

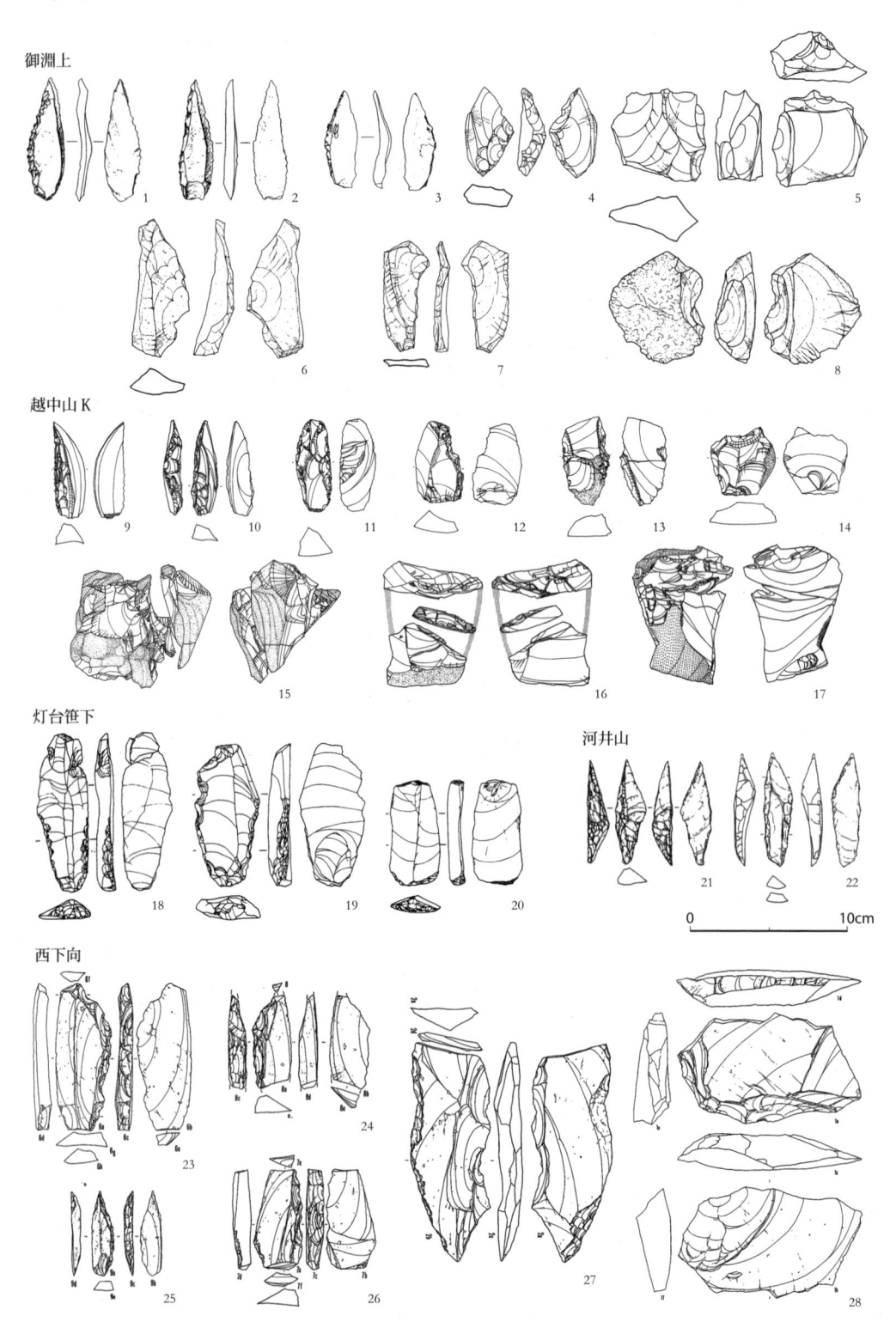

140

御淵上

越中山K

灯台笹下 河井山

0　　　　　10cm

西下向

第99図　V層・IV層下部並行期の石器群：古本州島東北部4

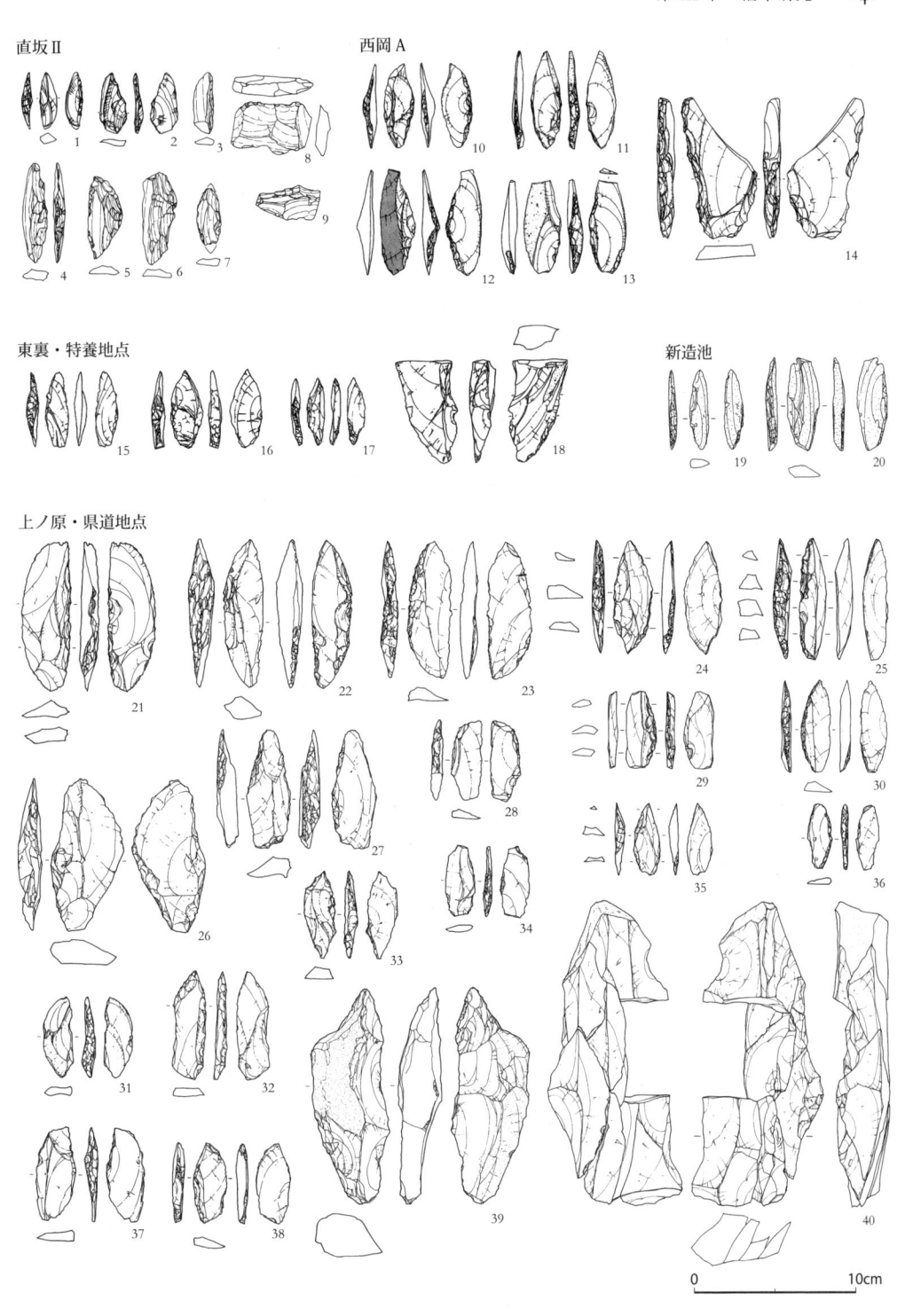

第III章 編年研究　141

直坂II

西岡A

東裏・特養地点

新造池

上ノ原・県道地点

0　　　　　10cm

第100図　IV層中部並行期の石器群：古本州島東北部1（瀬戸内系石器群）

上記の編年関係は適用できない。大渡Ⅱ遺跡の位置する和賀川最上流域には，杉久保石器群とは異なる石器群が存在していると考えられる。なお，新潟県周辺域における杉久保石器群の代表的なものとしては，上ノ平遺跡Ａ地点（沢田・飯坂1994），同Ｃ地点（沢田1996），吉ヶ沢遺跡Ｂ地点（沢田・坂上2004），山形県横道遺跡（加藤・会田1998）が知られている。

ところで，新潟県樽口遺跡ではAT上位のB-KH文化層とほぼ同層準からA-KSE文化層と呼ばれる，石刃石器群（第98図6～9・13～15）に伴って角錐状石器（同11）や国府系ナイフ形石器（同1～3），二側縁加工ナイフ形石器（同4），切出形石器（同5），尖頭形剝片石器（同10・12）などが含まれる石器群が出土している。すでにみてきた古本州島西南部の編年からみても，Ⅴ層上部～Ⅳ層下部に相当するとみなすべきであるが，ここでは石刃石器群の存在が特異的である。ほかにも，坂ノ沢Ｃ遺跡（鈴木1999）は樽口遺跡A-KSE文化層と近似する（同36～40）。東裏遺跡H2地点（土屋・谷2000b）（同17～35），新潟県御淵上遺跡（中村編1971）（第99図1～8），山形県越中山遺跡Ｋ地点（加藤1975，加藤編1976，加藤・鈴木1976）（同9～17）ではまとまって国府系石器群が出土しており，上記石器群とおおむね同時期であろう。このほか，山形県河井山遺跡（國學院大學考古学資料館河井山遺跡群学術調査団1989・1990）では大型の切出形石器が複数出土しており，関東地方Ⅳ層下部並行期の同種石器に対比可能である（第99図21・22）。

以上のことから，新潟県域ではAT降灰後の編年は，おそらくAT直上に，前半期からの連続的変化を追える大型尖頭形石器石器群が成立し，これに遅れて国府系石器群＋石刃石器群が出現したあと，Ⅳ層中部並行期前後の杉久保石器群へ変化していくという変遷が考えられよう。大型尖頭形石器石器群の存続時期はおそらくⅤ層下部並行期と大きくずれることはないだろうが，Ⅴ層上部・Ⅳ層下部並行期の細別は困難といわざるを得ない。

さて，この変遷観は，杉久保石器群が分布しない北陸地方には直接敷衍できないが，新潟県で認められた大型尖頭形石器石器群が灯台笹下遺跡（松浦・西野編1999）等でもみつかっており（同18～20），これは直前にあたるⅥ層期の直坂Ⅰ遺跡からの系統進化で無理なく理解できる。また，北陸地方には良好な発掘資料ではないものの国府系石器群も散見されている。この地域の国府系石器群に石刃石器群が共伴するかどうかを明らかにできる資料がないが，直前期の技術伝統が急速に失われるということも考えにくい。直近の隣接地域である新潟県の石器群変遷を鑑みれば，北陸地方でも大型尖頭形石器石器群→国府型ナイフ形石器＋石刃石器群という変遷が想定される。福井県下向遺跡（平口編1983）は，国府型ナイフ形石器を伴う石器群である（同23～28）。

杉久保石器群が分布しない北陸地方には，同時期に独自の石器群が展開していたと考えられる。筆者は直坂Ⅱ遺跡（橋本編1976）で最初に発見された瀬戸内系石器群（麻柄1984）と呼ばれる石器群がそれにあたると考えている。

瀬戸内系石器群とは，かつて直坂Ⅱ型（麻柄1984）と仮称されたナイフ形石器を一部に含む，主として素材背面側からの整形加工による横打剝片製ナイフ形石器と，鋸歯縁削器に特徴づけられる石器群としておく。この石器群は安山岩にかなり特化した石材利用パターンを示す。

代表的な遺跡として，長野県野尻湖遺跡群の西岡Ａ遺跡・貫ノ木遺跡H1地点（土屋・大竹

第III章 編年研究

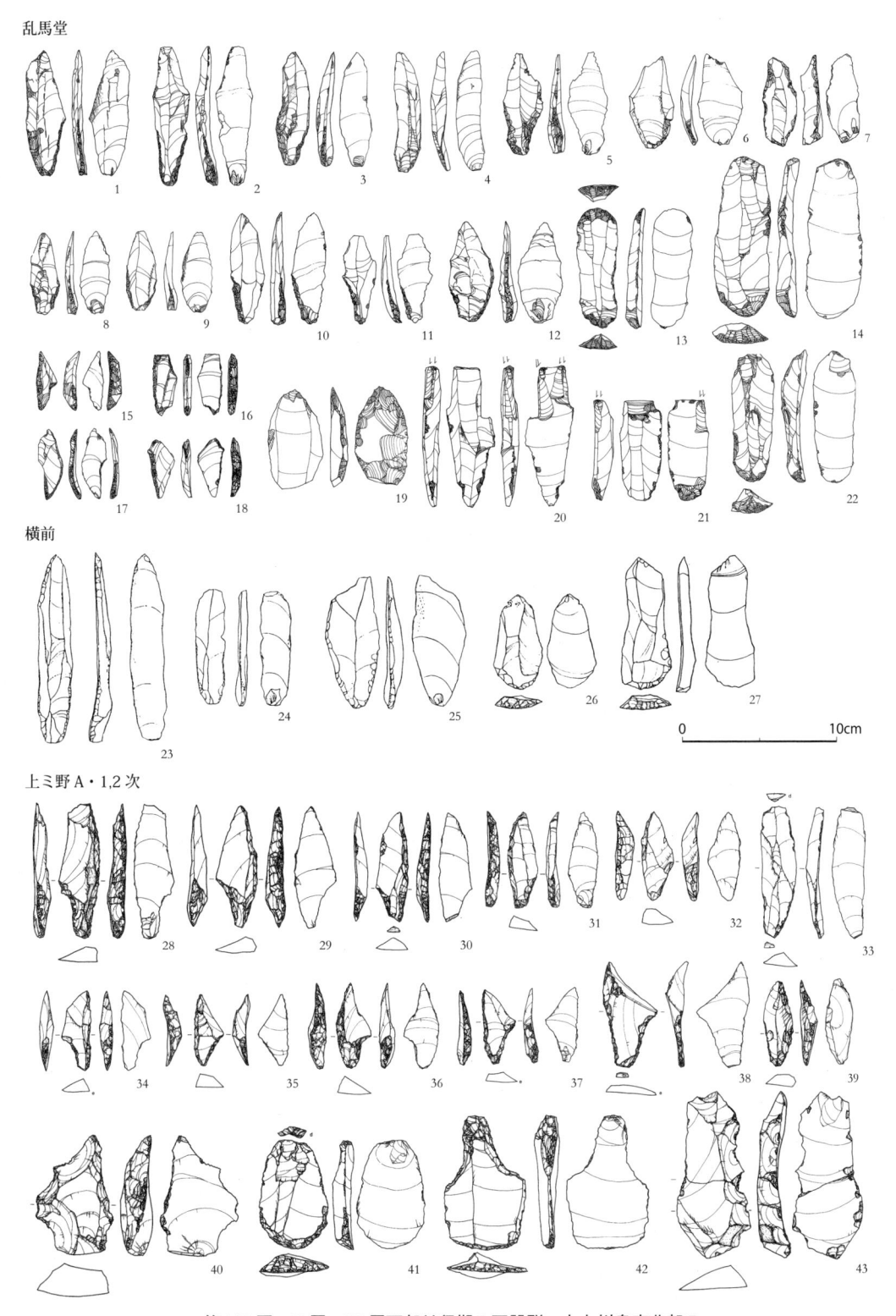

乱馬堂

横前

上ミ野A・1,2次

第101図　V層・IV層下部並行期の石器群：古本州島東北部5

2000)・上ノ原遺跡県道地点（中村・森先編 2008）・東裏遺跡特別養護老人ホーム地点（渡辺 1994）・仲町遺跡（野尻湖人類考古グループ 1987）・新潟県大堀遺跡（立木由編 1996）・富山県直坂 II 遺跡（橋本編 1976）・新造池 A 遺跡（関・山本ほか編 1983）が挙げられる（第 100 図に一例を示した）。麻柄（2006）も指摘するとおり，岐阜県最北端の宮ノ前遺跡（早川・河野ほか編 1999）では，輝石安山岩製のナイフ形石器 3 点や並列横打剝離を示す接合資料が検出されており，これらは明らかに上述の瀬戸内系石器群の特徴を共有する。また最近，新潟県で調査された芋ノ原遺跡（勝山 2007）も，剝離技術の特徴等からみて瀬戸内系石器群である可能性が高い。以上のことから，瀬戸内系石器群は富山県〜野尻湖を中心として分布し，新潟県域には点的な分布を示す。

　瀬戸内系石器群については年代測定例もなく位置づけが難しいが，野尻湖遺跡群では杉久保石器群とほぼ同層準（上部野尻ローム層 II 上部）から検出されていることや，杉久保石器群とは排他的に，北陸地方を中心とする地域限定的な分布を示し，地域化が進んだ石器群とみられる点から，杉久保石器群とほぼ同時期の石器群とみなしておきたい（森先 2004b，須藤 2005）。したがって，北陸地方では大型尖頭形石器石器群→国府系石器群＋石刃石器群→瀬戸内系石器群という変遷が想定される。

（3）奥羽山脈東部・西部

　次に，山形県・秋田県・岩手県・宮城県・福島県の編年研究をおこなう。前半期後葉にみられた，奥羽山脈東西の地域差が，どのように推移するのかを確認したい。

　先ほど触れた大渡 II 遺跡第 2 文化層出土の尖頭形石器との型式比較によると，山形県乱馬堂遺跡（長沢編 1982），同横前遺跡（柏倉編 1964）（第 101 図），秋田県小出 IV 遺跡（石川編 1991），岩手県峠山牧場 I 遺跡 A 地区ブロック 16・18（第 102 図），同耳取 I 遺跡 B 地区（村上 1999），同峠山牧場 I 遺跡 B 地区・範囲確認調査（吉田・三浦 1996）の石器群（第 103 図）が類似した大型尖頭形石器を共有し，いずれも石刃製の掻器や小坂型をはじめとする石刃製彫器が共伴しており，近い時期に位置づけられる。ただし，太平洋側にあたる峠山牧場 I 遺跡 A 地区・B 地区（範囲確認調査）や耳取 I 遺跡 B 地区，上ノ原山遺跡では剝片製小型石器（切出形石器，尖頭形剝片石器：第 102 図 13・26，第 103 図 11〜14・25〜27・29〜31）や剝片生産の痕跡（第 103 図 36）が認められることは重要であり，奥羽山脈をはさんだ東西の地域差を示している。また，峠山牧場 I 遺跡 A 地区・B 地区（範囲確認調査）・耳取 I 遺跡 B 地区では，基部加工が器体上半部におよび，片側縁基部加工が抉り入り状となる有肩形の尖頭形石器（有肩尖頭：第 102 図 11・21，第 103 図 7〜9・19・22・23）が出土していることも，東西の地域差を際立たせている。

　新潟県から北陸地方では大型尖頭形石器石器群出現後に国府系石器群があらわれるが，奥羽山脈東西では国府系石器群がほとんどみつかっていない。これに関連して次のことは重要である。山形県乱馬堂遺跡では，主たる器種が大型の尖頭形石器（乱馬堂型：森先 2004b）や石刃製掻器・彫器と，相対的に少数の削器からなる，多量の石刃石器群を出土したことで著名である。注目すべきは，この遺跡から中型の珪質頁岩製切出形石器が出土していることである。報告書中，第 37 類とされた 4 点の石器には，恐らく折断した石刃を整形して作られた，基部に抉りを有する

第Ⅲ章 編年研究　145

小出Ⅳ

峠山牧場ⅠA・BL16

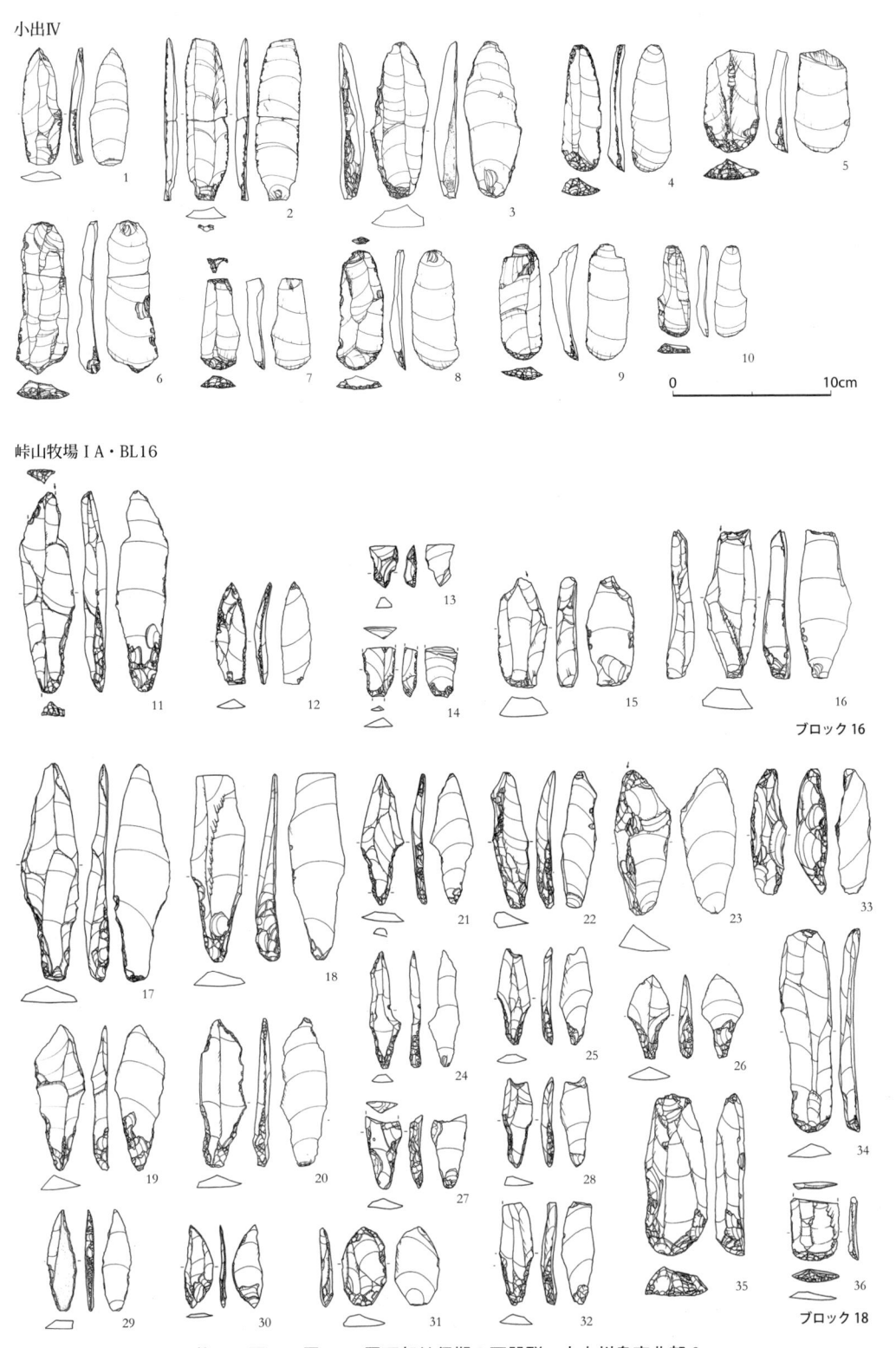

ブロック16

ブロック18

第102図　Ⅴ層・Ⅳ層下部並行期の石器群：古本州島東北部6

146

耳取ⅠB

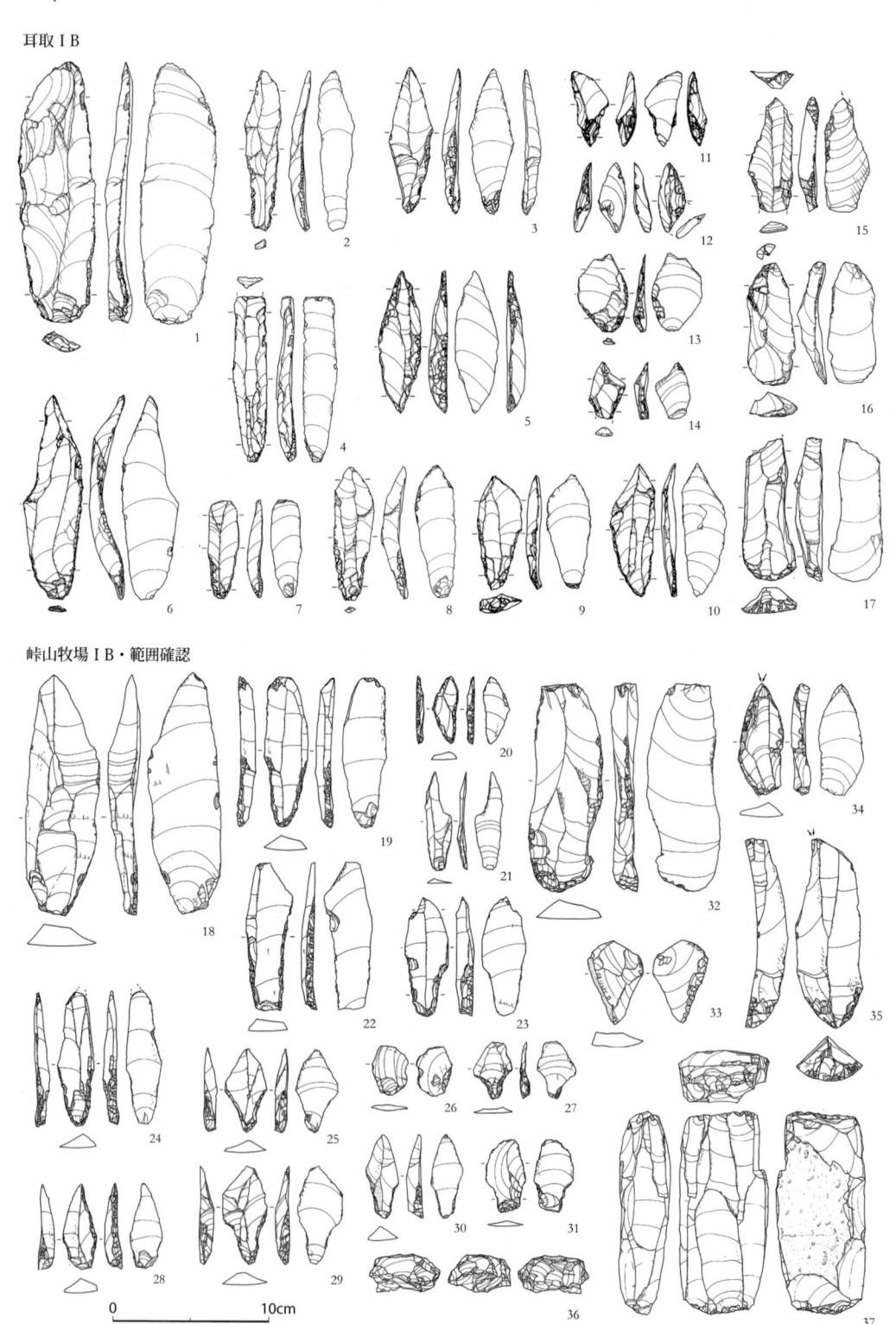

峠山牧場ⅠB・範囲確認

0　　　　　10cm

第103図　Ⅴ層・Ⅳ層下部並行期の石器群：古本州島東北部7

第 III 章 編年研究　147

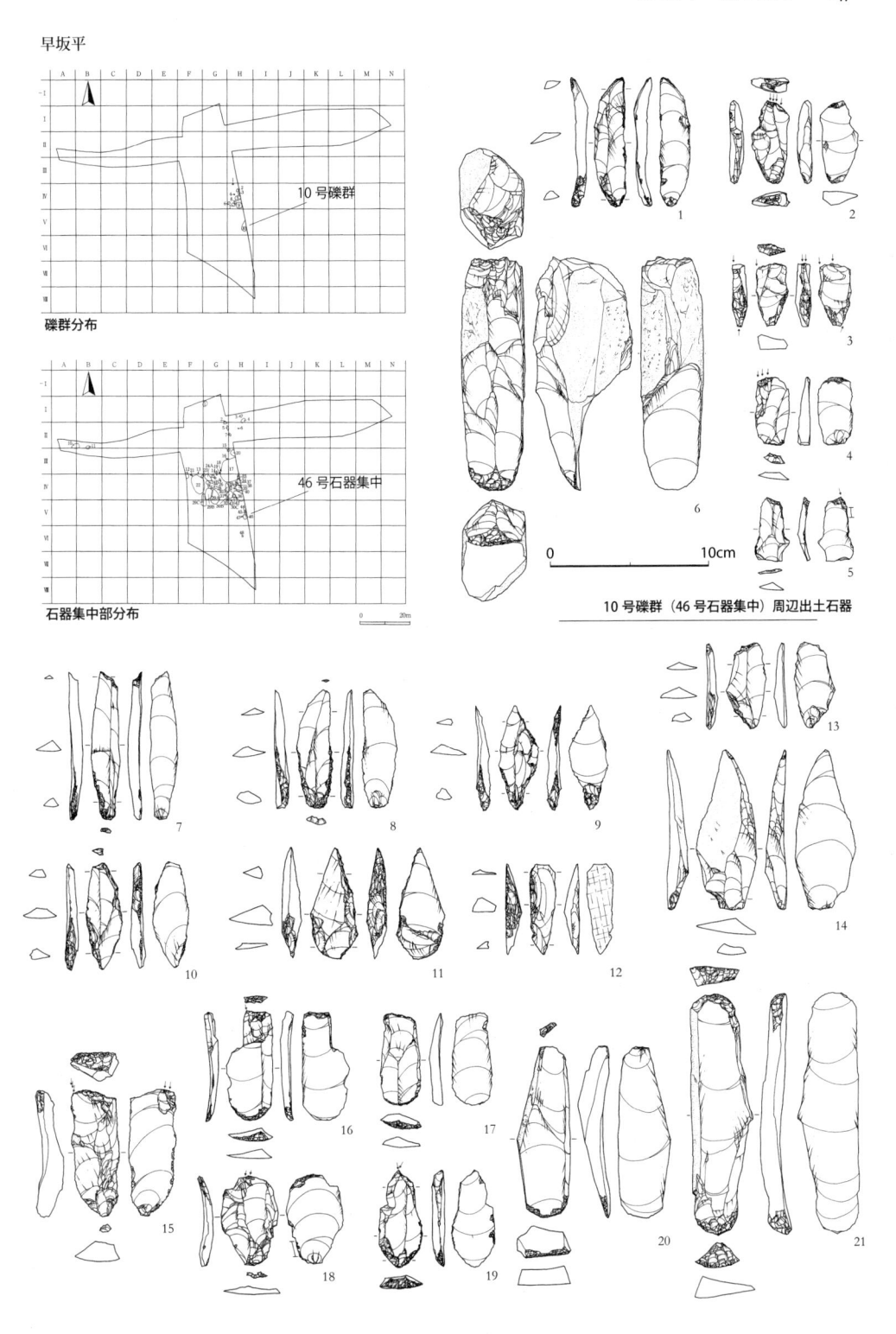

早坂平

礫群分布

10号礫群

石器集中部分布

46号石器集中

10号礫群（46号石器集中）周辺出土石器

第 104 図　岩手県早坂平遺跡第 2 次調査地第 I 文化層の石器群（北村・米田ほか 2004）

特徴的形態の切出形石器2点が含まれる（第101図15・17）。これらは樽口遺跡 A-KSE 文化層や上ミ野 A 遺跡1・2次調査地（羽石・会田ほか編2004）に含まれる切出形石器（第98図5，第101図34～38）と，素材以外の属性において酷似する。切出形石器は山形以北の後半期石器群では決して発達しているとはいえないが，岩手県の耳取 I 遺跡 B 地区に類例がある（第103図11）。要するに，特殊な形態の同種石器を共有しているため時間的近接性が想定されるが，新潟県域では一部に国府系石器群を伴う剝片モード＋石刃モードの石器群が存在するのに対し，奥羽山脈西部では石刃石器群が同時期に併存していた可能性が高い。また，この理由で上ミ野 A 遺跡1・2次調査地も V 層・IV 層下部並行期に位置づけられる。

　とはいえ，杉久保石器群のほとんど分布しない当地域では，新潟県において杉久保石器群が成立している時期の様相もはっきりしない。ここでは，いくつかの手がかりをもとにこの時期の石器群を抽出してみたい。

　岩手県東北部の早坂平遺跡第2次調査地第 I 文化層（北村・米田ほか2004）では，大型の石刃石器群が検出されている（第104図）。遺跡近傍で採取可能な黒色頁岩を用いて大量の石刃生産をおこなった遺跡である。第 I 文化層では，10号礫群内炭化物を対象とした放射性炭素年代測定（AMS）より約23000cal BP（INTCAL98）の年代が得られている。この10号礫群周囲から回収された石器群は第104図1～6に示した。基本的に，10号礫群周囲とそれ以外の石器群（同7～21）とは類似した様相を呈し，同一の石器群と捉えてよいと思われる。この尖頭形石器は上に述べた諸石器群と異なって細身かつ薄手のものが多く，小型幅広のタイプも認められ，全体的に小型である。切出形石器（同11）や横打剝片製のナイフ形石器（同12）が共伴している。石器群は，年代値からみて杉久保石器群と近い時期に相当する石器群であり，杉久保石器群並行期の一様相を示している可能性が高い。神山型彫器（同2・18）が複数伴っている点もこのことを傍証する。

　早坂平遺跡とは異なるが，この石器群の尖頭形石器のうち，第104図1・7・8に近い特徴を有するものを含む石器群には，山形県太郎水野2遺跡（菅原・齋藤2008），同上ミ野 A 遺跡3次調査区（柳田・須藤ほか2000）や，秋田県二重鳥 A 遺跡（細田2006），同上ノ野遺跡（和泉1998）が挙げられる（第105図）。太郎水野2遺跡・上ミ野 A 遺跡3次調査区では，早坂平や二重鳥 A に比べてやや大型のものが多い傾向があるが，細身かつ薄手の尖頭形石器が主体となることは共通し，前時期の乱馬堂遺跡等に比べて基部が尖鋭化される傾向が強い。したがって，早坂平・二重鳥 A と太郎水野2・上ミ野 A とは細別時期を異にする可能性はあるが，いずれも後期旧石器時代後半期に属し，かつ AT 直後の大型尖頭形石器石器群よりは新しい様相を示すものであろう。これらの石器群は奥羽山脈西部に南北に走る内陸盆地群に分布する傾向がある。早坂平の年代値を考慮して，IV 層中部並行期前後の時期で，杉久保石器群に並行する石器群と考えたい。

　さて，これらの石器群のほかに，岩手県柏山館遺跡（菊地・高橋ほか1996）では AT 包含層準より上位の IIa（下）文化層から薄手石刃を用いた中型（4cm前後）の有肩尖頭器（第106図2）や二側縁加工のナイフ形石器（同1・5・6），石刃製の彫器（同9），石刃素材の楔形石器（同4），截頂石刃（同3・7），礫器等が二箇所の集中部をなして検出されている。薄手・有肩形の背部加工

太郎水野2

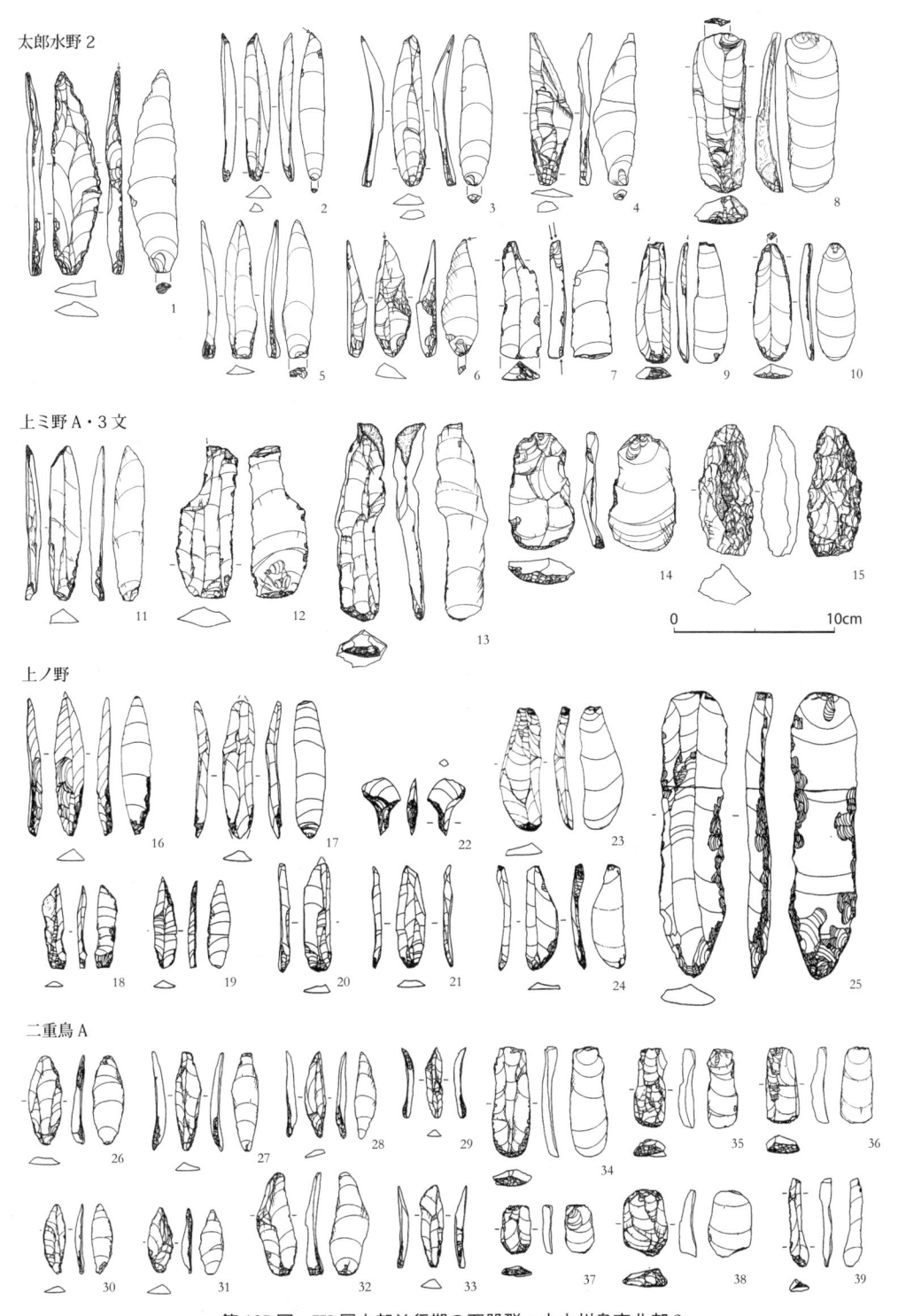

上ミ野A・3文

0　　　　　10cm

上ノ野

二重鳥A

第105図　Ⅳ層中部並行期の石器群：古本州島東北部2

尖頭形石刃石器は最近報告された青森県八戸市の田向冷水遺跡（船場・杉山編 2008）と共通し（同 16～22），ここでも多量の楔形石器や（同 35～42），その製作・使用に関係すると思われる台石類が多数検出された。田向冷水遺跡は，層位的には AT 降灰以後の石器群であるとされている。他にも，岩手県愛宕山遺跡から同種の石器が検出されているが（同 10～15），出土コンテクストが不明である。ナイフ形石器の特徴から，以上の石器群に近い時期に位置づけておきたい。

　この薄手・有肩形の背部加工尖頭形石刃石器に特徴づけられる石器群の位置づけには決定的な根拠がない。田向冷水遺跡や柏山館遺跡 IIa（下）文化層はいずれも AT 降灰層準より上位からの検出と考えられていること，AT 降灰直後と考えられる大型尖頭形石器石器群と異なり，中型薄手の基部・背部加工尖頭形石器に特徴をもつことや，掻器や削器等の器種が乏しいこと等からみて，より後出の石器群である可能性が高い。同地域の先行する時期にあたる峠山牧場 I 遺跡 A 地区・同 I 遺跡 B 地区（範囲確認調査）や耳取 I 遺跡 B 地区に少数含まれている有肩尖頭器が，系統的に進化して生じた石器が中心的構成要素となった石器群であり，岩手県中部から北上川を経由して青森県東部までの範囲で盛行した可能性を考えておきたい。地域が離れているため問題があるが，関東地方における砂川石器群の二側縁加工ナイフ形石器の形態的特徴（中型薄手，基部尖鋭）に共通する点も考慮して，IV 層中部並行期前後の石器群とみなしておくのが，現状では妥当であろう[17]。

　秋田県の鴨子台遺跡（小山内・榮ほか編 1992）は杉久保石器群に類似する石器群である（第 106 図）。薄手長狭形石刃を素材とする杉久保型尖頭形石器（同 43・44）と，神山型彫器（同 51・52・54～56）に特徴をもつが，二側縁加工のナイフ形石器（同 45～49）も一定数共伴し，新潟県北部の杉久保石器群とはやや異なっている。が，時期的には杉久保石器群に並行するであろう。杉久保石器群の分布は，現在知られている限りでは新潟県を中心とするが，奥羽山脈西部の日本海側に点綴するように分布が伸びる可能性もある。

　さらに異なる石器群が宮城県南部・福島県を中心に展開する。V 層〜IV 層下部並行期の石器群は今のところ弥明遺跡（藤原編 1999）しか認められない（第 107 図 30～32）。福島県塩坪遺跡（鈴木・辻ほか 1983）は，関東地方の砂川石器群に対比される石器群が出土したといわれる。二側縁加工のナイフ形石器（同 1・4・5～10）に截頂石刃（同 11）や掻器・彫器（同 12～17）が伴う。VI 層並行期に位置づけられる可能性がないわけではないが，先に，福島県および宮城県南部では一里段 A 遺跡東区（石本・松本ほか編 2000）・上ノ原山遺跡（主浜 1995）・野田山遺跡（窪田・佐藤 2002）等の，尖頭形石器と石刃製掻器に特徴をもつ石器群を VI 層並行期に位置づけることが適当と考えた。よって塩坪遺跡は IV 層中部並行期とみなすのがやはり妥当である[18]。福島県三貫地遺跡（福島県文化センター編 1987）や宮城県賀篭沢遺跡（東北学院大学佐川ゼミナール 2005）の石器群は，在地の石材を用いた二側縁加工ナイフ形石器と剥片製小型ナイフ形石器に削器等を有し，前者では神山型彫器（同 25）や截頂石刃を有するので，現状では IV 層中部並行期としておくのが適当だろう。

第Ⅲ章 編年研究

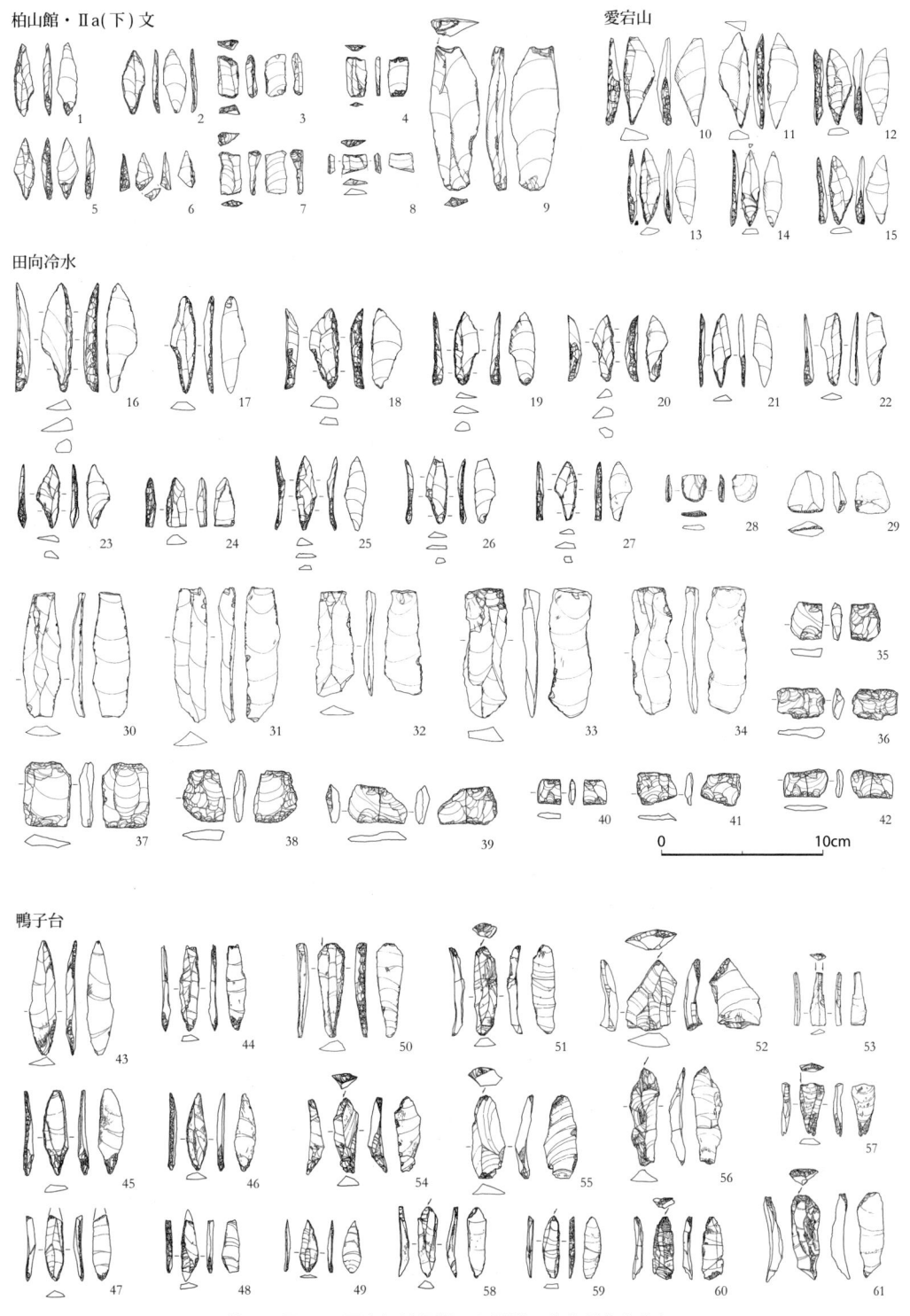

柏山館・Ⅱa(下)文　　　　　　　　　　　　　　　　　　愛宕山

田向冷水

鴨子台

第106図　Ⅳ層中部並行期の石器群：古本州島東北部3

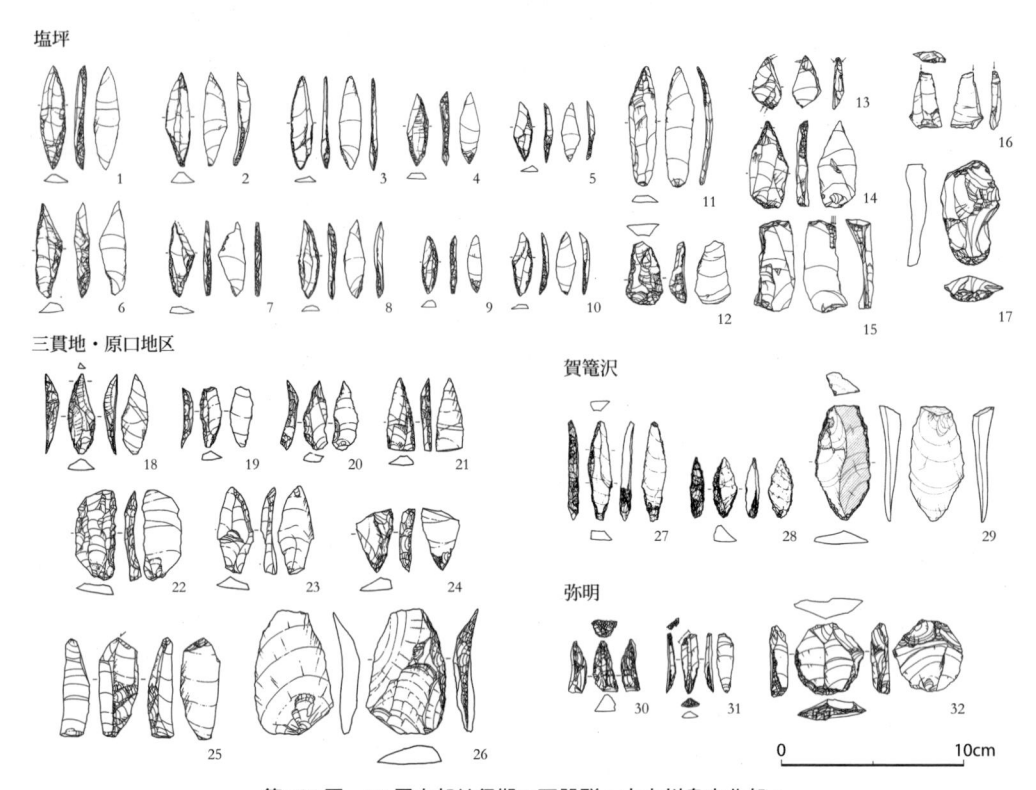

第107図　Ⅳ層中部並行期の石器群：古本州島東北部4

(4) まとめ

　古本州島東北部でも，Ⅵ層並行期に前半期二極構造が解体していく。前半期の地域性についていえば，たとえばⅦ層上部並行期には二側縁加工ナイフ形石器が奥羽山脈西部地域を挟む東西（新潟県／奥羽山脈東部）に認められたことや，Ⅵ層並行期にみる金谷原遺跡と大渡Ⅱ遺跡第1文化層の技術構造の違いといったように，奥羽山脈の東西で地域差が生じ始めている可能性があったが，いまだ明瞭かつ固定的なものではなかった。

　Ⅴ層並行期には，まずⅥ層並行期からの連続的変化を追える石刃石器モードのみからなる大型尖頭形石器石器群（石刃モード巡回群：田村1989）が広く展開する。そして，これに遅れて国府系石器群が出現することにより，地域差が明確化する。国府系石器群は新潟〜北陸までにしか出現しないためである。この時期までには，新潟以西，奥羽山脈西側，奥羽山脈東側に明らかな技術構造上の地域差が生じている。このうち，石刃モード巡回群が継続するのは，奥羽山脈西部の地域に限られ，新潟〜北陸では国府系石器群と石刃石器群の共存，奥羽山脈東部では石刃石器モードと小型剝片石器モードからなる二極構造・二項的モードの再興ともいうべき技術構造が成立した。国府系石器群は，AT直後の大型尖頭形石器石器群に遅れて出現し，このとき新潟〜北陸とそれ以北・以東との地域差が生じるのだから，同西南部同様，技術構造の地域性はⅤ層並行期でもその後半を通じて顕在化した可能性が高い。ただし，現状では奥羽山脈東西の地域差（有肩尖頭器の有無）がどのタイミングで生じたかを特定する根拠はない。

第Ⅲ章 編年研究 153

第 3 表 古本州島南部の編年 (1)

		東海地方西部	東海地方中部	中部高地	南関東地方西部	南関東地方東部	北関東地方
Ⅳ層	中部	広合a·YLL 匂坂中·K3 寺谷 山田原Ⅱ	広合a·YLL 清水柳北·東尾根 寺谷I·YLL	御小屋·ノ久保 男女倉B·J 手長丘 追分·3文	原口 栗原中丸 長堀北 中村C 下薬師鹿島B	日影台 砂川 高稲荷	御山·VIIa 平賀一ノ台 一本桜南·7文
	下部	京見塚			西久保		伊勢崎Ⅱ·1文 今井上駒後Ⅲ文 寺谷東·Ⅱ文 今井見切塚·Ⅲ文
Ⅴ層	上部	匂坂上2	野辺山B5		上草柳2·Ⅱ文 橋本·Ⅳ文 用田大河内·VI文 下柳沢·2文 西ノ台合B·Ⅳ文 戸塚·1文 自由学園南·2文 大門·2 土土棚·Ⅲ/Ⅳ文 慶応湘南·Ⅳ文 下柳沢·1文 出山	和良比本山Ⅱ-5 白旗前S30 源七山·4文 一本桜南·6文 天神橋東之台·Ⅲ文	
		日影1 日影2	イラウネ·BBⅠ上 中見代·Ⅲ文 中見代Ⅱ/Ⅲ·BBⅠ	柳又C 城ノ平	南浅野·Ⅱ文 柏ヶ谷長ヶサ·Ⅸ文 代官山·Ⅵ文 国分寺·3文 菖蒲沢大谷·Ⅲ文	一本桜南·5文 北海道·Ⅴ文 彦山 源七山·4文 取香和田戸·4文 小中台·Ⅱ文	上台西井熊·2文
Ⅵ層	下部					一本桜南·4文	
	上部		尾上イラウネⅡ·BBⅠF 中村寺ノ大窪·BB Ⅱ文 桜畑上·BBⅠ				
	下部	椿掘·KⅢ 寺屋敷	子ノ神·BBⅠ下面 清水柳北·東尾根·NL 広野北·東尾根·BBⅡ 初音ヶ原 A3·Ⅰ文	追分·4文 茶臼山 池のくるみ	橋本·Ⅴ文… 慶応湘南·Ⅵ文 寺尾·Ⅵ文	堂谷·合·32·4文 瀬田·6文 鈴木北·Odグリッド 取香和田社·V/Ⅶ 取香和田戸·5文	書上本山 三ッ子沢中 房谷合·Ⅱ文 堀下八幡
Ⅶ層	上部		西大曲·Ⅳ文 清水柳北·中央尾根·BBⅢ 初音ヶ原 A2·Ⅲ文		橋本·Ⅵ文 大門4文	堂谷·合·32·5文 西台合後藤田 瀬田·7文	東林跡· 香山新田中横堀 北海道·Ⅶ文
	下部		中身代·Ⅰ/Ⅳ文 中身代Ⅱ·Ⅻ文 中身代Ⅱ·XⅢ層		成増とのⅢ·4文 下里本邑	西台合藤田 等々力根 羽根沢合·Ⅶ文	分郷八崎 見立溜井 磯山 波志江西宿

註:Ⅳ層中部並行期は主要遺跡のみ表記(第3~5表全て)。関東地方は主要遺跡のみ表記。

第 4 表 古本州島西南部の編年 (2)

		九州地方東北部·西南部	九州東北部	九州西北部	四国地方中部	四国太平洋	山陰地方	中国地方	近畿·瀬戸内地方	紀伊南山
Ⅳ層	中部	城ヶ尾·Ⅲ文 南原野 小原野 前ノ田村上·3	磯道 堤西牟田·Ⅳ文	宗原	瀬田池の原·8層		原田·5層	恩原2·S文		馬見南·ノ谷?
	下部	帖佐原1-四·Ⅲ文 東毛戸3 勅力大寺1 中ノ迫2 前原南和田	駒方津上沓 岩戸·6下 岩戸1 百合Ⅰ C·Ⅱ文	老松山(角鎌)	白鳥平B 下城Ⅱ 下城I	奥名南 佐野楠自山		恩原5層 野原早風·Unit CD		八尾南·3 南花田 板井寺ヶ谷·上位文 中間西井坪·BL6 国府
Ⅴ層	上部	中ノ迫1-前 前田村村1:2 野首1 北土牧1·長園野 国富仁田尾Ⅳ·Ⅷ層 貼立Ⅳ·東園 桐木耳取·Ⅰ文² 西尾·Ⅷ層 前山·Ⅲ文	船塚 東分 股·西小田13次 大坪 一方平Ⅰ·東区 沢良良·東54	狸谷·Ⅱ文 馬小合口 象ノ鼻D 西ノ迫·上層 茶園 右の木54·V.c.d層 和口	フコウ原 恩原1·O文 冠Ⅰ A	フコウ原 恩原1·O文 冠Ⅰ A		フコウ原 恩原1·O文 冠Ⅰ A	都家田代 中間東井坪 中間西井坪3a-3, 3b 与嘉合西井 中間東·BL3 香南西西井 国分台東 坊増東区 日吉合	はさみ山 郡家今城C 長原97-12次 栗生間谷·BL3
		上ノ原1·Ⅰ文 宮ヶ谷迫 国道仁田尾Ⅲ·Ⅶ層 春日第2·金剛寺谷 桐木耳取·1文·前/田村1-1	平沢良·出谷 百花合東·Ⅰ文 川原田 西高久道·下層 有田6次	大丸·藤ノ迫	西高久道·下層 有田6次		門前第2	恩原1·R 上文	中間西井坪 (1区·5区の一部) 七日市·Ⅳ(3次調査) 七日市·Ⅲ文	八尾南6 長原89-37次 栗生間谷·BL1 広峰寺向 広畿北
Ⅵ層	上部	春日第2·金剛寺谷		根引池				戸合4 西ガガラ1-BL3-5 西ガガラ2·BL7		
	下部	高原原5·Ⅲ文 上ノ原1 東醍原2·Ⅲ層 東醍原1·Ⅲ期	(+)	堤牟田·1文 百花合				戸合5 野原早風·Unit A	板井寺ヶ谷·下位文	
Ⅶ層	上部	帖佐·XVII/XVIII層		百枝C·Ⅲ文 駒方古屋·C·Ⅱ文	牟田D			原田·7層 (BL1-5)	西ガガラ2·BL1 野原早風·Unit A	七日市·Ⅱ文 下城Ⅱ·Ⅱ文
	下部	後牟田·Ⅲ文				耳切AⅡ 下城Ⅱ·Ⅱ文				七日市·Ⅱ文 (1次·3次調査)

※1:エリア2~5·6·7·10·11·15 ※2:エリア12·16

第5表 古本州島東北部の編年

		北陸	野尻湖～千曲川中流域	新潟	奥羽山脈西部		奥羽山脈東部北半	奥羽山脈東部南半
IV層	中部	直坂II 新造池A 東裏特養 西岡A・BL12-18 宮ノ前	上ノ原県道・II、III石器群 東裏特養 西岡A・BL12-18 大堀 貫ノ木H1・BL1007	樽口・B-KSU文 樽口・A-KSU文 上ノ平C 向原A 上ノ平A 吉ヶ沢B	二重鳥A 上ノ野	芋ノ原 上三野A3次 太郎水野2 横道	鴨子台 館下I	柏山館II a下層… 愛宕山 (ナイフ) 早坂平・I文 峠山牧場IB 大渡II・3文	…田向冷水 塩坪 賀篭沢 三貫地原口
	下部	西下向 嫌兼平林 眼目新丸山	七ツ栗I 東裏H2	二ツ谷沢A 樽口・B-KH文 樽口・A-KSE文 坂ノ沢C 蒲渕上	小出IV	河井山 お仲間林（慶大） 上三野A 乱馬堂 越中山K		峠山牧場IB (範囲確認) 耳取IB 峠山牧場IA・BL18 峠山牧場IA・BL16	弥明
V層	上部	灯台笹下	貫ノ木H5	嗣抜原B 円山				大渡II・2文	
	下部		太子林II						
VI層		ナカノA 直坂I… 野沢A	蛇谷 裏の山II 大平I 東裏H1II・東裏H2・BL6・仲町JS・BL21	…樽口・A-KH文…		…金谷原… 弓張平B	龍門寺茶畑	…大渡II・1文	野田山 上ノ原山 一里段A・東
VII層	上部	ウワダイラI ウワダイラL	大子林	大原北I 前山		狸崎B… 松木台III	…縄手下 小出I	峠山牧場IA・BL3 岩洞堤・2文	
	下部	白岩薮山 宿向山 西原C	貫ノ木H3 (一部)		岩井沢		家の下 地蔵田…	此掛沢II 下堤G… …上杯森…二ノ台長根 成田 愛宕山	笹山原No. 10 一里段A・西 …笹山原No. 16 笹山原No. 8

古本州島東北部では，西南部でおこなったⅤ層〜Ⅳ層下部並行期の細別が困難である。したがって，この後に，新潟県や北陸で杉久保石器群や瀬戸内系石器群が出現する時期を西南部のように詳しく特定することはできない。とはいえ，多少のずれがあるかもしれないが，杉久保石器群は，得られている年代値についてみる限り砂川石器群の年代値（およそ20000〜19000^{14}CyrsBP）とほぼ一致し，Ⅳ層中部並行期前後の時期に位置づけられるとみられる。

古本州島東北部では，遅くともこのⅣ層中部並行期に至り，北陸地方で瀬戸内系石器群，新潟県周辺で杉久保石器群，奥羽山脈西部で太郎水野2遺跡や二重鳥A遺跡に代表される中型尖頭形石器石器群，奥羽山脈東部北半で有肩尖頭器を特徴的に含み二側縁加工ナイフ形石器・楔形石器・截頂石刃を組成にもつ石器群，奥羽山脈東部南半で二側縁加工ナイフ形石器石器群が展開し，顕著な地域性が形成されたと考えられる。その基礎はⅤ層（おそらく上部）〜Ⅳ層下部並行期に成立していたと思われる。

第4節 小　　結

以上の内容をまとめたものが，第3〜5表である。ここまでの検討から次のことが言える。すなわち，後期旧石器時代前半期後葉は，二極構造の枠組みで捉えることができるが，佐藤宏之（1992）の指摘するとおり，やはりⅥ層並行期を介して，そうした構造が解体する過程がみて取れた。

さらに古本州島東北部と西南部での検討結果を総合すると，Ⅵ層並行期からⅤ層下部並行期までの技術構造の変遷は，九州地方を除く各地域で，在地技術伝統の系統的進化として理解することが可能であった。また，技術構造の地域差も，両時期でそれほど大きな差はない。例外は九州地方で，Ⅴ層下部並行期に，朝鮮半島から新しい刺突具スタイル（剝片尖頭器）の導入が図られ，急激なスタイルの変化が起こっている。これは九州に限定された現象であることから，特別な説明が必要であろう。考えられるのは，始良火山の噴火に伴い南九州を中心に壊滅的な人口の減少が起こったことによる，社会関係の再編過程と関連している可能性である。南九州ではAT直上にもAT直下に類似する石器群がいくつか認められるため，AT噴火からある程度の時間が経ってこの地域に人間集団が再居住したことが分かる。おそらく，このときに人口配置の再編成を背景として新しい社会間関係網を構築する必要から，九州地方内部での社会統合を強化する必要性が生じ，ネットワーク強化のための共有スタイル（Gamble 1986）の一環として剝片尖頭器という新しい刺突具様式が導入され普及したものと考えておきたい[19]。

このような九州地方固有の現象が起こっていたものの，それ以外の地域ではⅤ層下部まで伝統的な技術系統の内部で技術構造の変化が理解可能であった。

しかしこれに続くⅤ層上部とは，技術構造が各地で大きく変化し，さらに顕著な地域化を遂げる時期であると同時に，在地技術の系統進化では説明できない異系統技術の出現が認められることに特徴をもっていた。それは，多くの地域においてそれ以前には認められなかった国府系石

器群と角錐状石器の広域的出現である。これらの石器群が広い範囲の石器製作技術構造に組み込まれたということの背後には，在来の技術では対応が難しい，あるいは新来の技術のほうが便利とされるような状況が生じていたこと等をはじめ，様々な可能性が想定できる。ただし，両者の展開する地域や程度には様々な差異があり，一様ではなく，また影響が及ばない地域もあって，状況は複雑である。

ともあれ，V層上部並行期石器群の抽出から次のことがいえる。すなわち，地域間での主要石器の型式差の顕在化と，地域独自の技術構造の成立が，より地域的適応の進行した地域社会の成立を反映していると考えるならば，以上の結果は佐藤宏之が提出していた前半期から後半期への移行仮説（後半期における地域社会の成立過程：佐藤1992）と一致する。地域社会間の交流関係の活発化を反映している可能性がある国府系石器群・角錐状石器の広域展開も，この地域社会化の過程と軌を一にしている。本書ではさらに地域性が顕在化する時期と，地域性の形成過程をより詳しく提示した。

未解明の問題は，各地域独自の技術構造がどのような背景をもって成立したものかということである。この問題の検討はここではおこなわず，最終的に第VI章で取り組むこととし，その前に整理しておきたいことがある。それは，この技術構造の変化の過程に，上述した国府系石器群と角錐状石器がどのように関わりをもってくるのか，という問題である。両者がV層上部の技術構造に広範囲で深い影響を与えていることは明らかである。後期旧石器時代前半期から後半期への移行を記述し，地域適応戦略の変化として叙述するためには，地域ごとに石器群の変化を追跡するだけでは不十分で，国府系石器群・角錐状石器が広がった社会生態学的背景を分析する視点が必要となる。そこで，第IV・V章では，この国府系石器群と角錐状石器の広域展開現象について詳しく分析を加えていく。

註

(1) 野口淳（2009）は，導かれた考古学的パターンに「解釈・説明を与えることが『新しい旧石器時代研究』なのではなく」，解釈・説明の対象となる考古学的パターンという「前提をまず十分に吟味することが求められている」として，近年の編年の細分指向に警鐘をならす。その批判対象の代表例として筆者編年（森先2007a）がとりあげられている。野口は，これまでは「降下テフラの風化土壌化層からなる「ローム層」を，黒色帯の位置とその間の層相に基づいて区分，編年の基準としてきた」が，そのような土壌層序区分により得られた各層中の層位的位置から考古遺物の細別時期を求めることはナンセンスであると断ずる。

　一般論として野口の指摘には首肯できる。というより，そのような指摘はすでに詳述されていよう（佐藤1992）。しかし野口の批評が筆者編年に妥当するとは考えておらず，一概に細別編年が成り立たないとも考えない。いうまでもなく編年は層位によってのみ求められるのではない。筆者の細別編年（といっても先行編年に比較して極端な細別編年とは思えないが）は石器群の型式分析に相応の重心をおいてのものである。確かに相対的な新旧関係を表示する場合に，「××層上部期」「××層下部期」な

どと呼んでいるが，これは必ずしもあらゆる遺跡で××層の上部から出土することを根拠として設定した時期という意味ではないのである（森先　前掲）。要するに，石器群間の違いをたとえば時間的・空間的差異のどちらとみるか，あらゆる場面でより確度の高い情報源に基づいて蓋然性の高い解釈を加えることが重要なのであって，情報源となるデータの取得法がよりよい視点と手法に拠っているのなら，当然それに越したことはない。ジオアーケオロジーを嚆矢とするそうした方法の練磨は今後も追究されるべきだろう（森先2009a）。逆に，層位的に分けられないからといって多様な石器群を同一時期に包摂し，人間集団の理念的行動パターン等の差異に解消するという前提（野口1995・2005）も「十分に吟味」されねばなるまい。

(2) 若干古くIX層上部並行期に相当する可能性もある。ここでは台形様石器II類の形態を評価してVII層下部並行期に含めた。

(3) 速報段階において，脚注というかたちでながら，瓜破北遺跡がVII層並行期に属する可能性を示唆したことが以前あったが（森先2009b），本報告の刊行を受けて，再度詳しく検討を加えた結果，本文のような結論にいたった。

(4) 第12地点等において，明らかにIV層中部砂川並行期の石器群を含むので，これらは除外すべきである。

(5) 宮田は桐木耳取遺跡第I文化層のエリア1〜7を同時期とみている。ただし平面分布をみると，エリア1，エリア2〜5，エリア6・7，エリア8以北は相互に大きく離れている。本書では，剥片尖頭器等の時期推定の手がかりになる石器を含むエリアに限り編年研究の対象とし，長狭型剥片尖頭器を主とするエリア2〜5，エリア6・7，エリア10・11，エリア15，今峠型・大型台形様石器に特徴をもつエリア12・16を，それぞれ編年の単位として扱う。

(6) 馬籠ら（馬籠・長野2006）により再検討された文化層内容に基づいている。

(7) 周辺地域との対応関係が明示されていないが，日野1遺跡から椿洞遺跡という通時的変化の認識は，長屋幸二（1995）がすでに提示している。

(8) 西輪久道遺跡については，出土地区と石器群の内容を分かりやすくまとめている阿部敬（2007）の図を使用した。

(9) 藤野次史の最新編年（藤野2006）では，本書の対象とする石器群の多くが同時期（IIb）とされ，さらに国府型を含む横長剥片製ナイフ形石器主体の石器群をより新しい時期（III期）と位置づけている。したがって，角錐状石器主体の石器群→ナイフ形石器主体の石器群という，本書とはまったく異なる変遷観がみられる。

(10)「尖頭器」や小型のナイフ形石器が伴うことを根拠に，この遺跡を「ナイフ形石器終末期」（光石2005）とする段階編年はもはや成り立たない。我が国で旧石器時代の終末を特徴づけるといわれていた器種・型式の多くは，特定の時代・地域に限定されるということのほうが少なく，むしろ汎世界的に共通したものが存在するというのが常識的理解だからである。たとえば，日本でナイフ形石器と呼ばれているものなどは，日本に限らず旧大陸各地において共通した技術形態的特徴を有するものが存在することは，よく知られている（佐藤2003a）。また，日本の国内においてさえ，後期旧石器時代後半期に発達する砂川型ナイフ形石器と九州型ナイフ形石器の技術形態的類似性は古くから指摘されてきた。しかし，両者間には直接的な系統関係がなく，発生や発達の時空間を異にして生じうることの背景が明らか

にされるにおよび，それらが他人の空似であって，系統的関係で説明するべきではない現象であることが指摘されている（安斎 2003a）。
(11) 技術的には瀬戸内地方との関連が強い冠遺跡群であり，前項で扱うべきかも知れないが，本書では遺跡が位置する中国山地の項で取り扱うこととした。
(12) 藤野のこの編年観は，すでに変更されている（藤野 2006）。しかし，この新編年にも問題があることは註（9）で述べた。
(13) なお，本文中で後述するように，現在ではこのことを示す具体的資料がある。
(14) かつて地蔵田B遺跡と呼称されていたが，地蔵田遺跡に改称されている（菅原 2002）。
(15) 池のくるみ遺跡出土石器の1点（第21図18）は池のくるみ型とするよりも，狸崎型の範疇で捉えたほうがよいと思われる。
(16) 縄手下遺跡については，池のくるみ型・狸崎型と，尖頭形石器・台形様石器III類が，実は共伴しないという可能性も考慮する必要はある。しかし，それぞれ別個の根拠（池のくるみ型は池のくるみ遺跡と茶臼山遺跡とのナイフ形石器の対比から，狸崎型は仲町遺跡JS地点の層位や東北地方内部での台形様石器III類の対比から）に基づいて与えた位置づけは，互いにきわめて近接したものとなっており，敢えて分離すべき根拠は見当たらない。念のため，その出土状況を概観しておく。

　発掘調査報告書（吉川編 2006）によれば，縄手下遺跡は米代川下流域左岸にある幟山丘陵北西端の台地上に位置する。発掘調査ではこの台地北西部をほぼ全面的に調査しており，総調査面積は 8500 m² である。石器群が検出されたのは調査区西側のおよそ 960 m² の範囲である。石器集中部は南北に長い楕円形を呈しており，この集中範囲内で，重複しながらも東西に二つの集中域が認められる。報告書所収のデータによる限り，基部加工尖頭形石刃石器と台形様石器III類は西側にまとまり，池のくるみ型・狸崎型は東側に多い傾向が指摘できる。このうち，東西いずれの集中部でも多数の剥片・チップが得られているが，特に西側において多い。接合資料の内容からみて，西側では主に台形様石器III類の製作がおこなわれたらしく，尖頭形石器や池のくるみ型・狸崎型の製作は乏しい。分布には器種毎に一定程度の偏りが認識できるとはいえ，そもそも広い台地上において，ごく一部の範囲に限って石器の分布が認められ，かつそれらが微妙に分布をずらしつつも，ごく近接して残されているという状況は注意すべきだろう。両者が無関係に残されたのではないことを傍証する。

　また，主要石材である珪質頁岩において，母岩分析がどれほど有効であるか問題が残るが，各器種は頻繁に母岩を共有する。筆者も実見してこのことを確認したが，特に池のくるみ型・狸崎型と台形様石器III類は，外見にも特徴的な母岩を共有する傾向が強いことは認めてよい。なお，北海道木古内町の湯の里4遺跡出土の「台形石器」（畑編 1985）との類似性から，池のくるみ型・狸崎型をより新しい時期に位置づける解釈もありうるが，次の理由から本書では支持しない。湯の里4遺跡の台形石器は，より小型かつ薄手で刃部と平らな基部が平行する平刃タイプなので，少なくとも狸崎型とは異なっている。仮に，縄手下・狸崎Bにおいて，狸崎型とそれ以外の石器とが分離されるとしても，湯の里4遺跡のものと相同の石器と考えることは困難である。狸崎型が約20000年前以後に位置づけられると考えると，東北地方におけるその由来を説明することは一層困難である。湯の里4遺跡の台形石器の由来を説明することは難しいが，湯の里4遺跡を基準にして池のくるみ型・狸崎型の位置づけを与えるよりも，池のくるみ遺跡出土の石器や，同じ東北日本地域を構成する野尻湖遺跡群の出土事例を重視したほうがよい。

狸崎型と狸谷型の関係と同じく，時期をたがえて類似する石器が出現する理由を，機能的側面から考察するほうが重要であろう。

(17) 田向冷水遺跡については，すでに佐藤宏之により後期旧石器時代後半期中葉（砂川石器群並行）と考えられている（佐藤2007a）。有肩尖頭器は，関東地方後期旧石器時代前半期後葉にも認められるが（第13図大上遺跡），前半期のものは厚みがあり，また厚みの均質性がなく，加工に対向調整が多用されるので，異なっている。

(18) ただし，関東地方に系譜をもつ集団の石器群だとすれば，一里段A遺跡等と並存していた可能性もないわけではない。しかしそうすると，塩坪遺跡，三貫地遺跡，賀篭沢遺跡などこの地域の多くの石器群が関東地方に系譜をもつ石器群の進入によって形成されたと解釈せねばならず，この特異な現象の背景に対する説明が必要となってくる。よりシンプルな解釈で理解したい。

(19) これに類似する現象，すなわち人間集団の広域拡散をはじめとする社会的ネットワークの急速な再編が求められたとき，様式的文物が発達するという現象は，世界各地さまざまな時空間で確認することができる。日本列島では，火山災害とその後の広域型式の拡大が連動する例が本例以外にも報告されている（たとえば，辻2009）。

第 IV 章　国府系石器群の伝播形成過程

第 1 節　国府系石器群に関する既往研究

　国府系石器群とは，瀬戸内地方に特有の分布をみせる国府石器群と明らかな系統関係を有すると考えられる石器群である。国府石器群とは，後半期初頭の瀬戸内地方に出現した，世界的にみても特異な横長剝片剝離技術（瀬戸内技法）と，それに基づく国府型ナイフ形石器製作を特徴とする石器群である。本来瀬戸内の地域環境に適応した人間集団によって成立をみた国府石器群の影響が，何らかの理由で広範囲に及んだことを明瞭に示すものが国府系石器群であり，長らく日本の旧石器考古学の重要な争点のひとつとなってきた。

　ただし国府系石器群の広域展開現象に関するこれまでの研究では，構造変動論的な問題設定がなされてこなかったため，その歴史的意義を十分に見出せずに終わっている。すなわち，国府系石器群（角錐状石器も同様である）について，分布・技術を記述し，その解釈には伝播や集団移動を持ち出して済ませてしまう場合が多い。本章では，そうした表面的・一面的解釈ではない多様な理解が可能であることを示し，第 VI 章での構造変動論的考察に備える。

　国府系石器群をめぐる議論の端緒は，1967 年に調査された大分県岩戸遺跡や，1968・1970 年に調査された山形県越中山遺跡 K 地点における，国府石器群を特徴づける瀬戸内技法に技術的に関係する資料，いわゆる「瀬戸内技法関連資料」の出土にある。岩戸遺跡では，大型厚手の剝片を素材とする石核をもとに，石核素材の主要剝離面を取り込んだ横打剝片剝離がおこなわれていることが判明し（第 65 図），越中山 K 地点では，国府型ナイフ形石器にきわめて類似するナイフ形石器や，瀬戸内技法の一部分（いわゆる「第 2・第 3 工程」）を示す接合資料が得られたのである（第 99 図）。以後も，こうした資料は九州地方や東海地方西部，東北地方を中心に増加の一途を辿ることとなった。

　こうした状況をうけて，各地の国府系石器群について，石器製作技術や石器形態・組成の詳細な比較研究が積み重ねられた。技術要素の有無を主たる判断基準として，国府系石器群の広域展開の背景に，ほぼ例外なく瀬戸内地方からの「国府文化」ないし後続する「文化」の伝播，瀬戸内集団の侵入，あるいは石器製作技術の伝播があったとする説明がなされてきた。その過程で地域間変異が生じた背景については，技術比較（綿貫 1982，松藤 1982・1985，柳田 1983・1985，藤野・保坂 1983，山口 1983，三浦 2005 等）や使用石材（会田 1994a，松藤・森川 2001）の比較に基づく指摘がある。

　これらの研究には共通した基本モチーフがある。一言でいえば，国府系石器群の〈地域差＝伝播の時期の差異〉あるいは〈地域差＝在地集団との接触による技術変容〉，また最近では〈地域

差＝石材による技術変容〉という基本モチーフが，地域や対象をかえながら繰り返されてきたといえる。しかし，石材要因であれ，異文化の接触であれ，これまでのモデルのいずれもが抽象的な文化論（考古学的文化間の関係）の域にとどまっており，文化伝播論の枠組みを脱していない。また，広域拡散現象は具体的にどのような過程を経て起こったのかについても未だまとまった分析・研究が提示されていない。

このような問題は，国府系石器群の問題に限らない。たとえば，日本の旧石器時代研究では，「細石刃文化」や「神子柴文化」の出現のように，地域内部での変化として説明できないと考えられる石器群の変化が，常に類似する資料をもつ外部の地域（周辺大陸）からの「文化伝播」として説明されてきた。

そもそも「文化伝播」という概念は，先にも述べた「文化」（要素集合）概念を前提とした用語である。わが国の旧石器考古学では，先史学の確立者である V. G. チャイルドによる定義，すなわち「繰り返し認められる諸型式の組み合わせ」を意味する「文化 culture」と同様の内容を与えた，石器群の組成把握に基づく「石器文化」を基礎としてきた。チャイルドの場合は，石器だけしか認められないような場合には，「文化」と区別して，インダストリー industry と呼ぶべきだと述べている（チャイルド 1981）。しかし「石器文化」には「文化」と相同の意味が込められたため，背後に特定の文化を共有する集団をア・プリオリに対応させた文化論的単位となっていることに特徴がある。

石器や石器群が，これを残した集団の文化的な指標であるとみる思考法は，個々の石器の形態を，あらかじめ石器製作者が脳裏に描いている青写真たる「範型」が具現化したものとみなす考え（範型論）に拠っている（佐藤 1992）。範型の集合体である石器群は，そうした青写真，すなわち心性を共有する集団の指標と捉えられることで，石器群が，主として文化的な単位として認識されることになったと考えられる。したがって，「石器文化」と「範型論」に依拠する限り，新しい要素・要素群（石器・石器群・製作技術）の出現といった大きな変化は，「文化」の発展としてよりも，外部的要因を強調して説明されねばならなかったことは当然の帰結と思われる。この思考法は，さらに「文化」段階論と結合して，頻繁な「文化伝播」を背景とした，「文化」交代説に基づく旧石器時代像を形成してきた（安斎 1991a）。なお，「国府文化」（国府石器群・国府系石器群）の広がりについては，「ナイフ形石器文化」伝統内での一時的な現象として理解されていたため，「細石刃文化」等ほどにはドラスティックな変化をもたらしたとは考えられていないようである。

しかし，「国府文化」にせよ「細石刃文化」にせよ，本拠地（と想定される地域）の石器群とまったく同じ内容の「文化」をもつ例はなく，いくつかの要素が共通する程度であることが多い。この意味で，「石器文化」論に立脚する限りでさえ，「文化伝播」という用語を用いることは不適当である（安斎 2002）。さらに，具体的に国府石器群の問題についていえば，山形県越中山遺跡 K 地点のように，瀬戸内地方から遠く離れた地域で相当に技術的な類似性の高い石器群が存在する一方，南関東地方では，膨大な発掘資料が蓄積されているにも関わらず，越中山遺跡 K 地

点のような石器群は確認されていない。九州地方西北部の佐賀県と同東北部の大分県では，前者で国府石器群の様相に近い石器群が比較的多く発見されているのに対し，後者にはそうした石器群が認められない。文化伝播論では，ある中心地からの波状の伝播プロセスが暗黙に想定されることが多いが，こうした単純なモデルでは，以上のような地域間変異は到底説明し得ない。

このように，現在，国府系石器群の問題に限らず，「文化」を単位とした「文化伝播」と「文化段階論」では，現実の考古資料に十分な説明を加えることが難しくなっている。

確かに，伝播という現象は物質文化の変化に大きく影響を与えるため，物質文化の変化については一定程度「説明」する概念とはなりうる。したがって，過去の物質文化たる考古資料に直截に「文化」を仮構する石器文化論においては，変化を説明する概念として無理なく採用可能であった。しかし，石器群構造研究以後において我々が目標とするのは，物質文化の変化から過去の人間社会の生活を読み解くことにあるのだから（第Ⅰ章），問題とされるべきは，物質文化からその存在が推測される伝播現象が，果たしてどのような社会的イベントを背景に生じたのであり，またそうしたイベントが生じた原因や，それが人間社会の生活に変更を迫った原因は何かということのはずである。ここにおいては，物質文化の変化をもたらしたものが伝播現象であったとしても，伝播が人々の生活を変えたとの言説はそのまま受け入れることはできないのである。

こうした問題が手付かずのまま残されている以上，現状では，国府系石器群について，広域展開の契機，広域展開のプロセス，地域間変異の背景を問題とし，総合的に研究した例はほとんどないといってよい。なにより，国府系石器群の広域展開が，広域的に連動する後期旧石器時代前半期／後半期移行期の構造変動にいかなる影響を与えたか，という視点の欠如は，国府系石器群の研究において致命的といわざるを得ない。

唯一，安斎正人が最近発表した研究（安斎2004）は，国府系石器群の広域展開現象が，周辺地域の地域集団に与えた影響を構造変動論的に論じている。安斎は「国府型ナイフ形石器と角錐状石器は，ともに西南日本のさまざまな社会生態学的な環境との相互作用のなかで機能した石器であって，東北日本の石器群にこれら両石器が包摂された背景には，これらが槍先形尖頭器の出現にとって比類なき重要性を」もつ要素であったという予測をもとに，国府系石器群出現前後の各地の石器群変遷を確認した。その結果，石刃系統の石器群に国府系石器群が貫入したのち，槍先形尖頭器石器群が成立したのは中部高地であると指摘する。これをうけて，それまで各地で採用されてきた「石刃石核リダクションは効率のいいものであったが，集団の居住形態・移動様式は基本的には良質の頁岩産地に規定されていた。良質の頁岩産地から遠くはなれた中部高地の集団は，『国府系石器群』集団との接触を通じて，珪質頁岩製石刃でなく，安山岩（あるいは黒曜石）の剝片からでも大型の着柄型狩猟具（国府型ナイフ形石器・角錐状石器）が製作可能であるとの情報を得たのである。黒曜石での試作の後に，ボリュームのある盤状の安山岩から頁岩製の尖頭形石器やナイフ形石器よりも機能性の高い両面体の大型尖頭器が作り出せること，しかもその製作過程で生じる各種の剝片類が」さまざまな石器にも利用可能であることに気づき，両面体リダクション戦略（モード）が中部高地で，そして後には周辺の地域まで広がっていったのだと考えて

いる。

　国府系石器群が両面体モードの発生の契機となったという安斎の説には後に触れるが，安斎の視点は従来のような文化伝播論ではなく，社会生態学的コンテクストを考慮した情報伝播論であることを重視したい。

　構造変動論的には，石刃生産技術や細石刃生産技術がもはや「文化」や「時代・段階」を単純に示相する指標となりえず，各種のコンテクストにおいて様々な理由で採用される一般的な石器製作技術であることから，その出現や広がりを単に伝播や集団移動として済ませてしまうのではなく，今後はそうした技術が石器製作技術構造内に組み込まれた「固有の具体的事情とコンテクスト」を問題視すべきであると説かれている（佐藤 2003a）。国府系石器群の出現を考える場合にも，同じ視点が必要である。もちろん，横打剝片生産技術による刺突具製作は，石刃生産技術や細石刃生産技術のようには一般的な石器製作技術ではない。しかし，各地の国府系石器群の出現を，単に「瀬戸内技法」が伝播したためというのでは説明になっていない。瀬戸内地方で特異に発達を遂げた横打剝片生産技術によるナイフ形石器製作が，ある時期各地の石器製作技術構造内に様々な表現形をとりつつ内置された地域固有の具体的事情およびコンテクストを問題とせねばならない。

　この視点に基づいて，国府系石器群の広域展開と地域間変異の諸現象を，以下で分析していきたい。なお，従来の研究は急増している資料の詳しい編年的検討を経た結論ではなかった点にも問題がある。本書では第 III 章でこの作業を済ませているので，国府系石器群の広域展開と地域間変異について，より詳しい分析をおこなうことが可能である。

第 2 節　国府系石器群の荷担者推定

　国府系石器群の広域展開のプロセスでは，当然ながら，そこに瀬戸内地方で国府石器群を担った人々が関与していたのかどうか，関与しているならばそう考えられるのはなぜか，という考察をおこなっておかねばならない。文化伝播論パラダイムに則る従来の諸仮説では，この部分の根拠が不問とされてきたからである。そこで，各地の国府系石器群の荷担者が誰であったか，少なくとも瀬戸内出自の人々か在地集団かを区別して解釈する方法を最初に求めておくべきだと考える。この検討を経て，はじめて各地域に与えた影響の多様性を理解するひとつの基礎が整えられるはずである。

　まず，国府系石器群を次のように定義しておく。すなわち，主石材がサヌカイト以外の石材からなり，横打剝片製ナイフ形石器が国府型・国府系ナイフ形石器を主とする石器群を国府系石器群としたい。国府系石器群の内容は，決して一様ではないため，遺跡個別に分析を加えていくことが必要である。

　国府系石器群の荷担者を推定するには，これまでおこなわれてきたように，石器製作技術分析を手がかりにする。ただし，本書では国府石器群の瀬戸内技法の図式的手順がどの程度正確に認

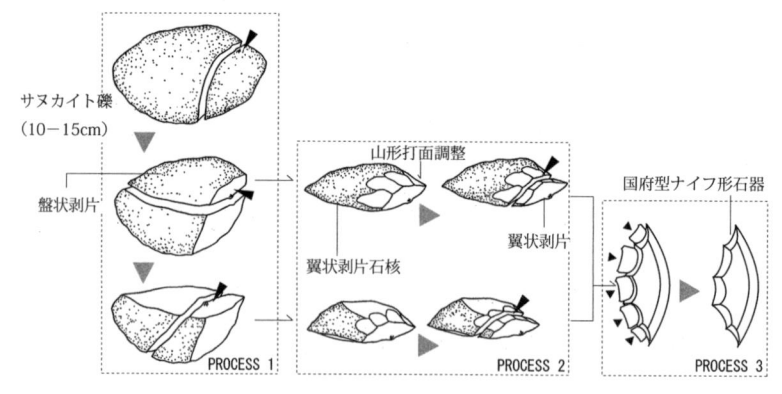

第108図　瀬戸内技法（松藤1974に加筆）

められるかという，これまで主流をなしてきた判断基準は採用しない。従来は，瀬戸内技法の定義（松藤1974，1979）に則り，盤状剝片が交互剝離で剝取されているか，山形の打面調整が丁寧に施されているか，打点後退は正確に直線的か等々の細かな技術要素の有無がとりわけ重視された（第108図）。もちろん，こうした比較に意味がないわけではないし，分析上重要な指摘もある。しかし，二上山北麓遺跡群の表採資料から属性分析に基づいて理念的に復元されたこの図式的手順が，国府型ナイフ形石器製作の「典型的」手法であるとは限らないはずである。したがって，この図式との比較に基づいて，系統的近縁性を解釈するという方法には問題がある。そのうえ，この図式との比較を仮に認めたとしても，結局はどの程度の要素が認められれば技術系統的に相同関係にあるといえるのかを判断する根拠が問題として残る。従来欠如していたのは，この解釈における理論的根拠（中範囲理論）である。

　この根拠を与えてくれるのは，「動作連鎖」（ルロワ＝グーラン1973）という概念である。西秋良宏（2004）によると，動作連鎖とは所与の行動を構成する機械的な一連の動作のことをいう。プロセス考古学では，こうした動作も，自然に対する人間の適応手段という枠組みから理解しようと試みてきた。しかし動作連鎖の概念は，技術のもつ社会文化的側面に着目するものである。人間諸個人（個体）がおこなうあらゆる動作の体系は，周囲を取り巻く自然環境条件ばかりでなく，実は作り手の属する社会の文化伝統に大きく左右されることが強く認識され始めたことによる。ルロワ＝グーランの言葉を借りると，個体の「動作の連鎖は，その生涯の初期を通じて獲得され，模倣による訓練，試行による経験，口頭の伝達という三つの角度からなされる」。こうして獲得された動作連鎖からは「予期せぬ事態が生じる場合以外には」抜け出ることはない。「身ぶり，態度，陳腐と日常性のなかでの行動のしかたが，出自社会集団との連繋の役割を果たす。個体は異なった階級や別の民族に移されても，完全には元の集団から解放されることはない」（ルロワ＝グーラン　前掲書，安斎2003a）。この見方によれば，比較基準として見出されなければならないのは，「典型例」ではなくて，国府石器群における国府型ナイフ形石器製作に通底する動作連鎖ということになる。

　横長剝片製の特異な国府型ナイフ形石器のⅤ層並行期における出現の背景には，もちろん瀬

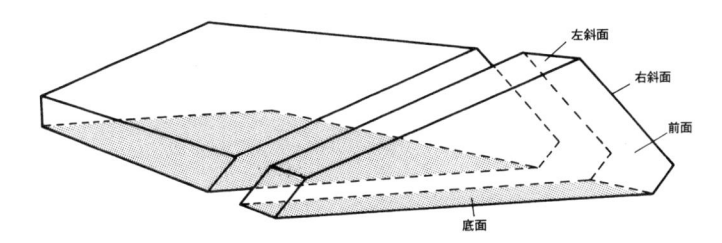

・すべての面は、原面でもポジ面でもネガ面でもよい。また、素材面でも作出面でもよい。
・底面は1面構成でなければならない。その他の面は何面構成でも構わない。
・打撃は斜面上のどこに与えられてもよい。

第109図　瀬戸内概念（高橋2001）

戸内地方固有の石材環境（横長剝片剝離に適した安山岩）が重要であるが、それだけではなく、VI層並行期までに瀬戸内地方の社会集団において歴史的に培われてきた技術伝統、すなわち横長剝片剝離に関わる豊富な動作連鎖の存在が深く関与していた。国府型ナイフ形石器の製作に関わる動作連鎖は、AT直後ごろに瀬戸内地方固有の環境条件、地域集団の歴史と技術伝統のもとで当該地域の社会集団に身体化された技術とみなせる（第III章）。

　先のルロワ＝グーランの言葉にもあるように、動作連鎖、すなわち身体化された技術的知識（ノウハウ）というものは、言葉（知識）のみで伝達・獲得することは難しいとされる（西秋1998）。それは自転車に乗る技術を本で読み、理解しても、実践できるとは限らないのと同じである。その反面、ノウハウは一度身に付ければ長期にわたって持続するといわれる。したがって、国府型ナイフ形石器製作に関わる固有の動作連鎖が、瀬戸内地方とは異なる歴史的経路を辿ってきた他地域に認められるのであれば、そこには瀬戸内出自の人間が関与していたと解釈することが可能と考えられる。

　ここで参考となるのは、大阪府翠鳥園遺跡の国府石器群の豊富な接合資料をもとに、国府型ナイフ形石器の製作に関わる動作連鎖分析をおこなった高橋章司（2001）の研究である。高橋によると、国府石器群の国府型ナイフ形石器製作に関わるあらゆる動作連鎖に共通して認められる石器製作の構造的特質とは、「板状の材を用い、一面からなる大平坦面と、それに対し鈍角に開く横長面がある場所で、かつ、大平坦面の反対側に、山形をなす二つの斜面をもつところを選んで、大平坦面と横長面とが接する部分を帯状に取り込みながら、横長面の全体を平行に後退させて、目的剝片をとってゆくこと」（第109図）であるという。そして、もちろんその目的剝片（翼状剝片）が大型刺突具である国府型ナイフ形石器製作と結びついていることも重要である。国府石器群における現実の国府型ナイフ形石器製作は、基本的にこの原則を満たしつつ実践されている。二上山北麓遺跡群で設定された図式は、あくまでこの原則に則り実際に石器製作をおこなう場合の、ひとつのありうる方式にすぎないことが指摘されたわけである。したがって、国府系石器群の荷担者に近畿・瀬戸内地方で国府石器群を担った人々が関与しているかどうかは、翠鳥園遺跡において、個性を超えて遺跡形成集団に共有されていた原石消費（動作連鎖）の原則（構造）を手がかりにしてこそみえてくるはずである（森先2007c・2008a・b・c）。

安山岩製

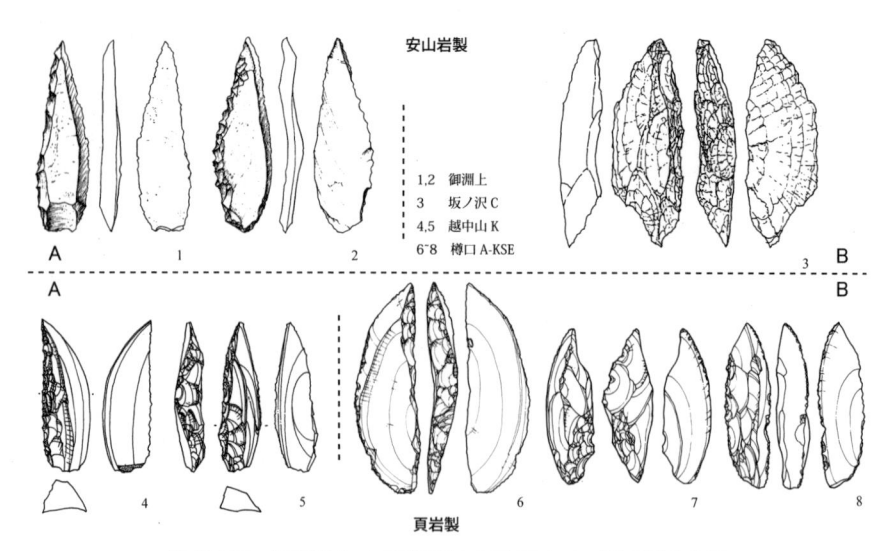

1,2 御淵上
3 坂ノ沢C
4,5 越中山K
6-8 樽口A-KSE

頁岩製

第110図 国府型ナイフ形石器と国府系ナイフ形石器の分類

　このように，技術比較に際しては，技術要素の理念的集合体としての瀬戸内技法と照らし合わせて異同を検討するのではなく，石器製作技術を構成する動作連鎖を構造の布置として捉え，そうした構造布置を，瀬戸内概念の構造性で理解しうるかどうかを問題とするべきである。

　とはいえ，この基準だけでも不十分である。以上の原則を満たしていても，所与の国府系石器群において，国府石器群荷担者の動作連鎖では決しておこなわれないような技術の適用が認められたり，あるいは盤状剝片の選定（サイズや形状）やナイフ形石器自体の形態的特徴に国府石器群とは大きく異なる部分が見受けられたりする場合には，瀬戸内地方出自の人間が関与しているかどうかの判断を慎重におこなうべきである。また，国府石器群において，多くの場合この翼状剝片剝離は高い連続性をもっていることも重要視する。これらの諸点に注意して，国府系石器群の荷担者推定をおこないたい。

　なお，以下では国府型ナイフ形石器と国府系ナイフ形石器を区別して用いるので，その分類基準を説明しておく。国府系石器群を特徴づけるのはもちろんナイフ形石器であるが，加工部位や平面形状が国府石器群の国府型ナイフ形石器と類似しながらも，薄手・長狭型の国府型とは異なって，明らかに幅広・厚型のものがあり，本書ではこれを国府系ナイフ形石器と呼ぶ。東北地方・関東地方・九州地方の例を挙げて説明する。

　まず，東北地方の例である（第110図）。国府型ナイフ形石器製作に適するといわれる安山岩を用いていても，（A）新潟県御淵上遺跡の国府系石器群にみられる相対的に薄手／長狭型のものと，（B）同坂ノ沢C遺跡の厚手／幅広のものでは形態的特徴に大きな差異がある。逆に，頁岩製のものでも，（A）山形県越中山遺跡K地点のような，やや厚手ではあるが，長狭型の例と，（B）新潟県樽口遺跡A-KSE文化層のような厚手／幅広例とが認められる。石材種に関係しないこうした現象は，旧来いわれるような石材の変化による技術変容だけでは説明できない。

　このうち越中山遺跡K地点・御淵上遺跡の例（A）が，瀬戸内東部の国府石器群における国

府型ナイフ形石器にもっとも近い。頁岩製（越中山遺跡 K 地点例）において刃角が大きくなるという指摘は確かに適切であるが（吉井 2000），それでも石材を超えて認められる二つのタイプがあることは認めるべきである。本書では，ひとつの分類法として，相対的に薄手長狭型の（A）タイプを国府型，そうではない（B）タイプを国府系と分類したい。

同様のことは関東地方の国府系石器群についても指摘可能である。埼玉県殿山遺跡では，玉髄製の国府型ナイフ形石器（第34図30～32）がまとまって検出されたことで周知の遺跡である。この例でも，精美な国府型ナイフ形石器は必ずしも安山岩を素材としていない。他方，たとえば殿山遺跡と同時期の代官山遺跡では，確かに横打剥片を素材とし，素材打面側一側縁を鋸歯縁加工で整形したナイフ形石器（第34図19・20）であるが，短寸かつ厚手・幅広で，殿山遺跡例と同じ国府型と呼ぶには問題がある。九州地方でも同様で，たとえば佐賀県船塚遺跡 VII 層出土の国府型ナイフ形石器（第64図5）と，長崎県西輪久道遺跡 B 区上層（第62図6）の例を比較してみると，その差は歴然である。これらの石器を一括して捉えるには問題があり，かつまた石材による技術変容という旧来の仮説の反証ともなるので，本書では両者間に区別を設けておく。

第3節　国府系石器群からみた人と情報の動き

さて，古本州島における国府系石器群の分布を示したものが，第111図である（参考のために国府石器群の分布も示してある）。全体的傾向を概観しておくと，関東地方以西の古本州島西南部に分布が密であることは明らかだが，東海地方にきわめて少ないことが注目される。これとは対照的に，遺跡数のわりに新潟県～北陸地方に分布が多いが，奥羽山脈東西の東北地方にはほとんど分布が知られていない。さらに，四国地方太平洋側と九州地方西南部（鹿児島県）には分布が薄く，概して太平洋側における分布の乏しさが目立つ結果となっている。後述するように，この傾向は角錐状石器と異なっていて，角錐状石器は太平洋側にも広く分布し，多量に製作される中心的器種のひとつとなっている（第 V 章）。

遺跡分布数だけでは広域展開の詳細を明らかにできないので，以下で地域ごとに国府系石器群を取り上げて分析し，その荷担者の推定をおこなっていく。

1　古本州島西南部の国府系石器群
（1）九州地方の国府系石器群

九州地方西北部の安山岩原産地付近における分布の集中がみられる。この地域には国府型ナイフ形石器や大型の国府系ナイフ形石器が多く発見されている。西北部のなかでも東側では安山岩製のものが多いが，同西側には黒曜石製のものも散見される。このほか，大分県大野川流域や，宮崎平野において国府系石器群の分布が多数認められる。以下で重要遺跡の資料を分析していきたい。

西北部で重要な遺跡は佐賀県船塚遺跡（第64図）である。背振山脈南麓に位置する船塚遺跡の

第111図　国府石器群・国府系石器群の分布

　国府系石器群は，瀬戸内地方と同様の国府型ナイフ形石器と，翼状剥片や同石核からなる。接合資料こそ得られていないが，石核（同14・15）の観察では，微細な打面調整によっておおむね左右対称形状の作業面が準備され，比較的厚みの均質な翼状剥片が石核幅いっぱいに剥離されているようである。打面調整の省略される場合もあるが，それは調整がなくとも好適な作業面形状が確保されている場合であるらしい。石核や翼状剥片の量からみてナイフ形石器製作が比較的活発であったらしく，ナイフ形石器には折損したものが多く一見不整形なものが多い印象を受ける。しかし少数残されている完成品は国府型と呼んで差し支えない。もっとも瀬戸内地方の国府石器群に近い石器群である。同じ特徴をもつ国府型ナイフ形石器（第112図）は筑後平野で多数表採されている（松藤1982）。

　岡本安山岩原産地（長岡2004）近傍に位置する佐賀県東分遺跡（山下・富永1984）では多数の国府型ナイフ形石器や翼状剥片・同石核が採集されている（第112図）。採集範囲は比較的狭く，石

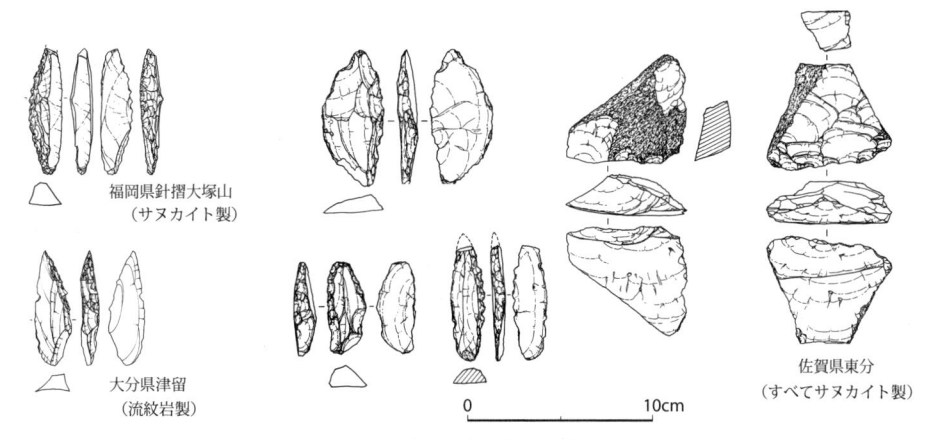

第 112 図　九州地方東北部の国府系石器群

器群の内容からみてもある程度の一括性を有するとみなしてよければ、技術的特徴は船塚遺跡で指摘したそれに近い。このほか、類似の石器群に同じく佐賀県の馬川谷口遺跡がある（第63図20～28）。国府型ナイフ形石器が出土しているものの、その素材生産過程は不明である。船塚遺跡のような剥離技術は認められないといわれる（阿部2007）。

　より瀬戸内地方に近い九州地方東北部（大分県）には、西北部のような安山岩を用いた国府系石器群は確認されていない。ただし、ナイフ形石器のみの単独資料・表採資料としては大分県岩戸遺跡・宮本原遺跡・津留遺跡でサヌカイト類似石材による国府型ナイフ形石器（第112図）が散発的に確認されている（綿貫1982）。

　九州地方東北部では、岩戸遺跡（芹沢編1978）の石器群が重要である。ここは国府系石器群の発見の端緒となった遺跡のひとつである。ここでは、翼状剥片の連続剥離を示す接合資料が認められる（第65図8）。「スレート」製の大型剥片を石核素材とし、素材打面側ではなく側縁側から打面調整を施さずに二枚の翼状剥片を剥取した後、作業面側から石核背面側に向けて厚手でバルブの発達した厚型剥片を一枚剥離して作業面の形状を整え、さらに一枚の翼状剥片を剥離して作業が終了している。得られた翼状剥片はいずれもきわめて厚型であるため、石核容量を大幅に減ずることとなってしまい、翼状剥片剥取の連続性は低い。また、重要なことに、打面調整技術と剥片剥離技術の打撃技法に区別がなく、いずれもバルブの発達した厚型大ぶりの剥片剥離であるため、打面調整がきわめて粗雑で作業面の形状がうまく整えられておらず、対称性にもかなり欠けるので、結果として石核幅いっぱいに剥取できない、あるいは剥取できても剥片の厚みがきわめて不均質になってしまうという事態が生じている。打撃技法に区別がないという点は、西北部の国府系石器群と異なる重要な特徴である。この接合資料以外の石核の観察でも、打面調整技術と剥片剥離技術の打撃技法に区別はみられない。さらに重要なことに、本遺跡の主要器種は角錐状石器であり、翼状剥片はナイフ形石器の素材となっていない。別地点にあたる岩戸遺跡三次調査地のように国府型ナイフ形石器がごく少数認められる例もあるがきわめて稀である。剥離技術と石器製作までの動作連鎖が、国府石器群のそれとは大きく異なっている。

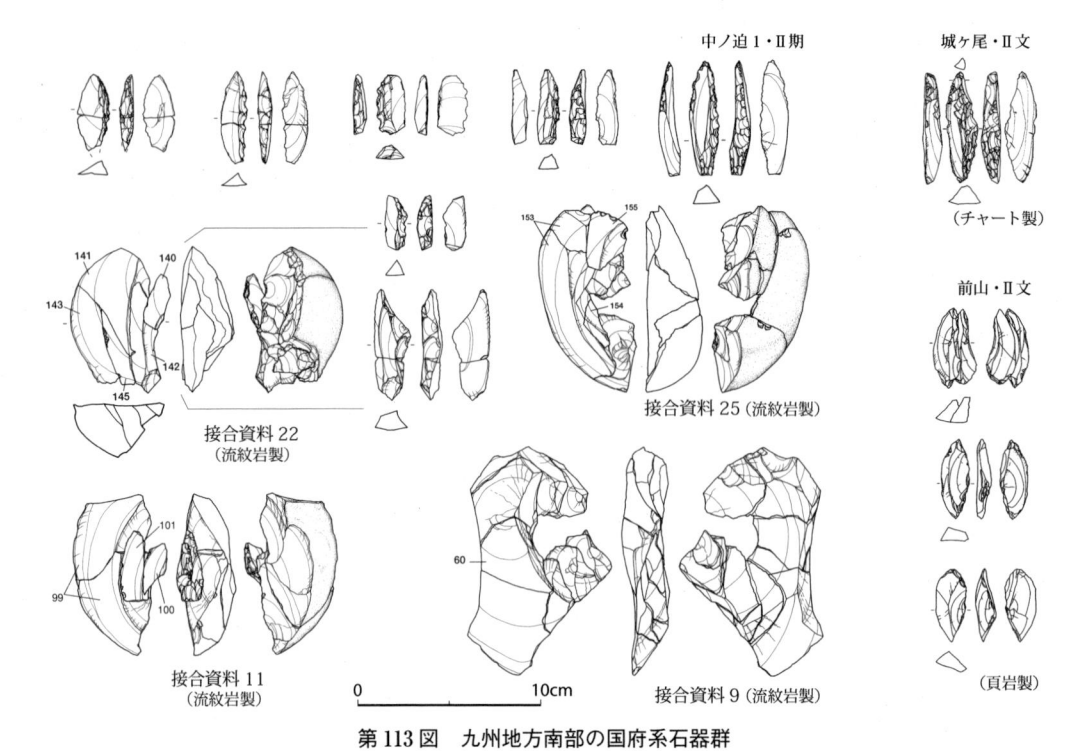

第113図　九州地方南部の国府系石器群

　九州地方東南部の宮崎県には，多数の国府系石器群が存在する。赤木遺跡第1次調査地，滑川第2・第3遺跡，野首第2遺跡，東畦原第1遺跡四次調査地Ⅳ期石器群等では国府系ナイフ形石器と少数の接合資料が得られている。しかし，この地域でとりわけ良好な接合資料が得られているのは，県中央部の川南町に所在する中ノ迫第1遺跡二次調査地Ⅱ期石器群である。上記諸遺跡の国府系石器群の技術的特徴は，ほぼこの遺跡の資料が完備している。

　中ノ迫第1遺跡二次調査地Ⅱ期石器群では，流紋岩とホルンフェルスを用いた翼状剝片生産に関わる接合資料が多数ある（第113図）。接合資料9（流紋岩）では，大型の横長盤状剝片を石核素材とし，打面調整を施しつつ翼状剝片剝取をおこなったものである。打面調整は大ぶりの厚手剝片剝離によって粗くおこなわれ，作業面形状が山形かつ対称形に仕上げられていないため，少なくとも残核をみる限り翼状剝片を石核幅いっぱいに剝離することができていない。側面観でみると，ほとんど交互剝離に近い。これは岩戸遺跡でみた接合資料の技術的特徴に近い。同じ特徴は接合資料25（流紋岩）にもみてとれる。幅いっぱいの剝片剝離が成功しない理由には，おそらく加撃部位の選択と加撃の力・方向が，目的とするサイズの剝片剝取とうまく対応が取れていないことが考えられる。このことは，しばしば石核作業面を抉るように剝片が剝離されたために，作業が終了してしまっている例がみられることからも分かる。

　接合資料11（流紋岩）は良好な2枚の翼状剝片が剝離されたらしく，いずれもナイフ形石器に加工されている。3枚目の剝離で石核底面を大きく取り込むウトル・パセ状の剝片剝離となったため，作業が終了している。この接合資料についても，作業面形状は山形を呈するものの，打面

調整は非常に簡素である。ただし，石核素材となった盤状剝片自体小型で，また盤状剝片本来の形状をうまく利用したため，幅いっぱいの連続剝離が成功したものと思われる。

　接合資料11のような例は少ない。たとえば，接合資料22（流紋岩）も小型の盤状剝片から比較的形の整った翼状剝片が複数剝離された例であるが，打面調整が粗いため凹凸の激しい鋸歯状の打面となっている。こうした打面調整の粗雑さは，加撃点の安定性を低下させると思われ，このことが剝片の厚みや左右対称性の確保を難しくさせていることが考えられる。

　概して流紋岩では，石核が大型の場合，幅いっぱいの翼状剝片が剝離されることは少なく，石核が小型の場合に幅いっぱいの剝離が成功している。つまり，打面調整等の措置をとっていても，それが技術的に不十分であり，かつ加撃方法に上述の問題があるため，得られる剝片のサイズに結局大きな違いが生じていない。なお，石核が小型でも，剝離がうまく進行しているのは，幅のわりに石核の厚みが大きい場合であるらしい。これは打撃の力を横方向に伸ばすために重要な打面調整が，うまく施されていないためであろう。この結果，翼状剝片も，幅に比して長さ（打撃軸長）の大きいものが多い。

　ホルンフェルスの接合資料でも，技術的特徴は同じである。相対的に大型の剝片が取られている傾向があるのは，石材の性質のためと思われる。ただし，国府系ナイフ形石器の素材としてはまったく用いられていない。

　以上の分析からみて，技術的には岩戸遺跡とほとんど同じである。異なるのは，この遺跡では流紋岩製の翼状剝片をナイフ形石器の素材として用いている点である。とはいえ，翼状剝片自体のサイズがかなり小さく，かつ厚手であるため，ナイフ形石器もほとんどが4cm未満の国府系ナイフ形石器と呼ぶべきものからなり，中厚長狭型の国府型ナイフ形石器を中心とする国府石器群とは大きく異なっていよう。仮に，中ノ迫遺跡を残した人々が国府型ナイフ形石器やその製作技術を熟知していたとしても，同じものを製作しようとしていたとは到底考えられない。

　残る九州地方西南部には，ほとんど国府系石器群が分布しない。前山遺跡第II文化層において，頁岩製の横長剝片2枚の接合資料が報告されている（第113図）。報告書では瀬戸内技法によるとされているが，こうした資料からそこまでの判断はできない。第III文化層では小型幅広の国府系ナイフ形石器が出土している。城ヶ尾遺跡ではチャート製の国府系（国府型と呼んでもよい）ナイフ形石器が単独で出土している。探索の努力にも関わらず（桑波田2004a・b），この地域では，国府系ナイフ形石器はごく少数しか認められないというのが現状であり，東南部宮崎県とは大きな違いをみせる。

　以上，九州地方においては，従来の想定とは異なり（吉留1994，桑波田2004a，松本2008），船塚遺跡や東分遺跡の位置する西北部に瀬戸内からの人の移動があった可能性が高い（森先2008b）。その時期はV層上部並行期であるらしい。馬川谷口遺跡では国府型ナイフ形石器がみられるが，別の技術によって製作されているらしく，在地の人々が瀬戸内出自集団から情報を受け取って製作したものであろう。これ以外の地域（東北部・東南部）においては，瀬戸内出自の人間の直接的関与・移動はなかったと考えられる。したがって，東北部・東南部の国府系石器群は，西北部か

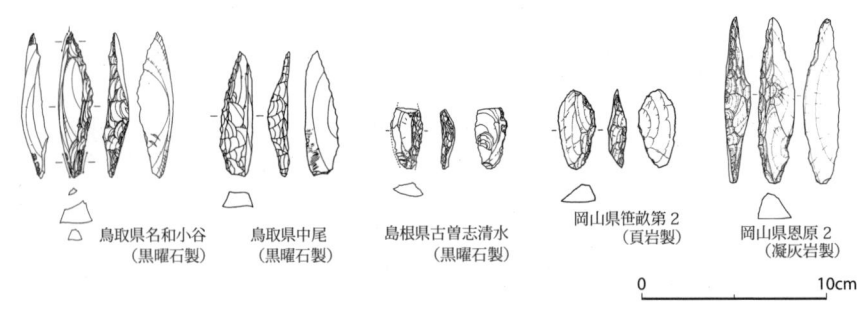

| 鳥取県名和小谷
（黒曜石製） | 鳥取県中尾
（黒曜石製） | 島根県古曽志清水
（黒曜石製） | 岡山県笹畝第2
（頁岩製） | 岡山県恩原2
（凝灰岩製） |

0　　　　　10cm

第114図　中国地方・山陰地方の国府型・国府系ナイフ形石器

らの二次的伝播，おそらく社会間を通じて起こる情報伝播を通じて形成されたものと考えられる（森先　前掲）。二次的伝播といっても，中ノ迫遺跡のように横長剝片・翼状剝片剝離から国府系ナイフ形石器製作までが認められる石器群は，編年的検討の結果によると，V層上部並行期に相当し，人の移動があった時期とは編年上の時期差はほとんどない。

(2) 中国山地・山陰地方・四国地方南部の国府系石器群

　瀬戸内地方を挟んで北側と南側に位置するこれらの地域には，国府系石器群の分布が非常に乏しい。山陰地方では鳥取県・島根県において国府型・国府系ナイフ形石器の単独出土が数例知られているにとどまる（第114図）。隠岐産の黒曜石を使うものがほとんどである。

　岡山県の蒜山原には笹畝遺跡第2地点の国府系ナイフ形石器と角錐状石器がある。岡山県恩原2遺跡S文化層でも，安山岩を多用した1365点の石器群に国府型ナイフ形石器（凝灰岩・黒曜石製）が含まれている（第79図15）。しかしこの遺跡では盤状剝片の縁辺に沿って打点を並列移動しながら剝離する横長剝片剝離技術が中心であり（同21～23），石核幅いっぱいに翼状剝片を剝離する過程はみられない。大半の横長剝片製ナイフ形石器は，大型品から小型品まで，大きさに比して薄手の横長剝片を用いて背部一側縁を中心に加工を加えた幅広木葉形のものである（同1～12）。横長剝片剝離を中心とする石器群ではあるが，以上の点で，国府石器群とはまったく異なる。本石器群の時期がIV層中部並行期となることからみても（第III章），この石器群の形成自体に瀬戸内出自集団の直接関与を想定する必要はない。ただし，石材の異なる2点の，比較的精美な国府型ナイフ形石器の由来は問題が残る。瀬戸内方面の石材で作られたものでもなく，黒曜石のものは隠岐産であるので，山陰地方に散在する黒曜石製国府型ナイフ形石器との関係が窺えるが，山陰地方で国府石器群が発達した形跡もない。その由来を推測する手がかりをもたない。

　なお，恩原1遺跡のオドリ火山灰層上部暗色帯からは，翼状剝片石核1点が出土している。

　さて一方，四国西南部の愛媛県和口遺跡（木村2003）では，採集資料ながらきわめて重要な石器群が得られている。遺跡は豊後水道に面した御荘湾の背後に形成された低丘陵上にあり，遺物分布はその特定の小範囲に限られるという。採集された石器は1000点を数え，小範囲におさまる一遺跡における一個人の採集資料としては相当な規模を誇る。

　内容は，多数の国府型ナイフ形石器・国府系ナイフ形石器に，その他の横長剝片製ナイフ形石器，翼状剝片，同石核であるが，国府型ナイフ形石器と翼状剝片が主体をなす（第80図）。翼状

剝片は厚みの均質な左右対称性の高いものを中心とし，国府型ナイフ形石器も製作途上の折損品を除いて細身長狭型からなっており，国府石器群との共通性が高い。剝片剝離過程を示す接合資料はないが，以上の内容は明らかに国府石器群と同様の方法によって国府型ナイフ形石器の集中製作を示すものであり，瀬戸内方面からの直接的な人の関与があったとみてよい（木村　前掲）。

（3）東海地方の国府系石器群

東海地方では，国府系石器群の多くは西部の岐阜県に多く，国府石器群との近縁性を示す石器群が発見されている。このほかの地域では，国府系ナイフ形石器の単独出土遺跡が多い。

下呂石（ガラス質黒雲母流紋岩）原産地（湯ヶ峰山）近傍の遺跡は，いずれも表面採集資料で発掘資料はない。初矢遺跡と大林遺跡が良く知られている（第58図）。最初に下呂石原産地において国府系石器群の存在が指摘されたのは鈴木忠司らによる初矢遺跡採集資料の報告で（鈴木・片田1979），下呂石製の国府型ナイフ形石器2点が採集されている。初矢遺跡の近傍にある大林遺跡では，各種の石刃・縦長剝片製石器に混じって幅広厚手の国府系ナイフ形石器や翼状剝片がみつかっている（飛騨考古学会旧石器分科会1995, 井上2001）。

湯ヶ峰よりさらに北，岐阜県北端にある宮ノ前遺跡センター地点では，輝石安山岩製とされる大型の国府型ナイフ形石器が単独出土している。

岐阜県日野1遺跡は，木曽川北岸の各務原台地からやや北西の低位段丘面上に位置し，多数の礫群とともに2629点の石器が出土している。旧石器時代石器群とされたものの大半はV層上部並行期と考えられる。ブロック13から，国府型ナイフ形石器製作に関わる接合資料（個体別資料番号K116）が得られている（第115図）。接合資料の石材は，遺跡から30 kmほど北にある阿部山で採取可能な板取系珪質溶結凝灰岩（長屋2003・2005）である。二枚の盤状剝片から翼状剝片を製作していく過程を示している。遺跡に持ち込まれた状態が盤状剝片であったか原石に近い状態であったかは分からない。二つの盤状剝片では，いずれにおいてもその打面側から，かなり細かな打面調整により作業面形状を三角形に整えつつ，石核幅いっぱいに翼状剝片を剝離しようとしている。特に，Aではかなり連続した翼状剝片が剝離されている。翼状剝片は厚みが比較的均質で左右の対称性が高い。翼状剝片や同石核は他のブロックからも出土し，いずれも上記と類似した技術的特徴をもつ。板取系珪質溶結凝灰岩製を含む国府型ナイフ形石器が折損品ながら複数点出土している。ちなみに，隣接する日野2遺跡でも下呂石製・チャート製国府型ナイフ形石器と翼状剝片石核が出土している。

これ以外には，各務原台地周辺の諸遺跡や愛知県西部において国府型ナイフ形石器と国府系ナイフ形石器が散発的にみつかっている（川合2003）。愛知県勅使池遺跡・竪三蔵通遺跡ではサヌカイト製の国府型ナイフ形石器が採集されている。岐阜県の各務原台地でもいくつかの表採資料がある。土山西遺跡ではチャート製の国府系ナイフ形石器，芦原遺跡ではサヌカイト製国府型ナイフ形石器と珪質凝灰岩製の国府系ナイフ形石器が各1点採集されている（沢田・長屋1990, 沢田1992a）。寺田遺跡や椿洞遺跡では比較的大型の国府系ナイフ形石器が出土している。角錐状石器はチャート製だが，国府系ナイフ形石器は主に下呂石，板取系珪質溶結凝灰岩製である。

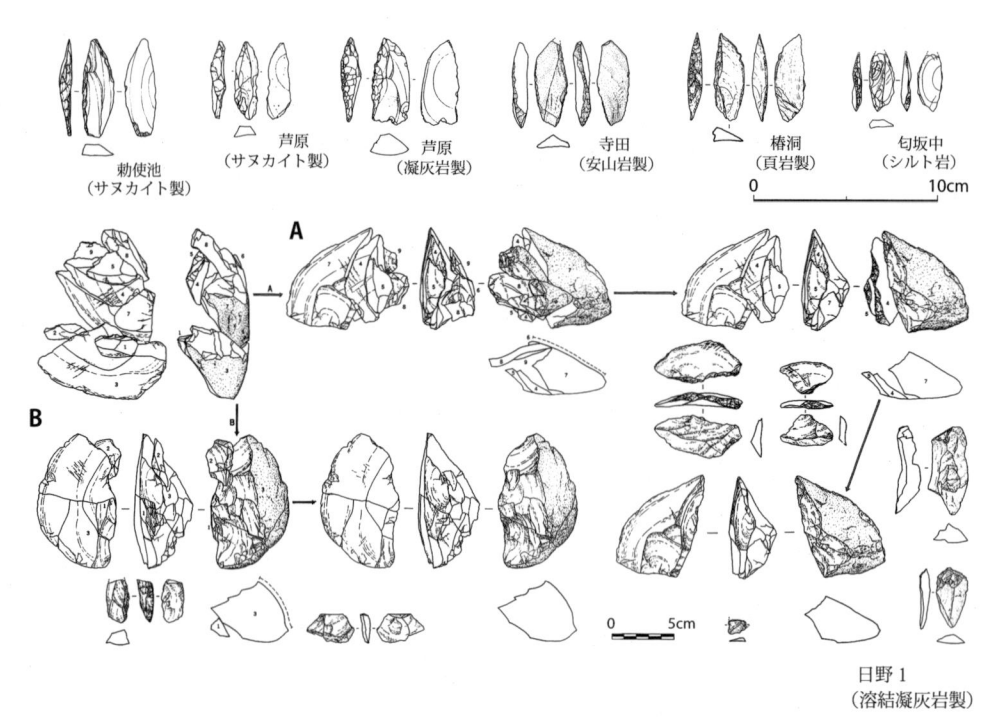

第115図　東海地方中部・西部の国府型・国府系ナイフ形石器と日野1遺跡接合資料

　東海地方西部には，しばしばサヌカイト製石器が出土する事例がある。トゥールばかりでなく，チップ・小剝片としても残されていることがある。

　静岡県東部（三島・沼津市域）には，遺跡数自体がきわめて多数確認されているにも関わらず，国府系石器群の出土は知られていない。唯一，三島市中林山遺跡（鈴木・芦川ほか2002）では休場層中部（YLM）より黒曜石製の横打剝片製一側縁加工ナイフ形石器が確認されているが（第116図），層位的にもかなり上層からの出土であり，非常に薄手・小型で国府石器群との直接的関係を考えるには問題のある資料である。

　東海地方の中部にあたる静岡県西端の磐田原台地は遺跡が密集して確認されている地域であるが，国府系石器群はわずか数遺跡で確認されているに過ぎない。IV層下部並行期の京見塚遺跡では，かなり厚手の盤状剝片を石核素材として厚手の横長剝片が連続剝離されている接合個体を実見により確認しているが（未報告資料），これを素材としてナイフ形石器を製作する過程は一切認められない。匂坂中遺跡群（鈴木編1994）では膨大な資料のなかから国府系ナイフ形石器が数点散見されるのみである（第115図）。匂坂上2遺跡（山崎1997）では，厚手幅広の国府系ナイフ形石器が1点認められる。

　以上，東海地方では，西部の下呂石原産地周辺から各務原台地周辺にかけて，国府石器群同様の技術的特徴をもつ石器群が散見された。各務原台地周辺にはサヌカイト（二上山産と思われる）製石器類も認められることからも，瀬戸内からの人の移動があった可能性が高い。しかしそれ以東にはほとんど痕跡を追うことができない。静岡県東部にいたっては皆無に近い。日野1遺跡の

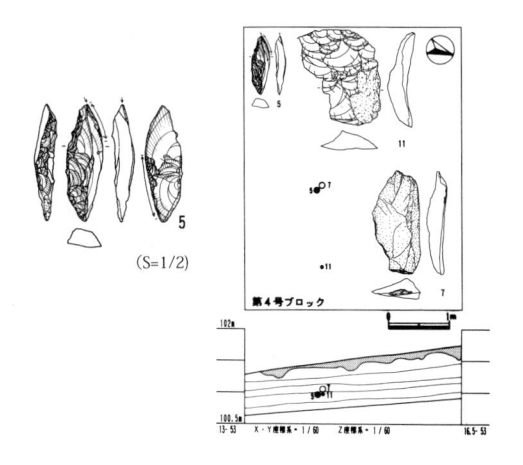

第IV章　国府系石器群の伝播形成過程　175

第116図　中林山遺跡の横長剥片製ナイフ形石器と出土層位

石器群からみる限り，瀬戸内方面からの人の移動は少なくともV層上部並行期には起こっている。

(4) 関東地方の国府系石器群

現在のところ，関東地方全体では少なくとも54遺跡において国府系石器群ないし国府系ナイフ形石器単独出土資料の存在を確認している。旧石器時代に属する遺跡が，たとえば武蔵野台地だけでも1000遺跡を超えるなかにあって，検出事例がきわめて少ない。特に北関東地方での検出遺跡は群馬県上白井西伊熊遺跡，栃木県寺野東遺跡II文化層，茨城県北西原遺跡（川口2002）の3遺跡だけである。

国府系石器群としての分類可能なほどまとまった資料はほとんどみられない。しかし，興味深いことは，このような国府系石器群の零細さにも関わらず，東海地方とは異なって稀に精美な国府型ナイフ形石器が1～数点検出される事例があることである。そしてそれらの遺跡では，古本州島東北部との関連性を窺わせる要素が多い点は見逃せない。

埼玉県の大宮台地に位置する殿山遺跡はその代表である。この遺跡の国府型ナイフ形石器は玉髄製（第34図30～32）であり，この玉髄は新潟県のものと類似しているといい（国武氏御教示），その方面との関係を示していよう。なお，これらの国府型ナイフ形石器の製作過程を示す資料は遺跡内にはない。かつて殿山技法（織笠1987b）として関東地方における独自の国府型ナイフ形石器製作技術とされた剥離技術が提唱されたことがあったが，織笠昭の提示した資料は多くが小型の黒曜石製横長剥片を小型盤状剥片から剥離するという一般的技術に過ぎず，本遺跡出土の国府型ナイフ形石器の大きさ・石材とも一致しない（亀田2005）理念的な技法である。

千葉県一本桜南遺跡（落合2000）では，比較的形態の整ったチャート製の国府型ナイフ形石器が製作痕跡なく検出されている（第117図）。また，千葉県源七山遺跡第3文化層（香取・榊原ほか2007）では，チョコレート頁岩製の，きわめて大型の国府系ナイフ形石器が発見されている。田村隆や国武貞克らが明らかにした下野―北総回廊（田村・国武ほか2003，田村2006）を経由しても

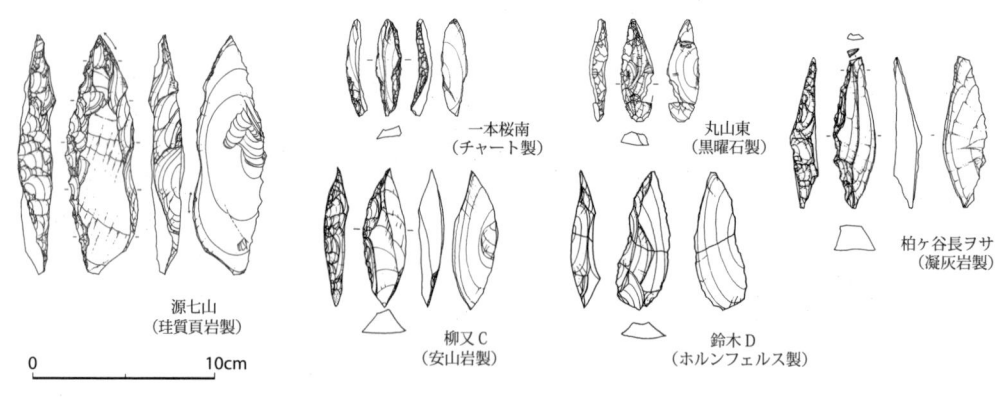

第117図　関東地方・中部地方の国府型・国府系ナイフ形石器

たらされたものと考えられる。

　最近の調査になる群馬県上白井西伊熊遺跡第2文化層では、5600点の遺物が検出され、在地の黒色安山岩・黒色頁岩を用いた翼状剝片の大量製作過程が復原されたことで注目されている。先般正式報告が刊行された。報告（大西・桜井ほか編2010）によると、翼状剝片製作に関わる多くの接合資料が得られている。黒色安山岩の場合、その剝離技術はいわゆる瀬戸内技法の手順とほとんどの部分で一致しており、瀬戸内地方の国府石器群との技術的近縁性が一見して明らかである。ただし、10点弱出土しているナイフ形石器の形態は、厚みがありやや幅広木葉形の国府系ナイフ形石器であることが、国府石器群と異なっている。ただし、ナイフ形石器は製作事故による折損品ばかりが認められること、翼状剝片自体の形態は国府石器群のそれに酷似するものが目的とされていることから、本来は国府型ナイフ形石器製作が目的物であった可能性は高い。この推測にたち、本書ではこの石器群の形成に瀬戸内地方の人間が直接関与していたと考えたい。黒色頁岩の場合は幼児人頭大の礫を分割して、好適な形状の盤状剝片が剝離された場合に限って、翼状剝片剝離がおこなわれている。この遺跡自体には東北地方産と思しき石材はみられないようだが、遺跡の位置が利根川最上流域にあり、新潟県と北関東をつなぐルート上にあることは注意しておきたい。

　東京都丸山東遺跡（窪田・太田ほか1995）は文化層分離が不十分で、多時期の石器群が混在したまま報告されているようにみえるが、IV層文化層より透明黒曜石製（おそらく信州産）でやや幅広の国府型ナイフ形石器が出土している。この石器は折損後に基部側を抉るように再加工を加えられ、再使用を試みられており重要である。一般的な刺突具として用いられていると考えられるためである。石器素材の生産痕跡はない。

　以上のほか、在地の石材を用いた国府型ナイフ形石器が、神奈川県柏ヶ谷長ヲサ遺跡第IX文化層（堤編1997）に1例のみ確認できる。かなり厚みがある。相模野台地では一般的に用いられる緑色細粒凝灰岩製のこのナイフ形石器も、やはりその製作過程を追うことができない。在地の石材を用いているということで、遺跡からそう遠くない場所で製作されたことが推定されるが、その技術がいかなるものであったかは、ナイフ形石器だけからでは分からない。

このほかには，在地の石材を用いた中・小型の国府系ナイフ形石器しか認めることができない。大型のものには東京都鈴木遺跡D地点（角張1989）例（ホルンフェルス）が挙げられる。

このように関東地方では，北関東・東関東およびそれらをつなぐルート上にある大宮台地では，翼状剥片の生産遺跡や，東北地方との関係を窺がわせる石材を用いた国府型ナイフ形石器が認められる傾向にある。このルートを外れた武蔵野台地や相模野台地では，黒曜石製の国府型が出土した丸山東遺跡，大型の国府型が出土した柏ヶ谷長ヲサ遺跡を例外として，在地石材を用いた中・小型の国府系ナイフ形石器がほとんどである。つまり国府系石器群の内容差を加味して分布を検討すると，関東地方に一様に国府系石器群が広がっているのではなく，主に利根川を境とした様相差が存在する可能性が高い。

瀬戸内方面からの人の移動があったことを示唆するのは上白井西伊熊遺跡例のみで，その時期はV層上部〜IV層下部である。新潟県には瀬戸内方面から人が移入して残したと考えられる石器群が複数あるので（後述），上白井西井熊遺跡はその派生先と考えられる。

その他の事例は製作痕跡を伴わないため荷担者推定は難しいが，石材からみても，この地域で製作されたものではない可能性があり，古本州島東北部奥羽山脈西部との何らかの社会的接触の結果もたらされたものと考えるのが妥当であろう。殿山・一本桜南・柏ヶ谷長ヲサ第IX文化層のいずれも，V層上部並行期である。東関東の国府系石器群については田村隆らによる下野一北総回廊最北端の磐越高地を介して，奥羽山脈西部地域との何らかの社会的接触によりもたらされたと思われる。その意味で，柏ヶ谷長ヲサ遺跡第IX文化層例の解釈は困難をきわめる。1点のみであり，在地の石材を用いていること，中型の国府系ナイフ形石器が散見されること，盤状剥片を用いた横長剥片石核が認められることなどから，瀬戸内技法によらない代替技術によって製作された可能性がある。

(5) 中部高地の国府系石器群

中部高地における国府系石器群の痕跡は乏しい（第117図）。ほとんどが黒曜石製の石器からなる男女倉遺跡B・J地点石器群には大型の有樋尖頭器や厚手の切出形石器とともに，厚手幅広の国府系ナイフ形石器と呼べそうな石器がある。しかし，この国府系ナイフ形石器は砂川石器群直前期，国武貞克のいうIV下最新段階の石器群，たとえば埼玉県明花向遺跡C地点（田中・金子ほか1984）の石器群に近い。時期的にみて国府型ナイフ形石器の広域展開とはほとんど関係をもたないであろう。

野辺山B5地点遺跡（佐藤1970）では，国府系ナイフ形石器と思われる黒曜石製の石器が採集されている。剥片とされているが，図を見る限りでは横長剥片製ナイフ形石器である。

開田高原に位置する柳又遺跡C地点（青木・内川ほか1993）では，第IV文化層より下呂石製の国府系ナイフ形石器が出土している。背部整形が弧状に施された幅広木葉形のものである。加工は鋸歯状加工ではなく，器体奥部に及ぶやや平坦な剥離による。ただし同文化層の二側縁加工ナイフ形石器は，少なくともより新しい時期に属すると思われるため，国府系ナイフ形石器の共伴石器群は不明である。ほぼ同一層準ながら集中部を異にするため別文化層（第V文化層）とされ

た木葉形の下呂石製の角錐状石器，チャート製大型切出形石器，チャート製横長剝片製ナイフ形石器（これも背部整形がやや平坦な加工である）等に伴うものかもしれない。第V文化層では安山岩の盤状剝片を素材とする石核から，石核底面に向けて横長剝片を剝離したことを示す石核がある。

中部高地は国府系ナイフ形石器の散発的出土に特徴づけられ，瀬戸内からの人の移動があったと推測できるような痕跡はほぼ皆無である。柳又遺跡の石器群は，下呂石製の石器を一定数含み，木曽川を介して岐阜県側石器群との関係を強く窺わせる。

2 古本州島東北部の国府系石器群

この地域の国府系石器群は，関東地方や東海地方とは異なり，総遺跡数に対して，国府系石器群を出土する遺跡の割合が高い。また，一遺跡で多数の国府型ナイフ形石器・同石器製作関連資料が認められることも特徴である。以上のことは，在地の石刃石器群のなかに瀬戸内からの影響が「貫入」したという評価を導く根拠となっている。しかしここでも国府系石器群の内容は多様である。まずその整理からおこないたい。

代表的な遺跡には，山形県越中山遺跡K地点，新潟県樽口遺跡A-KSE文化層，同御淵上遺跡，同坂ノ沢C遺跡，野尻湖遺跡群の長野県東裏遺跡H2地点，福井県西下向遺跡がある。資料は第98・99図に提示している。以下では石器群の内容差に基づき，便宜的に二つの群に分けて説明する。

(1) A群

御淵上遺跡の国府系石器群は，薄手・長狭型で，鋸歯縁加工の発達するやや大型の国府型ナイフ形石器に特徴をもつ（第99図1〜8）。また，良好な接合資料は得られていないものの，石核や剝片の分析から，ナイフ形石器の素材が輝緑凝灰岩・輝石安山岩・玉髄・碧玉・チャート等の石材を用い，盤状剝片を石核素材として（麻柄・古森 1992・1993），その打面部の背面側から腹面側に向けて翼状剝片を剝取する（同5・8）。打面調整は細やかに施されることが多く，作業面の対称性が確保されている。瀬戸内系石器群では，同遺跡の尖頭器石器群，あるいは周辺地域の石刃石器群でよく利用される珪質頁岩はあまり用いられず，代わって安山岩の利用が目立つ。御淵上遺跡では，国府系石器群に共伴する石器群の内容は判然としないのであるが，型式学的にみて同遺跡の尖頭器石器群はかなり後出的特徴をもち，これらが国府型とセットをなした類例もないことから，国府系石器群とは共伴しないとするのが妥当である。

長野県北端の野尻湖遺跡群東裏遺跡H2石器群は，薄手・長狭型で，鋸歯縁加工の発達する中・大型国府型ナイフ形石器（第98図19〜21，33〜35）を複数有しており，その特徴がもっとも類似するのは御淵上遺跡である。石材は安山岩である。ただし，遺物の多くは自然流路内の砂礫層から出土しているため，遺物の平面分布はかなりの自然的改変を蒙っているらしく，出土層準も野尻湖の標準層序に対比できない（土屋・谷 2000b）。したがって，国府型ナイフ形石器にどういった石器群が共伴するのかは，不明な点が多い。発掘調査報告書では，遺物があまり摩滅して

第IV章　国府系石器群の伝播形成過程

おらず，遺物分布に一定のまとまりがあること等から，このまとまりにある程度の単位性を認めてよいとするが，不確実といわざるを得ない。ここでは，設定された「ブロック」ごとに，国府型ナイフ形石器と共存する傾向の強い石器を概観するにとどめたい。

　国府型ナイフ形石器としばしば共存しているのは，非調整打面をもつ尖頭石刃を素材とする中型尖頭形石器（同17・18・25）や，中・小型の複刃厚形削器（角錐状石器），剝片尖頭器（同29），および山形県上ミ野A遺跡や樽口遺跡A-KSE文化層に類似する二側縁加工ナイフ形石器（同30）・切出形石器（同31・32）等である。特に，他の「ブロック」群から少し離れた位置にある「ブロック」11では，国府型ナイフ形石器・非調整打面をもつ尖頭石刃を素材とする尖頭形石器・台形様石器・切出形石器・短冊形の局部磨製石斧（ただし，石斧は技術形態からみてVII層並行期にさかのぼると思われる）が認められる。多数の搔器も存在する。不安定な出土状況下ではあるが，国府型ナイフ形石器と上ミ野A遺跡・樽口遺跡A-KSE文化層類似の二側縁加工ナイフ形石器・切出形石器，そして多数の搔器の存在に注目しておきたい。

　福井県三国町西下向遺跡（第99図23～28）は「三国技法」提唱の根拠となった遺跡である。出土石器の点数が128点（表採品1点含む）と少なく（平口編1983，平口・松井ほか1984），評価が難しい。「三国技法」そのものは2点の石核，そして剝片2点の接合資料2組を主たる根拠としていて資料的裏づけに乏しい。

　西下向遺跡の石器群を見直すと，必ずしも特異な技術を有した石器群とは思われない。根拠とされた石核2点のうち1点は，盤状剝片の一端から石核幅いっぱいに剝片を剝離したものである。もう1点は，石核の長軸を作業面として大型の横長剝片を打割したものであるが，作業面の形状や残された剝離面からみて，打点を横方向に移動しながら剝片剝離をおこなった石核である。ただし，遺跡に残されたナイフ形石器は国府型の範囲内で理解可能であり（麻柄1984），瀬戸内系石器群の一群に加えることもできない。西下向遺跡に残された，国府型ナイフ形石器製作に関わる石器群の構造布置は，並列横打剝離石核を除き，瀬戸内概念で説明可能な範囲と考えておきたい。

　越中山遺跡K地点（第99図9～17）は東北地方における国府系石器群の発見の端緒である。加藤稔（1969）が最初に指摘したように，本遺跡では在地の石刃石器群ではほとんど用いられない「異例」の石材（黒色の珪質頁岩，碧玉，凝灰質泥岩等）が活発に利用されていることが特徴である。正式報告が未刊行であるが，ここでは会田容弘の報告文（会田1992・1994b）を参照する。国府型ナイフ形石器の製作過程が分かる接合資料があり，翼状剝片・同石核も多数出土している。幼児人頭大の礫を分割して得られた盤状剝片の一部を石核素材として用い，その打面側から，打面部に細調整を加えつつ，翼状剝片を連続剝取している（同16・17）。このため，九州地方東南部で観察した石器群と異なって，頁岩製ながら厚みの比較的均質な，左右対称性の高い翼状剝片が多数剝離されている。

　国府型ナイフ形石器は，鋸歯状の背部整形をもつ長狭型の中・大型品を中心とする（同9・10）。大きさのわりにやや厚みがある特徴をもつ。大型品は（珪質）頁岩・凝灰質泥岩製に多いらしく，

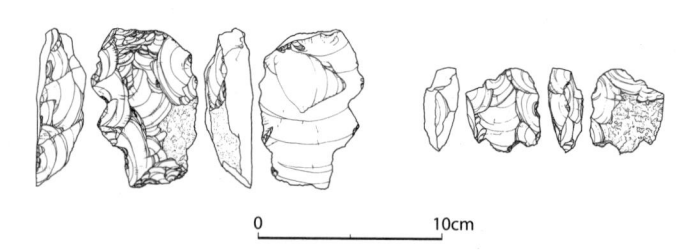

第118図　樽口遺跡 A-KSE 文化層の横長剝片石核

オパール化の進んだ黒色の珪質頁岩には中型品が多いようである。また，ブロック状の石核消費を通じて得られた剝片からは尖頭部をもたない角錐状石器を製作している（同11）。大小のノッチを連続させていびつな刃部を形成する鋸歯縁削器，ベック状の厚手尖頭部をもつ錐形石器も認められる。少数の薄手石刃や，石刃製掻器が伴出している。

なお，表採資料ながら，長野県上水内郡信濃町の瑞穂遺跡（野尻湖人類考古グループ1990）や富山県石山I（麻柄1984），石川県八里向山遺跡（下濱2004），福井県猪野口南幅遺跡（宝珍・松村編2000）からも安山岩製の国府型ナイフ形石器が出土している。山形県湯の花遺跡出土では珪質頁岩製の翼状剝片（会田1987）が採集されている。

(2) B群

A群と異なる様相をもつ国府系石器群がある。樽口遺跡 A-KSE 文化層石器群や，坂ノ沢C遺跡では，石刃石器群に国府系ナイフ形石器が共伴している。

樽口遺跡 A-KSE 文化層は，国府系ナイフ形石器（第98図1～3），剝片製ナイフ形石器（同4），石刃製尖頭形石器（同6～8），切出形石器（同5）を伴う。立木の文化層区分（立木宏編1996）のとおり，A-KSE 文化層の尖頭形石器は A・B-KH 文化層や A・B-KSU 文化層とは異なった特徴をもち，分布状況のうえでも KH・KSU 文化層のものとは区別するのが適当だろう。また，本石器群には，石刃石器群のものとは異なって，バルブの発達した剝片製で短寸の掻器が多い。掻器には，刃部と反対側を細く絞り込んだ特殊な形態のものが1点認められる（同14）。これは，後述する上ミ野A遺跡にも存在するので注意される。他に，鋸歯縁削器，彫器・同削片も認められる。非尖頭形の角錐状石器はあるが，尖頭形のものはない。国府系ナイフ形石器は，それぞれ形態的に個性的で多様であり，長さのわりに幅広・厚型で，背部整形は大小の剝離痕が不規則に並び，粗雑である。ナイフ形石器の素材を剝離した石核は，厚手の中・大型剝片を素材とするものの，背面側から腹面側へ横打剝片を剝離するものよりも，腹面側から背面側へ横打剝片を剝離するものが多い。剝片剝離における打点は石核の周囲をめぐるように配置される（第118図）。こうして得られる横打剝片は，形態的な規格性が乏しいので，背部整形はその位置や程度を柔軟に変更しつつ施す必要があったと考えられ，これがナイフ形石器の多様性を生み出している。

一方，坂ノ沢C遺跡ブロック3石器群（鈴木1999）は，総点数50点程度と小規模ながら，樽口遺跡 A-KSE 文化層に類似した石器が出土している（第98図36～40）。樽口遺跡同様，厚手・幅広の国府系ナイフ形石器が認められる。坂ノ沢C遺跡の石器群で注目されるのは，安山岩製

であるにも関わらず，御淵上遺跡とは異なる厚手・幅広型の国府系ナイフ形石器が存在することである。坂ノ沢C遺跡にも調整型石刃技法による石刃（同40）が共伴している。他に，切出形石器（同38）や小型薄手石刃製の尖頭形石器（同39）がみられる。

このほか，新潟県津南町の正面ヶ原B遺跡（佐藤1998a）や，表採資料の新潟県大聖寺遺跡（佐藤・磯部1988）・同二タ子沢B遺跡（鈴木2001）出土横打剥片製ナイフ形石器も，中型幅広のもので国府型とは呼べず，むしろ樽口遺跡のナイフ形石器に類似品が認められるものである。同様の石器に，長野県貫ノ木遺跡H4地点・山形県月山沢遺跡（会田1987）・秋田県館の上遺跡（工藤・高橋1998）等から，頁岩製の国府系ナイフ形石器が出土している。

ところで，山形県新庄盆地の上ミ野A遺跡（第101図）は，縦長剥片製二側縁加工ナイフ形石器や切出形石器に特徴をもつ石器群が出土した遺跡だが，わずか1点ながらも横長剥片製ナイフ形石器（同39）があり，盤状剥片から横長剥片を生産した石核が少数伴うので触れておく。

遺跡の概要は以下の通りである。遺跡は新庄盆地の西縁に位置し，乱馬堂遺跡・横前遺跡・南野遺跡とは盆地をはさんで対岸にあたる，枡形川右岸の中位段丘上にある（羽石・会田ほか編2004）。遺物包含状態は比較的良好で，AT上位の可能性が高いことが分かっている。遺跡からは2595点の石器と628点の礫が検出されている。礫は石器群と重複して検出され，分布図からみる限り数基の礫群をなして集中しており，東北地方の石刃石器群にみる散漫な礫群とは好対照をなす。石器石材は珪質頁岩が主体で，黒曜石・玉髄を僅かに含み，樽口遺跡と石材構成がよく共通している。器種構成は二側縁加工ナイフ形石器（同28～32）・切出形石器（同34～38）と鋸歯縁削器（同40・43）・掻器（同41・42）を中心とし彫器や横打剥片製ナイフ形石器からなる。剥片には横長剥片から石刃状の縦長剥片までが認められるが，ほとんどの遺物には大きなバルブとコーンが発達する。ほぼ剥片モード単一の石器群と考えられるが，石刃製の尖頭形石器も1点含む。

器種構成に占める割合は異なるが，上ミ野A遺跡にみられる石器の型式的特徴は，新潟県周辺の国府系石器群を伴う石器群に一般的なものである。すなわち，上ミ野A遺跡を特徴づけるやや厚手で細身の二側縁加工縦長剥片製ナイフ形石器は，樽口遺跡A-KSE文化層（第98図4）や大聖寺遺跡（表採），東裏遺跡H2地点（同30）にみられるものと特徴を共有し，切出形石器も樽口遺跡例（同5）に近い。刃部とは反対側を細く絞り込んだ特殊な形態の掻器が1点認められる点も，樽口遺跡例と共通する。上ミ野A遺跡では，切出形石器の製作がある程度おこなわれた可能性があり，このことが遺跡における器種構成比を大幅に変化させている可能性がある。二側縁加工ナイフ形石器の由来は明らかではないが，規格的形態を有し在地の伝統から発生したとも思えない。三国峠や磐越高地を経由して，切出形石器や基部抉入タイプの縦長剥片製ナイフ形石器が発達する関東地方（北関東・東関東）との関係を考えたほうがよいだろう。いずれにせよ，横長剥片製ナイフ形石器も一般的な形態であるので，上ミ野A遺跡は瀬戸内地方の国府石器群との関係をほとんど考えなくてよい。

さて，国府系石器群A群は，その特徴が国府石器群とよく共通しているグループである。その動作連鎖の共通性から，おそらく瀬戸内出自の人々が直接的に関係していると思われる。この

地域には国府系石器群が多いばかりでなく，人の移動も相対的に顕著であったらしい。この点，東海地方との差異は歴然である。B群はナイフ形石器の形態こそ類似しているが，国府石器群との動作連鎖の共通性がほとんどみられないグループである。在地系統の石刃石器群を伴うことから，おそらく在地の人間集団が瀬戸内方面から進出してきた人々から石器製作に関わる情報を受け取り，自らの石器製作技術に受容した結果残されたものが，国府系石器群B群であったと考える。

3 まとめ

　国府系石器群の荷担者を推定し，瀬戸内方面からの人の動きを推定した。その結果，人の移動はかなりの地域的偏りをもっていることが分かった。そのパターンをまとめ，背景を予察しておく。

　まず，人の移動があったと考えられる石器群の編年的位置は，九州地方・東海地方西部・関東地方の編年を参照する限り，IV層下部並行期に及ぶ可能性を含みつつも，V層上部並行期を中心としていた。関東地方では精美な国府型を含む石器群の時期は共伴石器の内容からみても基本的にV層上部並行期である。

　第119図は，これまでの検討結果を踏まえ，瀬戸内出自の人々が直接関与して残されたと考えられる国府系石器群を，他の国府系石器群と区別して示したものである。本節の冒頭において，国府系石器群の分布だけに基づいて，国府系石器群は太平洋側での分布が相対的に希薄であると述べたが，以上の分析の結果，そこには人の移動も認められないことが分かった。一方，新潟県から北陸地方，東海地方西部，九州地方西北部にはおそらく瀬戸内地方からの人の移動があったらしい。人の移動があったこれらの地域では，在地の集団によって残されたと思われる国府系石器群も多く分布するという傾向がある。国府系石器群は，在地の石器群中に混じって認められることが多いことから，大集団が大挙して各地へ広がったというよりは，個人・小集団規模での移動が主であったと考えたほうがよいだろう。

　ところで，瀬戸内からの人の移動は，上記のようにかなり地域的偏りがあるが，このように偏りをもつ人の移動を規制していた背景的要因は何であろうか。興味深いことに，人の移動が起こっている地域は，当時温帯針広混交林が展開していた地域に限られる（第119図左上図：辻2001）。瀬戸内地方を含む，温帯針広混交林帯は，新潟県以西，中部高地を除く関東以西に広がっている。国府系石器群の分布がこの範囲に限られることは，両者のなんらかの関係を示唆するものである。ただし，これだけでは東海地方中・東部から関東地方の分布の希薄さを説明することはできない。

　第119図では，国府系石器群の分布域に，瀬戸内地方のサヌカイトと類似する，良質安山岩原産地の位置を重ねて示してみた。すると，国府系石器群の分布（なかでも，瀬戸内からの人の移動があったと考えられる地域）は，温帯針広混交林帯で，かつ良質安山岩原産地を控える地域とほぼそのまま一致していることが浮かび上がってくる。これらのことから推測すると，国府系石器群からみた瀬戸内地方からの人の動きは，瀬戸内地方と類似した環境条件の整っている地域へ向け

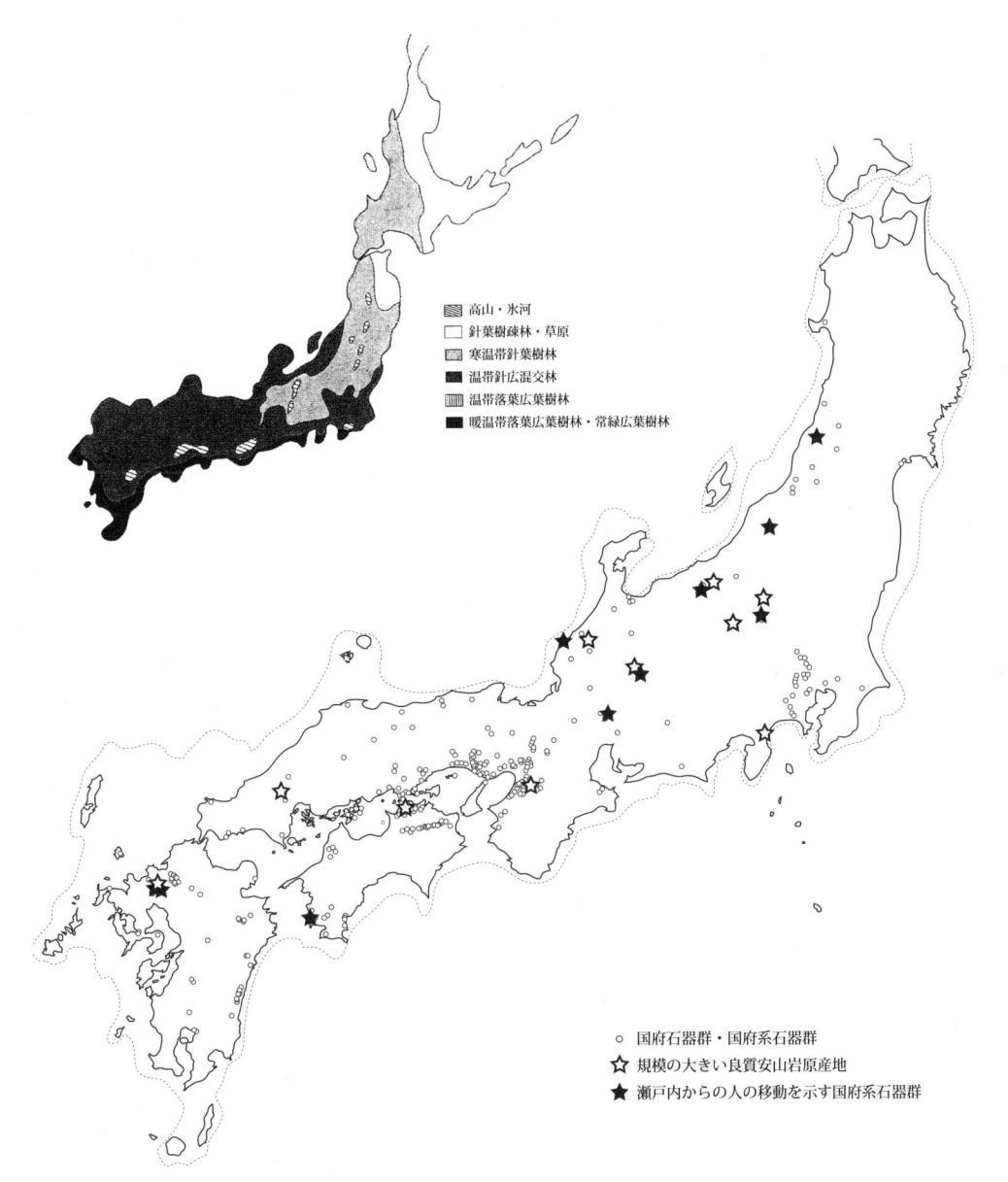

第 IV 章　国府系石器群の伝播形成過程　183

第 119 図　国府／国府系石器群の分布と最終氷期最寒冷期の古植生および安山岩原産地分布

て起こっていることが指摘できよう。そして，瀬戸内出自の人々の移動先から派生的に起こる情報伝播により，周辺地域に変容した国府系石器群があらわれ，上記の範囲を逸脱した分布を示していると考えられる。その代表は九州東南部・東北部であるが，東海地方中部や関東地方も同様の背景をもとう。前者は積極的な技術受容をおこなっているが，後者ではそれがおこなわれなかったことが，両者の大きな違いを生んでいる。さらに，新潟県に隣接する東北地方の地域集団は，越中山遺跡 K 地点のような山形県にまで入り込んだ瀬戸内出自集団の移住例があるにも関わらず，まったく情報受容をおこなっていないことは注意される。

サヌカイト産地が付近に存在しない愛媛県和口遺跡の国府系石器群は，以上の推測からみても特異な例である。しかし，この遺跡で用いられている頁岩は黒色・硬質かつ金属音を発する特徴をもっており，サヌカイトに近い性質をもつ石材であったことが，この特異な遺跡を生み出した背景かもしれない（木村2003）。

第4節　情報の受容様式

　瀬戸内地方の地域集団の拡散による情報伝播を背景として形成された各地の国府系石器群は，かれらの移住先が前節で述べた要因によって規制され，きわめて地域的な偏りが大きいため，それが各地に与えた影響も様々である。国府系石器群展開先の在地の人間集団により残されたと考えられる国府系石器群の技術分析をまとめることで，この点を整理しておく。
　九州地方では，西北部において中・大型の国府型ナイフ形石器をもつ馬川谷口遺跡や，中・大型の国府系ナイフ形石器が複数認められる百花台遺跡等があり，国府型ナイフ形石器の分布も比較的多い。船塚遺跡や東分遺跡に瀬戸内からの人の移動が認められ，これとの接触を契機として，短寸化した剝片尖頭器にかわり，角錐状石器とともに，横長剝片製ナイフ形石器が中・大型刺突具として取り入れられた可能性が高い。この地域の西側には黒曜石製の国府系・国府型ナイフ形石器が広い範囲で認められる。
　これに対し，東南部では，大型刺突具は各地点で生産された多様な縦長剝片から柔軟に製作できる縦長剝片製ナイフ形石器が中心となり，Ⅳ層下部並行期には特大型の刺突具としてホルンフェルス製角錐状石器や大型切出形石器が多くなる。しかし，この地域では大型国府型・国府系ナイフ形石器はほとんどなく，中・小型の刺突具ないし刃器としての国府系ナイフ形石器が大半であり，またその製作は遺跡内で原石搬入から製作までが一挙におこなわれている例が多い。完成品は遺跡外へ搬出されただろうが，搬入品としての国府系ナイフ形石器を多数残すような遺跡は管見の限り認められない。東北部は，地域内に原産地のない安山岩製の国府型ナイフ形石器が散在するものの，それ以外はおおむね東南九州に類似した様相のようである。
　西南部についても，大型刺突具における剝片尖頭器の後退に際して国府型／系ナイフ形石器は重要な役割を果たさなかった。それだけでなく，国府型／系ナイフ形石器は中・小型刺突具としてもほとんど採用されていない。
　中国山地では，フコウ原遺跡・恩原1遺跡O文化層の例をみる限り，Ⅴ層上部並行期には縦長剝片製大型ナイフ形石器が存在し，国府系ナイフ形石器はみられないものの，翼状剝片石核があるため，何らかの影響が及んでいたことは確かであろう。より後出の恩原2遺跡S文化層では横長剝片製ナイフ形石器の卓越が著しい。しかし，他地域に比べ，Ⅴ層上部並行期にどの程度の影響が及んでいたのかがまず不明であり，Ⅴ層からⅣ層下部並行期までの変化を国府系石器群の広域展開という現象を通じて見通すことは，現在の資料数からして困難といわざるを得ない。

東海地方中・東部や関東地方では，瀬戸内出自の人々からの影響をほとんど受けとっていない。東海地方西部では，下呂石原産地から各務原台地周辺において，中・大型の国府型・国府系ナイフ形石器がよく認められる。日野１遺跡のように，瀬戸内出自の人間が直接関与したと考えられる石器製作がみられるので，こうした技術との遭遇を通して，この地域で継続的に使われてきた下呂石と結びついた翼状剝片・横長剝片製のナイフ形石器製作が，縦長剝片製ナイフ形石器とともに，大型刺突具製作技術のひとつとして在地集団に受容されたようである。ただし，それが具体的にどのような技術によっているかは不分明である。また，この地域ではIV層下部並行期にも大型の横長剝片製ナイフ形石器があり（椿洞遺跡，第58図），関東地方などに比べてこの石器が大型刺突具として重要な位置を占めていたことがいえる。

　関東地方では，国府系石器群の発達は弱い。国府系とみなしたナイフ形石器もすべて中・小型品からなり，大型刺突具の位置を担っているとはいい難い。このことは，Ｖ層上部・IV層下部並行期を通じてかわらない。

　中部高地には国府系石器群の影響がほとんど及ばないばかりか，Ｖ層・IV層下部並行期の石器群自体がほとんど見当たらない。

　東北地方では，奥羽山脈東西の地域で瀬戸内出自の人々から技術受容をおこなったとみられる痕跡はない。新潟県〜北陸地方では，製作技術は国府石器群のそれとはまったく異なるが，国府系ナイフ形石器の受容はおこなわれており，それらは決まって大・小型の厚手刺突具として製作されている。たとえば，樽口遺跡A-KSE文化層石器群の国府系ナイフ形石器は，断面三角形〜高台形で幅広の大型〜中型刺突具を担っている。これと相関して，それまで厚手大型品からなっていた石刃製刺突具は，同石器群では薄手の刺突具製作へと，その役割を変化させている。瀬戸内出自の人々との接触をひとつの契機とした技術的再編が生じたのであろう。

　このように，国府系石器群の広域展開は特有の理由によってかなりの地域的偏差をもっていたことで，情報の伝播にも偏りが生じ，技術的影響の偏差が生じた。さらに，国府型ナイフ形石器製作は，その技術的特異性から，そのままのかたちで受け入れられている地域はほとんどみあたらず，各地で多様な受容形態をとっている。重要なことは，瀬戸内からの人の移動があった地域では，横長剝片製ナイフ形石器が大型刺突具として受容されているのに対し，そうでない地域では中・小型の刺突具として受容されており，しかも，石器群のなかにきわめて少数組成されるにとどまることが多いことである。こうした様相差だけでなく，関東地方で指摘したように，いずれの地域にもさらに細かな地域差がある。この受容形態の多様性が，各地域独自の環境条件と深く相関して立ちあらわれた現象であることは明白と思われるが，この点について考察する前に，もうひとつの検討課題，角錐状石器の広域展開について次章で分析を加えたい。

第 V 章　角錐状石器の広域展開と地域間変異

第 1 節　角錐状石器の再分類

1　角錐状石器という分類カテゴリーとその問題

　本章では角錐状石器の広域展開と地域間変異について，その実態を整理・分析するという作業をおこなう。ただし，現在，角錐状石器という分類概念の含意する内容は，ナイフ形石器と同様に，設定当初に比べてかなりの拡張がみられるため，角錐状石器という器種分類で指示される石器形態が多岐にわたっている。このことはその時間的変化や空間的展開を詳しく議論する際に，少なからぬ問題を生み出す危険性がある。まず，角錐状石器の再分類という作業をおこないたい。

　現在，技術形態学的に角錐状石器と一括されている器種は，分厚な剝片や，稀に扁平礫等も素材として，側縁を鋸歯状加工により整形した断面三角形から高台形となる厚形の石器の総称といえ，いまや形態上は一端を尖らせたもの（織笠 1988）だけでなく，尖頭部をもたないものさえ含まれている。しかし，たとえばポイント様石器（杉原 1956a），角錐状石器（西川・杉野 1959），舟底様石器（鎌木 1959），舟底形石器（芹沢 1957），尖頭器様石器（矢島・鈴木 1976），三稜尖頭器（橘 1975）といった用語が存在していたことにもみられるように，本来は設定対象資料そのものを異にした，いくつもの分類名称が与えられていた（松藤 1981，矢島 1985）。

　たとえば鎌木義昌や佐藤達夫らによる，研究の初期段階での認識は次のようなものであった。佐藤は，岡山県城山遺跡例を，北海道の舟底形石器との類似性から鎌木義昌（1959）が付した用語そのままに舟底様石器とみなし，同宮田山遺跡西地点例を報文どおり角錐状石器として区別し，両者は互いに関係のある石器であるとの認識に立って，前者から後者へという時間的変化を遂げる可能性を示した（佐藤 1969）。これと近い内容は鎌木義昌（前掲）も早くから示唆している。た

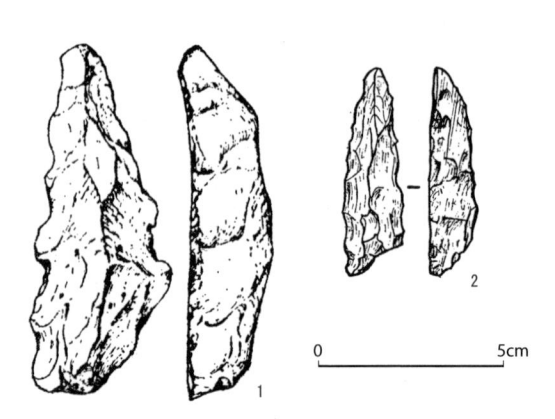

第 120 図　舟底様石器と角錐状石器

分類	第Ⅰ類A	第Ⅰ類B	第Ⅱ類A	第Ⅱ類B	第Ⅲ類A	第Ⅲ類B	第Ⅳ類A	第Ⅳ類B
加工	周縁加工	周縁加工	周縁及び裏面	周縁及び裏面	2面加工	2面加工	3面加工	3面加工
サイズ	大形	小形	大形	小形	大形	小形	大形	小形
断面形	台形	台形	台形	台形	三角形	三角形	三角形	三角形
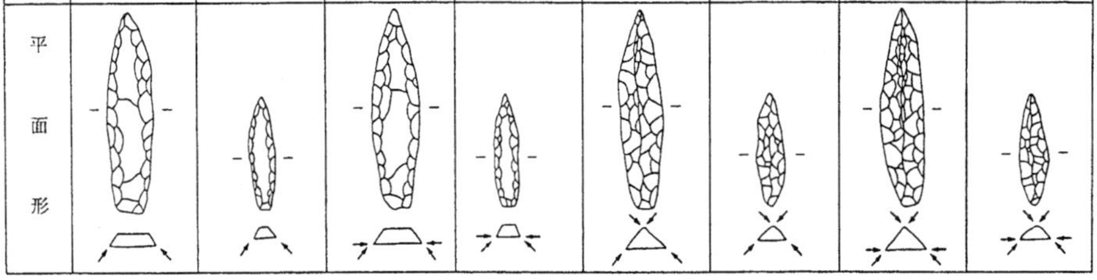 平面形								

第121図　多田による角錐状石器の分類（多田仁1997）

しかに城山遺跡の舟底様石器は側縁加工が粗い鋸歯状となり，幅広かつ甲高で舟底状を呈するが（第120図1），宮田山遺跡西地点の角錐状石器の場合は，側縁は鋸歯縁加工ながら比較的直線状に整形され，非常に細身かつ鋭い尖頭形である（同2）。

もちろん，この二種類の石器が鎌木や佐藤の指摘したとおりに変化すると考えることは，現在では難しい。しかし，そこでは現在すでに「角錐状石器」という名称のもとに一括されてしまっている石器が明確に識別されていた。系統関係を整理しうるほどの資料が得られていなかったという時代背景も関係しようが，そうだとしても今でいう角錐状石器が認識された当初は，それぞれの技術的・形態的特徴に十分な注意が払われている。

ところが，主として1980年代以降に提出された集成的研究による角錐状石器の広域比較研究では，上記した各種の差異はむしろ各々の石器の共通点，すなわち厚手素材への全周鋸歯状加工という特徴によって，次第に統一されていった。おそらく，当時進行していた大規模開発による資料の急増という現実に対し，個別石器間の差異に拘泥するよりも，俯瞰的視点から資料を整理する必要性に迫られていたために起こった石器認識の変化と考えられる。だがこのことは，角錐状石器という概念で指示される石器が，特定の機能的実体を有する単一種の石器であるとみなすことに繋がったと考えられる。それは，この時期以後，角錐状石器・舟底様石器といった用語については，分類名称としてどれが最適であるか（白石1984，矢島1985，織笠1988，松藤1992，宮坂1994，絹川1998）という観点からしか論じられていないことからも分かる。

もちろん，角錐状石器自体の分類がおこなわれなかったというわけではなく，しばしば試みられた。ただし当時主流であった断面形状や加工面数といった属性に基づく分類（柳田1978，松藤1981，多田仁1997など）は製作技術分類であり，角錐状石器という単一の機能的実体を暗黙の前提としておこなわれたものである（第121図）。

このように，かつて認識されていた個別石器間の差異は，ナイフ形石器と同様に，形態と型式の整理のなかで次第に統合されたものとみられる。したがって，角錐状石器という概念は，まずその単一の機能的実体を疑うことからはじめる必要がある。この理由から，柳田や松藤らの製作技術分類はいくつもの成果を上げているのでその有効性は確かであるとしても，本書では採用しない。筆者は，最近では亀田直美（1995）が示唆していた角錐状石器と呼ばれる石器の多様性に

再度注目し，単にすべてを狩猟具として捉える見解（白石1997・2002，木﨑1996等）には与せず，先学が指摘していた諸点にも留意しながら再分類を試みる。なお筆者は，いま角錐状石器と呼ばれている石器に多様な特徴を有する石器が含まれているとしても，それぞれが系統的に無関係であるとは考えていないので，以下で分類を経たのちは，角錐状石器という用語は総称として用いる。

ところで，1980年以後になると，本書のように広域を対象とした角錐状石器の集成的研究がおこなわれるようになる。角錐状石器の広域比較研究の代表作として，白石浩之の論考（1984）や比田井民子の論考（比田井1990）が挙げられる。両者は広く関連資料を集成し，当時得られうる情報を活用して角錐状石器の時間的空間的推移を考察した。当時の資料的限界のため，その編年は現在の関東地方および九州東南部の層位事例・研究例からみれば修正は避けられない。同じ問題は萩原博文の論文（1994）についても指摘できる。とはいえ白石・比田井が明らかにした角錐状石器の分布範囲そのものは現在もなお大きな変更を要しないし，萩原が認識した九州における角錐状石器の地域的特徴は，後に岩谷史記（1997）によってもほぼ追証されている。

ただし新出資料の増加や，前項で述べた分類上の問題があるため，分布論にも再検討の余地が大いにある。本書では，先行研究を継承しつつも，角錐状石器の再分類と本書での編年観に基づき，広域地域間での比較によって，角錐状石器の地域的な発達の差異を抽出することを試みたい。

2　角錐状石器の再分類

分析資料は，公表されている北海道以外の遺跡について角錐状石器の集成をおこなったものである（第123図：2009年9月現在で633遺跡）。資料全体を通覧し，その技術的形態的多様性を確認すると，長さと幅の関係や尖端部の有無，整形加工の特徴，左右対称性において特に変異幅が大きいことが確認できた。そこには削器状のものや，明らかに尖頭形を呈する細身のもの，やや細身ながら側縁の整形が不揃いな尖頭形のものなど，様々である。これらの特徴から，いくつかの類型にまとめた。以下典型例に基づいて記載する。

【角錐状尖頭器】（第122図1～4）

本類型は木葉形から柳葉形までを含むが，左右対称形となる特徴をもち，正面観・側面観とも一端が非常によく尖鋭化されているものである。刺突機能が推定される。側縁には鋸歯縁が残されているものが多い。従来の用語を尊重しつつ誤解のないように「角錐状尖頭器」と呼称する。多くは長幅比4：1～2.5：1の範囲に収まる。二面加工品も三面加工品も含む。

なお，同様に刺突機能が推定されるが，きわめて長狭型（ほとんどが長幅比4：1前後かそれ以上）かつ側縁の調整が非常に入念なものがある（第122図1・2）。宮田山遺跡西地点において最初に角錐状石器と呼ばれた石器（西川・杉野1959）もこの一例に挙げられる。これはその分布を検討すると，瀬戸内地方に主分布域があることから（第123図），特別に「瀬戸内型角錐状尖頭器」と呼称して区別しておきたい。ただし，たとえば国府遺跡第6地点のものなどはこの石器の範疇に近いものの，側縁がやや不整形となる特徴があり，瀬戸内地方でもやや特殊であるが，非常に長狭

第Ⅴ章　角錐状石器の広域展開と地域間変異　189

角錐状尖頭器　　　　　　複刃厚形削器　　厚形石錐

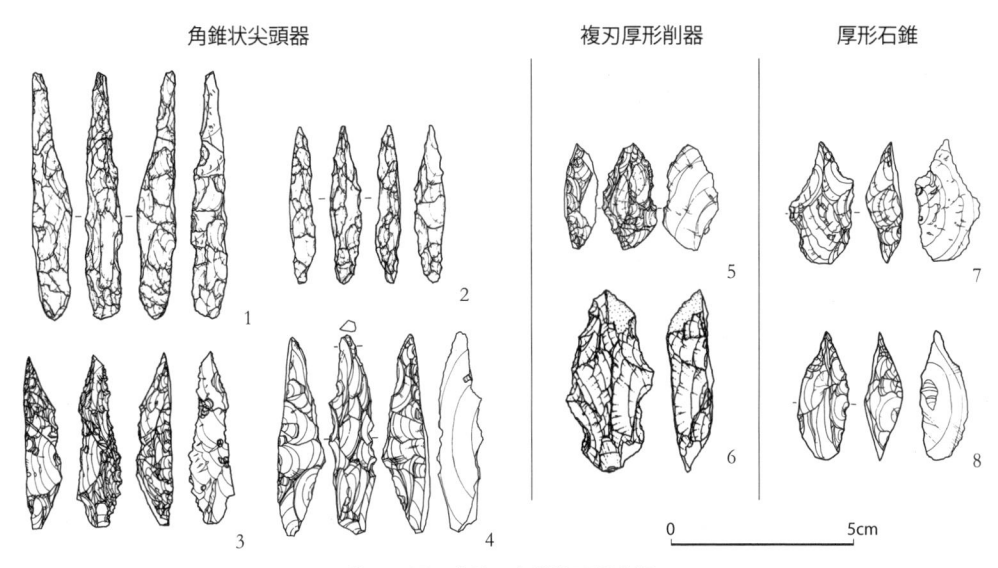

第122図　本論の角錐状石器分類

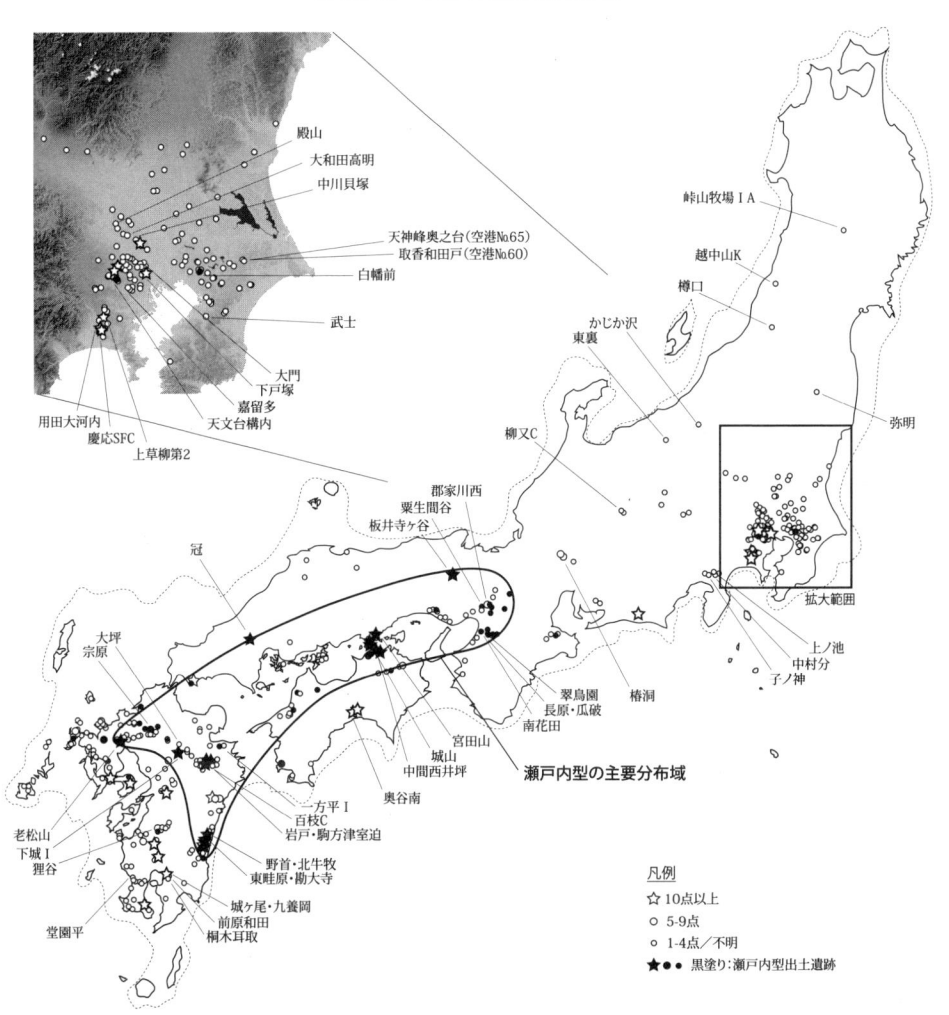

第123図　角錐状石器の分布

尖頭形で形態的によく共通するため，この類型に含める。瀬戸内型角錐状尖頭器は中・大型品が中心であるが，非常に小型の例も稀に認められる。

瀬戸内型の認識は，織笠昭（1988）が中部日本以西において先端角が鋭い傾向にあるとしていたことと一致している。より詳しくみれば，瀬戸内地方を離れると急減し，九州地方でも確認することはできるが，東海・関東甲信越静ではほぼ皆無に近い状況である（第123図，第6表）。瀬戸内型は，二面加工品の場合でも基部裏面調整が観察できる場合が相対的に多く，着柄との関連が推定される。

ところで，瀬戸内型角錐状尖頭器とほぼ同形態であるが，尖端部が明瞭に作り出されないものが，環瀬戸内地域にわずかに認められる。これを別類型とすることや，未成品とみなすことも可能だが，折損であるかどうかの判断が困難な事例も含むため，現時点では瀬戸内型の範疇に含めておいた。

【複刃厚形削器・厚形石錐】

複刃厚形削器とは，正面観において両端いずれもが尖らないもの，あるいは非常に甲高であるため，側面からみた場合には両端とも鈍く仕上げられているものである（第122図5・6）。左右の対称性は必ずしも必須条件でないと思われる。細かな調整や基部の作り出しと思われる加工があまり認められず，粗い鋸歯縁を残す。なかでも小型品では側縁部に鋸歯縁や突端部を残そうとする傾向が特に強いため，この類型の加工は，形態形成というよりも技術上は刃部形成といえる。鋸歯縁凹部に微細な剝離痕がしばしば観察され，これを取り除く刃部再生過程を示す接合例も散見される。長さと幅の関係は一定範囲に収まらない。「複刃厚形削器」（赤澤・小田ほか1980，田村1992）と呼称するのは以上の理由による。本類型には研究の初期に「舟底様石器」「舟底形石器」と呼ばれたものの多くを含む。

角錐状石器の一部には短寸幅広尖頭形（長幅比2.5：1未満がほとんど）で，一端が両側縁からの

第6表　角錐状石器の出土率

2006.12作成　2009.9修正

		A 対象遺跡総数	B 瀬戸内型出土遺跡数	B/A 瀬戸内型出土遺跡の割合
東北地方		6	0	0.0%
関東地方		200	2	1.0%
中部高地	（長野）	6	0	0.0%
東海地方東部	（静岡東部）	6	0	0.0%
東海地方中部	（静岡西部）	4	0	0.0%
東海地方西部	（愛知・岐阜・三重）	14	1	7.1%
近畿・瀬戸内地方	（近畿西部・備讃瀬戸）	111	40	**36.0%**
九州地方東北・東南部	（大分・宮崎）	101	20	**19.8%**
九州地方西北部	（福岡・佐賀・長崎・熊本）	139	16	**11.5%**
九州地方西南部	（鹿児島）	35	0	0.0%
四国地方太平洋側	（高知）	5	0	0.0%
中国山地・山陰地方	（鳥取・島根・岡山北部）	6	0	0.0%
計		633	79	―

凹入状加工によって尖らされるが，基部が広がる形態をもつものがある（第122図7・8）。数量的には多くないが，これを厚形石錐としておく。

　角錐状尖頭器とした類型は，従来，角錐状石器と呼ばれてきた石器のなかでもっとも一般的な類型であり，数量では全体の半数を超える。しかし東北地方にはほとんど分布せず，関東地方でも大型品は少なく，瀬戸内地方〜九州東部で大型品が特に多いという地域的な偏りがある。瀬戸内地方の大型品は瀬戸内型を中心とする。複刃厚形削器も広く確認されるが，環瀬戸内ではやや少ない一方，数少ない東北地方の例はほとんどが複刃厚形削器である。さらにこの石器は九州南部でかなり発達する。厚形石錐は数量自体少ないが，瀬戸内地方に少なく，関東地方や九州地方に多いという傾向はある。

　このことからも分かるように，従来の枠組みでいう角錐状石器の発達度合いは決して一律ではないので，以下本分類に基づいて角錐状石器の通時的・地域的展開を追究することで，従来とは異なる知見が得られるものと予想される。以上の分類に基づき，角錐状石器の分布とその多様性の詳細を次節で分析したい。

第2節　角錐状石器の地域的多様性

　第123図をみると，北限は岩手県にまで延びるが，西南日本を中心とした分布であることはおおむね従来の指摘どおりであることが分かる。この分布でもっとも注目されるのは，国府系石器群の分布との異なりである。国府系石器群の分布にはかなりの偏りが生じていたことを確認したが，角錐状石器の場合，その分布は西南日本一帯に及んでおり，両者の発達の背景がかなり異なっていることが予想される。まずは，時期差を留保して，地域ごとの分布と多様性を確かめていきたい。

1　九州地方

　九州地方では，西南部・東部・西北部という程度の地域差がある（第124図1〜25）。西南部では，鹿児島県前原和田遺跡，城ヶ尾遺跡第Ⅱ文化層（同1・2），九養岡遺跡（同3・4）でまとまった角錐状石器の出土が知られている。これらの遺跡では，およそ21000^{14}CyrsBPとされる桜島P15（第Ⅲ章も参照）火山灰を含むXIV層と同層準か，より上位のXIII層を中心として角錐状石器を中心とする石器群が出土する。角錐状石器は頁岩・黒曜石・玉髄を主に用いて製作されており，角錐状尖頭器を含むものの複刃厚形削器・厚形石錐がより多い。他にも前山遺跡（同5・6），桐木耳取遺跡（同7）などで角錐状石器が認められる。前者は石器群の密集が著しく混在の可能性が高い石器群を出土しており，検討が難しい。桐木耳取遺跡では，長狭型の剥片尖頭器に，小型の複刃厚形削器と思われるものが伴出している。もっとも古い角錐状石器の例である。

　東南部・東北部では，大分県百枝遺跡C地点，同庄ノ原遺跡，宮崎県東畦原第2遺跡（同19），同中ノ迫第2遺跡（同15・16・20）などに，瀬戸内型を含む整った角錐状尖頭器が出土する。大

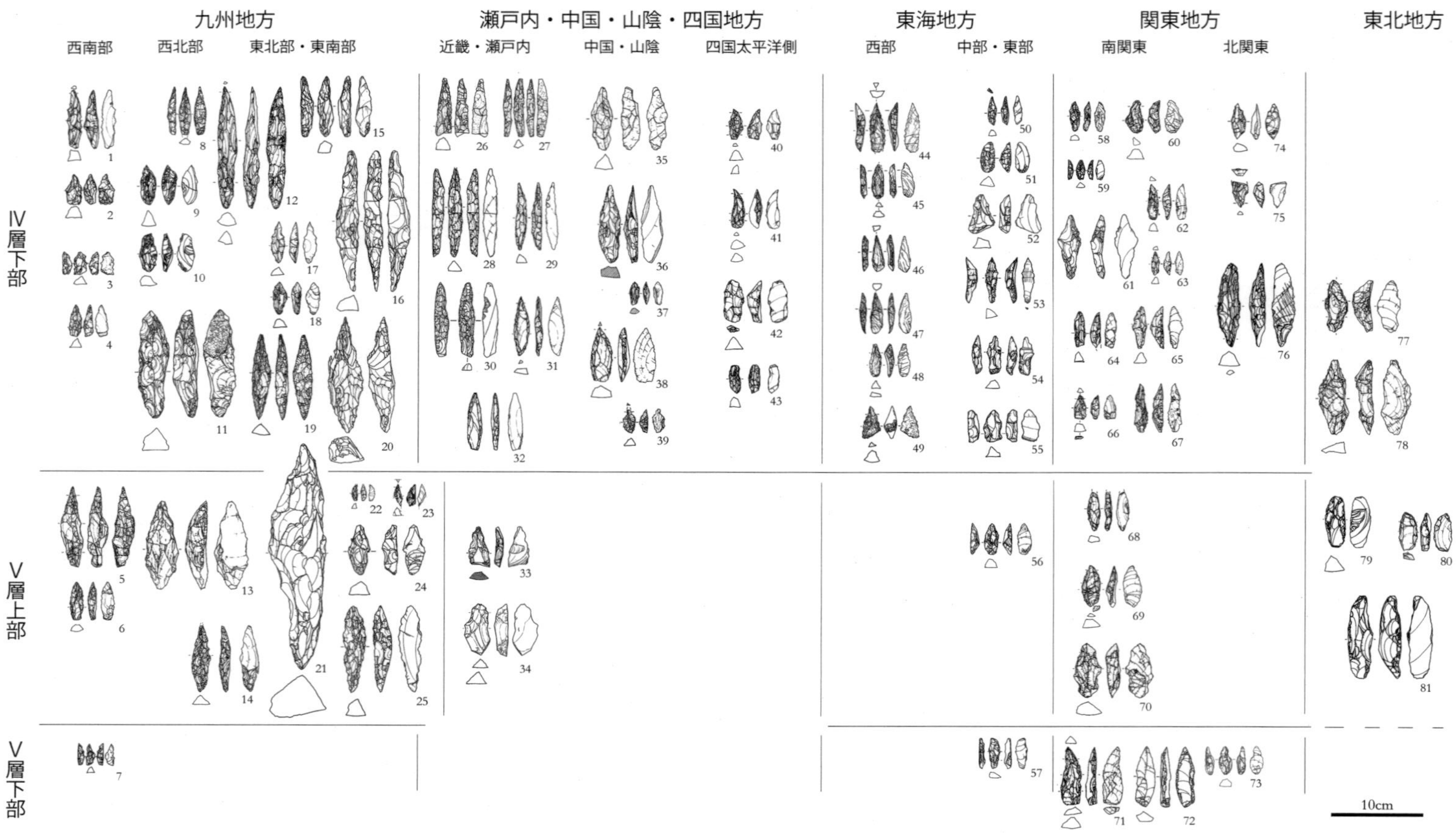

192

第124図 角錐状石器の地域性と変遷

1・2：咸ヶ尾・Ⅱ文、3・4：九鬘岡、5・6：前山・Ⅱ文、7：柊木耳取・Ⅰ文、8：下城Ⅱ・Ⅰ文、9・10：西輪久道・B区上鬘、11：老松山、12：栄勝、13：馬川谷口区・2区、14：隈、15・16：20：中ノ迫2、17・18：御大寺、19：東建脇2、21・25：前/田村土・2期、22：躍谷・Ⅱ、23：大坪、24：垂水1、26：大洲、27：冠E、28：中間西井甲、29：与島西方、30：国分台第5、31：坂井寺ヶ谷・上位文、32：京鳥・BL6、33：郡家今城C、34：翠鳥瓢、35：上野ヶ2、36・37：原口上鬘、38・39：笹叙2、40・41：奥谷南、42・43：佐野梶目山、44～47：樟原、48・49：寺田、50・51：京見塚・BB0、52：匂坂上2、53・54：子ノ神・BB0、55：中現代Ⅱ、56：上ノ池・Ⅱ文、57：桜畑上、58：用田大河内・Ⅵ文、59：堂ヶ谷戸・3文、60：下戸塚・2文、61：出山、62・63：上草柳2・Ⅱ文、64：自由学園南1991・2文、65：自由学園南高校、77：宇都宮星陵高校、66：嘉留多・2文、67：丸山東、68：一本板塚・6文、69・70：柏ヶ谷長ヲヤ・Ⅸ文、71：柏ヶ谷長ヲヤ・X・Ⅰ文、72：越中山K、80：かじか沢、79：頭山三鞠堂・Ⅲ文、74：一本板南・4文、73：一本板南・5文、75：今井三鞠堂、76：東灘町2、78：東灘町2、神山牧場ⅠA・BL18

Ⅳ層下部
Ⅴ層上部
Ⅴ層下部

分県では流紋岩が主に用いられ，宮崎県ではホルンフェルス・流紋岩・頁岩を中心として，勘大寺遺跡例（同17・18）のように小型品には黒曜石も多用される。これ以外にも複刃厚形削器や厚形石錐があるが，西南部のような発達をみせない。瀬戸内型以外の角錐状尖頭器も，左右対称性の高い形態が多くを占めることが指摘できる。西北部では瀬戸内型の出土は稀である。ただし，大分県境に近い熊本県下城 II 遺跡（同8），西北部東端にあたる福岡県筑後平野では宗原遺跡（同12）や表採資料を中心に安山岩を用いた瀬戸内型角錐状尖頭器がみられる。厚形石錐や複刃厚形削器も認められる。

概して，九州地方ではその東側の瀬戸内に隣接する地域において角錐状尖頭器がよく発達している。ここには瀬戸内型も多く認められることは注意しておきたい。岩谷 (1997) に類似した指摘がある。なお，西南部・東北部・東南部では，遺跡近傍で採取した石材を用いて，製作痕跡が残される傾向にあるのに対し，東北部では産地の限られた安山岩を用いるため，原産地で大まかな製作がおこなわれたと思われる（佐賀県老松山遺跡：同11）。

2 近畿・瀬戸内地方

瀬戸内地方では中間西井坪遺跡（第124図28）をはじめとして多くの遺跡で角錐状石器が存在している。いうまでもなく瀬戸内型角錐状尖頭器の発達が著しく，サヌカイト原産地にあたる国分台遺跡群のほか，三条黒島遺跡，大洲遺跡（同26），瀬戸大橋建設関連の諸遺跡（与島西方遺跡：同29）から出土している。西では冠遺跡群の冠遺跡D地点（同27）に，東の大阪平野周辺丘陵部では板井寺ヶ谷遺跡上位文化層（同31），南花田遺跡，国府遺跡第6地点（同32）に瀬戸内型およびそれに近いものが認められる。備讃瀬戸地域を除いて角錐状石器の点数が少ない印象を与えるが，角錐状石器は瀬戸内地方全体を通じて，多くの遺跡で数点程度だけ組成され，ある特定の少数遺跡にまとまって残される傾向があるため，後者のような遺跡が見つかっていないだけという可能性はあり即断はできない。

原産地遺跡（冠・国分台），およびその近傍（中間西井坪遺跡）で集中的に製作される傾向があるようだが，広く踏査・発掘調査がおこなわれているはずの二上山サヌカイト原産地では製作址が認められない。

3 中国山地・山陰地方・四国地方南部

瀬戸内地方における角錐状石器が瀬戸内型角錐状尖頭器に顕著な特徴をもつにも関わらず，直近の隣接地である四国地方南部太平洋側・中国山地の角錐状石器には瀬戸内型がまったくといってよいほど認められない。

四国地方南部では，奥谷南遺跡（第124図40・41）の発掘資料と，佐野楠目山遺跡（同42・43）の例が代表的である。奥谷南遺跡では，細石刃石器群との混在が著しいが，角錐状石器はチャートおよび頁岩を用いて多数製作されている。角錐状尖頭器や複刃厚形削器が認められるが，いずれも側縁の整形が粗く左右対称性に欠く，粗雑な製作技術である。尖頭部の作り出しも弱い。こ

の特徴は佐野楠目山遺跡でも等しく看取される。こうした特徴は，直近の瀬戸内地方よりも九州地方西南部に強い類似性を示すものである（森先・山崎 2006）。

中国山地では笹畝遺跡第2地点（同38・39）の発掘資料に黒曜石製と安山岩製の2点の角錐状石器（複刃厚形削器）が，断面採集資料に木葉形の頁岩製角錐状尖頭器がみられる。蒜山原の上野中遺跡第2地点（同35）でも1点の角錐状尖頭器が採集されているが，不整形である。なお，山陰地方では遺跡数自体が少ないが，原田遺跡（同36・37）では複数の角錐状尖頭器が出土した。このほかには，今のところ2点の角錐状石器の分布を確認している。いずれの遺跡でも，瀬戸内型はみられない。

4　東海地方

東海地方東部には，桜畑上遺跡BBI層下部石器群（同57）にもっとも古い時期の複刃厚形削器が，子ノ神遺跡BB0層出土第III文化層（同53・54）に中型角錐状尖頭器と小型の複刃厚形削器がみられる。これ以外は遺跡内に1点のみ認められる遺跡があるにとどまる。尖頭器としての発達が顕著ではない。黒曜石を用いる例が多い。

東海地方中部では京見塚遺跡（同50・51）で13点ほど確認できるが，いずれも非常に小型で，角錐状尖頭器は少ない。匂坂中遺跡BL15・BL53でそれぞれ2点・1点みられる。角錐状尖頭器を含む。在地で一般的に用いられるシルト岩を石材としている。

他方，東海地方西部では，椿洞遺跡（同44〜47）・寺田遺跡（同50・51）をはじめ，愛知県・岐阜県下で相対的に多くの遺跡（9遺跡）で角錐状石器を見出している。角錐状石器には瀬戸内型角錐状尖頭器はまったくないが，角錐状尖頭器自体は存在し，複刃厚形削器も含まれている。在地で一般的に用いられるチャートを用いている。

5　関東地方・中部高地

関東地方では角錐状石器を出土する遺跡は多数知られているのだが，大型品が非常に少なく，中・小型品が主体となり，かつ角錐状尖頭器が少なく，複刃厚形削器が多い。石材は主に黒曜石・安山岩・チャートを用いるが，黒曜石素材のものが圧倒的に多く，中・小型品と結びついている。茨城県・千葉県では，下野—北総回廊を介して，珪質頁岩製のものが相対的に多くみられる。

東京都出山遺跡（第124図61）や丸山東遺跡（同67）の角錐状尖頭器は，この地域では多くない大型かつ比較的対称性の高い角錐状尖頭器である。丸山東遺跡の接合例は，黒曜石製のやや厚手大型の剝片の両側縁から幅をすぼめる様に一挙に整形していることを示す。このほか，角錐状尖頭器を出土した主な遺跡には，東京都東早淵遺跡第4地点，同下戸塚遺跡第1文化層，同西之台遺跡B地点IV層下部，同鈴木遺跡都道南地点V層，同自由学園南遺跡1991年調査地（同64），埼玉県中原後遺跡2次調査地，同中川貝塚3次調査地，神奈川県上草柳遺跡第2地点（同62・63），同用田大河内遺跡第VI文化層（同58），同代官山遺跡第VI文化層，千葉県白幡前遺跡第2

文化層ブロック S30（同 65），同取香和田戸遺跡第 4 文化層，同天神峰奥之台遺跡第 III 文化層などを挙げることができるものの，大型対称形の角錐状尖頭器は決して多くない。

　関東地方の角錐状尖頭器の全体的傾向として，ここまでにみてきた古本州島西南部の事例に比べると，左右の対称性が十分ではなく，作りが粗雑であることが指摘できる。相対的に小型品が多い。さらに，関東地方の角錐状尖頭器は，形態上は角錐状尖頭器の用件を満たしていながらも，加工が全周に及ばないような例が多い。側縁加工の一部が省略されているのであり，おそらく素材のサイズが十分ではないために起こる現象と考えられる。

　なお，南関東東部の千葉県では，角錐状石器が遺跡内で多数出土する事例が，南関東西部に比べて少ないという特徴をもっている。

　中部高地には事例が少ない。柳又遺跡 C 地点や，男女倉遺跡 J 地点（森嶋・川上編 1975），手長丘遺跡（諏訪市史編纂委員会編 1986），野辺山 B5 遺跡等にあり，木葉形のものを中心とするという特徴をもつ。

6　東北地方・北陸地方

　この地域の角錐状石器は零細である。峠山牧場 I 遺跡 A 地区ブロック 18 の例は，角錐状石器の最北の例である（第 124 図 81）。このほか，山形県越中山遺跡 K 地点（同 79），福島県弥明遺跡，新潟県樽口遺跡 A-KSE 文化層（同 80），同正面ヶ原 B 遺跡，同かじか沢遺跡（同 78），東裏遺跡 H2 地点（同 77）で角錐状石器が出土している。角錐状尖頭器はまれで，越中山遺跡 K 地点，正面ヶ原 B 遺跡でみられるだけであり，また小型である。このほかはすべて複刃厚形削器からなっている。瀬戸内型のような長狭大型品は現在のところ皆無である[1]。

　ところで，瀬戸内地方の国府石器群には幅広木葉形の角錐状尖頭器が伴うが長狭大型品がほとんどない。複刃厚形削器は多数ある。東北地方では瀬戸内からの人の移動が V 層上部並行期であるか IV 層下部並行期であるかを特定することが難しかったが，人の移動を示す国府系石器群の角錐状石器が複刃厚形削器を中心とし，通常瀬戸内型角錐状尖頭器が伴わないことなどからみても，V 層上部並行期を中心としていた可能性が高い。とすれば，国府系石器群後に出現する杉久保石器群や瀬戸内系石器群の成立期は，IV 層中部に成立する砂川石器群よりも，若干早かった可能性がある。

7　まとめ

　以上の内容をまとめておく。第 123 図・第 124 図にみるように，角錐状尖頭器は関東地方以西の古本州島西南部で広く認められるが，顕著に発達するのは瀬戸内地方から九州東部（西北部東側の福岡県含む）にかけての地域である。これらの地域には瀬戸内型角錐状尖頭器というきわめて長狭かつ対称形のものが多く分布し，角錐状石器が刺突具としてよく発達していることを示す。逆に，関東地方，東海地方，四国地方南部，九州地方西南部という，古本州島太平洋沿岸では角錐状尖頭器に不整形なものが多く，また複刃厚形削器が多い傾向にあるといえそうである。ただ

し，東海地方西部の各務原台地周辺では，側縁加工が比較的精緻で形態の対称性の高い大型角錐状尖頭器が多い。中国山地から山陰地方にかけては資料が少なく詳細は不明であるが，角錐状尖頭器自体を認めることはできた。

このように，角錐状石器は国府系石器群と異なって古本州島西南部に満遍なく広がる。しかし，両者の広域展開には明らかな相関も認められる。まず，瀬戸内型角錐状尖頭器の分布域が国府石器群の分布域とおおむね重複している。瀬戸内型を含め，比較的形態の整った角錐状尖頭器が発達する地域（九州東部・東海西部）は，実は前章において瀬戸内からの人の移動があったと想定された地域，およびかれらから積極的な技術情報を受け取った人々がいた地域に相当することは重要であろう。逆に，関東地方，東海地方中・東部，四国太平洋側，九州地方西南部という，瀬戸内出自の人間がほとんど，あるいはまったく進出していない地域では，角錐状尖頭器でも形態の不整形なものが多く，複刃厚形削器を中心とすることは指摘されるべきである。ただし，注意が必要なのは，東海地方中・東部，四国太平洋側，九州地方西南部では，形態的洗練が不十分だったとはいえ角錐状尖頭器はあくまで中心的刺突具の位置にあったのに対し，関東地方では角錐状尖頭器自体が中心的刺突具とはいえない。むしろ，剥片製の大型切出形石器やナイフ形石器が中心的刺突具の役割を担う。

なお，瀬戸内出自の人々が進出している新潟県から北陸地方にかけての地域では角錐状石器が発達しないということは，上記の相関性を逸脱する現象としてここで注意しておきたい。

いずれにせよ，国府系石器群の広域展開にみられた地域差と，角錐状石器のそれとが明らかな相関関係を有することは興味深い。このような明瞭な相関をみせていることは，前章でも確認したように，刺突具形態の発達の地域差が各地域独自の環境条件と深く相関して立ちあらわれた現象であることを強く示唆するものであろう。

第3節　角錐状石器の通時的変化と技術構造上の位置

以上では時間軸を保留して，角錐状石器の分布および発達の地域差について述べてきた。そこで，この結果を通時的視点から見直すとどのようなことが分かるのか，簡単に検討しておきたい。すでに示した編年案に基づいて検討すると，角錐状石器の通時的変化の様相について，興味深い事実が明らかになる（第124図）。

まずV層下部並行期には，角錐状石器と明確に呼べるような資料がきわめて少ない。関東地方でもV層下部期の石器群に角錐状石器とは呼べないまでも，大振りの全周加工による石器がみられたが，角錐状石器というには素材が薄手である（柏ヶ谷長ヲサ遺跡第XI文化層），整形加工が素材剥片背面側から施される（天文台構内III遺跡第5文化層：第124図72）などの差異も大きい。確実に角錐状石器と呼べる資料としては，静岡県の桜畑上遺跡BBI下部出土石器群（同57）の複刃厚形削器や，千葉県一本桜南遺跡第4文化層（同73），鹿児島県桐木耳取遺跡第I文化層（同7）にみられるものであろう。その他の地域のV層下部並行期石器群には今のところ確実な例が

認められない。関東地方のものが角錐状石器と系統的な関係をもっていたとしても，そしてまた，V層並行期の細分ができなかった瀬戸内地方の角錐状石器が仮にV層下部並行期のものであったとしても，この時期にはまだほとんど普及していない石器であると評価するべきであろう。

　これに対し，V層上部並行期には明らかな角錐状石器が広く出現するようになるだけではなく，角錐状尖頭器が出現する。代表的なものでいえば，関東地方では千葉県一本桜南遺跡第6文化層（同68），東京都柏ヶ谷長ヲサ遺跡第IX文化層（同69），同葛原B遺跡第III文化層，東海地方では静岡県上ノ池遺跡第III文化層（同56），岐阜県日野1遺跡，九州地方では大分県五馬大坪遺跡（同23），同一方平I遺跡北区，熊本県狸谷遺跡II石器群，宮崎県前ノ田村上第2遺跡2期石器群（同21），同垂水第1遺跡，鹿児島県前山遺跡第II文化層（同5）を挙げることができる。まだ大型品は少ないが，角錐状石器が明らかに刺突具の一員として参入していることが重要である。なお鹿児島県においては，すでにこの時期から大型化の傾向が強い。

　IV層下部並行期は，角錐状石器が広い範囲でもっとも発達した時期である。全体的にいうと，細身のものが増え，尖頭器が多くなる。遺跡数が膨大となるため，第124図には代表的な例のみ示す。古本州島西南部一帯において，他の器種とともに大型刺突具の位置を担うのであるが，関東地方～東海地方では大型刺突具としての角錐状尖頭器が少ないことは，述べてきたとおりである。

　以上のことから，V層下部並行期に一部で関連資料がみられた角錐状石器は，V層上部において広域でしばしば認められるようになり，またこの時期に角錐状尖頭器と化していることが明らかとなった。角錐状石器は，V層下部並行期にはあまり重要な器種ではなかったし，尖頭器化するタイミングにも各地で大きな時間差はなかったと思われる。刺突具としての角錐状尖頭器を含む角錐状石器は，IV層下部の時期になって広い範囲で時期を同じくして発達するが，そこには前節で述べたような地域差もある。とすれば，国府系石器群がもっともよく認められる時期にやや遅れて角錐状石器の発達があったことになるのだが，地域性の単位は国府系石器群にみられたそれと強い相関をもっていたので，V層上部～IV層下部並行期にかけて，各地で進められていた生態適応の地域的単位は共通したものであったと考えられる。そしてこの地域単位は多少の変動を伴いつつもその後の地域性の根本をなしていく。

　したがって，これらの地域的単位ごとに資源環境を調べ，ここまでに明らかにしてきた石器製作の技術構造（刺突具と素材供給技術の基幹的関係）との対応関係とその背景を説明するモデルを構築することによって，後期旧石器時代後半期前葉に急速に進行した地域適応戦略の本質を明らかにできるものと考えられる。

註
(1) 宮城県北西部にある薬莱原遺跡群の鹿原A遺跡では長狭対称形の瀬戸内型と呼びうる角錐状尖頭器が発見されていたが，現在ではこの遺跡は捏造遺跡であることが判明している（前・中期旧石器問題調査研究特別委員会2003）。ただし，この角錐状尖頭器は断面抜き取り資料である他の資料と違い，表採資

料である。また，珪質頁岩製であることから，本来当遺跡になかったものであったとしても，東北地方で製作されたものであることは確かであろう。発見の事情を考慮してここでは扱わないが，東北地方にもごくわずかながらこうした形態の角錐状尖頭器が存在することを示すかもしれない。

第Ⅵ章　旧石器社会の構造的変化と地域適応

第1節　地域性の変遷

　第Ⅲ章において対象時期の石器群の編年研究を済ませ，そこで確認された二つのイベント（国府系石器群・角錐状石器の広域展開現象）について，第Ⅳ・Ⅴ章で分析を加えた。分析結果を踏まえ，後期旧石器時代前半期から後半期への移行期において，各地で起こっていた技術構造の変化が，人間集団の資源開発戦略のどういった側面を反映しているのかを，居住形態の変化も考慮しながら解釈し，各地における地域社会の適応進化プロセスをその背景から説明していきたい。まず本節ではここまで個別に扱ってきた内容を要約し，以後の考察に備える。

　後期旧石器時代前半期から後半期への技術構造の変化は，広域で時期的に一致して生じた現象であった。その変化は，前半期末葉のⅥ層並行期に初めてもっとも顕著にあらわれている。これを端的にいうと，基本的に前半期を通じて認められた石刃製のナイフ形石器・尖頭形石器と，剥片製の台形様石器からなる二極構造が，Ⅵ層並行期においてナイフ形石器・尖頭形石器の内部での大型石器・小型石器という二項性からなる技術構造へ変換されたということになる[1]（佐藤1992）。

　Ⅵ層並行期の地域性については次のようにまとめられる（第125図）。古本州島東北部はそれ以前からの変化が比較的少ない地域である。ここでは尖頭形石器の継続的発達という地域性がある。古本州島西南部ではナイフ形石器の大小二項性が技術構造の特徴である。大小二項性のうち，大型刺突具は石刃技法ないし縦長剥片剥離技術が担うことが通常であるが，小型石器については縦長剥片剥離技術や横長・幅広剥片剥離技術が担っており一定しない。このなかで，近畿・瀬戸内地方だけは，横長剥片剥離技術が大型刺突具の素材をサポートしており地域差を呈する。また，古本州島西南部のうち関東地方と古本州島東北部では，大型刺突具の素材供給として石刃技法が依然発達しているが（九州地方西北部にもその可能性がある），それ以外の地域では石刃技法の発達が弱く，素材供給にみる上記の二項性は緩やかである。しかも，この時期の大型刺突具は，東海以西の地域で発達が弱い。このように，Ⅵ層並行期には古本州島東北部と西南部の地域差が顕在化し，固定化するといえる。

　Ⅴ層下部並行期には，技術構造上の地域性の範囲にあまり大きな変化はない。そのなかで，九州地方西南部・東南部では剥片製小型ナイフ形石器の発達がみられず，台形様石器・切出形石器が小型石器の位置を再び占めており，地域差を示す。また剥片尖頭器がAT災害を契機とする九州固有の事情によって導入されたことも地域差に拍車をかけている（第Ⅲ章155頁）。近畿・瀬戸内地方ではⅤ層並行期の細分ができないものの，台形様石器が存在しないことは確かであ

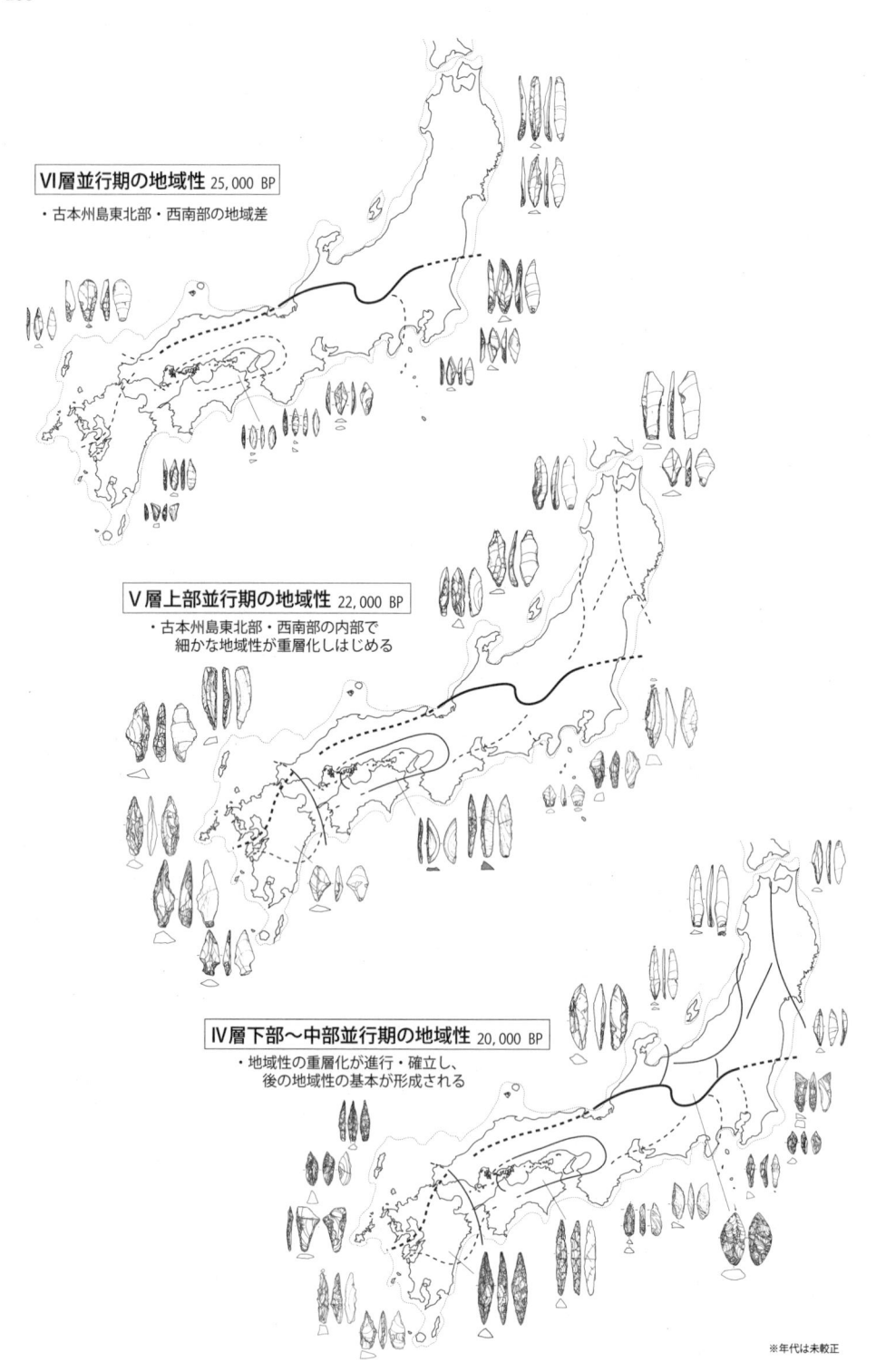

VI層並行期の地域性 25,000 BP
・古本州島東北部・西南部の地域差

V層上部並行期の地域性 22,000 BP
・古本州島東北部・西南部の内部で
　細かな地域性が重層化しはじめる

IV層下部～中部並行期の地域性 20,000 BP
・地域性の重層化が進行・確立し、
　後の地域性の基本が形成される

※年代は未較正

第125図　後期旧石器時代前半期から後半期にかけての地域性の重層化

るので，Ⅵ層並行期の技術構造を引き継いでいるらしい。が，素材供給技術が特殊化して中・大型の国府型ナイフ形石器製作と結びつき，国府石器群が成立したことで，より地域差を強めることとなった。

　ところが，Ⅴ層上部並行期には，古本州島西南部一帯において，各地の技術構造に大幅な入れ替え，組み換えが生じて多様化を遂げる。素材供給技術は，古本州島東北部では地域差をもちつつも石刃モードが継続的に発達しているが，対照的に同西南部では剝片モードが発達する。それとともに，大型刺突具・小型石器という刺突具の大小二項性が継続しているものの，大型刺突具・小型石器の両項の構成要素が豊富になっていることが特徴で，技術構造の地域差を際立たせている。特に各地の大型刺突具は，古本州島東北部奥羽山脈東西で尖頭形石器（・有肩尖頭器），新潟県から北陸地方では尖頭形石器・二側縁加工ナイフ形石器・国府系ナイフ形石器，関東地方・東海地方東部では主に縦長剝片製ナイフ形石器，東海地方西部では国府系ナイフ形石器と縦長剝片製ナイフ形石器，瀬戸内地方では主に国府型ナイフ形石器，九州地方西北部では形態の崩れた剝片尖頭器と縦長剝片製ナイフ形石器・国府型および国府系ナイフ形石器，九州地方東部では縦長剝片製ナイフ形石器と角錐状尖頭器，形態の崩れた剝片尖頭器，九州地方西南部では縦長剝片製ナイフ形石器と形態の崩れた剝片尖頭器，角錐状尖頭器となる。素材供給技術と器種との結びつきも多様化し，細かな地域差をみせている。Ⅴ層下部並行期までの地域性のなかに，さらに細かな地域性が生じ，地域性がはっきりと階層性をもって重層化を遂げるのがⅤ層上部並行期であるといえよう。

　この構成要素の多様化は，①瀬戸内に居住していた国府石器群の荷担者が，小規模でながら広域に移住したことによって，各地にそれまでになかった新しい技術的情報が伝播したこと，②また同時に，おそらくそうした地域社会間をめぐる人の移動の活発化が，角錐状石器の技術情報をきわめて急速に伝播したこと，③さらに，ある石器がそれまでとはまったく異なる機能的位置を占める現象（機能転化）が広く起こったことによって生じたものと考えられる。③の例としては，角錐状石器の尖頭器化（九州地方・瀬戸内地方・東海地方・関東地方），切出形石器の大型刺突具化（関東地方），国府型ナイフ形石器の小型刺突具化（九州地方東部），両面加工尖頭器の出現（九州地方西南部）などがその代表である。

　Ⅳ層下部並行期には前時期の細かな地域性を引き継ぎ，地域によってはさらに細分化する。それと同時に，Ⅳ層下部並行期の多くの地域では，Ⅴ層上部並行期において極度に多様化した刺突具と素材供給技術の変異幅が縮小する傾向にある。地域適応の進行に応じて，資源構造の制約を受け，多様化した技術に取捨選択・整理が働いたものと考えられる。

　この時期の技術構造差を，大型刺突具の地域性に注目して整理しておく。古本州島東北部ではⅣ層下部並行期を細別することができなかった。しかし，前後の時期の特徴から，奥羽山脈東西では依然として尖頭形石器が大型刺突具の位置を占めていただろう。また，第Ⅳ章で述べたように，仮に新潟県でやや早く杉久保石器群が成立していたならばこの地域でも尖頭形石器が，同じ理由で北陸地方では横長剝片製ナイフ形石器が，関東地方では切出形石器を中心に横長剝片

製ナイフ形石器と角錐状尖頭器が，東海地方東部ではおそらく角錐状尖頭器が，東海地方西部では角錐状尖頭器・横長剥片製ナイフ形石器が，瀬戸内地方では角錐状尖頭器と国府型・国府系ナイフ形石器が，九州地方西北部では角錐状尖頭器・台形様石器や国府系ナイフ形石器が，九州地方東北部・東南部では角錐状尖頭器・切出形石器が，九州地方西南部では角錐状尖頭器が，主な大型刺突具の位置を占める。

　本書の目的に照らして，設定・考察すべき具体的問題は次の三つである。

　①VI層並行期とV層上部並行期を中心に，広域で連動して起こる顕著な技術構造の変動過程の背景的要因はなにか。

　②技術構造の広域連動的変化は，各地の地域社会による適応戦略のどのような変化をあらわしていると考えられるか。

　③変動過程において，国府系石器群や角錐状石器の広域展開に示される技術情報の伝播がどのように影響を与え，技術構造の地域差は各地域社会の適応上のどういった固有事情を反映するのか。

　まず①を明らかにするために必要な，後期旧石器時代前半期から後半期への環境変化に関する研究をまとめ，②・③の問題にアプローチしたい。

第2節　後期旧石器時代前半期から後半期への環境変化

　V層上部並行期の技術構造の変化は，きわめて広い範囲で連動して起こったものであり，その背景を局地的な要因に帰することはできないと考えられる。つまり，広域で一致して起こったと予想されるこの時期の自然環境の変化が，やはりその要因である可能性が第一に想定される。当該時期に起こった古環境変化は，まだ本書で提示した石器群編年ほどの解像度では明らかにされていないのだが，技術構造の変化を環境変化と関連づけて論ずるにあたり，両者の対応関係を若干大胆に推測してみたい。今後，当該時期の環境変化がより詳しく明らかにされ，一層細かな議論が可能となっていくことを期待したい。

　本書の冒頭でも述べたように，後期旧石器時代前半期から後半期の移行期は，酸素同位体ステージ（OIS）3から同2への移行期に相当している。第126図はグリーンランド氷床ボーリングコアの各層準の酸素同位対比変動から得られた気候変動サイクル（ダンスガード・サイクル）と，日本海深海底堆積物の暗度変化とを対比したものである。この暗度変化は堆積物中の珪藻化石種変化と密接に関連していて，これが海水準変動を反映することが分かっているので，日本海周辺域においてもおおむねダンスガード・サイクルに同調した突然かつ急激な気候変動が，最終氷期の気候の特徴であったと分かる（多田隆1997）。しかし，こうした急激な気候変動を基調としながらも，相対的な温暖期，寒冷期が区別されており，OIS3は最終氷期中盤の温暖期，OIS2は最終氷期最寒冷期（LGM）と評価されている。

　さて，この気候変動期には，各地で頻発していた火山活動が深く関わりながら生態系の顕著な

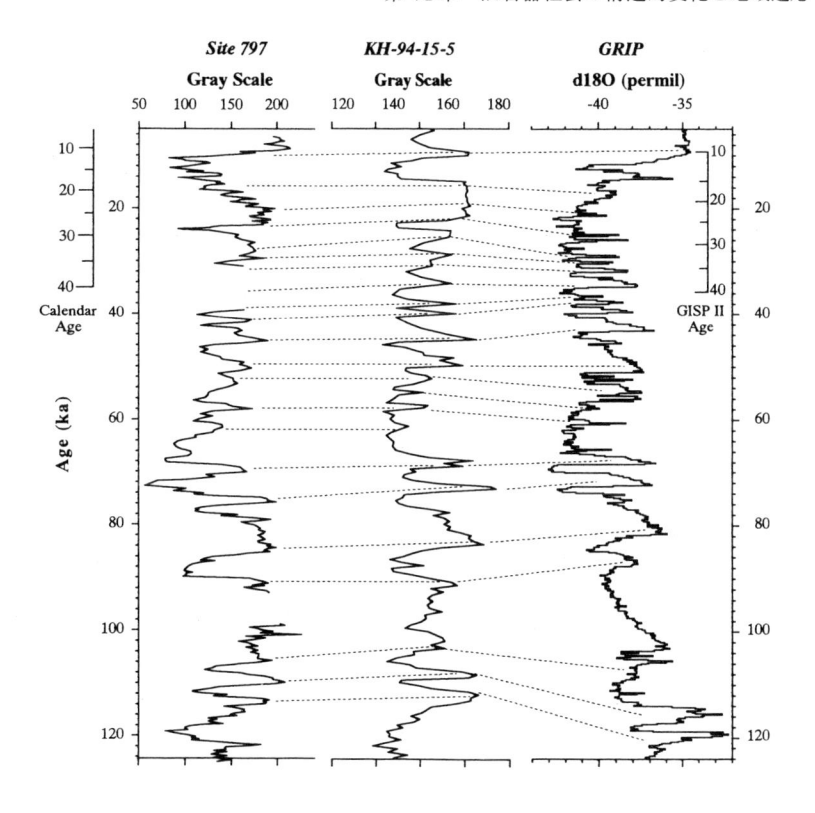

第 126 図　ダンスガード・サイクルと日本海海底堆積物暗度変化との対応（多田隆 1997）

変化が生じたことが指摘されている（辻 1985）。このうち，特に古本州島の環境変化において重要な影響を与えたのが，始良火山の噴火による始良 Tn 火山灰（AT）の降灰であった。始良火山の噴火は，その噴火による火砕流そのものが与えた被害は南九州地方を中心としてきわめて甚大なものであったが，本書の視点から特に重要なのは，それが九州地方にとどまらない広い範囲において急速な植生変化を引き起こしたと考えられる点である。

　日本列島各地で AT の降灰前後の植生変化を調べた辻誠一郎の研究（辻　前掲）によると，始良火山の破局的噴火は，最終氷期最寒冷期の端緒にこそならなかったが，寒冷化と植生の急速な変化を促進したとされる。寒冷化自体は AT 降灰に先立って開始しており，針葉樹の分布拡大がすでに始まっていたが，爆発的噴火を契機として，一瞬にして針葉樹林時代を迎えたと評価されている（第 127 図）。この影響は，それまでコナラ亜属主体の森林植生が卓越していた古本州島西南部で特に顕著であった（辻・小杉 1991）。突発的な火山噴火による気温・気候・地表環境の変化が「生態系の秩序を攪乱し，社会的な非平衡と生態的順位の交代を誘導することによって，生態系の変化の方向性を促進したためである」（辻 2004）。これは生態系史における構造変動ということができる（辻 2008）。ただし，古本州島北端の津軽地方では，火山灰の給源から遠く隔たっていたことと，以前より針葉樹林が成立していたことから，森林植生には大きな変化が生じなかった（辻・小杉　前掲, 辻 1991）とされることにも注意しておきたい。

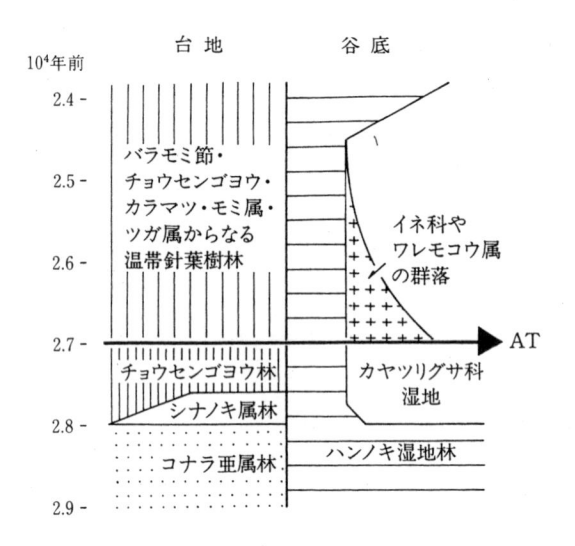

第127図　姶良Tn火山灰の降灰による植生の変化（辻2002）

　こうした研究を参照すると，AT直上にあたるV層並行期の時期とは，AT降灰によって植生環境の急速な変化が促進されたといわれる時期におおむね一致するとみてよいのではないだろうか。

　さらに，最近の古動物相の研究では，酸素同位体ステージの変化に対応した動物群の変化が明らかになり始めている。河村善也（1998）により，後期更新世後半の古本州島の動物相は，基本的には約13万年前あるいはそれ以前に日本列島に渡来していた動物たちが，列島のなかで絶滅や固有化していく過程として捉えることができるとされてきた。本書の研究に関連する後期旧石器時代には，大きく二つの動物群が重要となる（高橋2007・2008）。すなわち，マンモス動物群とナウマンゾウ―オオツノジカ動物群である（第128図）。本州から九州地方にかけての地域では，温帯・森林棲のナウマンゾウ―オオツノジカ動物群が基本的には広がっていたが，気候変動および氷河性海水準変動に対応した動物群の南北移動を背景として，ある時期には北方からのマンモス動物群の構成種の移住が起こったと考えられている[2]。この動きは，当然，本書が問題とする最終氷期最寒冷期にも顕著に起こったと推測されており，その移住先は本州中部岐阜県にまで及んでいたとされるが，数少ないバイソンやヘラジカの化石骨が主に分布するのは関東地方以北である。この地域差は技術構造の地域性の範囲とも相関しており興味深い。

　狩猟戦略と関連して重要な，本州における大型獣の絶滅時期についても，高橋により興味深い説が提示されている（高橋2008）。北方系・南方系の両動物群の大型獣は，マンモスゾウ・ナウマンゾウ・オオツノジカ・ヘラジカであるが，岩手県大迫町風穴遺跡からでたゾウ類の大腿骨のAMS炭素年代として18140 ± 60^{14}CyrsBPという年代が得られているほかは，ナウマンゾウには23000^{14}CyrsBPを下る年代はほとんどないという。オオツノジカは最新でOIS1まで確認されているが，基本的にはナウマンゾウと同様の盛衰を辿ったとみられる。また，ヘラジカ等北方系マ

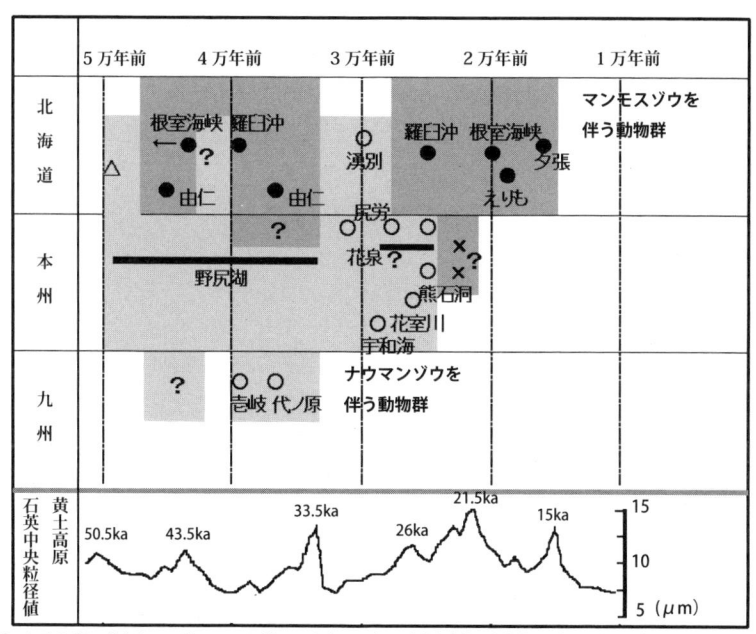

第Ⅵ章　旧石器社会の構造的変化と地域適応　205

第128図　5万年前以降の二つの動物群の変遷（高橋2007）

ンモス動物群構成種の本州への移住は最終氷期の最寒冷期であろうという理由から，およそ20000^{14}CyrsBP前後と予測されているが，詳細は分かっていない。年代値からみると，古本州島の大型動物はATの降灰以後しばらくして急速に減少していったことは確かなようである。

　こうしてみると，Ⅴ層〜Ⅳ層下部並行期という時期は，AT降灰によって促進された急速な針葉樹の増加が起こっていた時期であり，なおかつ大型動物が古本州島に展開していた最後の時期に，大枠で相当しているのではないだろうか。第Ⅲ章でみたとおり，直後のⅣ層中部の砂川石器群やその並行期になると，各地で刺突具が薄手となるだけでなく，相対的に小型化を遂げ，重厚な大型刺突具が姿を消していくが，これが先の動物相の変化と対応した現象であることは注目されてよいだろう。したがって，Ⅴ層〜Ⅳ層下部並行期における各地の人間集団は，地域差はもつであろうが，植物相の変化に対応して資源開発戦略の見直しを進めつつ，それ以前のように（佐藤1993）大型動物狩猟を基本としながらも，次第に中・小型動物への依存度を高めて，前半期よりもはるかに狭い地理的範囲への地域適応を志向していたものと推測される（佐藤2008）。これらの推測は，地域固有の技術構造の成立や石器のスタイルの地域分化という，ここまでの検討結果からも支持できる。そして，本書の検討では，地域差が顕著となったのがⅤ層上部並行であるので，適応形態の大幅な変化が起きていたのはこの時期であったと考えられる。

　また，地域固有の技術構造の成立や石器のスタイルの地域分化が，小地域単位での緊密なバンドの相互交流を基本とした地域社会の成熟過程を示しているとすれば，それは同時に地域間での社会間ネットワークの発達をも促したと予想されよう。著しく変動する気候条件下での予測性の低い資源の利用を基本としつつも，小地域内で安定した生存を保障するためには，地域を越えた

人や情報の交換体系の強化が不可欠だからである。第IV章で論じたような，国府系石器群の広域展開に示される瀬戸内からの人の移動や，第V章で分析した角錐状石器の広域伝播が，地域差の顕著となるV層上部並行期を中心に認められたことは，まさにこうした社会変化を背景に起こったことを示そう。このように，現在の視点および分析結果からみても，佐藤により最初に提出された見通し（後半期における地域社会の成立と同盟関係の発達：佐藤1992）はおおむね正しいと評価される。

ではVI層・V層上部並行期を中心とする技術構造の再編および地域化は，具体的に各地域社会のどのような適応戦略の変化・確立過程をあらわすのであろうか。大型動物狩猟への依存度を高めて広域回遊型の生業・居住システムを構築していた前半期とは異なって，減少しているが貴重な大型動物狩猟を組み込みつつ，小地域での中・小型動物狩猟を中心とする生業形態を維持することを志向した後半期前葉において，各地でどのような適応形態の再編がおこなわれたのか，という問題である。最後にこの点について考察を加えていきたい。

第3節　地域適応の進展と旧石器社会の変化

1　VI層並行期における技術構造の地域差とその背景

二極構造が解体して生じたVI層並行期の技術構造は，古本州島東北部と西南部とに大きく分立した地域差を示す。ただし，西南部のうち近畿・瀬戸内地方には，さらに細やかな技術構造上の地域差（大型刺突具：横長剥片製ナイフ形石器，小型石器：縦長〜横長剥片製ナイフ形石器・切出形石器）がみられる。これは主たる石材を，より横剥ぎに適した安山岩にのみ依拠せねばならなかったという特異な石材条件に規制された，技術伝統の歴史的帰結と考えられる[3]。

もっとも重要な点は，古本州島東北部では石刃モードの一層の発達による石刃モード内部での大小二項性（石刃モード巡回群）の発達をみたこと，他方，古本州島西南部ではVII層並行期に比べて石刃モードが弱まり，剥片モード内部でのナイフ形石器の大小二項性が強まったということである（第125図）。古本州島西南部での例外といえそうなのは関東地方であり，ここではVI層並行期にも石刃モードの大型刺突具が継続的に発達していた。また，九州地方西北部でも少数の大型石刃石器や台形様石器が存続するなど，やや特異な状況が認められる。とはいえ，このような細やかな地域性はいまだ萌芽的なものであり，未確立といわねばならない。この時期の技術構造上の明らかな地域差は，古本州島東北部・西南部という地域単位・レベルにおいて指摘すべきであろう。

この地域差は，石材環境の異なりといったローカルな要因では全く説明できない。むしろ注目されるのは，古本州島東北部と西南部という地域差が，大局的な植生環境差が指摘されている地域（塚田1984，小野・五十嵐1991，辻2001）によく対応しているという事実であろう（第129図）。VI層並行期に限定した古植生環境を知ることができるようなデータはほとんどないが，先の辻らの植生変化説（辻・小杉1991）から推測するならば，古本州島東北部では針葉樹林が卓越する

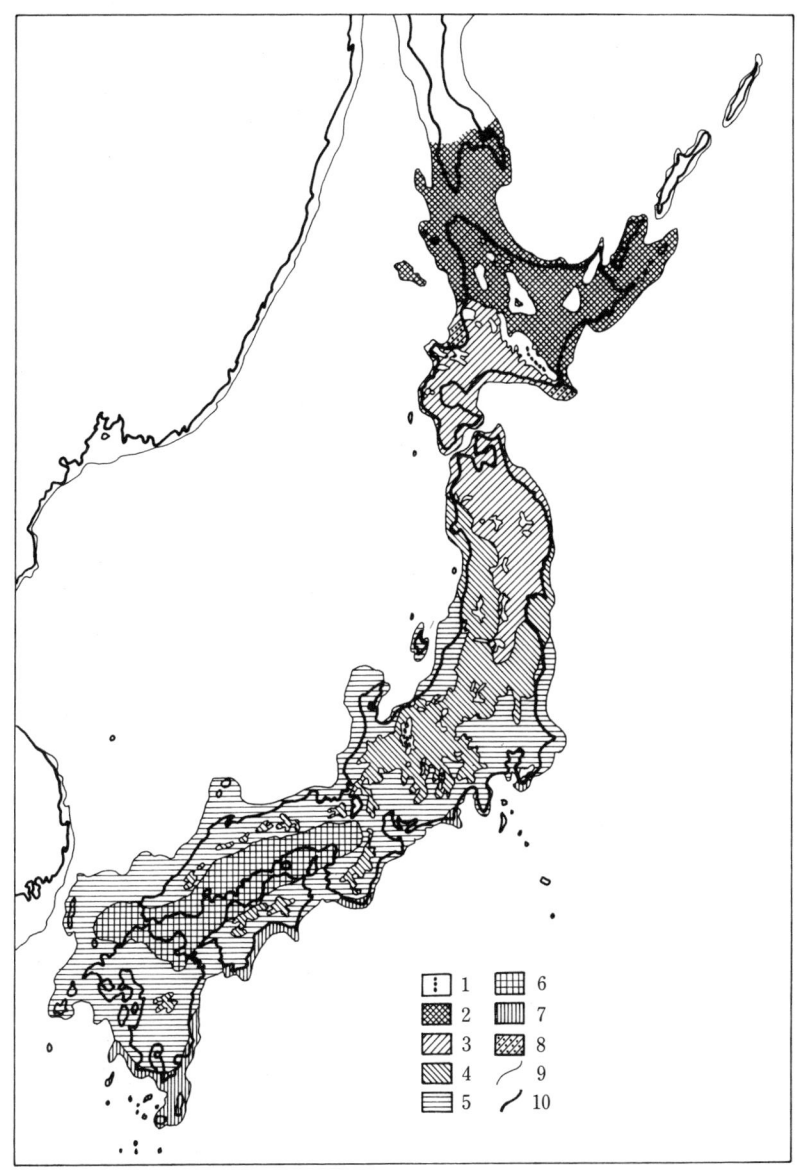

第 VI 章　旧石器社会の構造的変化と地域適応　　207

1：氷河(黒点)および高山の裸地，草地(ハイマツ帯を除く高山帯に相当する地域)，2：グイマツ・ハイマツを主とする疎林と草原，3：グイマツを主とする亜寒帯針葉樹林，4：グイマツをともなわない亜寒帯針葉樹林(中部地方，および近畿地方では一部カラマツをともなう)，5：冷温帯落葉広葉樹林(ブナをともなう)，6：ブナをほとんどともなわない落葉広葉樹林，7：暖温帯常緑広葉樹林，8：草原，9：最終氷期最寒冷期の海岸線，10：現在の海岸線

第 129 図　最終氷期最寒冷期の植生図 (小野・五十嵐 1991)

北方的な植生，同西南部ではいまだ多くの広葉樹林を交えたより南方的で温暖な植生が展開していたと考えられ，大局的な自然環境差があったようである。

古本州島東北部における石刃モードは，VI層並行期に周縁型石刃剝離技術となり，得られる石刃を尖頭形石器にとどまらず各種石器製作に利用する方法が確立した。それ以前のように小型剝片石器モードによる臨機的な石器製作がおこなわれなくなったと同時に，周縁型石刃石核の管理的消費によって石材の計画的・節約的利用がおこなわれはじめたことは，石材の補充機会を減らした自由度の高い狩猟活動を可能としたと考えられる。上記の環境条件を考慮するならば，このような高コストの計画的な石器製作技術を基盤とした技術構造の成立は，広域に移動し狩猟機会が限定される，獲得難度の高い大型獣狩猟への傾斜を強めた，技術の信頼性システム化を示すものであろう。古本州島東北部では前半期より針葉樹林の発達がみられ，後半期にかけて植生上の変化が乏しかった可能性があるという指摘（辻1991）がある。これが正しければ，VI層並行期の技術構造の変化とは，それまでとは異なる適応戦略への急速な転換というよりも，前半期からの狩猟戦略の継続的発達と強化を示している可能性が高い。

古本州島東北部では，VII層並行期までは伝統的な二極構造の発達と強化が顕著に推し進められた。それは，VII層下部並行期での台形様石器II類の発達・規格化と，VII層上部〜VI層並行期での狸崎型・池のくるみ型の特異的発達等に象徴的に反映されている。しかし，大型獣狩猟へのシフト（佐藤1993）を背景とした石材の補充頻度の低下という一貫した志向性が前半期を通じてあったと仮定してよければ，これを石材浪費的かつ汎用性に乏しい小口面型石刃剝離技術および小型の横長〜縦長剝片剝離技術を基盤技術とする二極構造で追求するには，石材消費戦略のうえで限界があったことが予想される。VI層並行期における周縁型石刃技法を中心とした技術再編はこの結果として生じたのであろう。

VI層並行期を介して，狩猟戦略の転換というよりもむしろその強化が志向されたという理解は，実はサハリン―北海道半島の北海道地域における同時期の人間行動についても指摘されている（佐藤2003b）。古本州島東北部は，細石刃石器群の発達するサハリン―北海道半島の北海道地域とは技術構造こそ大きく異なるが，適応戦略の変化の方向性には共通する部分もあったように思われる。

これに対し，古本州島西南部では，VI層並行期には前時期を特徴づけた石刃製ナイフ形石器が，下野―北総回廊を通じて同東北部と連結されている関東地方を除いて減少し，少数の薄手石刃・縦長剝片製ナイフ形石器に，剝片製小型ナイフ形石器や切出形石器が伴う技術構造へと変化する。VII層並行期において近畿地方を除く九州地方から中国山地，東海地方東部にまで認められた中・大型の石刃剝離技術も後退する。剝片モードへの移行は，石核の管理的消費による計画的かつ信頼性の高い技術とは対照的な，保守性重視の技術への変化が起こったことを示すのであろう。古本州島西南部は同東北部に比べて相対的に温暖で植物質食糧の利用可能性が高いともいわれている地域であり（鈴木1988），この時期以降に礫群等の回帰的・定着的行動を示す設備も発達する地域（保坂1986）である。以上のことから考えると，西南部にはまだ大型獣は存在し

ていたが，植物質食糧の利用可能性もあったことから，行動範囲の狭い中・小型獣狩猟への依存度を高める方向を選択したと考えられる。

　VI層並行期はこのように，古本州島東北部と西南部で適応戦略の方向性に顕著な違いが生じた時期であった。

2　地域適応の進展と地域社会の成熟：V層上部～IV層下部並行期

　続くV層下部並行期には地域性の範囲に大きな変化はみられない。しかし古本州島西南部では何らかの理由で石刃製の大型刺突具が再び増加し，技術構造が変化する。資料的制約から，東海地方中・西部や近畿・瀬戸内地方の同時期の様相は詳しく知ることができない。関東地方の場合，この現象は前時期からの連続的進化で容易に説明できる。しかし，それ以外の地域ではこの急激な変化は理解が難しい。東海地方東部では，現在の資料による限りVI層並行期に石刃モードの後退が顕著であるとみられたにも関わらず，V層下部並行期には石刃製大型刺突具が復活する蓋然性が高い。九州地方でも，VI層並行期の大型刺突具の急減に反し，V層下部並行期で剝片尖頭器の突然の出現・盛行をみる。とくに九州地方では，石刃製の大型刺突具（剝片尖頭器）が，台形様石器と結びついて，二極構造ともよべる技術構造が成立するが，後半期に発達する掻器や削器を多数伴う点では異なる。

　古本州島西南部V層下部並行期における，この石刃製大型刺突具の復活，および二極構造的な技術構造の復活という現象の背景について，本書では，辻（1985・1991など）の理解に依拠して次のように予測しておきたい。前述のとおり，古本州島西南部ではVI層並行期において大型獣への依存度を低くし，中・小型獣および植物質食糧を含めた地域資源の多角的開発という方向に，徐々に向かい始めていたと思われる。しかしながら，ATの降灰を契機とする生態系攪乱，急速な針葉樹林化という事態に遭遇し，一時的にそうした方向性に歯止めがかかった可能性がある。それは，適応戦略の諸方策（動物資源・植物資源の利用比重の変更，新しい資源の開拓，および獲得・消費技術）のシステム化が不十分であった時期に，生態系の秩序攪乱を背景とした，獲得対象とする動植物資源の急激な変更・再選別を余儀なくされたことで，一時的に旧来の適応形態に回帰した結果と考えたい。しかしながら，後述するように，V層上部～IV層下部並行期における礫群の急増や小地域の周回的移動による多角的資源開発の確立過程をみる限り，これは一時的な対応であって，再び前半期のような適応形態にもどることはなかった。適応戦略のシステム化の方向性はVI層並行期にすでに転換していたからである。V層下部並行期の地域性の範囲がVI層並行期とほとんど変わらないのは，地域適応の進行が一時的に阻止されたことを示している。

　こうした経緯もあり，技術構造の地域化，ひいては地域社会化という点において，もっともはっきりした変化はV層上部並行期に起こった。この時期には，VI層並行期の古本州島東北部・西南部という地域内に，さらに細かな地域差が重層化していく。おおむね，山脈や山地に区切られた大きな平野，および大河川流域や盆地群という，ひと連なりの地形単位ごとに固有の技術構

造が成立している（第125図）。次にみていくように，そうした範囲の石材分布構造等の資源構造に適応した石材消費戦略がとられるようになったために地域差が顕著になったと考えられる。地域化の一方で，地域を越えた特定要素（国府系石器群・角錐状石器）の広がりも確認されているが，これらは矛盾する現象ではなく，地域化と表裏の関係にある地域社会間関係の再編成（同盟関係の強化）を象徴する現象であることを先述した。

以下では各地域単位ごとに，技術構造の変化からみた人間集団の適応戦略の変化プロセスをみていきたい。ただし，遺跡分布・遺跡間システムを考慮しての居住形態論にまで踏み込んだ議論をおこなえるのは，発掘調査遺跡数の豊富な関東地方および九州地方東南部に限られる。そこで，関東地方・九州地方東南部に関する考察に基づいて当該期の技術構造変化に関するモデルをたて，古本州島西南部のそれ以外の地域については，このモデルを参照枠として予測的な説明を提示することとしたい。また，古本州島東北部では特に奥羽山脈東西の地域でⅤ層〜Ⅳ層下部並行期の細別が困難であったので，一括して取り扱わざるを得ない。

（1）古本州島東北部

古本州島東北部では，奥羽山脈の東部と西部，そして新潟から北陸地方において地域差が顕在化した。奥羽山脈の東西の地域差は，Ⅶ層並行期からしばしば認められたが，Ⅴ層並行期にはよりはっきりとした差が生まれる。奥羽山脈西部では，良質の珪質頁岩の存在を背景にⅥ層並行期からの技術構造すなわち石刃モード巡回群が継続しているのに対し，奥羽山脈東部の北側では〈石刃モード（周縁型石刃剝離技術）＝中・大型尖頭形石器／小型剝片モード＝尖頭形剝片石器・台形様石器・切出形石器〉という技術構造が成立する。剝片モードでは相対的に粗悪な玉髄なども用いられ，石刃モードとの石材の違いがある。

遺跡分布や遺跡間システムについてはほとんど言及できる状況にないが，奥羽山脈西部において特定地点への遺跡の集中（最上川中流域新庄盆地：乱馬堂遺跡・南野遺跡・横前遺跡・新堤遺跡等）という現象が認められることは，遺跡が散在する前時期までと比べて大きく異なる特徴である。いまのところ，奥羽山脈東部北側には遺跡数も少ないので，同様の変化が起こるのかどうかはっきりしない。

以上の点から考えると，おそらく奥羽山脈西部では前時期から続く信頼性の高い石器製作技術に基づいて，特定の居住基地の設営とそこからの比較的長距離におよぶ狩猟遠征という生業・居住形態による地域適応が確立したと考えられる。こうした適応形態から想定されるのは，おそらく少数種の中・大型獣狩猟に特化した生活であろう。他方，奥羽山脈東部北側では，大型刺突具製作技術では西部と大きな違いがないが，一定の剝片石器モードが併用されていることからみて，西部ほどには特殊化した適応形態が採られていなかったのではないだろうか。とはいっても，両地域における国府系石器群の不在に示される，瀬戸内出自集団からの技術情報の非受容は，剝片モードによる特定石器（国府型ナイフ形石器）製作に特化した技術では，上記の行動戦略を担保できないことに起因すると考えられる。すなわち，汎用素材である石刃や，それを生み出す石刃核の管理的運用という技術デザインには，特定石器製作（国府型ナイフ形石器）のために特殊化した

横打技術は適合的ではなかったのであろう。

なお，この時期の奥羽山脈東部南側の様相はよく分かっていないが，後の時期には非常にはっきりとした地域差が認められるので，この時期から地域差が生じていたことは確かである。

新潟県から北陸地方にかけての地域は，さらに異なる様相を呈する。これまでの検討の結果，V層下部並行期には奥羽山脈地域と同様の石刃モード巡回群が成立していたが，国府系石器群の出現に示されるように，異なる技術の受容が進められた結果，奥羽山脈地域との地域差が顕在化していくと考えられた。この地域は，古植生分布では西南日本に共通する要素が多く，さらに良質安山岩原産地も点在している。このように，近畿・瀬戸内地方と類似した技術の適用が可能な条件が整っていたことから，瀬戸内出自集団の移住が比較的活発に進められたと考えられる（第IV章）。

こうして起こった技術交流の結果，〈石刃モード（周縁型石刃剝離技術）＝薄手大型〜小型刺突具，剝片モード（横長剝片剝離技術）＝厚手大型〜中型刺突具〉という技術構造が形成された。まだ居住形態等の詳細は明らかにし得ないが，石刃モードが周縁型石刃剝離技術からなり，節約的な石器製作技術を担っていたのに対し，剝片モードでは樽口遺跡A-KSE文化層にみるような遺跡内での浪費的石器製作が多種類の石材を用いておこわれている。両モードは厚手・薄手刺突具の作り分けのためにも並存していた可能性が高いが，厳密に作り分けられているわけでもない。こうしたことを考慮すると，剝片モードは石刃モードでの石器供給の不足を適宜補完する役割（厚手刺突具の製作や，刺突具不足時の臨機的製作）という機能的位置づけにあったと考えられる。維持コストの高い石器製作技術（周縁型石刃剝離技術）を採用した高信頼性の技術構造と計画性の高い生業・居住形態からなる奥羽山脈地域とは異なり，コストを減らして保守性をより重視した技術構造へとシフトしていることは，資源獲得の方法等，行動戦略にも相応の異なりがあったことを示そう。奥羽山脈のように特定の動物資源へ特化するのではなく，相対的に幅広い資源開発戦略がとられていた可能性が考えられる（森先2008a）。この特徴は続く杉久保石器群にも指摘できる（森先2004b，Iwase and Morisaki 2008）。わかりやすくいえば，古本州島東北部のなかではもっとも古本州島西南部的な適応形態が取られていたことになるだろう。

(2) 古本州島西南部

続いて，古本州島西南部をみていきたい。基本的には特定少数資源の利用に特化することで特徴づけられる古本州島東北部とは異なり，同西南部では，適応戦略の急速な方向転換が確認された。技術構造の変化を比較的詳しく追跡することができるのは，関東地方（ここでは西部を扱う），東海地方東部，近畿・瀬戸内地方，九州地方東南部，九州地方西南部である。まず関東地方・九州地方東南部を検討する。

a 関東地方

古本州島西南部のなかではやや特異な技術構造（大型刺突具の継続的発達および周縁型石刃技法の持続）を有していた関東地方では，V層下部並行期でも石刃モードが維持され，黒曜石や珪質頁岩という遠隔地の優良石材を用いた石刃核リダクションによる広域移動型の居住形態が維持され

ていた（角張1991，佐藤1996・1997）。しかし，V層上部並行期に至り石刃モードは急速に後退する。この傾向はIV層下部並行期にも継続する。

　関東地方西部を中心にみると，V層上部並行期には周縁型石刃技法による刺突具・各種石器の供給がおこなわれなくなり，臨機的な縦長剝片剝離技術や横長剝片剝離技術による石核消費が発達している。相対的に大型の刺突具は縦長剝片製一側縁加工ナイフ形石器であり，型式的にも前時期からの系統的連続性が追える。幅広剝片や横長剝片は中・小型のナイフ形石器・五角形の基部加工尖頭形剝片石器・切出形石器に素材を供給する。特に，中・小型ナイフ形石器の形態が多様化し，基部加工尖頭形剝片石器や切出形石器が著しく増加するなど，器種組成が豊富となる点に特徴がある。瀬戸内からの人の移動は明確ではないが，この時期の社会間ネットワークを通じて国府型ナイフ形石器がもたらされ，石器製作には国府系ナイフ形石器として組み込まれる。ただし，国府系ナイフ形石器は中・小型ナイフ形石器のごく一部を構成するに過ぎない。角錐状石器も前時期に導入されていた可能性があり，さらにこの時期になって尖頭器の一員に機能転化しているが，その機能的位置は国府系ナイフ形石器同様に，それほど発達する様子をみせないことが特徴である（森先2007a）。続くIV層下部並行期には，縦長剝片製の刺突具が減少かつ小型のものを中心とするようになり，それまで小型石器の位置にあった切出形石器が大型刺突具化するなど，顕著な機能転化を介した技術構造の変化をみてとることができる。その一方，やはり国府系ナイフ形石器や角錐状石器は大型刺突具としては発達しない。

　この時期，関東地方では，遺跡数や遺跡の立地等からみて低平な台地部の周回的移動に基づく居住形態へと変化する時期であり（安蒜1985），またV層上部並行期に顕著となる器種構成の多様化や，遺跡立地環境の多様化，食餌幅の拡大を可能とする礫群の急増（保坂1996）などは，地域資源の多角的開発の進展をうかがわせる（佐藤1996）。剝片モードの進展と，遺跡単位での石器製作活動の一般化は，こうした多角的かつ柔軟な資源獲得戦略を保証する戦略として発達したものと理解される（森先　前掲）。

　この時期の多角的資源開発とは，多数種の資源のそれぞれを，前半期のように場当たり的に利用するものではないと考えられる。なぜなら，V層上部〜IV層下部期には大規模な回帰的居住により形成された遺跡が多数あらわれることからみて（野口1995），より計画的・効率的な資源利用が一般化したと考えられるからである（田村1992）。

　さて，関東地方の石材分布構造は，低平な台地部における良質大型石材の不在と，周辺山地におけるそれらの多産と要約できる（佐藤1992）。したがって，上述の居住形態の変化に伴い，利用石材も台地部により近い産地のものが利用される傾向が強まるものの，他の地域に比べれば，関東地方西部では石核リダクション戦略を相対的に重視した石材消費を実行せねばならなかったと考えられる（国武2003）。

　このような石材消費戦略が重視されていたと想定される以上，整形の自由度が高い反面，石材の浪費を基本とする角錐状石器を中心的刺突具として採用することは困難であったと考えられる。このために角錐状石器の発達が抑制されたのであろう（森先　前掲）。大型の安山岩ないし良質か

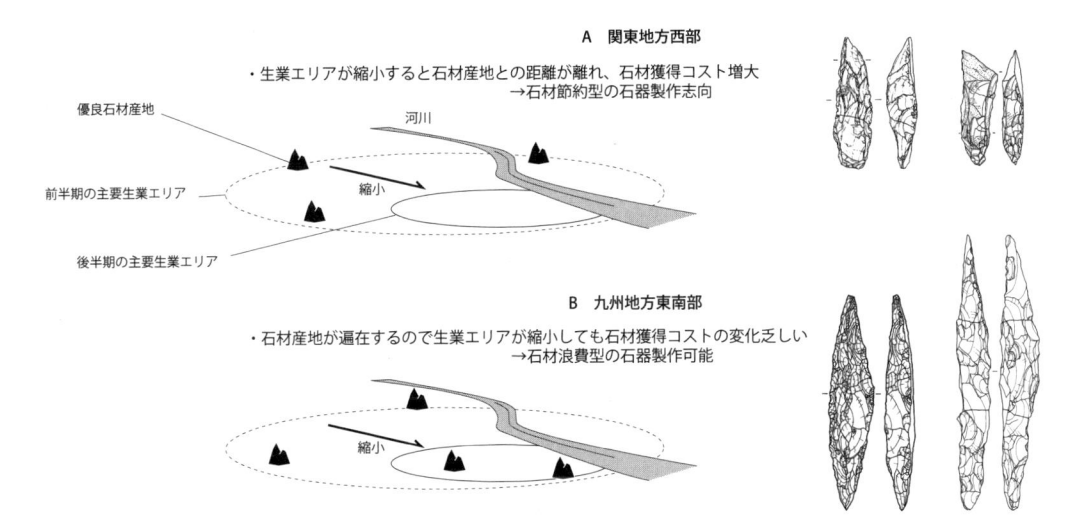

第 VI 章　旧石器社会の構造的変化と地域適応　213

第 130 図　後半期における生業エリアの縮小と石材獲得コストの相関

つ均質な石材（珪質頁岩）の利用を前提とする国府型ナイフ形石器も，それらの石材が低平な台地部からは離れた周辺山地に，しかも局所的に存在する以上，積極的かつ中心的刺突具として採用するだけの利点はなかったために，その発達が抑えられたのだと考えられる。大型刺突具に，従前より用いられていた一側縁加工ナイフ形石器（V 層上部期）や，切出形石器（IV 層下部期）などが継続的に発達を遂げるのは，それらが多様な素材剝片の形状を，しかも大きく整形せずに製作可能なため，石核リダクション戦略により適合的であったからだろう。関東地方の角錐状尖頭器は，形態上は角錐状尖頭器の用件を満たしていながらも，加工が全周に及ばず，素材形態を活かした例が多いのも，このためであろう。

　このように，他地域からの技術的情報伝播はこの地域にも一定の影響を及ぼしているが，居住形態の変化，石材分布構造の変化に伴う石材獲得コストの増大が，多種類の石材の節約的利用を可能とする技術構造への再編を促した結果，石材的制約のある国府系石器群や石材浪費型の角錐状石器を受容するよりも，基本的には在来の技術伝統のなかで新しい適応戦略を成り立たせていく方針が採用されたものと考えられる（第 130 図関東地方西部）。

　b　九州地方東南部

　九州地方東南部にあたる宮崎平野が関東地方と対照的なのは石材分布構造で，この地域では九州中央山地から宮崎平野を東流する諸河川流域において，良質な石器石材が遍在しており（宮崎県旧石器文化談話会 2005），石材獲得上の制約が石器製作技術に及ぼす影響が小さかったと考えられる。関東地方と九州地方東南部とのこうした差が，技術構造の地域差に大きく影響していると考えられる。

　V 層下部並行期に石刃モードの剝片尖頭器と小型剝片製の台形様石器・切出形石器からなる技術構造が生じたが，V 層上部並行期には石刃モードの後退が著しい点で古本州島西南部の一

般的傾向に一致する。V層下部並行期では，前ノ田村上第2遺跡1期石器群など限られた地点で石刃製大型刺突具が生産され，そこからの搬出によって大型刺突具の運用が図られていた。V層上部並行期でもこのことは変わらないと考えられるが，大型刺突具には縦長剥片製の断面三角形ナイフ形石器や，まだ中心的刺突具ではないとはいえ尖頭器化した角錐状石器が組み込まれるようになり，逆に剥片尖頭器は次第に大型刺突具から中型幅広の石器に機能転化する。遺跡ごとの剥片製中・小型石器や刺突具の製作が活発化し，なおかつ製作される器種が多様化する。国府系ナイフ形石器も，中・小型石器や刺突具として活発に製作されている。IV層下部並行期にはこの傾向がいっそう顕著になり，遺跡内での大型刺突具製作も相対的に多くなるとともに，主要大型刺突具は縦長剥片製のものから，大型剥片製の角錐状石器（長狭対称形の瀬戸内型を含む），およびそれまで中・小型石器であった切出形石器が機能転化したものへと変化し，他の器種は少なくなる。

　遺跡数は関東地方と同様に，V層上部からIV層下部並行期で顕著に増加し，低平な台地部に設けられるようになる。礫群は他地域より早くV層下部並行期でも規模の大きなものが認められるが（前ノ田村上第2遺跡），V層上部・IV層下部並行期で急増する。礫群は古本州島でもっとも多く，大規模である。遺跡分布や遺跡数からは，やはりV層上部並行期において主要な居住地が低平な台地部に移ったことが示され，大規模な礫群の構築が遺跡の繰り返し利用を示唆している。

　以上のことから推測すると，V層下部並行期には礫群の多数構築されるような少数の居住基地での大型刺突具製作と，そこからの派生的な資源獲得が中心であり，かつ磨石・台石の多さは植物質食糧の利用も活発化していたことを示すかもしれない。中・小型石器は台形様石器・切出形石器等少数の器種を中心とする。

　V層上部並行期には，大型刺突具の素材がそれまでのように規格的な厚型尖頭形石刃ではなくなり，多様な縦長剥片利用に変化する。低平な台地部の各地点に居住地を定めるようになったことに伴い，石材的条件（サイズや質）が整っている場合にのみ集中的に剥片尖頭器製作をおこなっていたものが，豊富かつ多様なサイズや質の石材に適応した大型刺突具製作に変化したことを示す。また，多種類の中・小型刺突具型式と，その製作遺跡の増加は，こうした資源開発戦略の変化に対応して，様々な種類の資源を幅広く利用する傾向が強まったことを反映しよう。

　IV層下部並行期はV層上部並行期と居住形態の面で大きな変化を指摘することはできないが，豊富な石材分布を背景に，より石材浪費的な角錐状石器が大型刺突具（だけではなく中・小型の刺突具でも）の多くを占めるようになる。不定形な大型幅広剥片からでも容易に製作可能な切出形石器も大型刺突具化するが，その数は相対的に少ない。V層上部並行期に顕著に開始された低平な台地部の集中的利用が，さらに推し進められたことを反映していよう。

　この地域では，関東地方と同じように居住形態が変化しても，多様だが一定程度の質とサイズを有する石材が遍在するという石材分布構造を背景として，石材獲得コストに大きな変化がなかったことが，石材浪費型の角錐状石器の発達を促したと考えられる（第130図九州地方東南部）。

逆に，この石材分布構造においては，特殊な製作技術を要する国府系ナイフ形石器を大型刺突具としてあえて採用する必要性はないため，また，瀬戸内からの人の直接的移動がなく情報伝達が不十分であったため，その採用が抑えられたのではないだろうか。ただし，剝片素材石核から柔軟に製作可能な中・小型石器・刺突具として技術構造に組み込まれている。

以上のことから，一定程度共通する居住形態の変化があったと考えられる関東地方と九州地方の間に，技術構造の大きな相違が生じていった背景には，居住形態の変化に伴う石材分布構造の変化，石材獲得コストの変化が深く関与していると考えられる。これをモデル化したのが第130図である。次に，この基本的枠組みに基づいて，古本州島西南部の他の地域についても，技術構造の変化から適応形態の変化を推定してみる。

c 東海地方東部

VI層並行期に石刃モードの後退が著しかった当地域の技術構造の変遷過程は，しかしV層下部並行期で石刃モード製刺突具が復活して以降，IV層上部並行期までの間については，関東地方とそれほど大きく変わらない。居住形態も，基本的にはより低平な地域への進出を開始して，多角的な資源開発が進められた可能性が想定されている（中村 2006）。ただし，IV層下部並行期の大型刺突具として切出形石器が発達した形跡が乏しく，角錐状石器（複刃厚形削器を中心とする）やこれに近い剝片製ナイフ形石器が多いことは関東地方との技術構造上の違いである可能性が高い。

関東地方と東海地方東部にこのような差異があるとしても，先に立てたモデルで基本的には説明可能である。つまり，石材分布構造上，関東地方ではコアリダクションに適合的な刺突具を採用する必要があったが，東海地方東部では，遺跡の分布範囲から推定される生業エリアと重複ないし隣接する位置に，伊豆・箱根産黒曜石やガラス質黒色安山岩，富士川系ホルンフェルス等の優良石材産地が存在するという石材分布構造にあり，石材消費戦略上の制約は乏しかった。本書のIV層下部並行期にあたる石器群には信州産黒曜石の急増がみられるという指摘（高尾 2006）があるが，これは子ノ神遺跡BB0層石器群については当てはまるものの，一般的傾向とはいいがたい。基本的には推定生業エリアからみて近在地産の石材の利用が多い。しかも，子ノ神遺跡BB0層石器群はIV層下部並行期でもより新しい可能性が高く（第III章），関東地方でも信州産黒曜石の利用が再び活発化する時期である。関東地方の場合は，この変化の背後に居住形態の変化に伴う石材獲得戦略の変化（居住中心地からの石材獲得集団の派遣）が関与していたとされる（国武 2003）。

こうした石材分布構造上の特性を背景として，東海地方東部では石材浪費的だが製作の容易な角錐状石器の採用が進められたものと考えておきたい。なお，この地域ではガラス質黒色安山岩も一定程度利用されるが，瀬戸内からの人の移動がなかったことにより情報の伝達が乏しかったため，国府系ナイフ形石器の採用はほぼ皆無だったと考えられる。

d 近畿・瀬戸内地方

VI層並行期の技術構造を引き継ぎつつも，V層並行期に起こった重要な変化は，大型横長剝

片剥離技術の規格化（瀬戸内概念の諸方式）と，それが大型刺突具製作と結びついたということである。このことにより，規格的大型刺突具の量産と，原産地を離れた場所における製作が一定程度保証された（佐藤1992，山口1994，森先2007a）。IV層下部並行期には大型刺突具として角錐状尖頭器（長狭対称形の瀬戸内型を多く含む）が加わり，原産地ないしその近傍で多数製作して携行されるようになる一方，国府型ナイフ形石器・国府系ナイフ形石器には大型のものが減少するようになる。石材浪費型の角錐状尖頭器が大型刺突具の一部を置換したものと考えられるので，V層並行期のように原産地を離れた場所で大型刺突具製作を安定的に保証する必要性が低下したと考えられる。

生業・居住形態について分かることは非常に少ないとはいえ，大阪平野周辺丘陵部での遺跡数が相対的に増加するのはV層並行期以後である。近畿・瀬戸内地方は回廊上の地形単位のなかに安山岩原産地が点在するという石材分布構造をなし（佐藤　前掲），石材消費戦略上の制約条件は多くない。ただし，安山岩原産地の分布が局所的で，それ以外の補完石材がほとんど存在しない点に特徴がある。

さて，先のモデルで考えれば，V層並行期に他地域と同様に低地部への進出が進行していたと仮定しても，この地域では石材分布構造上の変化はそれほど大きくなかったと考えられる。にも関わらず，石材産地を離れた地域でも大型刺突具製作を可能とする技術が特殊的発達を遂げたのは，安山岩原産地が局所的に分布しているためと考えることもできる（山口1994）。主たる生業エリア内に原産地が含まれていても，それが局所分布をなし，かつ補完石材が乏しいために（森先2004a），産地を離れての石器製作を保証する技術が発達したということである。ただし，V層並行期に明らかな技術の規格化が認められるということは，古本州島西南部の他地域と異なる特徴であるので，それだけが理由ではない可能性がある。小型の石器や加工具の製作は携帯する石核や（粟生間谷遺跡BL3），小型の転礫を用いて便宜的におこなわれる一方（長原遺跡97-12次），石材の補充頻度を減らし，原産地を離れた場所でも大型刺突具生産を可能とする技術の発達は，古本州島西南部のなかでは相対的に信頼性の高い技術を志向した結果とも考えられる。

この時期の近畿・瀬戸内地方は，他地域に比べて乾燥した気候下にあり，相対的に森林被覆度が低く，温帯性草原が広がっていたとする研究がある（亀井ほか1981，辻2001）。もしそうであるならば，当該期の人間集団は，草原景観に居住する，移動性および獲得リスクの高い草原性大型獣狩猟に特化した，相対的に移動性の高い行動戦略を有していた可能性がある。国府石器群の高い技術規格化，信頼性システム化の背景には，こうした行動戦略が関与しているのかもしれない。さらに，この地域ではV層並行期の石器群に他地域のような集中的礫群の報告例が少ないのも（第7表），彼らの移動性の高さと相関している可能性があろう。国府系石器群の広域展開から読み取られた瀬戸内からの人の移動が顕著に起こった背景には，彼らの有していた広域移動型の行動戦略が深く関わっているのかもしれない（森先2009b・c）。

しかしIV層下部並行期にはこうした石材消費戦略上の特性もみられなくなり，礫群の増加も顕著である（第7表）。V層並行期の技術構造が，石材分布構造だけではなく，生業戦略上の固

有事情によって成立したものだとする先の仮説が妥当であれば，この時期にはそうした生業戦略にも徐々に変化が生じていたということになる。やはりこの時期が，大型獣の消滅していく時期に符合していそうなことは，注目されてよいだろう。この時期以後は，次第に小地域を周回するような居住形態へシフトし，移動性の低い中・小型獣狩猟への依存度を高める方向へ進んだことを反映すると考えておきたい。

e 九州地方西南部

九州地方西南部は，頁岩や安山岩（ホルンフェルス？）のほかに，より小型かつ粗悪な石材（チャートや粗悪小型の黒曜石，玉髄）が広く用いられる傾向が強い。その分布はまだ詳しく分かってはいないが，遺跡内での顕著な石材消費から考えれば，多くは比較的近い距離で獲得可能な石材であったと考えられる。ただし，大小精粗様々な石材が推定生業エリア内に散在するという石材分布構造は，緻密かつ良質で，大きさも一定程度保証された石材が密に分布する九州地方東南部との差異を示す。

この地域では九州地方東南部に近い技術構造の変化が認められるが，いくつかの違いがある。その違いは，IV層下部並行期における角錐状石器の盛行が九州地方東南部よりはるかに顕著で

第7表 近畿・瀬戸内地方における礫群の時期別変遷

遺 跡 名	時期	礫点数	礫群数	備 考
板井寺ヶ谷（上位文化層）	IV下	1406	10〜12	
郡家川西 H	IV下	多数	>3	
粟生間谷ブロック6	IV下	632	1	
吉志部（7次）	IV下？	248	1	
津之江南B地点	IV下？	—	1	
八尾南3	IV下	37	0	
中間西井坪（3A区エリア1・2, 3c）	IV下	20〜30	0	
三条黒島	IV下	6	0	
国府6	IV下	0	0	
郡家今城C	V	451	18	
長原97-12	V	65	0	
粟生間谷ブロック3	V	38	0	
中間西井坪（3A区エリア3, 3b）	V	14	0	
西大井（99年度）	V	3	0	
翠鳥園	V	0	0	
国府3	V	0	0	
はさみ山	V	0	0	
香西南西打	V	0	0	
中間東井坪	V	0	0	
中間西井坪（1b区）	VI	255	2	集中する2基のみ採用
長原89-37	VI	83	1?	
中間西井坪（5区）	VI	16	0	
粟生間谷ブロック1	VI	14	0	
七日市IV文	VI	13	0	
七日市III文	VI	0	0	
法華寺南	VI	0	0	
八尾南6	VI	—	0	
板井寺ヶ谷（下位文化層）	VII上	1084	10	内, 944点は3基の土坑から出土
七日市II文（1次）	VII下	235	4	
七日市II文（3次）	VII下	77	0	

ある反面，大型刺突具としての切出形石器は少ないということ，角錐状尖頭器に九州地方東南部のように精緻なもの（瀬戸内型角錐状尖頭器）がみられないことである。九州地方西南部における国府系石器群の少なさ等，V層上部並行期にも両地域間に違いがあるが，IV層下部並行期にさらに明瞭になる。ただし，遺跡数が九州地方東南部ほど多くないため，居住形態の変化を指摘することはまだ難しい。

とはいえ，類似した技術構造の変化から，V層上部並行期までは九州地方東南部に近い適応戦略の変化を想定することが可能と思われる。ただし，すでに第IV章で述べた理由から，九州地方西南部には瀬戸内からの人の移動が乏しかったため，その技術的情報の伝播と受容もほとんど起こらなかった。逆に，IV層下部並行期において角錐状石器の発達がとりわけ顕著である理由は，この地域特有の石材分布構造にあると考えたい。すなわち，良質石材だけではなく，多数存在する粗悪かつ小型の石材を幅広く有効利用するためには，石材浪費的ではあるが石材的制約条件が少ない角錐状石器を中心的刺突具として採用することが，それまで有していた技術的レパートリーから構築可能なもっとも適当な技術適応だったものと考えられる。

しかし，これだけでは角錐状石器（特に尖頭器）の形態が不整形なことを説明できない。不整形な角錐状石器に特徴づけられるのは九州地方西南部だけでなく，四国地方太平洋側にも共通する。さらに東海地方中・東部にも近い様相が見て取れる。これは，瀬戸内地方・九州地方東北部・東南部が大型で長狭対称形の精美な角錐状尖頭器に特徴づけられるのとは対照的である。両地域は古植生分布においても差異が認められるので，もし太平洋沿岸の地域が相対的に温暖な地域に属し，そのため植物資源への依存度が高かったとすれば，角錐状石器に反映されている技術形態的な差異は，動物資源への依存度の違いか，対象獣の違いと相関したデザインの違いである可能性が考えられる。しかしこの問題には，現在のデータから蓋然性の高い説明を与えることはまだ難しい。

3 その後の地域性について

後期旧石器時代後半期の地域差は，IV層下部並行期までにほぼ形成されている。この地域差は，一時的に差異が不明確になる時期を介在しつつも，後の地域差の基盤となっていく。いくつかの例に絞ってみておきたい。

たとえば，古本州島東北部では，前時期の地域差を引き継いで奥羽山脈西部と東部にはそれぞれ異なる石器群が展開し，前時期よりも差異が顕在化する。すなわち，前者の地域には太郎水野2遺跡に代表される石刃石器群が展開し，後者の地域には田向冷水遺跡に代表される有肩尖頭器石器群が成立する。この地域差の顕在化は，時間の経過とともに地域適応をいっそう進行させた結果と考えられる。

また，前時期には石刃モードと剥片モードそれぞれで大小の刺突具を製作する技術構造が成立していた新潟〜北陸地方にかけての地域では，新潟県域に杉久保石器群が，北陸地方には瀬戸内系石器群が成立し，やはり地域差が顕著となった。これは前時期の多様な技術オプションに，時

間の経過とともに取捨選択が働き，特定技術システムへの収斂が生じた結果と考えられる。IV層中部並行期には古本州島一帯で厚手の大型刺突具が減少し，薄手品が中心となっていくが，新潟～北陸地方にかけての地域でも，薄手均質の刺突具製作へ傾斜していくなかで技術構造の見直しが進められた結果，地域差が顕著となっていった可能性が高い。すなわち，北陸地方の地域集団は瀬戸内からの人の移入期に内置されていた横打剥片石器モードを発達させる方向を選択したのであり，他方の新潟県域の地域集団は石刃石器モードを発達させる方向を選んだのである。では，この取捨選択の背景をなした地域固有の事情はどのように説明できるだろうか。

じつは，瀬戸内東部集団移入期の国府系ナイフ形石器には，新潟県周辺と富山県周辺で微妙に異なる特徴がみられる。すなわち，新潟県側では安山岩も一定数含まれるものの，頁岩・凝灰岩・珪質頁岩・黒曜石など多様な石材でこれを補完している。一方の富山県周辺では，資料が少なく確言はできないが，現在みられる資料では表採資料も含めてすべて安山岩を素材としている（麻柄 2006，森先 2008a）。これは両者間での石材分布構造の差異を反映している可能性がある。すなわち，三浦知徳（2005）の推測するように，富山県周辺でより密となる，安山岩原産地の分布が関係しよう。

つまり，北陸地方ほどには恒常的な安山岩系石材の利用を望めない新潟県域では，薄手の尖頭形石器製作に傾斜するなかで，次第に珪質石材を用いた石刃石器モードへの収斂が生じ，対照的に富山県周辺では，安山岩の獲得が相対的に容易であったため，その石理を活かして横打剥片モードで薄手尖頭形石器を製作する方向へと技術的再編がおこなわれたと考えられよう。また，瀬戸内系石器群のナイフ形石器の背部整形が，素材腹面側からでなく背面側からの平坦調整であるのは，国府型ナイフ形石器からの技術の崩れとして評価するよりも，幅に対する厚みの減少を指向した技術適応と考えたほうが適切である（須藤 2005）。瀬戸内系石器群と杉久保石器群の分立には，石材分布構造の異なりを背景とした，このような地域適応過程があったものとみられる。

ところで，中部高地尖頭器石器群の成立も，特定技術システムへの収斂と薄手均質形状の刺突具製作への傾斜という方向性に一致したものである。野尻湖から千曲川上流域の地域集団が，瀬戸内東部集団との邂逅によって得た情報をもとに，尖頭器石器群を発達させたという仮説（安斎 2004）は，今後検討を要する。安斎の言うとおり，本書の編年でも，国府系石器群や角錐状石器が展開した後に両面加工尖頭器の発達がみられたのは中部高地であり，この点は賛成である。ただし，筆者は，東裏遺跡 H2 石器群の断面片凸レンズ形でやや平坦な調整に特徴をもつ粗雑な木葉形尖頭器・非対称形尖頭器や複刃厚形削器（角錐状石器），および木曽川ルートに残された柳又遺跡 C 地点等の木葉形角錐状尖頭器が重要な鍵を握る石器と考えている。これらの石器群は V 層上部から IV 層下部並行期に相当し，このとき受容されていた角錐状尖頭器が，黒曜石を背景に発達を遂げた結果として，男女倉型の両面加工尖頭器石器群が成立した可能性を考えている。

関東地方における IV 層下部期から IV 層中部期砂川石器群への技術構造の変化は，すでに国武貞克（2003）らが説明しており，筆者もこれに賛成したい。つまり，遺跡間システムからみて，居住形態がより小さい地域の周回型となって居住基地が固定化し，そこから資源獲得集団を派遣

するという資源獲得戦略が確立していったものと説明されている。それと同時に，より柔軟な技術と多様な器種を複数組み合わせた石器製作技術構造であったⅣ層下部並行期と異なって，砂川石器群では厚手大型刺突具が極端に減少し，中・小型薄手石刃石器を主とする石器製作へと技術構造が収斂する。これらの変化は，移動型の大型獣狩猟への依存度の低下と移動性の低い中・小型獣狩猟の進展により，小地域への定着性の高い生活が始まったこと，そのことによって促進された資源利用の安定化，資源獲得戦略の収斂・固定化を反映したものと考えられよう。東部関東では東内野型尖頭器に特徴をもつ石器群が展開して，地域差がさらに顕著となっている（佐藤1995，国武　前掲）。

東海地方から近畿・瀬戸内地方までの様相はいまだ判然としないが，基本的には前時期までの地域差を引き継ぎつつ，その差異が顕在化していくと考えられる。九州地方も同様に前時期の地域差が維持されており，各地で刺突具の種類や型式を違えた石器群が成立していくようである。

4　地域適応の基本構造

地域性の成立過程についてのこれまでの検討から次のような基本構造を導くことができるだろう。すなわち，古本州島西南部では共通した技術構造で括られる地域は東西方向に長く伸び，南北方向での違いが明瞭であるのに対し，古本州島東北部では南北方向に長い地域単位が形成され，東西方向で地域差が生じやすいということができる（第125図）。前述のとおり，Ⅵ層並行期からⅣ層並行期にかけて地域性は階層的に分立していくが，以上の傾向は常に維持されている。この地域枠組みは古本州島を取り巻く環境諸条件（気候・海流・季節風・地形・降水量等）の特性により形成された古植生分布，およびそれと相関するであろう動物分布パターン（第129図）と種々の点でよく一致するものと考えられた。ここに石材分布構造を重ね合わせて検討することで，後半期の地域単位（地域社会の範囲）とその分立―階層化過程・要因をおおむね推定することが可能であった。もちろんこれは，後半期に至り相対的に定着性の高い居住・生業への志向が強まるにつれ，より細かな生態環境の差異に対応した生活が営まれるようになった結果と考えられる。なお，いうまでもなく石材分布の諸パターンも，基本的には西南日本で東西方向に伸び，東北日本で南北方向に走る地質帯が作り出すものである。

生態環境や石材環境にこのような基盤的構造の共通性があるのは，もちろん日本列島形成に関わるテクトニクス運動が両者に共通の背景をなしているためである。気候変動により，また人間社会の生活構造の変化により，適応的行動に作用する環境諸条件も変化するが，それを基層的レベルで規制しているのは，長期にわたり変化しない上記のような基本構造であったと考えられる。したがって，狩猟採集生活の定着性が増していくにつれ，この地理生態的枠組みは一時的に統合あるいは細分されこそすれ，特別な事件を除いてそれを大きく逸脱した行動や地域性は成立しがたくなっていくはずであるから，その後の旧石器社会による適応的行動の地域枠組みは，およそ本書で導いた結論を基盤として展開すると考えられる（Sato et al. 2009）。

事実，細石刃石器群が展開する時期にも，古本州島における削片系細石刃石器群の展開・定着

地域や，いわゆる在地系（野岳，休場，船野型等）の細石刃石器群の地域性は，ほとんどが上記の地域枠組みに沿って展開する。いくつかの例に限り挙げておく。稜柱系細石刃核は，その技術的特性は古本州島西南部でも一様ではなく，たとえば関東地方・東海地方・九州地方東南部のものと，九州地方西北部のものとでは技術的規格化の程度が異なって，後者のほうがより規格性が高い。また，削片系細石刃石器群が導入される九州地方西北部という地域は，やはり地域枠組みのうえでは日本海側を通じて古本州島東北部と共通する点を少なからず有すると思われる。このほか，よく知られている瀬戸内地方の特異な細石刃技術，太平洋側に共通する粗雑な舟底系の細石刃技術，日本海側における削片系の存在等を通覧しても，地域枠組み自体はほとんど動きがないことが指摘されよう。関東地方は，やはりこの時期も古本州島東北部と西南部との緩衝地帯として，複雑な様相を呈することとなった。細石刃石器群の地域性に関する総括的研究例も最近提出されている（Sato and Tsutsumi 2008）。縄文時代への移行過程を含めて，今後とも検討を重ねていくべきであろう。

第4節　結　論

　後期旧石器時代前半期から後半期への移行は，大きく二つの画期を経て進行した。結論として以下の内容をまとめておきたい。

　VII層並行期を通じて存続していた二極構造は，まずVI層並行期に解体する。VI層並行期には地域的な資源環境の違いに応じた技術構造の地域差はまだ認められない。おそらく，古本州島東北部と西南部という大局的な自然環境の差異に応じた技術構造の差異が確立し，相応の行動戦略の差異が顕在化したと想定される。V層下部並行期になっても，石器群・技術構造の顕著な地域化はまだ起こらないが，九州地方では姶良火山の噴火を背景とする人口配置の急速な再編成の必要が生じ，様式的文物（剝片尖頭器）が特異的発達を遂げたと考えられる。

　地域社会の成熟を示すような技術構造の地域化，様式性（スタイル）の発達は，V層上部並行期に本格化した。山脈や山地に区切られた大きな平野および大河川流域や盆地群という，ひと連なりの地形単位ごとに固有の技術構造が成立していく。それまでより狭い地域への定着を示すような遺跡の集中と遺跡の増加が始まっており，この居住形態の変化に伴って起こると予測される石材分布構造・石材獲得コストの変化という視点から，各地における技術構造の変化の要因をおおむね合理的に説明することができた。つまり，石材をはじめとする地域資源へのより細やかな適応が進行していったことが分かる。

　その背景には，この時期における生態環境の大きな変化，とくに大型動物の減少から推測される中・小型獣への依存度の高まりに伴う生業エリアの縮小があったと思われる。地域適応の進行と同時に，地域社会化と表裏の現象である地域社会間の紐帯強化の結果として人・情報の活発な動き（国府系石器群・角錐状石器の広域展開）が起った。これにより付加された技術的情報は，各地で様々に受容され，この技術構造の再編過程において様々な役割を果たした結果，地域性の多様

化を促進している様子がみてとれた。

　また，近畿・瀬戸内地方についてみたように，石材分布構造だけでは説明をつけられない変化もあり，生態的条件の特異性を背景とする生業戦略の差異があったとの仮説を提示した。データの不十分な地域に関するこうした仮説は，今後の資料の蓄積によって検証されていくべきである。

　なお，前半期から針葉樹林の卓越に特徴づけられるため，後半期への移行に際しても生態環境に古本州島西南部ほどの急激な変化がみられないといわれる古本州島東北部では，V層並行期になっても後期旧石器時代前半期的な適応形態の強化を図るような信頼性重視の技術構造が維持される傾向にある。おそらく，上述の環境条件を背景に，特定少数資源の利用が重視され続けた結果と理解される。この点で，相対的に温暖で資源の多様性が高いために，保守性重視の技術が成立することとなった古本州島西南部とは異なる。またこのため，古本州島西南部に展開した国府系石器群・角錐状石器の受容もほとんど起こらなかったのだと考えられる。

　V層上部に本格化した地域適応・地域社会化は，IV層下部並行期を経て，IV層中部並行期に至るまで各地で徐々に進行し，確立していくようである。続く時期の石器群を通覧しても，このときに形成された地域適応の基盤的枠組みは，少なくとも縄文時代の始まりを迎えるまで，旧石器社会の地域適応の基盤的構造をなしていくものと考えられる。

註

(1) 佐藤の指摘のとおり，南関東地方ではVII層上部並行期にすでに台形様石器をほとんど認めることができない。石刃製の大型刺突具と剝片製の台形様石器からなるIX層並行期にもっとも発達する技術構造を二極構造とよぶならば，関東地方では若干はやくその構造が変容している。
(2) ただし，いまのところ草原環境に生息するマンモスゾウ自体の化石骨は本州以南ではみつかっておらず，本州以南への南下は起こらなかったらしい。
(3) なお，九州地方のなかでも西北部では剝片製小型ナイフ形石器や切出形石器のかわりに台形様石器が発達するという，技術構造上の微細な地域差があるが（阿部2004），ここでは捨象しておく。

引用・参考文献

【和文】

会田容弘 1987「東北地方における〈国府系石器群〉」『歴史』第 69 輯 1-14 頁 東北史学会

会田容弘 1992「東北地方における後期旧石器時代石器群の剝片剝離技術の研究」『加藤稔先生還暦記念 東北文化論のための先史学歴史学論集』209-292 頁 加藤稔先生還暦記念会

会田容弘 1993「頁岩製石刃石器群の比較研究―山形県新庄盆地の石器群分析を中心として―」『考古学雑誌』第 79 巻 2 号 1-30 頁

会田容弘 1994a「東日本の〈国府系石器群〉を中心とした石器群の石器組成比較」『瀬戸内技法とその時代』153-162 頁 中・四国旧石器文化談話会

会田容弘 1994b「越中山遺跡 K 地点」『瀬戸内技法とその時代 資料編』176-177 頁 中・四国旧石器文化談話会

会田容弘 2007「笹山原遺跡 No.16 第 7 次発掘調査」『第 21 回東北日本の旧石器文化を語る会 予稿集』12-22 頁 柳田俊雄発行

愛知県史編さん委員会 2002『愛知県史 資料編 1 旧石器・縄文』愛知県

青木 豊・内川隆志・高橋真実編 1993『柳又遺跡 C 地点』開田村教育委員会・柳又遺跡 C 地点発掘調査団

青木 豊・金山喜昭ほか 1984『橋本遺跡 VI 先土器時代編』相模原市橋本遺跡調査会

赤澤 威・小田静夫・山中一郎 1980『日本の旧石器』立風書房

秋山 忠・渡部明夫 1984『瀬戸大橋建設に伴う埋蔵文化財発掘調査報告 I 羽佐島遺跡 (I)』香川県文化財保護協会

阿子島香 1983「ミドルレンジセオリー」『芹沢長介先生還暦記念考古学論叢 I』171-197 頁 寧楽社

阿子島香 1989『石器の使用痕』ニュー・サイエンス社

安里 進・竹原伸次編 1988『南花田遺跡発掘調査概要・III』大阪府教育委員会

麻生敏隆 1986『後田遺跡(旧石器編)』財団法人群馬県埋蔵文化財調査事業団

麻生 優・織笠 昭 1986「姶良 Tn 火山灰層確認前後の旧石器編年」『日本考古学における層位論の基礎的研究』7-15 頁 千葉大学文学部考古学研究室

麻生敏隆・織笠 昭・犬塚俊雄 1984「千葉県鎌ヶ谷市東林跡遺跡の調査」『日本考古学協会第 50 回総会研究発表要旨』9-10 頁

麻生敏隆・桜井美枝編 2004『波志江西宿遺跡 II(縄文時代・旧石器時代編)』財団法人群馬県埋蔵文化財調査事業団

阿部昭典 2000「向原 A 遺跡」「向原 B 遺跡」『津南町遺跡発掘調査概要報告書』22-23 頁 津南町教育委員会

阿部朝衛編 2002『荒川台遺跡―1989 年度調査―』帝京大学文学部史学科

阿部勝則 2000『峠山牧場 I 遺跡 B 地区発掘調査報告書』財団法人岩手県文化振興事業団埋蔵文化財センター

阿部 敬 2004「後期旧石器時代前半期後葉の九州地方における石器群構造」『旧石器考古学』65 69-86 頁

阿部 敬 2005「剝片尖頭器はなぜ消えたか」『物質文化』第 79 号 37-70 頁

阿部 敬 2007「角錐状石器群の行動的背景―九州地方後期旧石器時代後半期石器群の再検討」『考古学 V』33-72 頁 安斎正人編集・発行

阿部 敬・岩崎しのぶ編 2008『下ノ大窪遺跡 第二東名 No.146 地点―第二東名建設事業に伴う埋蔵文

化財発掘調査報告書：裾野市—2』財団法人静岡県埋蔵文化財調査研究所

阿部　司・柳田俊雄 1998『笹山原遺跡群発掘調査概要報告書II』会津若松市教育委員会

阿部友晴・潮田憲幸・酒井亜紀・佐野陽子・高橋　優 2001「奥三面遺跡群周辺地域における石材調査結果」『新潟県考古学談話会会報』第23号　85-92頁　新潟考古学談話会

阿部祥人・五十嵐彰編 1991『お仲間林遺跡1986』慶應義塾大学文学部民族学考古学研究室

阿部祥人ほか編 1995『お仲間林遺跡の研究—1992年発掘調査—』慶應義塾大学文学部民族学考古学研究室

有馬孝一・馬籠亮道ほか編 2003『城ヶ尾遺跡　東九州自動車道建設（末吉IC〜国分IC間）に伴う埋蔵文化財発掘調査報告書II』鹿児島県埋蔵文化財センター

安斎正人 1988「斜軸尖頭器石器群からナイフ形石器群への移行—前・中期／後期旧石器時代過渡期の研究—」『先史考古学研究』第1号　1-48頁　阿佐ヶ谷先史学研究会

安斎正人 1990『無文字社会の考古学』六興出版

安斎正人 1991a「日本旧石器時代構造変動論」『早坂平遺跡—原石産地遺跡の研究—』99-120頁　岩手県山形村教育委員会

安斎正人 1991b「ナイフ形石器群の発生—日本旧石器時代構造変動論（2）—」『東京大学文学部考古学研究室紀要』第10号上　103-127頁　東京大学文学部考古学研究室

安斎正人 1993「考古学の革新—社会生態学派宣言—」『考古学雑誌』第78巻4号　78-98頁

安斎正人 1994「縄紋文化の発現—日本旧石器時代構造変動論（3）—」『先史考古学論集』第3集　43-82頁　安斎正人編集・発行

安斎正人 1996『現代考古学』同成社

安斎正人 2000「台形様・ナイフ形石器石器群（2）—構造変動研究法の階層的秩序—」『先史考古学論集』第9集　1-28頁　安斎正人編集・発行

安斎正人 2002「〈神子柴・長者久保文化〉の大陸渡来説批判—伝播系統論から形成過程論へ—」『物質文化』第72号　1-20頁

安斎正人 2003a「石器から見た人の行動的進化」『考古学』I　78-128頁

安斎正人 2003b「現代型ホモ・サピエンスの出現と'第二次出アフリカ'」『作業の科学』vol. 5　13-44頁　作業療法関連科学研究会

安斎正人 2003c『旧石器社会の構造変動』同成社

安斎正人 2004「東北日本における'国府系石器群'の展開—槍先形尖頭器石器群出現の前提—」『考古学』II　1-40頁　安斎正人編集・発行

安斎正人 2007『人と社会の生態考古学』柏書房

安斎正人 2008「〈伝播〉をめぐる構造変動」『伝播を巡る構造変動』2-7頁　文部科学省科学研究費補助金基盤研究（B）「日本列島北部の更新世／完新世移行期における居住形態と文化形成に関する研究」グループ

安藤史郎・堤　隆編 1984『一般国道246号（大和・厚木バイパス）地域内遺跡発掘調査報告II』大和市教育委員会

安藤利光・島木良浩 2007『中ノ迫第1遺跡（一次・二次）』宮崎県埋蔵文化財センター

安蒜政雄 1979「石器の形態と機能」『日本考古学を学ぶ2』19-41頁　有斐閣

安蒜政雄 1985「先土器時代における遺跡の群集的な成り立ちと遺跡群の構造」『論集　日本原史』193-216頁　吉川弘文館

安蒜政雄 1986「先土器時代の石器と地域」『岩波講座日本考古学』5　27-60頁　岩波書店

安蒜政雄 2008「日本旧石器時代の系譜」『芹沢長介先生追悼　考古・民族・歴史学論叢』25-35 頁　六一書房
池田政志編 2000『三ツ子沢中遺跡』財団法人群馬県埋蔵文化財調査事業団
池水寛治 1967「鹿児島県出水市上場遺跡」『考古学集刊』3-4　1-21 頁
石川恵美子 2005「米ヶ森型台形石器の型式学的検討」『地域と文化の考古学 I』明治大学文学部考古学研究室編　5-22 頁　六一書房
石川恵美子編 1991『東北横断自動車道秋田線発掘調査報告書 VIII―小出 I 遺跡・小出 II 遺跡・小出 III 遺跡・小出 IV 遺跡―』秋田県教育委員会
石川治夫編 1982『子ノ神・大谷津・山崎 II・丸尾 II』沼津市教育委員会
石本　弘・松本雅史ほか編 2000『福島県文化財センター白河館（仮称）遺跡発掘調査報告　一里段 A 遺跡』福島県教育委員会・財団法人福島県文化センター
和泉昭一 1998『上ノ野遺跡発掘調査報告書』二ツ井町教育委員会
一瀬和夫編 1990『南河内における遺跡の調査 I 旧石器時代基礎資料編 I』財団法人大阪府文化財センター
伊藤恒彦・松浦宥一郎編 1983『自由学園南遺跡―東京都東久留米市所在の先土器時代・縄文時代遺跡の調査―』自由学園
伊藤　健 1991a「ナイフ形石器の変異と変遷」『研究論集―創立 10 周年記念論文集』X　81-108 頁　東京都埋蔵文化財センター
伊藤　健 1991b「AT 降灰前後の様相―ナイフ形石器と広域環境変化―」『石器文化研究』3　263-270 頁
伊藤　健 1996a「列島内対比」『石器文化研究』5　367-388 頁
伊藤　健 1996b「中部ナイフ形石器文化地域圏の確立」『古代』第 101 号　57-81 頁　早稲田大学考古学会
伊藤徳広・石橋裕子 2008『原田遺跡（4）―旧石器時代の調査―』島根県教育庁埋蔵文化財センター
伊東裕輔 2009「笹原山遺跡 No. 16 の AMS 放射性炭素年代」『第 23 回東北日本の旧石器文化を語る会予稿集』東北日本の旧石器文化を語る会
稲田孝司 1969「尖頭器文化の出現と旧石器的石器製作の解体」『考古学研究』第 15 巻　第 3 号　3-18 頁
稲田孝司 1990「日本海南西沿岸地域の旧石器文化」『第四紀研究』第 29 巻　第 3 号　245-253 頁
稲田孝司編 1988『恩原遺跡　旧石器人の生活跡をさぐる』恩原遺跡発掘調査団・上斎原村教育委員会
稲田孝司編 1996『恩原 2 遺跡』恩原遺跡発掘調査団
稲田孝司編 2009『恩原 1 遺跡』恩原遺跡発掘調査団
稲田孝司・日野琢郎 1993「鳥取県関金町野津三第 1 遺跡の石器群」『岡山大学文学部紀要』第 19 号　85-96 頁
井上和人・金子裕之・佐川正敏・森本　晋・大場正善 2002『平城京左京二条二坊十四坪発掘調査報告―旧石器時代編（法華寺南遺跡）』奈良文化財研究所
井上雅善 2001「下呂町大林遺跡の旧石器資料」『飛騨と考古学 II 旧石器特集号』飛騨考古学会　66-69 頁
岩崎新輔・宮田栄二ほか 2007『市内遺跡（上場遺跡他）発掘調査報告書』出水市教育委員会
岩崎泰一 1990「旧石器時代の遺構と遺物」『堀下八幡遺跡』10-127 頁　財団法人群馬県埋蔵文化財調査事業団
岩崎泰一 2004『今井三騎堂遺跡（旧石器時代編）』財団法人群馬県埋蔵文化財調査事業団
岩崎泰一ほか 1989『勝保沢中ノ山遺跡 II』財団法人群馬県埋蔵文化財調査事業団
岩崎泰一・津島秀章 2007『今井見切塚遺跡（旧石器時代編）』財団法人群馬県埋蔵文化財調査事業団
磐田市史編纂委員会編 1993『磐田市史通史編上巻　原始・古代・中世』磐田市

岩谷史記 1997「九州尖頭器石器群の中にみる三稜尖頭器の位置」『九州旧石器』第3号　47-62頁

上田　薫・砂田佳弘編 1986『代官山遺跡』神奈川県埋蔵文化財センター

植田千佳穂・梅本健治ほか 1983『中国縦貫自動車道建設に伴う埋蔵文化財発掘調査報告（4）』広島県教育委員会

氏家敏之 2005「小形ナイフ形石器と国府系石器群―阿讃地域の後半期編年に関する素描」『石器文化研究』12　25-40頁

氏家敏之・栗林誠治ほか 2001「東段地区」『四国縦貫自動車道建設に伴う埋蔵文化財発掘調査報告17』財団法人徳島県文化財センター

鵜戸周成・金丸琴路編 2005『唐木戸第3遺跡　東九州自動車道（都農～西都間）建設に伴う埋蔵文化財発掘調査報告書13』宮崎県埋蔵文化財センター

内山　隆 1998「関東地方の植生史」『図説日本列島植生史』73-91頁　朝倉書店

内山ひろせ 2004「〈台形様石器〉の諸問題」『考古論集―河瀬正利先生退官記念論文集―』1-6頁　河瀬正利先生退官記念事業会

宇野修平・佐藤禎宏 1973「山形県新庄市新堤遺跡の旧石器（1）」『山形考古』第2巻　第2号　7-18頁　山形考古学会

大井晴男 1966「日本の石刃石器群―'Blade Industry' について―」『物質文化』5　1-13頁

大井晴男 1968「日本の先土器時代石器群の系統について」『北方文化研究』3　45-93頁

大竹幸恵・勝見　譲ほか 2001『県道男女倉・長門線改良工事に伴う発掘調査報告書―鷹山遺跡群第I遺跡及び追分遺跡群発掘調査―』長門町教育委員会

大竹憲昭・須藤隆司ほか 1982『下里本邑遺跡』下里本邑遺跡調査会

大西雅広・桜井美枝ほか編 2010『上白井西伊熊遺跡―旧石器時代編―』国土交通省・財団法人群馬県埋蔵文化財調査事業団

大野憲司・高橋忠彦・小林　克 1985『七曲台遺跡群発掘調査報告書』秋田県埋蔵文化財センター

大野憲司・谷地　薫ほか 1986『東北横断自動車道秋田線発掘調査報告書I-石坂台IV遺跡・石坂台VI遺跡・石坂台VII遺跡・石坂台VIII遺跡・石坂台IX遺跡・松木台III遺跡』秋田県教育委員会

大野康男・田村　隆 1991『八千代市白幡前遺跡』財団法人千葉県文化財センター

大場忠道・村山雅史・松本英二・中村純夫 1995「日本海隠岐堆コアの加速器質量分析（AMS）法による^{14}C年代」『第四紀研究』第34巻　第4号　289-296頁

大船孝弘編 1978『郡家今城遺跡発掘調査報告書―旧石器時代の調査―』高槻市教育委員会

大保秀樹編 2002『前原和田遺跡　東九州自動車道建設に伴う埋蔵文化財発掘調査報告書I』鹿児島県埋蔵文化財センター

大山博志編 2006『東畦原第1遺跡（三・四次調査）東九州自動車道（都農～西都間）建設に伴う埋蔵文化財発掘調査報告書33』宮崎県埋蔵文化財センター

岡崎里美・岡本康司 1987『真砂遺跡』真砂遺跡調査会

緒方　勉編 1979『下城遺跡I』熊本県教育委員会

緒方　勉編 1980『下城遺跡II』熊本県教育委員会

小川　賢編 2000『香西南西打遺跡』高松市教育委員会

奥野　充 2002「南九州に分布する最近3万年間のテフラの年代学的研究」『第四紀研究』第41巻　第4号　225-236頁

小久貫隆史・新田浩三編 1994『新東京国際空港埋蔵文化財発掘調査報告書　取香和田戸遺跡（空港No.

60）』財団法人千葉県文化財センター

奥村吉信 1990「後期旧石器時代における北陸の地域性」『考古学研究』第37巻 第3号 21-28頁

小山内透・榮 一郎ほか 1992『一般国道7号琴丘能代道路建設事業に係る埋蔵文化財発掘調査報告書III—鴨子台・八幡台遺跡—』秋田県教育委員会

小田静夫 1980「広域火山灰と先土器時代遺跡の編年」『史館』第12号 1-16頁

小田静夫・C.T.キーリー 1973『武蔵野公園遺跡I』野川遺跡調査会

小田静夫編 1980『小金井市西之台遺跡B地点』東京都教育委員会

小田島恭二・浅田知世среди編 1984『和賀仙人遺跡発掘調査報告書』和賀町教育委員会

落合章雄 2000『千葉ニュータウン埋蔵文化財調査報告書XII—白井町一本桜南遺跡—』財団法人千葉県文化財センター

小野和之・巾 隆之ほか 1985『見立溜井遺跡・見立大久保遺跡』赤城村教育委員会・群馬県教育委員会

小野有五・五十嵐八枝子 1991『北海道の自然史—氷期の森林を旅する—』北海道大学図書刊行会

織笠 昭 1987a「国府型ナイフ形石器の形態と技術（上）（下）」『古代文化』第39巻 第10号／第12号 8-23頁／15-30頁

織笠 昭 1987b「殿山技法と国府型ナイフ形石器」『考古学雑誌』第72巻 第4号 1-38頁

織笠 昭 1988「角錐状石器の形態と技術」『東海史学』1-48頁 東海大学史学会

織笠 昭 1992「南関東における国府型ナイフ形石器の受容と変容」『海老名市史研究—えびなの歴史』第3号 1-23頁

鏡石町史編纂委員会 1982『鏡石町史 第二巻資料編1』鏡石町

角張淳一 1989「武蔵野台地の横剥ぎ技法—研究ノート—」『佐久考古通信』No.49 3-9頁

角張淳一 1991「黒曜石原産地と消費地遺跡のダイナミズム」『先史考古学論集』第1集 25-82頁 安斎正人編集・発行

柏倉亮吉編 1964『山形県の無土器文化』山形考古友の会

柏倉亮吉・加藤 稔編 1969『山形県史 考古資料編』山形県

勝山百合 2007「新潟県三条市芋ノ原遺跡」『第21回 東北日本の旧石器文化を語る会 予稿集』23-33頁 加藤稔発行

加藤晋平・鶴丸俊明 1980『図録 石器の基礎知識I』柏書房

加藤晋平・山田昌久 1986「2 先土器時代」『岩波講座日本考古学 別巻1』13-30頁 岩波書店

加藤 稔 1964『山屋・東山遺跡』新庄市教育委員会

加藤 稔 1965a「東北地方のナイフ形石器文化」『歴史教育』13巻3号 22-27頁 日本書院

加藤 稔 1965b「東北地方の先土器時代」『日本の考古学I先土器時代』198-221頁 河出書房

加藤 稔 1969「東北地方の旧石器文化（前編）」『山形県立山形中央高等学校研究紀要』第1号 1-17頁

加藤 稔 1975「越中山遺跡」『日本の旧石器文化2 遺跡と遺物〈上〉』112-137頁 雄山閣

加藤 稔 1992『東北日本の旧石器文化』雄山閣

加藤 稔編 1976『越中山遺跡』致道博物館

加藤 稔編 1979『弓張平B遺跡 第3・4次発掘調査報告書』山形県教育委員会

加藤 稔・会田容弘 1998「山形県小国町横道遺跡の研究」『東北芸術工科大学紀要』No.5 100-147頁 東北芸術工科大学

加藤 稔・小林達夫 1974「山形県寒河江市金谷原の旧石器群—新しい様相をもつ石刃工作について—」『歴史』第19輯 26-41頁 東北史学会

加藤　稔・鈴木和夫 1976「越中山K遺跡の接合資料」『考古学研究』第22巻　第4号　139-143頁
加藤　稔・米地文夫・渋谷孝雄 1973『山形県岩井沢遺跡の研究―小国盆地の旧石器時代―』
加藤　竜 2004『龍門寺茶畑遺跡・向山遺跡』秋田県埋蔵文化財センター
香取正彦・榊原弘二・新田浩三 2007『船橋市源七山遺跡』財団法人千葉県教育振興財団文化財センター
金井美典・石井則孝・大脇　潔 1969「長野県霧ヶ峰池のくるみ先土器時代遺跡調査報告（第1次・第2次）」『考古学雑誌』第55巻　第2号　1-19頁
鹿又喜隆 2005「東北地方後期旧石器時代初頭の石器の製作技術と機能の研究―岩手県胆沢町上萩森遺跡IIb文化層の分析を通して―」『宮城考古学』第7号　1-26頁　宮城県考古学会
鎌木義昌 1959「香川県城山遺跡出土の石器―翼状剥片石器を主とする―」『古代学』第8巻　第3号　300-307頁
鎌木義昌・小林博昭 1986「戸谷遺跡」『岡山県史　考古資料編』8-14頁
鎌木義昌・小林博昭 1987「岡山県北部の火山灰と石器群」『日本考古学協会1987年度大会研究発表要旨』19-25頁
鎌木義昌・高橋　護 1965「瀬戸内地方の先土器時代」『日本の考古学I先土器時代』284-302頁　河出書房
亀井節夫・ウルム氷期以降の生物地理総研グループ 1981「最終氷期における日本列島の動・植物相」『第四紀研究』第20巻　第3号　191-206頁
亀田直美 1995「武蔵野台地V層IV層下部段階における遺跡構造」『古代探叢IV―滝口宏先生追悼考古学論集―』1-16頁　早稲田大学
亀田直美 1996「角錐状石器」『石器文化研究』5　189-198頁
亀田直美 2005「殿山技法をよむ」『上尾市殿山遺跡シンポジウム―石器が語る2万年―』162-175頁　埼玉考古学会・上尾市教育委員会
川合　剛 2003「尾張（愛知県西部）の旧石器」『東海石器研究』第1号　14-15頁
川口武彦 2002「石器群の様相―ナイフ形石器段階―」『茨城県における旧石器時代研究の到達点―その現状と展望―』ひたちなか市教育委員会・茨城県考古学協会
河村善也 1998「第四紀における日本列島への哺乳類の移動」『第四紀研究』第37巻　第3号　251-257頁
菊池強一 1988『上萩森遺跡調査報告書』胆沢町教育委員会
菊池強一・高橋與右衛門ほか 1996『柏山館跡発掘調査報告書』財団法人岩手県文化振興事業団埋蔵文化財センター
木﨑康弘 1988「九州ナイフ形石器文化の研究―その編年と展開―」『旧石器考古学』37　25-44頁
木﨑康弘 1996「槍の出現と気候寒冷化―地域文化としての九州石槍文化の提唱―」『旧石器考古学』53　43-56頁
木﨑康弘編 1986『大丸・藤ノ迫遺跡』熊本県教育委員会
木﨑康弘編 1987『狸谷遺跡』熊本県教育委員会
木﨑康弘編 1993『久保遺跡』熊本県教育委員会
岸本雅敏・松島吉信 1982『富山県立山町白岩藪ノ上遺跡調査概要（2）』立山町教育委員会
北　浩明・日置　智ほか編 2004『名和乙ヶ谷遺跡　名和小谷遺跡――一般国道9号（名和淀江道路）の改築に伴う埋蔵文化財発掘調査報告書』財団法人鳥取県教育文化財団・国土交通省倉吉河川国道事務所
北村忠昭編 2009『鵜ノ木遺跡発掘調査報告書』財団法人岩手県文化振興事業団
北村忠昭・米田　寛・長村克稔 2004『早坂平遺跡発掘調査報告書』財団法人岩手県文化振興事業団埋蔵文化財センター

絹川一徳 1988「国分台遺跡における石器製作の技術構造―原産地遺跡間の比較を通して―（上）（下）」『考古学研究』第35巻　第1号／第2号　32-60頁／68-89頁

絹川一徳 1998「近畿地方出土の「角錐状石器」に関する予察」『大阪市文化財協会研究紀要』創刊号　1-19頁　財団法人大阪市文化財協会

絹川一徳 2004「近畿と瀬戸内」『中・四国地方旧石器文化の地域性と集団関係』85-98頁　中・四国旧石器文化談話会

絹川一徳編 2000『長原遺跡東部地区発掘調査報告Ⅲ』財団法人大阪市文化財協会

絹川一徳編 2009『大阪市平野区瓜破北遺跡発掘調査報告Ⅴ』財団法人大阪市文化財協会

木下　修 1993「春園遺跡」『九州横断自動車道関係埋蔵文化財調査報告26』福岡県教育委員会

木村剛朗 2003『南四国の後期旧石器文化研究』幡多埋文研

木村弘之編 1992『平成3年度　道東古墳群発掘調査報告書』静岡県磐田市教育委員会

草薙良雄・山田洋一郎編 2003『北牛牧第5遺跡・銀座第3A遺跡』宮崎県埋蔵文化財センター

工藤直子・高橋　学 1998「米代川流域の旧石器時代資料―能代・山本地方を中心として」『秋田県埋蔵文化財センター研究紀要』第13号　1-24頁　秋田県埋蔵文化財センター

国武貞克 2003「両面体調製石器群の由来―関東地方Ⅴ層・Ⅳ層下部段階から砂川期にかけての石材消費戦略の連続性―」『考古学』Ⅰ　52-77頁　安斎正人編集・発行

国武貞克 2005「後期旧石器時代前半期の居住行動の変遷と技術構造の変容」『物質文化』78　1-25頁

久保弘幸 1989「大阪湾沿岸地域における小型ナイフ形石器とその編年について」『旧石器考古学』38　83-92頁

久保弘幸 1999「近畿地方におけるナイフ形石器の形態変遷」『同志社大学考古学シリーズⅦ：考古学に学ぶ』15-27頁

久保弘幸・藤田　淳編 1990『七日市遺跡（Ⅰ）旧石器時代遺跡の調査』兵庫県氷上郡春日町

久保脇美朗 1994「椎ヶ丸～芝生遺跡」『四国縦貫自動車道建設に伴う埋蔵文化財発掘調査報告6』財団法人徳島県埋蔵文化財センター

窪田恵一・太田賢一・安達　浩編 1995『丸山東遺跡Ⅰ』東京外かく環状道路練馬地区遺跡調査会

窪田　忍・佐藤通子 2002『野田山遺跡』名取市教育委員会

公文富士夫・河合小百合・井内美郎 2003「野尻湖湖底堆積物中の有機炭素・全窒素含有率および花粉分析に基づく約25000～6000年前の気候変動」『第四紀研究』第42巻　第1号　13-26頁

倉薗靖浩・興梠慶一・金丸琴路 2005『東畦原第2遺跡』宮崎県埋蔵文化財センター

栗原伸好・新開基史編 2004『用田大河内遺跡　県道22号（横浜伊勢原）線道路改良事業（用田バイパス建設）に伴う発掘調査』財団法人かながわ考古学財団

栗山遺跡第2地点調査会 1994『栗山遺跡第2地点』東京都住宅局

桑波田武志 2004a「鹿児島県における瀬戸内技法関連資料」『鹿児島考古』第38号　7-23頁　鹿児島県考古学会

桑波田武志 2004b「ナイフ形石器文化後半期における南九州の狩猟具的様相」『九州旧石器』第8号　47-58頁

慶応義塾藤沢校地埋蔵文化財調査室編 1992『湘南藤沢キャンパス内遺跡　第2巻　岩宿時代』慶応義塾

小泉信司 1994「日吉谷遺跡」『四国縦貫自動車道建設に伴う埋蔵文化財発掘調査報告27』財団法人徳島県埋蔵文化財センター

國學院大學考古学資料館河井山遺跡群学術調査団 1989「河井山遺跡群第1号墳学術調査報告」『國學院大

學考古学資料館紀要』第6輯　1-38頁
國學院大學考古学資料館河井山遺跡群学術調査団 1990「河井山遺跡群学術調査報告」『國學院大學考古学資料館紀要』第7輯　1-58頁
小菅将夫 1999「地域性の出現とナイフ形石器文化」『第7回岩宿フォーラム／シンポジウム　岩宿発掘50年の成果と今後の展望　予稿集』55-61頁　笠懸町教育委員会・岩宿フォーラム実行委員会
後藤幹彦編 1995『大野地区遺跡群発掘調査報告書II 駒方池迫遺跡・光昌寺遺跡』大分県大野町教育委員会
斉藤基生 2003「愛知県内における後期旧石器の変遷」『東海石器研究』第1号　4-5頁
齊藤　毅編 1991『和良比遺跡発掘調査報告書I』財団法人印旛郡市文化財センター
阪田正一・橋本勝雄 1984『八千代市権現後遺跡』財団法人千葉県文化財センター
阪田正一・藤岡孝司 1985『八千代市北海道遺跡』財団法人千葉県文化財センター
笹原芳郎 2005「愛鷹・箱根旧石器時代編年の現状と課題」『地域と文化の考古学I』明治大学文学部考古学研究室編　91-106頁　六一書房
佐竹智光 2008『中ノ迫第2遺跡』宮崎県埋蔵文化財センター
佐藤耕太郎・磯部保衛 1988「神林村大聖寺遺跡採集の国府型ナイフ形石器」『北越考古学』創刊号　53頁　北越考古学研究会
佐藤偵宏・大川貴弘 2003『八森遺跡先史編』八幡町教育委員会
佐藤庄一・黒坂雅人 1995『お仲間林遺跡発掘調査報告書』財団法人山形県埋蔵文化財センター
佐藤達夫 1969「ナイフ形石器の編年的一考察」『東京国立博物館紀要』第5号　23-61頁　東京国立博物館
佐藤達夫 1970「長野県南佐久郡野辺山B5地点の石器―ナイフ形石器の編年に関する覚書―」『信濃』第22巻　第4号　1-6頁
佐藤宏之 1988「台形様石器研究序論」『考古学雑誌』第73巻3号　1-37頁
佐藤宏之 1990「〈尖頭器文化〉概念の操作的有効性に関する問題点」『長野県考古学会研究叢書』1　124-134頁
佐藤宏之 1991「東北日本の台形様石器」『研究論集』X　1-48頁　東京都埋蔵文化財センター
佐藤宏之 1992『日本旧石器文化の構造と進化』柏書房
佐藤宏之 1993「細石刃石器群の行動論分析のための視点」『細石刃文化研究の新たなる展開II―細石刃文化研究の諸問題―』299-307頁　佐久考古学会・八ヶ岳旧石器研究グループ
佐藤宏之 1995「技術的組織・変形論・石材受給」『考古学研究』第42巻　第1号　27-53頁
佐藤宏之 1996「社会構造」『石器文化研究』5　329-340頁
佐藤宏之 1997「日本旧石器時代研究と居住形態論―関東地方後期旧石器時代前半期から後半期への移行を中心として―」『住の考古学』2-12頁　同成社
佐藤宏之 2000「日本列島後期旧石器文化のフレームと北海道及び九州島」『九州旧石器』第4号　53-70頁
佐藤宏之 2003a「細石刃石器群研究のパースペクティヴ」『シンポジウム　日本の細石刃文化II―細石刃文化研究の諸問題―』276-280頁　八ヶ岳旧石器研究グループ
佐藤宏之 2003b「北海道の後期旧石器時代前半期の様相―細石刃文化期以前の石器群―」『古代文化』Vol. 55-4　3-16頁
佐藤宏之 2004「(2) 石器の形態と機能」『千葉県の歴史―資料編考古4（遺跡・遺構・遺物）―』126-141頁
佐藤宏之 2005a「北海道旧石器文化を俯瞰する―北海道とその周辺―」『北海道旧石器文化研究』第10号　137-146頁　北海道旧石器文化研究会
佐藤宏之 2005b「日本列島の自然史と人間」『日本の地誌1 日本総論I（自然編）』80-94頁　朝倉書店

佐藤宏之 2006「日本旧石器時代編年研究の進展―シンポジウムを通じて―」『旧石器時代の地域編年的研究』363-370 頁　同成社

佐藤宏之 2007a「第 1 章　分類と型式」『ゼミナール旧石器考古学』15-31 頁　同成社

佐藤宏之 2007b「日本旧石器文化の課題」『季刊考古学』第 100 号　19-22 頁　雄山閣

佐藤宏之 2008「序論　縄文化の構造変動―更新世から完新世へ―」『縄文化の構造変動』1-12 頁　六一書房

佐藤雅一 1997『神山遺跡群遺跡確認調査概要報告書―国営農地再編パイロット事業に伴う遺跡確認調査概要報告書―』津南町教育委員会

佐藤雅一 1998a「正面ヶ原 B 遺跡」『堂尻遺跡群試掘調査報告書』205-214 頁　津南町教育委員会

佐藤雅一 1998b『平成 10 年度　津南町遺跡発掘調査概要報告書』津南町教育委員会

佐藤雅一 2000『平成 12 年度　津南町遺跡発掘調査概要報告書』津南町教育委員会

佐藤雅一 2001「新潟県津南段丘における石器群研究の現状と展望―後期旧石器時代から縄文時代草創期に残された活動痕跡―」『先史考古学論集』第 11 集　1-52 頁　安斎正人編集・発行

佐藤雅一・新田康則 2002『大原北遺跡群』津南町教育委員会

佐藤雅一・新田康則ほか 2000「新潟県津南町・平成 11 年度調査成果―旧石器時代～縄文時代初頭に関する調査―」『第 12 回　長野県旧石器文化研究交流会―発表資料―』71-79 頁

佐藤雅一・古谷雅彦・中村真理 2001『正面ヶ原 D 遺跡』津南町教育委員会

佐藤雅一・山本　克ほか 2001「平成 12 年度　新潟県津南町発掘調査の成果」『第 13 回　長野県旧石器文化研究交流会―発表資料―』79-87 頁

佐藤嘉広編 1993『北上市和賀町愛宕山遺跡発掘調査報告書』岩手県立博物館

佐藤良二 1989「近畿地方におけるナイフ形石器群の変遷」『旧石器考古学』38　121-132 頁

佐藤竜馬 1996『郡家田代遺跡』財団法人香川県埋蔵文化財センター

沢田　敦 1994「新潟県の様相」『群馬の岩宿時代の変遷と特色　予稿集』61-67 頁　笠懸野岩塾文化資料館・岩宿フォーラム実行委員会

沢田　敦 1996『上ノ平遺跡 C 地点』新潟県教育委員会・財団法人新潟県埋蔵文化財調査事業団

沢田　敦・飯坂盛泰 1994『上ノ平遺跡 A 地点』新潟県教育委員会・財団法人新潟県埋蔵文化財調査事業団

沢田　敦・坂上有紀 2004『吉ヶ沢遺跡 B 地点』新潟県教育委員会・財団法人新潟県埋蔵文化財調査事業団

沢田伊一郎 1992a「各務原台地とその周辺の旧石器（1）」『旧石器考古学』44　55-74 頁

沢田伊一郎 1992b「各務原台地とその周辺の旧石器（2）」『旧石器考古学』45　79-84 頁

沢田伊一郎 1993「各務原台地とその周辺の旧石器（3）」『旧石器考古学』46　83-93 頁

沢田伊一郎・長屋幸二 1990「岐阜県轟川流域の旧石器」『旧石器考古学』41　87-90 頁

沢田伊一郎・橋詰佳治 1994「岐阜県における瀬戸内技法の様相（1）」『旧石器考古学』49　72-77 頁

寒川朋枝編 2006『南九州西回り自動車道建設に伴う埋蔵文化財発掘調査報告書 XVII 堂園平遺跡』鹿児島県埋蔵文化財センター

寒川朋枝・宮田栄二ほか 2007『南九州西回り自動車道建設に伴う埋蔵文化財発掘調査報告書 XXI 前山遺跡』鹿児島県埋蔵文化財センター

静岡県考古学会・シンポジウム実行委員会編 1995『愛鷹・箱根山麓の旧石器編年』

実川順一・廣瀬昭弘編 1984『花沢東遺跡　都営国分寺南町三丁目団地建設に伴う調査』恋ヶ窪遺跡調査会

蔀　淳一・酒井弘志・宮　文子 1994『公津東遺跡群 I』財団法人印旛郡市文化財センター

信里芳紀編 2004『中間東井坪遺跡・正箱遺跡・八幡遺跡』財団法人香川県埋蔵文化財センター

柴田陽一郎 1984『此掛沢Ⅱ・上の山Ⅱ遺跡発掘調査報告書』秋田県教育委員会
渋谷孝雄 1992「東北地方における石刃技法出現期の石器群について」『加藤稔先生還暦記念　東北文化論のための先史学歴史学論集』173-208頁　加藤稔先生還暦記念会
渋谷孝雄 1994「東北地域について」『考古学ジャーナル』370　9-14頁
渋谷孝雄 2003「山形県金谷原遺跡・お仲間林遺跡の石刃製作」『考古学ジャーナル』504　7-11頁
渋谷孝雄・大川貴弘 2000「山形県懐ノ内F遺跡の発掘調査」『第14回東北日本の旧石器文化を語る会予稿集』26-41頁
島田和高 1994「両面調整槍先形尖頭器の製作と原料消費の構成—槍先形尖頭器石器群における原料消費と遺跡の関連に関する一考察—」『旧石器考古学』49　29-44頁
嶋田史子 2007『前ノ田村上第2遺跡—東九州自動車道（都農～西都間）建設に伴う埋蔵文化財発掘調査報告書』宮崎県埋蔵文化財センター
清水宗昭・栗田勝弘編 1985『百枝遺跡C地区（昭和59年度）大分県三重町百枝遺跡発掘調査報告書』三重町教育委員会
清水宗昭・高橋信武ほか編 1986『岩戸遺跡　大分県大野郡清川村所在旧石器時代遺跡第3次発掘調査報告書』清川村教育委員会
下濱貴子編 2004『八里向山遺跡群』小松市教育委員会
自由学園南遺跡発掘調査団編 1991『自由学園南遺跡　自由学園南遺跡発掘調査報告書』東久留米市教育委員会
主浜光朗 1995『上ノ原山遺跡』仙台市教育委員会
白石典之・右島和夫 1986「旧石器時代の遺構と遺物」『分郷八崎遺跡』北橘村教育委員会　30-68頁
白石　純・小林博昭 1998「蒜山原笹畝遺跡第2地点発掘調査概報」『自然科学研究所研究報告』第23号　25-50頁　岡山理科大学
白石浩之 1971「先土器時代における切出形石器出現の背景について」『Prehistory』25　1-3頁
白石浩之 1974「尖頭器出現過程における内容と評価」『信濃』第26巻　第1号　86-93頁
白石浩之 1976「東北日本におけるナイフ形石器変遷の素描」『神奈川考古』第1号　31-45頁　神奈川考古同人会
白石浩之 1983「考古学と火山灰層序」『第四紀研究』第22巻　第3号　185-198頁
白石浩之 1984「旧石器時代における角錐状石器の様相—とくに九州地方を中心として—」『大平台史窓』5　1-11頁
白石浩之 1997「九州地方の石槍石器群の様相について」『九州旧石器』第3号　111-112頁
白石浩之 2002「角錐状石器と石槍の比較研究」『國學院大學考古学資料館紀要』第19輯　1-16頁　國學院大學考古学資料館
白石浩之・荒井幹夫 1976「茂呂系ナイフ形石器を主体とした石器群の変遷」『考古学研究』第23巻第2号　9-24頁
新海正博編 2003『粟生間谷遺跡　旧石器・縄文時代編—国際文化公園都市特定土地区画整備事業に伴う旧石器・縄文時代遺跡の調査』財団法人大阪府文化財センター
進藤貴和子 1995「磐田原台地の岩宿時代遺跡と石器群の編年」『愛鷹・箱根山麓の旧石器時代編年　予稿集』293-332頁　静岡県考古学会・シンポジウム実行委員会
菅原俊行 1983『秋田臨空港新都市開発関係埋蔵文化財発掘調査報告書』秋田市教育委員会
菅原俊行 2002「地蔵田遺跡」『秋田市史第6巻　考古・史料編』秋田市

菅原哲文・齋藤　健 2008『地坂台遺跡・下中田遺跡・太郎水野1遺跡・太郎水野2遺跡発掘調査報告書 第二分冊』財団法人山形県埋蔵文化財センター
杉原荘介 1953「日本における石器文化の階梯について」『考古学雑誌』第39巻　第2号　21-25頁
杉原荘介 1956a『群馬県岩宿発見の石器文化』臨川書店
杉原荘介 1956b「縄文文化以前の石器文化」『日本考古学講座3 縄文文化』1-42頁　河出書房
杉原荘介編 1965『日本の考古学Ⅰ 先土器時代』河出書房
杉原荘介・戸沢充則 1962「佐賀県伊万里市平沢良遺跡の石器文化」『駿台史学』第12号　10-35頁
杉原敏之 2004「AT降灰後の西北九州」『九州旧石器』第8号　77-88頁
杉原敏之 2005「列島西端における'角錐状石器'の出現」『地域と文化の考古学Ⅰ』明治大学文学部考古学研究室編　91-106頁　六一書房
鈴木　暁 1999「新潟県新発田市坂ノ沢C遺跡」『第12回　東北日本の旧石器文化を語る会　予稿集』39-47頁　加藤稔発行
鈴木　暁 2001「新発田市二タ子沢B遺跡の瀬戸内系石器群」『北越考古学』第12号　68-72頁　北越考古学研究会
鈴木　暁・田中耕作 1996『前山遺跡発掘調査報告書』新発田市教育委員会
鈴木　啓・辻　秀人ほか 1983『塩坪遺跡発掘調査概報』福島県教育委員会
鈴木次郎・白石浩之 1980『神奈川県埋蔵文化財調査報告18 寺尾遺跡』神奈川県教育委員会
鈴木次郎・矢島国雄 1978「先土器時代の石器群とその編年」『日本考古学を学ぶ』1　144-169頁　有斐閣
鈴木忠司 1988「素描・日本先土器時代の食糧と生業」『京都文化博物館研究紀要　朱雀』第1集　1-40頁　財団法人京都文化財団
鈴木忠司編 1994『匂坂中遺跡群』磐田市教育委員会
鈴木忠司・片田良一 1979「初矢遺跡採集のナイフ形石器」『岐阜県考古』第7号　1-7頁
鈴木忠司編 1982『富山県大沢野町野沢遺跡発掘調査報告書〈A地点〉』平安博物館
鈴木敏中編 1992『三島市埋蔵文化財発掘調査報告Ⅰ』三島市教育委員会
鈴木敏中・伊藤恒彦・前嶋秀張 1999『初音ヶ原遺跡』三島市教育委員会
鈴木敏中・芦川忠利・佐々木和子 2002『三島市埋蔵文化財発掘調査報告Ⅶ』三島市教育委員会
鈴木裕篤・小野信義・袴田　稔 1980『西大曲遺跡発掘調査概報』沼津市教育委員会
鈴木裕篤・関野哲夫ほか 1990『清水柳北遺跡発掘調査報告書　その2-東尾根の先土器・縄文・古墳・奈良時代の調査　中央尾根の先土器・縄文・古墳時代の調査―』沼津市教育委員会
鈴木遺跡発掘調査団 1978『鈴木遺跡Ⅰ』鈴木遺跡刊行会
須藤隆司 1996「中部・東海・北陸地方におけるⅤ・Ⅳ下層段階の石器群―列島内対比の視点から―」『石器文化研究』5　451-464頁
須藤隆司 2005「杉久保型・砂川型ナイフ形石器と男女倉型有樋尖頭器―基部・側縁加工尖頭器と両面加工尖頭器の技術構造論的考察―」『考古学』Ⅲ　73-100頁　安斎正人編集・発行
隅田　眞編 1990『大門遺跡』建設省関東地方建設局大宮国道工事事務所・板橋区大門遺跡調査会
諏訪市史編纂委員会編 1986『諏訪市史上巻　原始・古代』諏訪市
諏訪間順 1988「相模野台地における石器群の変遷について―層位的出土例の検討による石器群の段階的把握―」『神奈川考古』第24号　1-30頁
諏訪間順 2000「Ⅴ～Ⅳ下層段階の石器群の範囲―最終氷期最寒冷期に適応した地域社会の成立―」『石器文化研究』5　353-566頁

諏訪間順 2002「相模野旧石器編編年と寒冷期の適応過程」『科学』Vol. 72　No. 6　636-643頁　岩波書店
妹尾周三 1989『冠遺跡D地点の調査』財団法人広島県埋蔵文化財センター
関　清・山本正敏・久々忠義編 1983『県民太閤ランド内遺跡群調査報告 (2)』富山県教育委員会
関口博幸編 2008『大上遺跡I―旧石器時代編―北関東自動車道（伊勢崎―県境）地域並びに（一）香林羽黒線地方道路交付金事業に伴う埋蔵文化財発掘調査報告書』東日本高速道路株式会社・群馬県伊勢崎土木事務所・財団法人群馬県埋蔵文化財調査事業団
関塚英一編 1985『出山遺跡II東京都三鷹市大沢出山遺跡発掘調査報告書』三鷹市教育委員会・三鷹市遺跡調査会
関根唯充・桜井準也ほか 1995『南葛野遺跡』南葛野遺跡発掘調査団
関野哲夫 1992『尾上イラウネ遺跡発掘調査報告II』沼津市教育委員会
石器研究会 1982『殿山遺跡』上尾市教育委員会
石器文化研究会編 1991『石器文化研究3』同会
石器文化研究会編 1995『石器文化研究5』同会
芹沢長介 1954「関東及中部地方に於ける無土器文化の終末と縄文文化の発生とに関する予察」『駿台史学』第4号　65-106頁
芹沢長介 1957『考古学ノート　先史時代 (1)―無土器文化―』日本評論新社
芹沢長介 1963「無土器時代の地方色」『国文学　解釈と鑑賞』第28巻5号　19-27頁　至文堂
芹沢長介 1967「日本における旧石器の層位的出土例とC14年代」『日本文化研究所研究報告』第3集　59-109頁　東北大学日本文化研究所
芹沢長介 1966〜68「講座日本の旧石器」『考古学ジャーナル』1: 9-13頁／2: 6-10頁／3: 7-10頁／5: 7-11頁／8: 7-11頁／10: 9-12頁／11: 10-11頁／12: 10-13頁／13: 5-8頁／20: 6-7頁
芹沢長介編 1977『磯山』東北大学文学部考古学研究会
芹沢長介編 1978『岩戸』東北大学文学部考古学研究会
芹沢長介・麻生　優 1953「北信・野尻湖底発見の無土器文化（予報）」『考古学雑誌』第39巻2号　26-33頁
芹沢長介・中村一明・麻生　優編 1959『神山』津南町教育委員会
前・中期旧石器問題調査研究特別委員会 2003『前・中期旧石器問題の検証』日本考古学協会
船場昌子・杉山陽亮編 2008『田向冷水遺跡―田向土地区画整理事業に伴う発掘調査報告書3―』八戸市教育委員会
副島和明編 1981『西輪久道遺跡・鷹野遺跡』長崎県教育委員会
副島和明・伴耕一郎編 1985『諫早中核工業団地造成に伴う埋蔵文化財緊急発掘調査報告書』長崎県教育委員会
高尾好之 1994「愛鷹山南麓・箱根西麓の後期旧石器時代編年試案」『地域と考古学　向坂鋼二先生還暦記念論集』1-29頁　向坂鋼二先生還暦記念論集刊行会
高尾好之 2006「東海地方の地域編年」『旧石器時代の地域編年的研究』61-102頁　同成社
高尾好之編 1988『土手上・中身代第II・第III遺跡発掘調査報告書（足高尾上No. 1・6・7遺跡）』沼津市教育委員会
高尾好之編 1989『中見代第I遺跡発掘調査報告書』沼津市教育委員会
高木　洋編 1987『日野2岐阜市日野土地区画整理事業に伴う緊急発掘調査』岐阜市教育委員会
高野　学・高橋章司編 2001『翠鳥園遺跡発掘調査報告書―旧石器編―』羽曳野市教育委員会

高橋義介・菊池強一編 1999『峠山牧場Ⅰ遺跡 A 地区発掘調査報告書』（財）岩手県文化振興事業団埋蔵文化財センター

高橋　桂 1963「北信濃小坂遺跡の調査」『考古学雑誌』第 48 号　3 巻　61-71 頁

高橋　桂・望月静雄編 1981『太子林・関沢遺跡』飯山市教育委員会

高橋　桂・望月静雄ほか編 1991『国営飯山農地開発関係遺跡発掘調査報告書　新堤遺跡・トトノ池南遺跡』飯山市教育委員会

高橋啓一 2007「日本列島の鮮新―更新世における陸上哺乳動物相の形成過程」『旧石器研究』第 3 号　5-14 頁

高橋啓一 2008「後期更新世の環日本海地域における大型哺乳動物相の変遷」『環日本海北部地域の後期更新世における人類生態系の構造変動』68-81 頁　総合地球環境学研究所・研究プロジェクト「日本列島における人間―自然相互関係の歴史的・文化的検討」サハリン・沿海州班

高橋章司 2001「翠鳥園遺跡の技術と構造」『翠鳥園遺跡発掘調査報告書』192-221 頁　羽曳野市教育委員会

高橋　学・五十嵐一治 1998『家の下遺跡（2）』秋田県埋蔵文化財センター

田川　肇・副島和明ほか 1988『百化台広域公園に伴う埋蔵文化財緊急発掘調査報告書　百化台 D 遺跡』長崎県教育委員会

武谷和彦編 2001『馬川谷口遺跡 1 区・2 区』七山村教育委員会

田島　新 1991『佐倉市栗野Ⅰ・Ⅱ遺跡』財団法人千葉県文化財センター

田島龍太編 1993『日ノ出松遺跡』唐津市教育委員会

多田　仁 1997「中・四国地方における角錐状石器の様相」『九州旧石器』第 3 号　73-92 頁

多田隆治 1997「ダンスガード・サイクル　突然かつ急激な気候変動と日本海海洋変動」『科学』Vol. 67　No. 8　597-605 頁　岩波書店

橘　昌信 1975「宮崎県船野遺跡における細石器文化」『考古学論叢』3　1-69 頁　別府大学考古学研究会

橘　昌信 1990「AT（姶良 Tn 火山灰）上位のナイフ形石器文化―宮崎県における最近の調査例から―」『史学論叢』21　35-52 頁　別府大学史学研究会

橘　昌信編 1985『駒形古屋遺跡発掘調査報告書』別府大学附属博物館

橘　昌信・佐藤宏之・山田　哲編 2002『後牟田遺跡』後牟田遺跡調査団・川南町教育委員会

橘　昌信・萩原博文 1983「九州における火山灰層序と旧石器時代石器群」『第四紀研究』第 22 巻　第 3 号　165-176 頁

橘　昌信・牧尾義則ほか編 1992『駒方津室迫・夏足原遺跡（O 地区）大野地区遺跡群発掘調査報告書』大野町教育委員会

田中英司・金子直行ほか 1984『住宅・都市整備公団　浦和南部地区―明花向・明花上ノ台・井沼方馬堤・とうのこし―』財団法人埼玉県埋蔵文化財調査事業団

田中耕作・鈴木　暁 1998「新潟県新発田市坂ノ沢 C 遺跡の調査概要」『旧石器考古学』56　89-91 頁

田中耕作・鈴木　暁 2000「新発田市二タ子沢 A 遺跡の調査概要」『新潟県考古学会第 12 回大会　研究発表会発表要旨』28-31 頁　新潟県考古学会

田中耕作・鈴木　暁・渡邊美穂子・伊藤喜代子 2003『二タ子沢 A 遺跡発掘調査報告書』新発田市教育委員会

田中　光・藤木　聡ほか編 2004『野首第 1 遺跡　県道木城高鍋線高速関連道路・河川等緊急整備事業（青木地区）に伴う埋蔵文化財発掘調査報告書』宮崎県埋蔵文化財センター

谷　和隆 2000「第 7 章　第 2 節　日向林Ⅰ石器文化の剝片石器」『上信越自動車道埋蔵文化財発掘調査報

告書 15—信濃町内その 1—日向林 B 遺跡・日向林 A 遺跡・七ツ栗遺跡・大平 B 遺跡　旧石器時代本文編』262-267 頁　日本道路公団・長野県教育委員会・長野県埋蔵文化財センター

谷口武範・山田洋一郎編 2002『上ノ原遺跡　東九州自動車道建設（西都～清武間）に伴う埋蔵文化財発掘調査報告書 XIV』宮崎県埋蔵文化財センター

谷藤保彦編 1992『房谷戸遺跡 II』群馬県教育委員会・財団法人群馬県埋蔵文化財調査事業団

田村　隆 1989「二項的モードの推移と巡回」『先史考古学研究』第 2 号　1-52 頁　阿佐ヶ谷先史学研究会

田村　隆 1992「遠い山・黒い石—武蔵野 II 期石器群の社会生態学的一考察—」『先史考古学論集』第 2 集　1-46 頁　安斎正人編集・発行

田村　隆 2001「重層的二項性と交差変換—端部整形石器範疇の検出と東北日本後期旧石器石器群の生成—」『先史考古学論集』第 7 集　1-48 頁　安斎正人編集・発行

田村　隆 2006「この石はどこからきたか—関東地方東部後期旧石器時代古民族誌の叙述に向けて—」『考古学』III　1-72 頁　安斎正人編集・発行

田村　隆 2008a「関東地方の地域編年」『旧石器時代の地域編年的研究』7-60 頁　同成社

田村　隆 2008b「黒曜石のハウ」『考古学』VI 1-44 頁　安斎正人編集・発行

田村　隆編 1986『常磐自動車道埋蔵文化財調査報告書 IV—元割・聖人塚・中山新田 I—』財団法人千葉県文化財センター

田村　隆・国武貞克・吉野真如 2003「下総—北総回廊外縁部の石器石材（第 1 報）—特に珪質頁岩の分布と産状について—」『千葉県史研究』第 11 号　143-153 頁　千葉県

田村　隆・小林清隆 1987『松戸市彦八山遺跡』日本鉄道建設公団・財団法人千葉県文化財センター

茅野市史編纂委員会編 1986『茅野市史上巻　原始・古代』茅野市

チャイルド，V. G.（近藤義郎訳）1981『考古学の方法〈改定新版〉』河出書房新社

中四国旧石器文化談話会編 1994『瀬戸内技法とその時代』中四国旧石器文化談話会

趙　哲済・田中清美ほか 1997『長原・瓜破遺跡発掘調査報告 IX』財団法人大阪市文化財協会

立木宏明編 1996『朝日村文化財報告書第 11 集　奥三面ダム関連遺跡発掘調査報告書 V 樽口遺跡』新潟県朝日村教育委員会

立木由理子編 1996『一般国道 18 号妙高野尻バイパス関係発掘調査報告書 I』新潟県教育委員会・財団法人新潟県埋蔵文化財調査事業団

對比地秀行・高杉尚宏編 1982『嘉留多遺跡・砧中学校 7 号墳』世田谷区遺跡調査会

塚田松雄 1984「日本列島における約 2 万年前の植生図」『日本生態学会誌』34 巻 2 号　203-208 頁

津久井雅志 1984「大山火山の地質」『地質学雑誌』Vol. 90　643-658 頁

辻　誠一郎 1985「火山活動と古環境」『岩波講座日本考古学 2 人間と環境』289-317 頁　岩波書店

辻　誠一郎 1991「自然と人間—AT 前後の生態系をめぐる諸問題—」『石器文化研究 3』255-230 頁

辻　誠一郎 2001「縄文的生態系と人」『NHK スペシャル日本人はるかな旅』第 3 巻　112-126 頁　NHK 出版

辻　誠一郎 2002「日本列島の環境史」『日本の時代史 1 倭国誕生』244-278 頁　吉川弘文館

辻　誠一郎 2004「地球時代の環境史」『歴史研究の最前線 vol. 2 環境史研究の課題』40-70 頁　総研大日本歴史研究専攻・国立歴史民俗博物館

辻　誠一郎 2008「更新世から完新世へ—環境変動と生態系の構造変動—」『縄文化の構造変動』13-32 頁　六一書房

辻　誠一郎 2009「縄文時代の生態系変動」『日本考古学協会 2009 年度山形大会　研究発表資料集』

123-125 頁　日本考古学協会 2009 年度山形大会実行委員会
辻　誠一郎・小杉正人 1991「始良 Tn 火山灰（AT）が生態系に及ぼした影響」『第四紀研究』第 30 巻第 5 号　419-426 頁
辻　信広編 2005『名和町内遺跡発掘調査報告書』名和町教育委員会
土屋　積・大竹憲昭 2000『上信越自動車道埋蔵文化財発掘調査報告書　信濃町内その 1 貫ノ木遺跡・西岡 A 遺跡』（財）長野県文化振興事業団・長野県埋蔵文化財センター
土屋　積・谷　和隆 2000a『上信越自動車道埋蔵文化財発掘調査報告書　信濃町内その 1 日向林 B 遺跡・日向林 A 遺跡・七ツ栗遺跡・大平 B 遺跡』（財）長野県文化振興事業団・長野県埋蔵文化財センター
土屋　積・谷　和隆 2000b『上信越自動車道埋蔵文化財発掘調査報告書　信濃町内その 1 裏ノ山遺跡・東裏遺跡・大久保南遺跡・上ノ原遺跡』（財）長野県文化振興事業団・長野県埋蔵文化財センター
堤　隆編 1997『柏ヶ谷長ヲサ遺跡―相模野台地における後期旧石器時代遺跡の調査―』柏ヶ谷長ヲサ遺跡調査団
鶴田典昭・谷　和隆ほか 2004『一般国道 18 号（野尻バイパス）埋蔵文化財発掘調査報告書　信濃町内その 3 仲町遺跡』財団法人長野県文化振興事業団埋蔵文化財センター
寺田良喜・高杉尚宏ほか 1997『瀬田遺跡 II』世田谷区教育委員会
寺田光一郎編 1998『中村分遺跡・天台 B 遺跡・台崎 C 遺跡試掘調査　県営緊急畑地帯総合整備事業に伴う発掘調査報告書』三島市教育委員会
東北学院大学佐川ゼミナール 2005「宮城県賀篭沢遺跡 2005 年度発掘調査の成果」『第 19 回東北日本の旧石器文化を語る会　予稿集』57-70 頁
富樫泰時編 1977『米ヶ森遺跡発掘調査報告書』秋田考古学協会
時任和守・山田洋一郎編 2002『長薗原遺跡　東九州自動車道（西都～清武間）建設に伴う埋蔵文化財発掘調査報告書 XIII』宮崎県埋蔵文化財センター
戸沢充則 1965「関東地方の先土器時代」『日本の考古学 I 先土器時代』222-241 頁　河出書房
戸沢充則 1990『日本先土器時代文化の構造』同朋社出版
土橋由理子編 2003『北陸自動車道安田土取場関係発掘調査報告書　円山遺跡』新潟県教育委員会・財団法人新潟県埋蔵文化財調査事業団
富永直樹 2004「佐賀県岡本遺跡 Loc. A および周辺遺跡出土石器群の再検討」『Stone Sources』9-22 頁　石器原産地研究会
中川和哉 1995「西日本の角錐状石器をめぐる諸問題」『旧石器考古学』50　35-46 頁
長岡信治 2004「西北九州の無斑晶質安山岩類の産状と石器石材としての可能性」『Stone Sources』No. 4　1-4 頁
長崎潤一 1987「石斧の形態変化について―接合資料を中心として―」『早稲田大学大学院文学研究科紀要別冊（哲学・史学編）』14　71-78 頁
中川重紀・星　雅之ほか編 1995『大渡 II 遺跡』財団法人岩手県文化振興事業団埋蔵文化財センター
長沢正機編 1977『南野遺跡発掘調査報告書』新庄市教育委員会・新庄市文化財調査会
長沢正機編 1982『山形県新庄市教育委員会報告書 6 乱馬堂遺跡発掘調査報告書』新庄市教育委員会
長友久昭・今丸琴路編 2005『勘大寺遺跡（一次調査）東九州自動車道（都農～西都間）建設に伴う埋蔵文化財発掘調査報告書 18』宮崎県埋蔵文化財センター
長野眞一・大保秀樹ほか編 2005『桐木耳取遺跡　東九州自動車道建設（末吉財部 IC～国分 IC 間）に伴う埋蔵文化財発掘調査報告書 VI』鹿児島県立埋蔵文化財センター

長野眞一・堂込秀人ほか編 2006『伏野遺跡　隠迫遺跡　枦堀遺跡　仁田尾遺跡　御仮屋跡遺跡　一般国道小山田谷山線改良工事に伴う埋蔵文化財発掘調査報告書Ⅲ』鹿児島県立埋蔵文化財センター
永野達郎 2000『帖地遺跡』喜入町教育委員会
中原一成編 2004『一般国道10号末吉IC関連事業に伴う埋蔵文化財発掘調査報告書　桐木遺跡』鹿児島県立埋蔵文化財センター
中村孝三郎 1965「中部地方北部の先土器時代」『日本の考古学Ⅰ先土器時代』242-263頁　河出書房
中村孝三郎 1971「旧石器時代の石器」『越後の石器』19-23頁　学生社
中村孝三郎編 1971『御淵上遺跡』長岡市立科学博物館
中村守男・森田　誠 1999『小原野遺跡』大口市教育委員会
中村雄紀 2006「後期旧石器時代後半期の居住形態の地域的様相―愛鷹・箱根第3期・第4期の遺跡群―」『東京大学考古学研究室研究紀要』第20号　1-36頁
中村雄紀・森先一貴ほか編 2003『国分寺市No.37遺跡発掘調査概報―シーズクリエイト株式会社共同住宅建設に伴う調査』国分寺市遺跡調査会
中村由克 1986「野尻湖・信濃川中流域の旧石器時代遺跡群と石器石材」『信濃』第38巻　第4号　1-16頁
中村由克 1995「長野・新潟における石器石材について」『石器石材～北関東の原石とその流通を中心として～』46-49頁　笠懸野岩宿文化資料館・岩宿フォーラム実行委員会
中村由克編 1995『貫ノ木遺跡・日向林B遺跡（個人住宅地点）発掘調査報告書』信濃町教育委員会
中村由克・中村敦子 1994「信濃町上ノ原遺跡の第2次調査」『第6回　長野県旧石器文化研究交流会―発表資料―』26-32頁
中村由克・森先一貴編 2008『上ノ原遺跡第―5次調査・県道地点―発掘調査報告書』信濃町教育委員会
長屋幸二 1995「濃尾平野北部における横長剥片剥離技術（岐阜市内3遺跡の再検討）」『旧石器考古学』50　47-54頁
長屋幸二 2003「岐阜市日野遺跡瀬戸内技法接合資料に用いられている石材について」『東海石器研究』第1号　32-37頁
長屋幸二 2005「東海地域の集団～石材から見た集団～」『東海石器研究』第3号　16-20頁
那須孝梯 1985「先土器時代の環境」『岩波講座日本考古学』2　51-109頁　岩波書店
西秋良宏 1998「第Ⅰ章　解説」『石器研究入門』30-31頁　クバプロ
西秋良宏 2004「動作連鎖」『現代考古学事典』325-329頁　同成社
西井幸雄 1996「V～Ⅳ下層の細分」『石器文化研究』5　341-352頁
西川　宏・杉野文一 1959「岡山県玉野市宮田山西地点の石器」『古代吉備』第3集　1-9頁　古代吉備研究会
西沢隆治 1995『北大作遺跡発掘調査概報』我孫子市教育委員会
西山太郎・西川博孝編 1984『新東京国際空港埋蔵文化財発掘調査報告書Ⅳ　No.7遺跡』財団法人千葉県文化財センター
丹羽野裕 1991「島根県における旧石器時代研究の現状と課題」『島根考古学』第8集　57-66頁
根鈴輝雄 1991「鳥取県の旧石器研究」『島根考古学』第8集　51-56頁
野口　淳 1995「武蔵野台地Ⅳ下・Ⅴ上層段階の石器群」『旧石器考古学』51　19-36頁
野口　淳 2005「後期旧石器時代第Ⅲ期の石器群構造とナイフ形石器―殿山からの視点―」『上尾市殿山遺跡シンポジウム―石器が語る2万年―』262-276頁　埼玉考古学会・上尾市教育委員会
野口　淳 2009「旧石器時代研究の動向」『日本考古学年報』60　22-28頁

野尻湖人類考古グループ 1987『野尻湖遺跡群の旧石器文化Ⅰ』同グループ
野尻湖人類考古グループ 1990『野尻湖遺跡群の旧石器文化Ⅱ』同グループ
野村亮太郎・田中眞吾 1986「兵庫県東部の山間低地に発見された大山起源の火山灰層」『第四紀研究』第24巻 第4号 301-307頁
萩原博文 1985『堤西牟田遺跡』平戸市教育委員会
萩原博文 1989『牟田ノ原遺跡』平戸市教育委員会
萩原博文 1994「九州における角錐状石器の編年と地域的特徴」『古代文化』第46巻 第9号 31-40頁
萩原博文 1995「平戸の旧石器時代」『平戸市史・自然考古編』223-318頁 平戸市史編纂委員会
萩原博文 1996「西南日本後期旧石器時代後半期における石器群の構造変容」『考古学研究』第43巻 第3号 62-85頁
橋本 正 1973『富山県大沢野町直坂遺跡発掘調査概要』富山県教育委員会
橋本 正編 1976『富山県大沢野町直坂Ⅱ遺跡発掘調査概要』富山県教育委員会
橋本 正・上野 章ほか編 1974『富山県福光町・城端町立野ヶ原遺跡群第二次緊急発掘調査概要』富山県教育委員会
秦 昭繁 2003「東北地方の珪質頁岩石材環境」『考古学ジャーナル』499 8-11頁 ニュー・サイエンス社
畑 宏明編 1985『湯の里遺跡群』北海道埋蔵文化財センター
パターソン〈磯野直秀・磯野裕子訳〉1982『現代の進化論』岩波書店
服部隆博 1991「AT降灰前後の様相―第Ⅵ層段階石器群の様相と変遷過程を中心として―」『石器文化研究』3 271-274頁
羽石智治・会田容弘・須藤 隆編 2004『最上川流域の後期旧石器文化の研究1―上ミ野A遺跡 第1・2次発掘調査報告書―』東北大学大学院文学研究科考古学研究室
早川正一・河野典夫・立田佳美・小島 功編 1999『岐阜県吉城郡宮川村 宮ノ前遺跡発掘調査報告書』岐阜県宮川村教育委員会
林 辰男 1992『成増との山遺跡』板橋区成増との山遺跡調査会
林 茂樹・樋口昇一ほか 1966「杉久保A遺跡緊急発掘調査報告―長野県上水内郡信濃町野尻湖底―」『長野県考古学会誌』第八号 1-20頁 長野県考古学会
坂東雅樹・坂詰秀一ほか編 1999『武蔵台東遺跡』都営川越道住宅遺跡調査会
久富なをみ・中山 豪編 1994『垂水第1遺跡』宮崎市教育委員会
久末康一郎・高杉尚宏ほか 2001『堂ヶ谷戸遺跡Ⅴ』世田谷区教育委員会
比田井民子 1990「角錐状石器の地域的動態と編年的予察」『古代』第90号 1-37頁 早稲田大学考古学会
比田井民子・鶴間正昭・小松眞名・伊藤 健 1997『菅原神社台地上遺跡』東京都埋蔵文化財センター
日高広人・竹井眞知子・柳田裕三 2004『高野原遺跡第5地点』宮崎県埋蔵文化財センター
飛騨考古学会旧石器分科会 1995「飛騨・湯ヶ峰山麓の旧石器資料」『飛騨と考古学 飛騨考古学会20周辺記念誌』255-267頁 飛騨考古学会
平井 勝編 1979『野原遺跡群早風A地点』岡山県文化財保護協会
平川昭夫・廣瀬高文ほか編 1986『中尾・イラウネ・野台 畑地帯総合土地改良事業・長泉地区第Ⅰ工区埋蔵文化財発掘調査報告書』静岡県東部農林事務所・長泉町教育委員会
平口哲夫編 1983『西下向遺跡―第1次・第2次発掘調査概報―』三国町教育委員会
平口哲夫・松井政信・樫田 誠 1984「福井県三国町西下向遺跡の横剥ぎ技法―主要石器類の定性分析を中心に―」『旧石器考古学』28 5-18頁

廣田吉三郎・前田　顕・河野重義編 1987『葛原遺跡 B 地点調査報告書』練馬区遺跡調査会・練馬区教育委員会

福島県文化センター編 1983『母畑地区遺跡発掘調査報告 12 上悪戸遺跡・下悪戸遺跡』福島県教育委員会・財団法人福島県文化センター

福島県文化センター編 1987『国道 113 号バイパス遺跡調査報告 III 三貫地遺跡（原口地区）』福島県教育委員会・財団法人福島県文化センター

福田一志編 2000『根引池遺跡』長崎県江迎町教育委員会

福田英人編 1989『八尾南遺跡—旧石器出土第 3 地点—』大阪府教育委員会

福永雄一・真鍋雄一郎 2004『九養岡遺跡・踊場遺跡・高篠遺跡　東九州自動車道建設（末吉 IC～国分 IC 間）に伴う埋蔵文化財発掘調査報告書 IV』鹿児島県埋蔵文化財センター

藤田　淳 1992「金谷原遺跡出土石器群の研究」『加藤稔先生還暦記念　東北文化論のための先史学歴史学論集』293-339 頁　加藤稔先生還暦記念会

藤田邦雄・宮下栄仁編 1987『宿向山遺跡』石川県立埋蔵文化財センター

藤田健一・早田　勉ほか 2004『上野林 J 遺跡・上野林 E 遺跡』安田町教育委員会

藤波啓容・林　辰男ほか 1999『西台後藤田遺跡第 1 地点発掘調査報告書』都内第二遺跡調査会西台遺跡調査団

藤野次史 1996「広島県冠遺跡群出土の角錐状石器」『広島大学博物館研究報告』第 2 号　87-103 頁　広島大学研究・教育総合資料館設立準備委員会

藤野次史 2006「中・四国，近畿地方の地域編年」『旧石器時代の地域編年的研究』173-206 頁　同成社

藤野次史・中村真理編 2004『広島大学東広島キャンパス埋蔵文化財発掘調査報告書 II』広島大学環境保全委員会埋蔵文化財調査室

藤野次史・保坂康夫 1983「西瀬戸内における瀬戸内技法の様相」『旧石器考古学』26　103-129 頁

藤森栄一・戸沢充則 1962「茶臼山石器文化」『考古学集刊』1-4　1-20 頁

藤好史郎 1985『瀬戸大橋建設に伴う埋蔵文化財発掘調査報告書 IV 西方遺跡』香川県埋蔵文化財研究会

藤原妃敏 1983「東北地方における後期旧石器時代石器群の技術基盤—石刃石器群を中心として」『考古学論叢』63-90 頁　寧楽社

藤原妃敏 1992「東北地方後期旧石器時代前半期の一様相」『加藤稔先生還暦記念　東北文化論のための先史学歴史学論集』157-172 頁　加藤稔先生還暦記念会

藤原妃敏 1999「福島県における後期旧石器時代研究の現状と課題」『福島県の旧石器時代遺跡』61-71 頁　福島県立博物館

藤原妃敏編 1999『福島県の旧石器時代遺跡』福島県立博物館

藤原妃敏・柳田俊雄 1991「北海道・東北地方の様相―東北地方を中心として―」『石器文化研究―シンポジウム　AT 降灰以前の石器文化―関東地方における変遷と列島対比―』3　63-91 頁

宝珍伸一郎・松村英之編 2000『猪野口南幅遺跡』勝山市教育委員会

保坂康夫 1986「先土器時代の礫群の分布とその背景」『山梨考古学論集 I』7-56 頁

保坂康夫 1996「遺跡内の空間構造（礫群分布）」『石器文化研究』5　267-284 頁

細田昌史 2006『森吉 B 遺跡・二重鳥 A 遺跡』北秋田市教育委員会

堀金　靖・藤原妃敏 1990『笹山原遺跡群発掘調査報告書 1・2―笹山原 No. 7 遺跡発掘調査』福島県会津若松市教育委員会

堀　正人編 1989『椿洞遺跡』岐阜市教育委員会

前嶋秀張編 1998『上ノ池遺跡　平成9年度東駿河湾環状道路建設工事に伴う埋蔵文化財発掘調査報告書』
　　財団法人静岡県埋蔵文化財調査研究所
麻柄一志 1984「日本海沿岸地域における瀬戸内系石器群」『旧石器考古学』28　19-35頁
麻柄一志 1994「中部地方および東北地方日本海側の瀬戸内系石器群について」『瀬戸内技法とその時代』
　　73-80頁　中・四国旧石器文化談話会
麻柄一志 2006『日本海沿岸地域における旧石器時代の研究』雄山閣
麻柄一志・古森政次 1992「御淵上遺跡の瀬戸内技法 (1)」『旧石器考古学』45　61-72頁
麻柄一志・古森政次 1993「御淵上遺跡の瀬戸内技法 (2)」『旧石器考古学』46　47-53頁
馬籠亮道・長野眞一 2006「城ヶ尾遺跡の再検討―後期旧石器時代第II文化層～第III文化層の石器群を
　　中心として―」『縄文の森から』第4号　9-25頁　鹿児島県立埋蔵文化財センター
町田洋・新井房夫 1976「広域に分布する火山灰―姶良Tn火山灰の発見とその意義―」『科学』Vol. 46
　　339-347頁
町田　洋・新井房夫 2003『新編　火山灰アトラス―日本列島とその周辺―』東京大学出版会
松井一明・高野由美子ほか 1994『山田原遺跡群I』袋井市教育委員会
松浦郁乃・西野秀和編 1999『能美丘陵東遺跡群Vいしかわサイエンスパーク整備事業に係る埋蔵文化財
　　発掘調査報告書』財団法人石川県埋蔵文化財センター
松尾吉高 1983『川原田遺跡』肥前町教育委員会
松藤和人 1974「瀬戸内技法の再検討」『ふたがみ』138-163頁　学生社
松藤和人 1979「再び'瀬戸内技法について'―瀬戸内技法第一工程を中心に―」『二上山・桜ヶ丘遺跡』
　　203-252頁　奈良県教育委員会
松藤和人 1980「近畿西部・瀬戸内地方におけるナイフ形石器文化の諸様相」『旧石器考古学』21
　　213-259頁　旧石器文化談話会
松藤和人 1981「西日本における船底形石器の編年的予察―近畿・瀬戸内地方の出土例を中心に」『旧石器
　　考古学』22　1-26頁
松藤和人 1982「九州地方における国府系石器群」『同志社大学考古学シリーズI考古学と古代史』81-94
　　頁　同志社大学考古学シリーズ刊行会
松藤和人 1985「瀬戸内技法・国府石器群研究の現状と課題」『旧石器考古学』30　119-134頁
松藤和人 1992「大阪平野部における旧石器編年研究に寄せて」『旧石器考古学』44　11-23頁
松藤和人編 1994『百花台東遺跡―雲仙・普賢岳北麓の後期旧石器時代遺跡の調査』同志社大学文学部文
　　化学科
松藤和人・森川　実 2001「宮崎県赤木遺跡における瀬戸内技法―接合資料1の分析を中心に―」『旧石器
　　考古学』61　61-80頁
松村信博・山本純代 2001『奥谷南遺跡III』財団法人高知文化財団埋蔵文化財センター
松本　茂 2008「九州地方における国府石器群の来歴と伝播論」『伝播を巡る構造変動』32-46頁　文部科
　　学省科学研究費補助金基盤研究 (B)「日本列島北部の更新世／完新世移行期における居住形態と文
　　化形成に関する研究」グループ
真鍋昌宏編 1982『大洲遺跡発掘調査概報』香川県埋蔵文化財保護協会坂出支部
三浦知徳 2005「瀬戸内系石器群拡散の荷担者像に関する一私案」『上尾市殿山遺跡シンポジウム―石器が
　　語る2万年―』241-261頁　埼玉考古学会・上尾市教育委員会
三島　誠・藤根　久 2001『寺屋敷遺跡・磯谷口遺跡』財団法人岐阜県文化財保護センター

水ノ江和同編 1994『県道久留米・筑紫野線関係埋蔵文化財調査報告5 宗原遺跡』福岡県教育委員会
光石鳴巳 2005「近畿地方における'ナイフ形石器文化終末期'の一様相—馬見二ノ谷遺跡をめぐって—」『石器文化研究』12　41-49頁
光石鳴巳編 2006『馬見二ノ谷遺跡』奈良県立橿原考古学研究所
宮　宏明 1985「美里洞窟遺跡出土の台形様石器について」『考古学ジャーナル』244　24-26頁
宮坂　清 1994「角錐状石器形態論」『中部高地の考古学Ⅳ 長野県考古学会30周年記念論文集』11-34頁　長野県考古学会
宮坂孝宏編 1994『白鳥平B遺跡』熊本県教育委員会
宮崎県旧石器文化談話会 2005「宮崎県下の旧石器時代遺跡概観」『旧石器考古学』66　47-62頁
宮下貴浩編 1990『金剛寺原第1遺跡・金剛寺原第2遺跡』宮崎市教育委員会
宮下貴浩編 2004『県道松元川辺線整備事業（黄和田地区）に伴う埋蔵文化財発掘調査報告書　箕作遺跡』金峰町教育委員会
宮田栄二 2005「旧石器時代の編年的研究—東南九州—」『公開シンポジウム'旧石器時代の地域編年とその比較'予稿集』49-65頁　東京大学大学院人文社会系研究科考古学研究室
宮田栄二 2006a「九州東南部の地域編年」『旧石器時代の地域編年的研究』241-274頁　同成社
宮田栄二 2006b「剝片尖頭器石器群とその前後の石器群について—南九州における最新の調査成果から—」『縄文の森から』第4号　27-36頁　鹿児島県立埋蔵文化財センター
宮田栄二編 1992『一般国道鹿屋バイパス建設に伴う発掘調査報告書（Ⅴ）西丸尾遺跡』鹿児島県教育委員会
宮塚義人・矢島國雄・鈴木次郎 1974「神奈川県本蓼川遺跡の石器群について」『史観』3　1-22頁　早稲田大学史学会
三好元樹・佐野五十三ほか編 2009『大岡元長窪線関連遺跡Ⅲ』財団法人静岡県埋蔵文化財調査研究所
村上　拓 1999『耳取Ⅰ遺跡B地区発掘調査報告書』（財）岩手県文化振興事業団埋蔵文化財センター
村木　敬 2007「岩手県奥州市岩洞堤遺跡発掘調査」『第21回東北日本の旧石器文化を語る会　予稿集』1-5頁
村崎孝宏編 1999『耳切遺跡—小国地熱発電所計画に伴う埋蔵文化財調査報告—』熊本県教育委員会
村山　繁・佐藤雅一編 1997『神山遺跡群遺跡確認調査概要報告書』津南町教育委員会
望月静雄 1999『太子林遺跡第Ⅱ地点概要報告書』長野県飯山市教育委員会
望月由佳子・森嶋富士夫ほか編 2003『大岡元長窪関連遺跡Ⅰ』財団法人静岡県埋蔵文化財調査研究所
本田秀生 1987「旧石器時代」『宿東山遺跡』30-34頁　石川県立埋蔵文化財センター
森井貞雄・竹原伸次編 2003『西大井遺跡—縄文時代・後期旧石器時代石器群の調査—』大阪府教育委員会
森川　実 2003「第9章　第2節　八尾南遺跡第6地点の接合資料」『粟生間谷遺跡　旧石器・縄紋時代編』197-218頁　財団法人大阪府文化財センター
森川　実 2008「瓜破台地の旧石器と接合資料」『考古学ジャーナル』No.575　6-9頁
森先一貴 2003「チャート石材の分布と石質について」新海正博編『粟生間谷遺跡　旧石器・縄紋時代編』（財）大阪府文化財センター　191-196頁
森先一貴 2004a「大阪平野周辺における石器石材の利用行動—チャート石材から見た石材運用論の再検討—」『旧石器考古学』65　53-66頁
森先一貴 2004b「杉久保型尖頭形石器の成立とその背景—東北日本日本海側石器群の批判的再検討—」『考古学』Ⅱ　41-75頁　安斎正人編集・発行

森先一貫　2004c「杉久保型石器群にみる石材消費戦略の諸特徴」『第16回長野県旧石器文化研究交流会シンポジウム 〝杉久保遺跡の石器群をめぐる諸問題〟予稿集』長野県旧石器文化研究交流会・野尻湖ナウマンゾウ博物館　110-116頁

森先一貫　2005a「国府石器群の成立―大阪平野周辺部石器群再考―」『待兼山考古学論集―都出比呂志先生退任記念―』111-127頁　大阪大学考古学研究室

森先一貫　2005b「杉久保型石器群の南北地域差」『津南段丘に暮らした氷河期の狩猟民』津南町教育委員会　19-20頁

森先一貫　2006「近畿・瀬戸内地方の石器群編年研究について―森川・氏家論文へのコメントに代えて―」『石器文化研究』13　55-62頁

森先一貫　2007a「角錐状石器の広域展開と地域間変異―西南日本後期旧石器時代後半期初頭の構造変動論的研究―」『旧石器研究』第3号　85-109頁

森先一貫　2007b「東北地方後期旧石器時代前半期研究の諸問題―特に台形様石器の分類と型式を巡って―」『秋田考古学』第51号　1-13頁　秋田考古学協会

森先一貫　2007c「第12章　拡散と伝播」佐藤宏之編『ゼミナール旧石器考古学』209-222頁　同成社

森先一貫　2008a「東北日本・日本海側における国府系石器群の形成過程」佐藤宏之編『伝播を巡る構造変動』14-32頁　文部科学省科学研究費補助金基盤研究（B）「日本列島北部の更新世／完新世移行期における居住形態と文化形成に関する研究」グループ

森先一貫　2008b「九州地方における国府系石器群の伝播と形成」『考古学ジャーナル』No.575　10-14頁

森先一貫　2008c「潮流と展望：東京大学公開シンポジウム〈伝播を巡る構造変動―国府石器群と細石刃石器群―〉」『石器文化研究』14　57-61頁

森先一貫　2008d「上ノ原II石器群の石器製作動作連鎖」『上ノ原遺跡（第5次・県道地点）発掘調査報告書』長野県信濃町教育委員会　249-257頁

森先一貫　2009a「回顧と展望　日本・考古・一」『史学雑誌』第118編第5号　史学会　11-16頁

森先一貫　2009b「瀬戸内東部後期旧石器文化の特質―台形様石器・ナイフ形石器群の編年研究から―」『第26回　中・四国旧石器文化談話会　香川県における旧石器時代の様相　発表要旨・資料集』27-34頁

森先一貫　2009c「古本州島における国府系石器群の広域展開とその背景」『日本旧石器学会第7回講演・研究発表・シンポジウム予稿集』40頁

森先一貫・山崎真治　2006「高知県香美市佐野楠目山遺跡採集の石器について」『旧石器考古学』68　61-68頁

森下英治　1997『三条黒島遺跡・川西北七条I遺跡』香川県教育委員会・香川埋蔵文化財調査センター・日本道路公団

森下英治編　2001『中間西井坪遺跡III』香川県教育委員会・香川埋蔵文化財研究会・日本道路公団

森嶋秀一・谷中　隆　1998『寺野東遺跡I』財団法人栃木県文化振興事業団埋蔵文化財センター

森嶋　稔・川上　元編　1975『男女倉―国道142号新和田トンネル有料道路事業用地内緊急発掘調査報告書』長野県道路公社・和田村教育委員会

守田益宗・崔　基龍・日比野紘一郎　1998「中部・関東地方の植生史」『日本列島植生史』92-104頁　朝倉書店

森山栄一・吉留秀之・杉原敏之　2001「第一章旧石器時代」『筑紫野市史　資料編（上）』筑紫野市

八木澤るみ子・桑波田武志・児之原博寿編　2000『宮ヶ迫遺跡　ふるさと農道緊急整備事業に伴う埋蔵文

化財発掘調査報告書1』松元町教育委員会

矢島國雄 1985「尖頭器状石器の性格―いわゆる「角錐状石器」・尖頭器様石器の再検討―」『論集日本原史』93-111頁　吉川弘文館

矢島國雄・小滝　勉ほか編 1996『綾瀬市史9別編考古』綾瀬市

矢島國雄・鈴木次郎 1976「相模野台地における先土器時代研究の現状」『神奈川考古』第1号　1-30頁

安田忠市編 1993『秋田市秋田新都市開発整備事業関係埋蔵文化財発掘調査報告書』秋田市教育委員会

柳田俊雄 1978「岩戸遺跡の遺物と層序」『岩戸』東北大学文学部考古学研究会

柳田俊雄 1983「大分県岩戸遺跡第1文化層出土の石器群の分析とその位置づけ」『考古学論叢 I』芹沢長介還暦記念論文集刊行会編　25-62頁

柳田俊雄 1985「大分県岩戸Ⅰの瀬戸内技法」『旧石器考古学』30　39-48頁

柳田俊雄 1995「東北地方南部の後期旧石器時代前半期の石刃技法―会津笹山原遺跡群の2石器群の検討から―」『旧石器考古学』50　3-15頁

柳田俊雄 2006「東北地方の地域編年」『旧石器時代の地域編年的研究』141-172頁　同成社

柳田俊雄・須藤　隆・阿子島香 2000「山形県新庄市上ミ野A遺跡の第3次発掘調査」『第14回　東北日本の旧石器文化を語る会　予稿集』42-49頁　加藤稔発行

柳田宏一・加藤　学編 2003『祇園原遺跡・春日地区遺跡第2地点』宮崎県埋蔵文化財センター

八尋　実 1984『船塚遺跡』神埼町教育委員会

山内幹夫・小野忠大ほか 2001『大谷上ノ原遺跡（1次調査）・新堤入遺跡』福島県教育委員会・財団法人福島県文化財センター

山口逸弘編 1992『書上本山遺跡・波志江六反田遺跡・波志江天神山遺跡』財団法人群馬県埋蔵文化財調査事業団

山口卓也 1983「所謂瀬戸内系の旧石器と横長剥片剥離技術伝統について」『関西大学考古学研究室開設参拾周年記念考古学論叢』919-950頁　関西大学

山口卓也 1994「二上山を中心とした石材の獲得」『瀬戸内技法とその時代　本編』185-198頁　中・四国旧石器文化談話会

山口卓也編 1991『板井寺ヶ谷遺跡　旧石器時代の調査』兵庫県教育委員会

山口卓也・成瀬敏郎・芝香寿人 1995『碇岩南山遺跡』御津町教育委員会

山﨑克巳 1997『匂坂上2遺跡発掘調査報告書』磐田市教育委員会

山崎純男・井澤洋一編 1994『有田・小田部　第19集』福岡市教育委員会

山下秀樹編 1985『広野北遺跡発掘調査報告書』平安博物館

山下　実・富永直樹 1984「佐賀県東分遺跡の旧石器」『旧石器考古学』29　51-76頁

山田晃弘 1999「第Ⅰ部　列島各地域の研究成果と展望　東北地方」『石器文化研究』7　11-20頁

山田隆一編 1993『八尾南遺跡Ⅱ―旧石器出土第6地点の調査―』大阪府教育委員会

山本　誠・青木哲哉ほか編 2004『七日市遺跡（Ⅲ）―旧石器時代の調査―』兵庫県教育委員会

山本正敏 1977「城端町西原C遺跡」『富山県福光町・城端町立野ヶ原遺跡群第5次緊急発掘調査概要』16-20頁　富山県教育委員会

矢本節朗編 1994『四街道市御山遺跡（1）』財団法人千葉県文化財センター

矢本節朗・横山　仁 1997『新東京国際空港埋蔵文化財発掘調査報告書Ⅹ-天神峰奥之台遺跡（空港No.65遺跡）』財団法人千葉県文化財センター

吉井雅勇 2000「新潟県北部地域における国府系石器群の変容について―非安山岩系石材を用いる石器群

の分析から—」『MICROBLADE』創刊号　17-31頁　八ヶ岳旧石器研究グループ

吉川耕太郎　2007「石器原料の獲得・消費と移動領域の編成—後期旧石器時代前半期における珪質頁岩地帯からの一試論—」『旧石器研究』第3号　35-58頁

吉川耕太郎編　2006『縄手下遺跡一般国道7号琴丘能代道路建設事業に係る埋蔵文化財発掘調査報告書XVII』秋田県教育委員会

吉田　格・石井則孝ほか　2005『天文台構内遺跡IV　東京都三鷹市大沢天文台構内遺跡発掘調査報告書』国立大学法人東京大学・三鷹市教育委員会・三鷹市遺跡調査会

吉田　格・高麗　正ほか　1996『羽根沢台遺跡II』三鷹市教育委員会・三鷹市遺跡調査会

吉田　格・高麗　正ほか　2004『天文台構内遺跡III　東京都三鷹市大沢天文台構内遺跡発掘調査報告書』東京都北多摩南部建設事務所・三鷹市教育委員会・三鷹市遺跡調査会

吉田　哲・森嶋秀一　2000『伊勢崎II遺跡（旧石器・縄文・弥生時代編）』財団法人栃木県文化振興事業団

吉田英敏編　1987『寺田・日野1』岐阜市教育委員会

吉田　充　2006『二の台長根遺跡発掘調査報告書』財団法人岩手県文化振興事業団埋蔵文化財センター

吉田　充・三浦謙一　1996『峠山牧場I遺跡B地区範囲確認調査報告書』財団法人岩手県文化振興事業団埋蔵文化財センター

吉留秀敏　1994「九州の瀬戸内技法を含む石器群」『瀬戸内技法とその時代』147-152頁　中・四国旧石器文化談話会

吉留秀敏　2004「九州地域の様相」『中・四国地方旧石器文化の地域性と集団関係』99-108頁　中・四国旧石器文化談話会

吉牟田浩一・山田洋一郎編　2002『下屋敷遺跡　東九州自動車道（西都〜清武間）建設に伴う埋蔵文化財発掘調査報告書XII』宮崎県埋蔵文化財センター

依田賢二・大木幹夫ほか　1996『四葉地区遺跡　平成8年度（旧石器時代編）』板橋区四葉地区遺跡調査会

ルロワ＝グーラン，A.（荒木　亨訳）1973『身ぶりと言葉』新潮社

早稲田大学校地埋蔵文化財調査室編　1996『早稲田大学安部球場跡地埋蔵文化財調査報告書　下戸塚遺跡の調査』早稲田大学

早稲田大学文化財整理室編　2000『下柳沢遺跡』早稲田大学

渡辺哲也　1994「信濃町東裏遺跡の調査」『第6回　長野県旧石器文化研究交流会—発表資料—』13-17頁

渡辺　仁　1985『ヒトはなぜ立ちあがったか—生態学的仮説と展望—』東京大学出版会

綿貫俊一　1982「東九州における瀬戸内系の人類遺物」『旧石器考古学』25 145-179頁

綿貫俊一編　1999『スポーツ公園内遺跡群発掘調査報告書　一方平I遺跡』大分県教育委員会

綿貫俊一・坂本嘉弘編　1989『五馬大坪遺跡　大分県日田郡天瀬町五馬所在遺跡の発掘調査報告書』天瀬町教育委員会

【英文】

Binford, L. R. 1979. Organization and formation processes: looking at curated technologies. *Journal of Anthropological Research*, 35 (3): 255-273.

Binford, L. R. 1980. Willow smoke and dog's tails: hunter-gatherer settlement systems and archaeological site formation. *American Antiquity* 45 (1): 4-20.

Bleed, P. 1986. The optimal design of hunting weapons: maintainability or reliability. *American Antiquity*, 51 (4): 737-747.

Churchill, S. E. 1993. Weapon technology, prey size selection, and hunting methods in modern hunter-gatherers: implication for hunting in the Palaeolithic and Mesolithic. In G. L. Peterkin et al. (eds.), *Hunting and Animal Exploitation in the Later Palaeolithic and Mesolithic of Eurasia*, pp. 11-24, American Anthropological Association.

Clark, J. D. G. 1977 *World Prehistory*. 3rd ed. Cambridge University Press, Cambridge.

Knecht, H. (ed.) 1997. *Projectile Technology*. Prenum Press, New York.

Gamble, C. 1986. *The Palaeolithic Settlement of Europe*. Cambridge University Press, Cambridge.

Hayden, B. 1981. Subsistence and ecological adaptations of modern hunter/gatherers. In R. S. O. Harding et al. (eds.), *Omnivorous Primate: Gathering and Hunting in Human Evolution*. pp. 344-422. Columbia University Press, New York.

Hayden, B., N. Franco., J. Spafford. 1996. Evaluating Lithic Strategies and Design Criteria. In G. H. Odell (ed.), *Stone Tools: theoretical insights into human prehistory*, pp. 9-50, New York, Plenum Press.

Hughes, S. S. 1998. Getting to the point: evolutionary change in prehistoric weaponry. *Journal of Archaeological Method and Theory*, 5: 345-408.

Izuho, M. and H. Sato 2008. Landscape evolution and culture changes in the Upper Paleolithic of Northern Japan. In Derevianko, A. P., and Shunkov, M. V. (eds.) *The Current Issues of Paleolithic Studies in Asia*. pp. 69-76. Pablishing Department of the Institute of Archaeology and Ethnography SB RAS, Nobosivilsk.

Iwase, A. and K. Morisaki 2008. Use-Wear Analysis of Kamiyama-type Burins in Sugikubo Blade Industry, Central Japan: New Evidence for Versatile Lithic Tool Use. *Current Research in the Pleistocene*. vol. 25: 47-50.

Morisaki, K. 2006. The Kou Point and Kou Industry in the Upper Paleolithic of Southwestern Japan. *Current Research in the Pleistocene*. vol. 23: 16-18.

Oda, S., C. T. Keally, 1975. *Japanese Paleolithic Cultural Chronology; Occasional Papers 2*, Archaeological Research Center, International Christian University, Tokyo.

Oda, S., C. T. Keally, 1979. *Japanese Paleolithic Cultural Chronology*. Paper presented to the XIVth Pacific Science Congress, Khabarovsk, U. S. S. R. (Privately Published Monograph).

Ono, A., H. Sato, T. Tsutsumi, Y. Kudo, 2002. Radiocarbon Dates and Archaeology of the Late Pleistocene in the Japanese Island. *Radiocarbon*, 44 (2): 477-494.

Sato, H., M. Izuho, and K. Morisaki. 2009. Process of Jomonization; correlation between prehistoric human cultures and environmental change in Pleistocene-Holocene transition in Japan. In P. Ya. Baklanov et al. (eds.), *Proceedings of International Scientific Conference 'Environment Development of East Asia in Pleistocene-Holocene.'* Pacific Institute of Geography FEB RAS. pp. 208-210. Dalinauka, Vladivostok.

Sato, H. and T. Tsutsumi, 2007. The Japanese microblade industries: technology, raw material procurement, and adaptations. In Y. V. Kuzmin et al. (eds.), *Origin and Spread of Microblade Technologies in Northern Asia and North America*. Archaeology Press, Burnaby B. C.

Shott, M. 1986. Technological organization and settlement mobility: An ethnographic examination. *Journal of Anthropological Research*, 42 (1): 15-51.

Torrence, R. 1983. Time budgeting and hunter-gatherer technology. In G. Bailey (ed.), *Hunter-gatherer economy in prehistory: A European perspective*, pp. 11-22. Cambridge University Press, Cambridge.

図表出典

【挿図】

第Ⅰ章

第 1 図　芹沢（1963）
第 2 図　戸沢（1990）
第 3 図　Oda and Keally（1975）
第 4 図　安蒜（1986）
第 5 図　佐藤（2005b）

第Ⅱ章

第 6 図　森先原図
第 7 図　国武（2005）
第 8 図　佐藤（1992）

第Ⅲ章

第 9 図　佐藤（1992）
第 10 図　大竹・須藤ほか（1982），林（1992），吉田・高麗ほか（1996）より作成
第 11 図　白石・右島（1986），芹沢編（1977）より作成
第 12 図　麻生（1986），岩崎ほか（1989）より作成
第 13 図　鈴木・金山ほか（1984），藤波・林ほか（1999），久末・高杉ほか（2001），隅田編（1990），阪田・藤岡（1985），関口編（2008），麻生・織笠ほか（1984），田村編（1986）より作成
第 14 図　鈴木遺跡発掘調査団（1978），鈴木・白石（1980），阪田・橋本（1984），青木・金山ほか（1984），田島（1991）より作成
第 15 図　久末・高杉ほか（2001），寺田・高杉ほか（1997），比田井・鶴間ほか（1997），依田・大木ほか（1996），岡崎・岡本（1987）より作成
第 16 図　岩崎（1990），谷藤編（1992），池田編（2000）より作成
第 17 図　笹原（2005）
第 18 図　高尾編（1989），高尾編（1988），鈴木・関野ほか（1990），鈴木・伊藤ほか（1999）より作成
第 19 図　鈴木編（1992），鈴木・関野ほか（1990），石川編（1982），山下編（1985），堀編（1989），三島・藤根（2001）より作成
第 20 図　大竹・勝見ほか（2001）より作成
第 21 図　諏訪市史編纂委員会編（1986）より作成
第 22 図　山口編（1991），山本・青木ほか編（2004）より作成
第 23 図　山本・青木ほか編（2004），久保・藤田編（1990），新海編（2003），山田編（1993），井上・金子ほか（2002），趙・田中ほか（1997），絹川編（2009）より作成
第 24 図　鎌木・小林（1986），藤野・中村編（2004），平井編（1979）より作成
第 25 図　伊藤・石橋（2008）より作成
第 26 図　辻編（2005），稲田編（2009），鎌木・小林（1986），藤野・中村編（2004）より作成
第 27 図　萩原（1989），池水（1967），岩崎・宮田ほか（2007），永野（2000），田川・副島ほか（1988），橘編（1985），清水・栗田編（1985）より作成

第 28 図　村崎編（1999）より作成
第 29 図　大山編（2006），日高・竹井ほか（2004），谷口・山田編（2002），木﨑編（1987），木﨑編（1993）より作成
第 30 図　萩原（2006）
第 31 図　福田編（2000），柳田・加藤編（2003），宮下編（1990）より作成
第 32 図　慶応義塾藤沢校地埋蔵文化財調査室編（1992），吉田・高麗ほか（2004），吉田・高麗ほか（1996），堤編（1997），坂東・坂詰ほか編（1999）より作成
第 33 図　西沢（1995），落合（2000），對比地・高杉編（1982）より作成
第 34 図　堤編（1997），上田・砂田編（1986），関根・桜井ほか（1995），石器研究会（1982）より作成
第 35 図　中村・森先ほか編（2003），吉田・高麗ほか（2004），栗山遺跡第 2 地点調査会（1994）より作成
第 36 図　落合（2000），阪田・藤岡（1985），田村・小林（1987），香取・榊原ほか（2007）より作成
第 37 図　安藤・堤編（1984），栗原・新開ほか編（2004），矢島・小滝ほか編（1996）より作成
第 38 図　伊藤・松浦編（1983），自由学園南遺跡発掘調査団編（1991），窪田・大田ほか変（1995），早稲田大学文化財整理室編（2000），関塚編（1985）より作成
第 39 図　隅田編（1990），早稲田大学校地埋蔵文化財調査室編（1996），小田編（1980），大野・田村（1991），斉藤編（1991），矢本・横山（1997）より作成
第 40 図　岩崎（2004），森嶋・谷中ほか（1998），吉田・森嶋（2000）より作成
第 41 図　宮田（2006）に基づき再配置
第 42 図　長野・大保ほか編（2005），中原編（2004），谷口・山田編（2002）より作成
第 43 図　嶋田（2007），長野・堂込ほか編（2006）より作成
第 44 図　寒川編（2006）より作成
第 45 図　宮田編（1992），宮下編（2004），長野・大保ほか編（2005），長野・堂込ほか編（2006），永野（2000）より作成
第 46 図　寒川・宮田ほか（2007），嶋田（2007），草薙・山田編（2003）
第 47 図　安藤・島木（2007），久富・中山編（1994）より作成
第 48 図　田中・藤木ほか編（2004），時任・山田編（2003）より作成
第 49 図　有馬・馬籠ほか編（2003），福永・真鍋（2004），永野（2000）より作成
第 50 図　長友・今丸編（2005），鵜戸・金丸編（2005），大山編（2006），倉薗・興梠ほか（2005）より作成
第 51 図　馬籠・長野（2006）を改変
第 52 図　嶋田（2007）より作成
第 53 図　寺田編（1998），望月・森嶋ほか編（2003），関野（1992），阿部・岩崎編（2008）より作成
第 54 図　前嶋編（1998），平川・廣瀬ほか編（1986），高尾編（1988）より作成
第 55 図　前嶋編（1998），石川編（1982），高尾編（1988），三好・佐野ほか編（2009）より作成
第 56 図　吉田編（1987），高木編（1987）より作成
第 57 図　山崎（1997），吉田編（1987），堀編（1989），鈴木・片田（1979），井上（2001），早川・河野ほか編（1999），磐田市史編纂委員会編（1993）より作成
第 58 図　松井・高野ほか（1994）より作成

図表出典

第 59 図　佐藤（1970），茅野市史編纂委員会（1986），青木・内川ほか編（1993）より作成
第 60 図　森嶋・川上編（1975），茅野市史編纂委員会（1986）より作成
第 61 図　山崎・井澤編（1994），杉原・戸沢（1962），田島編（1993），松尾（1983），松藤編（1994），木崎編（1986）より作成
第 62 図　阿部（2007）を改変
第 63 図　森山・吉留ほか（2001），綿貫・坂本編（1989），綿貫編（1999），武谷編（2001），木崎編（1987）より作成
第 64 図　八尋（1984）より作成
第 65 図　芹沢編（1978），清水・高橋ほか編（1986），水之江編（1994），清水・栗田編（1985），木下（1993），橋・牧尾ほか編（1992），後藤編（1995），緒方編（1980）より作成
第 66 図　大船編（1978），森井・竹尾編（2003），一瀬編（1990）より作成
第 67 図　新海編（2003），絹川編（2000），高野・高橋編（2001）より作成
第 68 図　福田編（1989），一瀬編（1990），新海編（2003），山口編（1991）より作成
第 69 図　光石編（2006），安里・竹原編（1988）より作成
第 70 図　山口・成瀬ほか（1995）より作成
第 71 図　森下編（2001）
第 72 図　森下編（2001）
第 73 図　森下編（2001）
第 74 図　森下編（2001）
第 75 図　佐藤竜（1996），小川編（2000），森下（1997），藤好（1985），真鍋編（1982），小泉（1994），久保脇（1994），氏家・栗林ほか（2001）より作成
第 76 図　植田・梅本ほか（1983），妹尾（1989）より作成
第 77 図　稲田編（1996）
第 78 図　白石・小林（1998），鎌木・小林（1987），稲田編（2009），伊藤・石橋（2008）より作成
第 79 図　稲田編（1996）より作成
第 80 図　松村・山本（2001），森先・山崎（2006）より作成
第 81 図　吉川（2007）
第 82 図　矢本編（1994），田村（2001）より作成
第 83 図　大野・高橋ほか（1985），田中・鈴木（1998）より作成
第 84 図　堀・藤原編（1990），福島県文化センター編（1983），立木宏編（1996），山内・小野ほか（2001）より作成
第 85 図　菅原（2002），会田（2007），鹿又（2005），佐藤編（1993）より作成
第 86 図　柴田（1984），菅原（1983），高橋・五十嵐（1998），渋谷・大川（2000），吉田（2006），石本・松本ほか編（2000）より作成
第 87 図　柳田（1995），加藤・米地ほか（1973），阿部・柳田（1998），北村編（2009）より作成
第 88 図　山本（1977），藤田・宮下編（1987），本田（1987），岸本・松島（1982）より作成
第 89 図　橋本・上野ほか（1974）より作成
第 90 図　石川編（1991），大野ほか（1986），鈴木・田中（1996），村木（2007），高橋・菊池編（1999）より作成
第 91 図　吉川編（2006），安田編（1993）より作成

第 92 図　立木宏編（1996），中川・星ほか編（1995），藤田（1992），加藤（2004）より作成
  第 93 図　窪田・佐藤（2002），主浜（1995），石本・松本ほか編（2000），橋本（1973），佐藤・新田（2002）より作成
  第 94 図　土屋・谷（2002b）より作成
  第 95 図　鶴田・谷ほか（2004）より作成
  第 96 図　立木宏編（1996），中川・星ほか編（1995）より作成
  第 97 図　佐藤・山本ほか（2001），土橋編（2003）より作成
  第 98 図　立木宏編（1996），土屋・谷（2002b），鈴木（1999）より作成
  第 99 図　中村編（1971），会田（1992），松浦・西野編（1999），国学院大学考古学資料館河井山遺跡学術調査団（1989・1990），平口編（1983）より作成
  第 100 図　橋本編（1976），土屋・大竹（2000），渡辺（1994），中村・森先編（2008）より作成
  第 101 図　長沢編（1982），柏倉編（1964），羽石・会田ほか編（2004）より作成
  第 102 図　石川編（1991），高橋・菊池編（1999）より作成
  第 103 図　吉田・三浦（1996），村上（1999）より作成
  第 104 図　北村・米田ほか（2004）を改変
  第 105 図　菅原・齋藤（2008），柳田・須藤ほか（2000），和泉（1998），細田（2006）より作成
  第 106 図　菊池・高橋ほか（1996），船場・杉山編（2008），小山内・榮ほか編（1992）より作成
  第 107 図　鈴木・辻ほか（1983），福島県文化センター編（1987），藤原編（1999），東北学院大学佐川ゼミナール（2005）より作成
第Ⅳ章
  第 108 図　松藤（1974）を改変
  第 109 図　高橋（2001）
  第 110 図　森先作成（森先 2008a）
  第 111 図　森先原図
  第 112 図　松藤（1982），山下・富永（1984）より作成
  第 113 図　安藤・島木（2007），寒川・宮田ほか（2007），馬籠・長野（2006）より作成
  第 114 図　北・日置ほか編（2004），根鈴（1991），丹羽野（1991），白石・小林（1998），稲田編（1996）より作成
  第 115 図　川合（2003），沢田・長屋（1990），堀編（1989），鈴木編（1994），吉田編（1987）より作成
  第 116 図　鈴木・芦川ほか（2002）より作成
  第 117 図　香取・榊原（2007），落合（2000），青木・内川ほか（1993）窪田・太田ほか（1995），角張（1989），堤編（1997）より作成
  第 118 図　立木宏編（1996）より作成
  第 119 図　辻（2001），森先原図（国府系石器群分布図）
  第 120 図　鎌木（1959），西川・西野（1959）より作成
第Ⅴ章
  第 121 図　多田仁（1997）
  第 122 図　森先原図
  第 123 図　森先原図
  第 124 図　森先原図

第 VI 章
　　第 125 図　森先原図
　　第 126 図　多田隆（1997）
　　第 127 図　辻（2002）
　　第 128 図　高橋（2007）
　　第 129 図　小野・五十嵐（1991）
　　第 130 図　森先原図

【挿表】
　　第 1 表　森先作成
　　第 2 表　鶴田・谷ほか（2004）に基づき作成
　　第 3 表　森先作成
　　第 4 表　森先作成
　　第 5 表　森先作成
　　第 6 表　森先作成
　　第 7 表　森先作成

索引

【事項索引】

あ

姶良 Tn 火山灰　3, 5-7, 32, 35-40, 42-44, 46, 48, 50, 52, 66-68, 75, 78, 105, 107, 116, 128, 136-137, 142, 148, 150, 152, 155, 165, 181, 199, 203-205, 209

姶良カルデラ　67

浅間板鼻褐色軽石群　64

浅間白糸軽石　64

厚形石錐　190-191, 193

池のくるみ型台形様石器　37-38, 127-128, 132-135, 158, 208

移行期　5, 9-11, 24, 162, 199

今峠型尖頭形剝片石器　70, 76, 78-79, 89, 91, 104, 157

今峠型ナイフ形石器　68-70

インダストリー　1

上のホーキ　105, 108

後田型台形様石器　26, 125, 134

馬見型尖頭器　98

枝去木型台形様石器　93

大型刺突具　18, 54, 57, 61, 64, 66, 86, 93-94, 104, 110-111, 165, 184-185, 197, 199, 202, 205-206, 209-216, 218-219, 222

大型獣狩猟　18, 206, 208, 216, 220

男女倉型尖頭器　86, 219

温帯針広混交林　182

温帯性草原　216

か

角錐状石器　17, 36, 55, 60-61, 64, 66, 68, 70, 75-78, 80-81, 83, 86, 89, 91, 93-94, 98, 101-102, 105, 107-111, 142, 156, 160, 162, 167, 169, 172-173, 178-180, 184-188, 190-191, 193-197, 199, 201-202, 206, 210, 212-215, 217-219, 221-222

角錐状尖頭器　79-80, 188, 191, 193-198, 201-202, 213, 216, 218

神山型彫器　135, 138, 148, 150

環状ブロック　44, 119

管理化　18

管理的　17, 25, 113, 208, 210

技術構造　9, 13-21, 23-25, 35, 38, 42-43, 54, 61, 66, 78, 80, 86, 93-94, 104, 109-111, 152, 155-156, 163, 197, 199, 201-202, 204-206, 208-213, 215, 217-222

技術水準　13, 20

機能転化　111, 201, 212, 214

旧石器社会　199, 220, 222

局部磨製石斧　36, 40, 44, 125, 132, 179

居住形態　7, 10, 17, 19-21, 162, 199, 210-215, 217-219, 221

切出形石器　1, 11, 17, 26, 31-33, 35-36, 39-40, 42-44, 46, 48, 50, 54, 57, 61, 64, 66, 75-77, 80-81, 86, 88, 91, 93-94, 98, 101-102, 107, 110-111, 125, 132, 134, 142, 144, 148, 177-181, 184, 196, 199, 201-202, 206, 208, 210, 212-215, 218, 222

グリーンランド氷床ボーリングコア　202

型式学　1-3, 7-8, 24, 32, 55, 100, 112, 119, 178

系統的個体識別　2, 8

広域型式　159

国府型ナイフ形石器　1, 5, 7, 12, 32, 55, 61, 64, 80-81, 86, 91, 93-94, 101-102, 104-105, 108, 110-111, 142, 157, 160, 162-169, 171-173, 175-180, 184-185, 201-202, 210, 212-213, 216, 219

後期旧石器時代　3, 5, 7, 9, 204

後期旧石器時代後半期　1, 8-11, 14-15, 20-21, 23-25, 32, 38, 43, 46, 55, 66, 109-110, 135, 148, 156-157, 162, 197, 199, 202, 206, 208-209, 218, 220-222

後期旧石器時代前半期　1, 8-11, 14-15, 17-18, 23-25, 36, 38, 43, 78, 93, 110-112, 114, 135-136, 142, 152, 155-156, 162, 199, 202, 205-206, 208-209, 212, 221-222

国府系石器群　10, 79-80, 93, 111, 142, 144, 148, 152, 155-156, 160-163, 166-175, 177-185, 191, 195-197, 199, 202, 206, 210-211, 213, 216, 218-219, 221-222

国府系ナイフ形石器　61, 64, 70, 75, 77-78, 81, 83, 86, 93-94, 102, 107, 111, 142, 163, 166-167, 170-178, 180-181, 184-185, 201-202, 212, 214-216, 219

国府石器群　42, 104, 110, 136, 160-163, 165-169, 171-174, 176, 181-182, 185, 195-196, 201, 216

構造変動論　7, 11, 114, 160, 162-163

行動戦略　15-16, 20, 210-211, 216, 221

行動論　15, 21

国府文化　160-161

小口面型石刃剝離技術　16, 208

黒曜石　20, 33, 35-36, 43, 46, 48, 57, 61, 64, 91, 162, 167, 172, 174-177, 181, 184, 191, 193-194, 211, 215, 217, 219

小坂型彫器　135, 137, 144

弧状一側縁加工ナイフ形石器　29, 35-36, 40, 42-44, 48, 52, 81, 87, 122, 125

古本州島　24, 36-39, 42, 46, 48, 54-55, 93, 109,

111-112, 135-136, 142, 152, 155, 167, 175, 177-178, 195-197, 199, 201, 203-206, 208-211, 213-216, 218-222
婚姻網　8

さ

最終氷期　87
最終氷期最寒冷期　202-204
細石刃石器群　5, 193, 208, 220-221
細石刃文化　161
細石刃モード　15
削器　16, 54, 100, 110, 144, 150, 180-181, 209
削片系細石刃石器群　220-221
桜島火山　67
桜島テフラ群　67
サハリン―北海道半島　208
酸素同位体ステージ2　202
酸素同位体ステージ3　202
酸素同位対比変動　202
三瓶浮布火山灰　43
資源構造　23, 201, 210
示準石器　1
下のホーキ　105
下野―北総回廊　175, 177, 194
社会構造　9
社会生態学　7, 11, 156, 162-163
社会戦略　13
周縁型石刃剥離技術　16, 128, 208, 210-212
集団移動　7-8, 22, 160, 163
狩猟採集民　8
情報　8, 13, 22, 201, 206, 210, 215, 219, 221
情報伝播　22-23, 163, 172, 183-185, 213
縄文時代　5, 221-222
植生環境　19-20, 204, 206
植物質食糧　208-209, 214
植物相　205
信頼性システム　208, 216
杉久保型尖頭形石器　138, 150
杉久保型ナイフ形石器　135-136
杉久保型石器群　135-136, 138, 142, 144, 148, 150, 155, 195, 201, 211, 218-219
スタイル　155, 205, 221
砂川石器群　35, 86, 138, 150, 155, 159, 177, 195, 205, 219-220
生業・居住システム　17-18, 20-21
生業エリア　18, 20-21, 215-217, 221
生態学的アプローチ　21-22
生態系史　203
生態適応　9, 197

石材運用戦略　13, 20
石材環境　1, 13, 17-20, 22, 165, 206, 220
石材消費戦略　13, 16, 208, 210, 212, 215-216
石材分布構造　20-21, 23, 210, 212-222
石刃技法　1, 57, 112, 128, 135, 199
石刃モード　15-18, 25-26, 40, 61, 64, 78, 80, 86, 93, 118, 134, 137, 148, 201, 206, 208-213, 218
石刃モード巡回群　152, 206, 211
石器製作技術　13-14, 17, 20, 22, 104, 160, 163, 166, 182, 208, 210-211, 213, 220
石器文化階梯論　1, 7-9, 13, 25, 70, 161-162
截頂石刃　17, 33, 36-37, 148, 150, 155
瀬戸内概念　166, 179, 216
瀬戸内型角錐状尖頭器　188, 190-191, 193, 195-197, 214, 216, 218
瀬戸内技法　10, 16, 64, 104, 160, 163-164, 166, 171, 176-177
瀬戸内系石器群　101, 109, 142, 144, 155, 178-179, 195, 218-219
尖頭形石器（基部加工尖頭形石刃石器）　15-16, 18, 24-26, 31, 33, 35-39, 42-43, 52, 54, 57, 61, 66, 77-78, 81, 86, 93, 111, 116, 118-119, 122, 124-125, 128, 132, 134-135, 137, 144, 148, 150, 158, 162, 179-181, 199, 201, 208, 210, 219
搔器　16, 36-37, 40, 48, 50, 108, 110, 128, 133, 135, 137, 144, 150, 179-181, 209

た

台形石器　68-70, 75-76, 114, 158
台形様石器　9, 15, 17, 24-26, 32-33, 35-40, 42-44, 46, 48, 50, 54, 57, 64, 70, 75-76, 78, 91, 110, 112-114, 116, 118-119, 124-125, 127-128, 132, 134, 138, 157-158, 179, 199, 202, 206, 208-210, 213-214, 222
大山系火山灰　105, 108
立川ローム　5, 9, 18, 24-25, 29
縦長剥片剥離技術　16-17, 42, 54, 61, 66, 86, 93, 104, 110, 199, 208, 212
狸谷型切出形石器　70, 75-76, 78-79, 89, 104, 159
狸谷型ナイフ形石器　68, 70
ダンスガード・サイクル　202
端部整形刃器　114
端部整形石器　114
端部整形尖頭器　114
地域社会　9, 156, 199, 202, 205-206, 209-210, 220-222
地域性　1, 5-7, 9-10, 21, 55, 81, 93, 111, 152, 155-156, 197, 199, 201, 204, 206, 209, 220-221
地域生態　20

地域適応　　9, 156, 197, 199, 201, 205, 209-210, 218-219, 221-222
地域編年　　5, 10, 55, 66, 76, 136
地考古学　　116, 157
地質編年　　108-109, 116
中範囲理論　　8, 10, 164
彫器　　16, 128, 133, 135, 148, 150, 180-181
翼状剥片　　64, 101-102, 104, 165-166, 168-173, 176-180, 185
翼状剥片石核　　108, 168, 172-173, 179, 184
適応進化　　9, 199
適応戦略　　9, 14-15, 17, 20, 22-23, 202, 206, 208-211, 213, 218
デザイン　　13, 16, 210, 218
テフロクロノロジー　　5
伝播系統論　　8, 23, 25
動作連鎖　　164-166, 169, 181-182
動物相　　204
同盟網　　8-9

な

ナイフ形石器（背部加工尖頭形石刃石器）　　1-3, 5-7, 9, 11, 15-18, 24-26, 29, 31, 33, 35, 37-38, 40, 42-44, 46, 48, 52, 54, 57, 60-61, 66, 78, 80-81, 83, 86-89, 91, 93-94, 100-102, 104, 107-111, 122, 125, 132, 135, 142, 144, 148, 150, 155, 158, 162-163, 166-171, 174, 176-182, 184-187, 196, 199, 201, 206, 208, 212-215, 219
ナウマンゾウーオオツノジカ動物群　　204
二極構造　　8-9, 14-15, 17-18, 23, 25, 31-32, 43, 48, 54, 64, 93, 110, 112, 133, 152, 155, 199, 206, 208-209, 221-222
二項性　　18, 32, 54, 66, 86, 104, 110, 199, 206
二項的モード　　17-18, 152
日本海深海底堆積物　　202

は

剥片製小型ナイフ形石器　　32-33, 35-36, 40, 42, 46, 48, 54, 57, 64, 78, 86, 114, 132, 150, 199, 208, 222
剥片尖頭器　　15, 68-70, 75-76, 78, 87-89, 91, 93, 104, 110, 155, 157, 179, 184, 191, 199, 201, 209, 213-214, 221
剥片モード　　15-18, 25, 64, 66, 78, 80, 86, 93, 104, 134, 148, 181, 201, 206, 208, 210-212, 218
パラダイム　　7-8, 10-11
原ノ辻型台形様石器　　88
範型　　161
盤状剥片　　64, 101, 108, 134, 164, 166, 170-179, 181
東内野型尖頭器　　220
東山型ナイフ形石器　　135-136
東山石器群　　135-136
備讃瀬戸型石刃技法　　42
複刃厚形削器　　179, 190-191, 193-196, 215, 219
舟底形石器　　186, 190
文化伝播　　7-8, 160-163
文化変容　　22
便宜的　　17, 116
編年研究　　1, 6, 9, 24-25, 37, 46, 55, 67, 70, 112, 116, 135-136, 144, 157, 199
放射性炭素年代　　36, 38, 138, 148

ま

マンモス動物群　　204
神子柴文化　　161
弥山軽石　　105-106, 108
民族考古学　　14
武蔵野台地　　5, 18, 78, 175, 177
狸崎型切出形石器　　125, 128, 132-135, 158-159, 208
モード論　　15-16

や

槍先形尖頭器　　1-2, 5, 132, 162
有肩尖頭器　　144, 148, 150, 152, 155, 159, 201, 218
横長剥片剥離技術　　16-17, 40, 42-43, 54, 66, 78, 86, 93-94, 101, 104, 110-111, 160, 172, 199, 208, 211-212, 215

ら

両面加工石器　　77-78, 80, 105
両面加工尖頭器　　110, 201, 219
両面体モード　　15, 162-163

【人名索引】

あ

会田容弘　　119, 179
阿部敬　　157
安斎正人　　2, 7, 10, 16, 18, 46, 70, 162-163, 219
安蒜政雄　　2, 5-7, 9-10

石川恵美子　　112
伊藤健　　55, 61
稲田孝司　　2, 14, 43, 105, 107-108
岩谷史記　　188, 193
大井晴男　　3
小田静夫　　5

織笠昭	55, 175, 190

か

加藤稔	135, 179
鎌木義昌	186-187
亀田直美	55, 187
河村善也	204
国武貞克	18-19, 86, 175, 177, 219

さ

笹原芳郎	81
佐藤達夫	2, 5, 7-8, 135, 186-187
佐藤宏之	7-12, 14, 17-18, 20-21, 25, 43, 46, 64, 118, 124-125, 127-128, 134, 155-156, 159, 206, 222
佐藤雅一	136
沢田敦	136
渋谷孝雄	112, 136
島田和高	10
白石浩之	2, 7, 188
杉原荘介	1
杉原敏之	66
鈴木次郎	11
鈴木忠司	173
須藤隆司	55
芹沢長介	1, 3, 11

た

高尾好之	81
高橋章司	165
橘昌信	52
田村隆	17, 114, 116, 128, 175, 177
立木宏明	180

【遺跡索引】

あ

粟生間谷	40, 94, 98, 216
赤木	170
愛宕山	119, 134, 150
有田	87
芦原	173
飯仲金堀	31
家の下	114, 119, 134
碇岩南山	100
池のくるみ	37, 128, 132, 158
石飛東	46
石山Ⅰ	180
伊勢崎Ⅱ	64
磯山	26, 36, 119

辻誠一郎	203, 206, 209
戸沢充則	1-2, 6, 8-10

な

長屋幸二	157
西秋良宏	164
西井幸雄	55
野口淳	11-12, 156

は

萩原博文	188
比田井民子	188
藤野次史	94, 157-158
藤原妃敏	112, 135

ま

麻柄一志	144
馬籠亮道	157
松藤和人	187
三浦知徳	219
宮田栄二	67-68, 75

や

矢島國雄	11
柳田俊雄	112-113, 116, 187
吉川耕太郎	112

A-Z

A.ルロワ＝グーラン	164-165
C.T.キーリー	5
G.クラーク	15
V.G.チャイルド	161

板井寺ヶ谷	39-40, 43, 98, 193
一里段A	119, 128, 150, 159
一方平Ⅰ	89, 91, 197
一本桜南	55, 61, 64, 175, 177, 196-197
五馬大坪	197
猪野口南幅	180
今井三騎堂	64
芋ノ原	144
イラウネ	81
岩井沢	119, 124, 134
岩戸	91, 160, 169-171
上ノ平A地点	136, 142
上ノ平C地点	142
上野中第2地点	194
上ノ野	148

上野林J　118
上ノ原　52, 75, 78
上ノ原県道地点　144
上ノ原山　128, 144, 150
後田　26
後牟田　48
鵜ノ木　119
馬見二ノ谷　98
裏ノ山Ⅱ　132
瓜破北　42, 157
ウワダイラⅠ　125
ウワダイラL　125
上場　48
越中山K地点　2, 142, 160-161, 166-167, 178-179, 183, 195
老松山　193
追分　36-37, 87
大上　29, 159
大洲　104, 193
大坪　89
大林　83, 173
大原北Ⅰ　132
大堀　144
大谷上ノ原　118
大渡Ⅱ　128, 135-138, 142, 144, 152
奥谷南　110, 193
御小屋ノ久保　87
尾上イラウネⅡ　81
男女倉B地点　87, 177
男女倉J地点　87, 177, 195
御山　114, 116
恩原1　46, 106, 108, 172, 184
恩原2　101, 106-107, 172, 184

か

書上本山　31
賀篭沢　150, 159
風穴　204
風無台Ⅰ　116
風無台Ⅱ　113-114, 116, 118-119
かじか沢　195
柏山館　148, 150
柏ヶ谷長ヲサ　55, 60-61, 79, 81, 94, 176-177, 196-197
春日地区第2　52
勝保沢中ノ山　26
金谷原　128, 135, 152
上悪戸　118
上品野　35

上白井西伊熊　64, 175-177
上草柳第2地点　61, 194
上土棚　61
上ミ野A　148, 179-181
上ノ池　81, 197
上萩森　36, 113-114, 119, 124, 128, 134
鴨子台　150
唐木戸第3　78
嘉留多　55
河井山　142
川原田　87
勘大寺　78, 193
岩洞堤　116, 122, 125
貫ノ木H1地点　142
貫ノ木H4地点　181
冠A地点　104
冠B地点　105
冠C地点　105
冠D地点　105, 193
北牛牧第5　70, 75, 78-79
北大作　55
北西原　175
京見塚　86, 174, 194
桐木　70, 77
桐木耳取　69-70, 77-78, 94, 157, 191, 196
葛原B　61, 197
久保　52
隈・西小田第13地点　89
九養岡　78, 191
栗野Ⅰ　31
栗山第2地点　61
郡家今城C地点　94
郡家田代　102
慶応大学湘南藤沢校地内　55, 62
源七山　61, 175
小出Ⅰ　113-114, 116, 125, 128
小出Ⅳ　144
香西南西打　102
国府第3地点　94
国府第6地点　98, 188, 193
香山新田中横堀　26
国道仁田尾　77-78
国分台東地区　102
国分寺市No.37　61, 79, 86
此掛沢Ⅱ　113-114, 119, 134
小原野　78
駒方池迫　91
駒方古屋　48
駒方津室迫　91

権現後　31
金剛寺原第1　54
金剛寺原第2　78

さ

坂ノ沢C　116, 142, 166, 178, 180
匂坂上2　81, 174
匂坂中　194
桜畑上　81, 194, 196
笹畝第2地点　106-109, 172, 194
笹山原No. 10　124
笹山原No. 16　114, 119, 134
笹山原No. 7　118
笹山原No. 8　122, 134
佐野楠目山　110, 193-194
三貫地　150, 159
三条黒島　104, 193
椎ヶ丸〜芝生　104
塩坪　150, 159
鹿原A　197
地蔵田　113, 118-119, 122, 124, 134, 158
清水柳北中央尾根　32
清水柳北東尾根　35
下里本村　25
下堤G　113, 119
下戸塚　62, 194
下ノ大窪　81
下柳沢　62
下城Ⅰ　91
下城Ⅱ　91, 93, 193
自由学園南　62, 194
宿東山　125
宿向山　125
城ヶ尾　70, 78-79, 171, 191
聖人塚　26
城ノ平　86
庄ノ原　191
正面ヶ原B　181, 195
白岩藪ノ上　125, 134
白鳥平B　91
白幡前　64, 194
城山　186-187
新造池A　144
新堤　210
翠鳥園　94, 98, 165
菅原神社台地上　31
杉久保A　135
直坂Ⅰ　128, 142
直坂Ⅱ　142, 144

鈴木D地点　177
鈴木Ⅰ　31
鈴木都道南地点　194
瀬田　29, 31
宗原　91, 93, 193

た

代官山　61, 167, 194
太子林　125
太子林Ⅱ　138
大聖寺　181
大丸・藤ノ迫　88
大門　26, 62
高野原第5　52
館の上　181
堅三蔵通　173
狸谷　46, 50, 75, 197
田向冷水　150, 159, 218
樽口　118, 128, 136-138, 142, 148, 166, 178-181, 185, 195, 211
垂水第1　78, 197
太郎水野2　148, 155, 218
茶臼山　36-37, 158
中林山　174
帖地　48, 78
勅使池　173
月山沢　181
土山西　173
堤西牟田　52
椿洞　36, 83, 157, 173, 185, 194
津留　169
手長丘　87, 195
出山　62, 194
寺尾　5, 31, 36, 132
寺田　36, 83, 173, 194
寺野東　64, 175
寺屋敷　36
天神峰奥之台　64, 195
天文台構内Ⅲ　55, 60-61, 196
天文台構内Ⅳ　61
堂ヶ谷戸　29, 31, 35, 61
峠山牧場ⅠA　125, 144, 150, 195
峠山牧場ⅠB　138, 150
堂園平　70, 77
胴抜原A　138
灯台笹下　142
戸谷第4地点　46
戸谷第5地点　43
取香和田戸　31, 195

な

中川貝塚　194
長薗原　75, 78
中間西井坪　42, 101, 193
中間東井坪　102
中ノ迫第1　75, 78, 170-172
中ノ迫第2　78, 191
長原　42, 94, 98, 216
中原後　194
仲町　144
仲町JS地点　132, 158
中見代第Ⅰ　32-33
中見代第Ⅱ　32-33, 81
中見代第Ⅲ　81
中村分　81
七日市　39-40
成田　124
成増との山　29
縄手下　125, 127-128, 158
西大井　94
西大曲　32
西岡A　142
西ガガラ第1地点　43, 46, 48
西ガガラ第2地点　46
西下向　142, 178-179
西台後藤田　29
西之台B地点　32, 62, 194
西原C　124
西丸尾　78
西輪久道　88, 157
西輪久道A区　87
西輪久道B区　91, 167
西輪久道C区　91
二ノ台長根　119, 134
滑川第2　170
滑川第3　170
子ノ神　35, 46, 81, 194, 215
根引池　52
野川　3
野首第1　75, 78-79
野首第2　170
野尻湖遺跡群　36, 142, 144, 158, 178
野尻仲町　37
野台南　81
野田山　128, 150
野津見第1　106
野原早風A地点　43

殿山　61, 167, 175, 177

野辺山B5　86, 195
野辺山B5地点　177

は

はさみ山　94
波志江西宿　26
橋本　29, 31-32, 62
初矢　83, 173
初音ヶ原A第2地点　33
初音ヶ原A第3地点　35
花沢東　61
羽根沢台　29, 55
早坂平　148
原田　43, 107, 194
春薗　91
東畦原第1　78-79, 170
東畦原第2　52, 78, 191
東裏H1地点　132
東裏H2地点　132, 142, 178, 195, 219
東裏特別養護老人ホーム地点　144
東林跡　26
東早淵第4地点　194
東分　168, 171, 184
東山　135
彦八山　61
日野1　81, 157, 173-174, 185, 197
日野2　81, 173
日ノ出松　88
百花台　91, 184
百花台D　48
百花台東　88
日吉谷　104
平沢良　87
広野北　35, 46
フコウ原　106-108, 184
二重鳥A　148, 155
二タ子沢A　138
二タ子沢B　181
懐の内F　119
船塚　91, 167, 169, 171, 184
分郷八崎　26, 119
房谷戸　31
坊僧東段地区　104
北海道　26, 61, 86
法華寺南　42
堀下八幡　31

ま

前ノ田村上第2　70, 77-78, 197, 214

前原和田　　78, 191
前山　　78, 116, 122, 125, 171, 197
曲野　　46
真砂　　32
松木台 II　　113-114, 116, 118
松木台 III　　113-114, 125
馬川谷口　　91, 169, 171, 184
円山　　138
丸山東　　62, 176-177, 194
美里洞窟　　37
瑞穂　　180
見立溜井　　26
道東　　35
箕作　　78
三ツ子沢中　　32
南葛野　　61
南野　　181, 210
南花田　　98, 193
御淵上　　142, 166, 178, 181
耳切 A 地点　　46, 48
耳取 IB 地区　　144, 148, 150
弥明　　150, 195
宮ヶ迫　　77
宮田山西地点　　186-188
宮ノ前　　83, 144
宮ノ前センター地点　　173
宮本原　　169
明花向 C 地点　　177
向原 A　　138
武蔵台東　　55, 57

狸崎 B　　125, 128, 158
牟田ノ原　　48
百枝 C 地点　　48, 91, 93, 191
門前第 2　　46

や

八尾南第 3 地点　　94
八尾南第 6 地点　　40
八里向山　　180
柳又 C 地点　　86, 177-178, 195, 219
山田原 II　　86
湯の里 4　　158
湯の花　　180
弓張平 B　　132
用田大河内　　61, 194
横前　　144, 181, 210
横道　　142
吉ヶ沢 B 地点　　142
与島西方　　102, 193
四葉地区　　32
米ヶ森　　135

ら

乱馬堂　　144, 148, 181, 210
龍門寺茶畑　　128

わ

和口　　110, 172, 184
羽佐島　　102
和良比本山 II-5 地点　　64

あとがき

　本書は，筆者が2009年3月に東京大学大学院新領域創成科学研究科に提出した博士学位論文をもとに，第Ⅰ章に大幅な加筆修正を加えて成稿したものである。同論文の大部分は新たに書き下ろした未発表の論考からなっているが，下記のとおり既発表論文に大幅な変更を加えて収録した部分を含んでいる。もちろん，論旨に変更はない。

第Ⅱ章第1節，第Ⅳ章第1節：「第12章　拡散と伝播」（佐藤宏之編『ゼミナール旧石器考古学』同成社　209～222頁　2007）

第Ⅲ章第2節2，第Ⅴ章第1節：「角錐状石器の広域展開と地域間変異―西南日本後期旧石器時代後半期初頭の構造変動論的研究―」（『旧石器研究』第3号　85-109頁　2007）

第Ⅲ章第3節1-(1)：「東北地方後期旧石器時代前半期研究の諸問題―特に台形様石器の分類と型式を巡って―」（『秋田考古学』第51号　1～13頁　2007）

第Ⅲ章第3節2-(1)：「杉久保型尖頭形石器の成立とその背景―東北日本日本海側石器群の批判的再検討―」（『考古学』Ⅱ　41-75頁　2004）

第Ⅳ章第2節：「東北日本・日本海側における国府系石器群の形成過程」（『東京大学公開シンポジウム予稿集―伝播を巡る構造変動―』佐藤宏之編集・発行　14-31頁　2008）

　筆者は，考古学を大阪大学で学び始めたこともあり，当初の関心は近畿地方の旧石器時代石器群にみる石器石材利用パターンの構造的理解であった。卒業論文ではひとまずの結論を得ることができたものの，限られた地理的範囲（そしてそれは行政的に設定されたものである）ばかりをみていては理解できない，あまりにも多くの問題を同時に抱えることになってしまった。今になってみると，その問題意識が興味となって研究対象を時間的にも空間的にも広げていった結果が，本書の内容に結実しているのだと思う。

　とはいえ，ただ単に研究の興味を広げるだけではなく，地道な実地・実見調査を基礎としつつも俯瞰的視野から考古現象を把握し，これを相対的視座に立って分析・解釈し，過去の人間社会の歴史に現実味のある説明を加えていかねばならない。このことを，遅々として成長のない筆者に何度も繰り返しご指導くださった東京大学在学中の指導教官である佐藤宏之教授には，深甚の謝意を表します。これなくしては，本書のような研究書をなすことは筆者にはまったく不可能であったと心から思っている。安斎正人（現　東北芸術工科大学東北文化研究センター教授）先生にも，筆者の興味のある問題について折に触れて厳しくも暖かいご指導を賜った。安斎先生にはお忙しい中，本書の序文をご執筆いただいた。感謝の言葉もありません。

また，辻誠一郎東京大学教授，東京大学新領域創成科学研究科の皆様には日ごろよりご指導をいただき，今村啓爾・大貫静夫東京大学教授をはじめ東京大学文学部考古学研究室の皆様には，多くのご教示と研究遂行上の様々なご配慮をいただくことができた。大貫先生とともに，熊木俊朗・福田正宏・髙橋健・国木田大・内田和典の諸先生・諸氏には，ロシア共和国ハバロフスク州での発掘調査やその事前勉強会，報告書作成に加えていただき，その過程を通じて多くのご教示と，様々な刺激を与えて頂いた。筆者がより多くのことを知り，興味をもつことができたのは，こうした調査に参加させていただいたために他ならない。ロシア共和国沿海州での調査に加えてくださった出穂雅実氏・山田哲氏にも同様である。深く感謝申し上げます。

　佐藤宏之先生，辻誠一郎先生とともに博士学位論文の審査にあたられた鬼頭秀一東京大学教授と清家剛，清水亮東京大学准教授には，考古学という学問的枠組みを超えてご指導をいただき，幅広い知識に基づく貴重なご意見を頂戴した。厚くお礼申しあげます。

　そして，研究の出発点を教導し支えてくださった都出比呂志大阪大学教授・福永伸哉大阪大学教授，そして大阪大学文学部考古学研究室の皆様にも，厚くお礼申し上げます。

　ほかにも，本書を成すにあたっては，全国の大学・博物館・埋蔵文化財行政機関の諸先生・諸氏から多くのご助言・ご教示をいただいている。逐一お名前を記すことができないが，このように広い範囲を対象とした地域間比較研究は，日々埋蔵文化財の調査に携わっておられる皆様のご尽力があって可能となったものである。深い敬意と感謝の意を表します。

　なお，本書の内容には，日本学術振興会科学研究費補助金（平成18〜19年度　特別研究員奨励費「『国府石器群』の拡散現象に着目した日本列島後期旧石器時代社会の変動過程の研究」，平成21〜22年度若手研究（スタートアップ）「東アジアにおける古本州島後期旧石器文化の特殊性とその形成過程の研究」），笹川科学研究助成（平成17年度「西南日本における角錐状石器の出現と展開の実態解明に向けた考古学的研究―石材消費戦略論・適応論からのアプローチ―」），高梨学術奨励基金（平成20年度「異系統石器群の共伴からみた後期旧石器時代における地域社会間交渉と情報伝播―九州地方の国府系石器群を対象として」）による研究成果を含んでいる。

　最後になったが，カバー・表紙をデザインしてくれた兄・一哲に感謝する。

　　2010年1月

　　　　　　　　　　　　　　　　　　　　　　　　　　　　　　　　森先一貴

著者略歴

森先　一貴（もりさき　かずき）
　1979 年　京都府生まれ
　2002 年　大阪大学文学部人文学科卒業
　同　年　東京大学大学院新領域創成科学研究科修士課程入学
　2009 年　同博士課程修了　博士（環境学）取得
　現　在　独立行政法人国立文化財機構　奈良文化財研究所　研究員

旧石器社会の構造的変化と地域適応

2010 年 5 月 25 日　初版発行

著　者　森先　一貴

発行者　八木　環一

発行所　株式会社 六一書房
　　　　〒101-0051　東京都千代田区神田神保町 2-2-22
　　　　TEL　03-5213-6161　　FAX　03-5213-6160
　　　　http://www.book61.co.jp　　Email　info@book61.co.jp
　　　　振替　00160-7-35346

印　刷　株式会社　三陽社

ISBN 978-4-947743-84-8 C3021　　Ⓒ Kazuki Morisaki 2010　　Printed in Japan